21世纪高等院校教材——生物科学系列

# 微生物学研究技术

陈声明　张立钦　主编

科学出版社

北京

## 内 容 简 介

本书涵盖了微生物学各分支学科的实验技术，除经典实验技术外，还有森林保护、植物保护、食品、发酵、环境、土壤及农林方面的微生物实验技术。全书共5篇21章，第一篇基础方法，包括经典实验技术；第二篇生物防治微生物及制品，包括杀虫、杀菌和除草微生物及其制剂；第三篇食品微生物及其发酵产物，包括食品微生物检测、发酵微生物的测定、食用菌的制种技术；第四篇土壤和环境微生物及其物质转化，包括土壤、环境微生物和物质转化；第五篇微生物学研究的一些新技术。

本书适合综合性大学、高等师范院校、高等农林院校微生物学及其相关学科的教师、大学本科二年级学生以及研究机构从事微生物学研究的工作人员使用。

**图书在版编目(CIP)数据**

微生物学研究技术/陈声明，张立钦主编．—北京：科学出版社．2006

21世纪高等院校教材—生物科学系列

ISBN 978-7-03-016807-0

Ⅰ．微…　Ⅱ．①陈…②张…　Ⅲ．微生物学-生物技术-高等学校-教材

Ⅳ．Q93

中国版本图书馆CIP数据核字（2006）第005074号

责任编辑：周　辉　甄文全　李久进　沈晓晶/责任校对：宋玲玲

责任印制：赵　博/封面设计：陈　敬

**科学出版社**出版

北京东黄城根北街16号

邮政编码：100717

http://www.sciencep.com

北京科印技术咨询服务有限公司数码印刷分部印刷

科学出版社发行　各地新华书店经销

*

2006年2月第一版　开本：720×1000 1/16

2025年3月第八次印刷　印张：21 3/4

字数：405 000

**定价：79.00元**

（如有印装质量问题，我社负责调换）

中俄合作交流教材
Учебник для Обмена Между Китаем России
浙江林学院教材建设基金资助出版
Учебнк Поставленный при Поддежке Фонда
Учебных Пособий Чжэзянского Лесного Университета

# 微生物学研究技术

# Биотехника Исследования Микробиологии

陈声明　张立钦
毛胜凤　张　昕

Чэнь Шэнмин Чжань Личин
Мао Шэнфун Чан Щин

# 序

微生物学的发展史清楚地说明，研究方法的建立对促进学科的发展至关重要。由于发明了光学显微镜，人们才得以认识了众多的微小生物，它们活跃在各种自然生境中。纯种微生物的分离、培养、保藏和灭菌技术的建立，进一步为微生物学科的建立奠定了基础。从此人们可以研究各种微生物的作用。有的微生物在自然界物质循环中扮演着重要角色，有些是危害动植物的病原，有些可产生有益于人类的各种化合物（各种酿造食品、化工原料、抗生素、促进生长的物质等）。进而衍生出各种分支学科，如医学微生物学、土壤微生物学、工业微生物学、食品微生物学等，并各自建立起其独特的研究技术和试验方法。

电子显微镜的发明又使人们看到了非细胞形态的最小生物——病毒，而病毒的化学组成只是蛋白质和核酸大分子的复合体，这就使微生物学领先进入分子生物学的领域。由于微生物形体小、生长繁殖快（大肠杆菌约 20min 就可繁殖一代），并可在控制条件下大规模工业化生产，因而成为分子生物学基础理论研究的理想对象，并发展成当今的生物技术。

由陈声明教授和张立钦教授牵头编写的这本《微生物学研究技术》，包括了传统的和现代的微生物学基本技术，涉及面广、内容翔实、操作性强，可供高等院校、研究机构和相关微生物产业部门从事微生物教学和研究的人员参考和选用。该书可作为生物、生物技术、森林保护、食品、农林、植物保护、环境保护、土壤等专业的微生物学实验指导教学用书。

中国科学院院士

李季伦

2005 年 10 月 25 日于北京

# 前　　言

微生物学研究技术是生命科学中最重要的一项生物技术，微生物学的发展，甚至生命科学的发展都离不开微生物学实验方法和研究技术的重大创新。

微生物学300多年的发展历史，特别是近百年的飞速发展历程突出地表明，微生物学实验方法和研究技术的创建对每一个重大发现和每项基础理论的确立都起了决定性的作用。

1676年列文虎克发明了世界上第一架显微镜，尽管是一架简陋的单式显微镜，但是他第一次看见自然界中的微小生物，从而揭开了微生物世界的奥秘，开创了微生物学研究的新纪元。

巴斯德结束了学术界长期争论不休的自然发生说，并奠定了灭菌和无菌操作的微生物学基本原理，正是依靠他创建的“曲颈瓶实验”。研究传染性病害中的“科赫氏假说”，也是在科赫学派共同创立了一系列研究技术的基础上提出来的。近代多聚核酸酶链式反应（PCR）的发明，不仅使基因操作技术向前跨了一大步，为工、农、医、食品和环保等应用部门带来了巨大的方便，还使微生物系统发生的研究进入了一个崭新的阶段。

微生物学研究技术是理论和实践紧密结合，广泛渗透和相互融合的实用型技术。我国的微生物学基本上是从20世纪50年代初才开始建立和发展的。随着我国现代化的迅速发展，无论在教学科研领域，还是各应用领域，都希望有更新颖和更实用的微生物学研究技术得到普及。陈声明教授和张立钦教授根据长期在浙江林学院和原浙江农业大学的教学实践，曾多次编写过供高等农林院校使用的《微生物实验指导》。10年前，陈声明教授和刘丽丽教授编著的《微生物研究法》一书幸得周德庆教授和程光胜教授作序并受到同行首肯。而今，作者根据当前的形势和积累的微生物学教学经验，再次对作者和其他有关方面的资料进行了整合、精选，增加较多的分子微生物学研究技术，组织人员重新编著了《微生物学研究技术》教科书，并有幸请中国科学院院士李季伦先生作序，在此作者对多年来各位专家、学者给予的建议、指导、关心和帮助一并表示衷心的感谢！

本书编写分工如下：绪论由陈声明编写，第一篇由毛胜凤、张昕编写，第二篇由张立钦编写，第三篇由陈声明编写，第四篇由张昕、毛胜凤编写，第五篇由陈声明、张立钦编写。全文由陈声明教授和张立钦教授统稿。

由于微生物学研究技术涉及面很广，书中难免会有遗漏，企盼读者指正，以便再版时修正。

陈声明　张立钦

2005年9月28日于杭州古城临安

# 目　录

## 第三篇　食品微生物及其发酵产物



## 第四篇　土壤和环境微生物及其物质转化

## 第五篇　微生物学研究的一些新技术

# 绪　论

## 一、微生物学研究技术的根本内涵

### 1. 定义

借助物理学（或生物物理学）方法、化学（或生物化学）方法或生物学方法来研究微生物的形态结构、生理生化、遗传变异、诱变育种、菌种保藏、生态分布等方面的实验方法和技术，统称为微生物学研究技术，其中包括经典方法和现代技术。研究的跨度从整体水平到细胞水平，直至分子水平。

### 2. 内容

微生物学研究技术所包涵的内容十分丰富，并将微生物学理论和实践紧密结合在一起，其内容主要包括以下几方面。

（1）基础方法

1）各种显微镜（有光学的和电子的）的构造及其使用；

2）各种微生物类群细胞形态（一般结构和特殊结构）及其观察；

3）各种染色技术、微生物制片技术；

4）微生物生长量、大小、数量测定；

5）各种培养基的制备方法及各种灭菌方法；

6）无菌操作与接种技术；

7）微生物诱变育种技术和菌种保藏的方法；

8）微生物分离、纯化和培养技术；

9）微生物的免疫学技术。

（2）生物防治（森林保护、植物保护）微生物及其制剂

1）杀虫微生物及其制剂；

2）杀菌微生物及其制剂；

3）除草微生物及其制剂。

（3）食品微生物及其发酵产物

1）常见食品微生物检验与测定；

2）常用发酵微生物及其制品的鉴定、测定；

3）主要食（药）用菌的制种方法和栽培技术。

（4）土壤和环境微生物及其物质转化

1）土壤好氧性细菌、放线菌和真菌分离、计数；

2）土壤生物量、呼吸强度的测定；

3）外生菌根菌分离、染色观察；

4）根瘤菌固氮酶活性的测定；

5）纤维素、果胶物质的微生物降解；

6）土壤磷、钾元素的微生物分解；

7）氨化作用、硫化作用及其作用的细菌观察；

8）硝化与反硝化作用。

（5）分子微生物学研究技术

1）单克隆抗体技术；

2）PCR 技术；

3）质粒 DNA 提取的几种方法；

4）DNA 的重组的几种方法；

5）DNA 序列分析的几种方法；

6）探针制备的若干方法；

7）基因组 DNA 的分离与纯化。

## 二、微生物学研究技术的基础设施

微生物学研究技术是生命科学中一项非常重要的生物技术，具有非常强的基础性、科学性、系统性和先进性。若要保障该项技术能准确、规范地实施和进行，首先要考虑微生物学研究技术的基本建设和基础设施。最主要和最基础的设施是良好的工作环境和精良的仪器设备。

**1. 基础设施**

（1）无菌的接种室

要求墙面、地面和接种台面全都是白色，以示清洁干净，一尘不染。除照明灯外，还备有紫外灯，工作之前和之后，都要用紫外线杀菌。该室有缓冲走廊带，把接种室和外界隔开，走廊墙有挂白大衣工作服的衣架，走进接种室要换上白色工作服。

现许多实验室购有超净工作台，以替代接种室。接种室和超净工作台各有利弊，前者大，可供多人工作，但需较大空间，后者灵活方便，可以移动，但空间偏小。

（2）清洁的恒温室

是一种有隔热材料墙的房间，室内有控温加热电器，根据不同微生物类群要求不同的生长培养温度，既可调温，又可控温，保持恒定温度，所以称之为恒温室，又叫培养室。也可用生化培养箱代替。

（3）安全的灭菌室

室内备有各种灭菌器（干热和湿热等）。

(4) 良好的菌种保藏室

室内备有各种类型的冰箱和液氮罐，确保保藏的菌种不死、不变、不杂。

(5) 有序的准备室

房间清洁明亮，操作桌和试剂柜（试剂齐全和内装试剂的试剂瓶），便利实验的准备。

**2. 仪器设备**

(1) 常用玻璃器皿和接种工具

1) 各种型号试管、吸管、加样器、烧杯等；

2) 各种型号培养皿、三角瓶、载玻片、盖玻片；

3) 各种接种工具。

(2) 常用精密仪器

1) 各种分光光度计、气相、液相色谱仪；

2) 各种精密光学显微镜；

3) PCR 等分子微生物学研究技术用的仪器。

(3) 大型精密仪器

如电镜类大型精密仪器，不一定每个实验室都配备，可一个学科组群或系、院校集中购买，集中保管，集中使用，以提高利用率。

## 三、微生物学研究技术的基本要求

除一般实验室所要遵守的规则外，还应根据微生物学研究技术的特点，要求做到如下 3 条。

**1. 安静**

同学们实验前认真预习实验指导书，了解每次实验内容、原理和办法。任课老师讲解时，应仔细聆听其内容，仔细观察其示范操作，以掌握操作要领，自己做实验时，要保持绝对安静，切勿大声喧哗和随意走动，全神贯注地做自己的实验，以提高整体实验效果和技术操作水平。

**2. 清洁**

实验结束后，所用玻璃器皿，清洗干净，放回指定地点，所用仪器擦拭清洁，放妥。

**3. 无菌**

微生物学研究技术所用玻璃器皿，不但要像化学实验那样要求清洁，而且还要无菌（玻璃器皿、接种工具、材料要灭菌），实验过程中要严格无菌操作。实验结束后若桌面被菌液污染，可用 3%来苏尔液擦拭干净，带菌工具（吸管、塑料吸嘴、玻璃刮棒、染色涂片等）洗涤前浸泡在 3%来苏尔液中，消毒后再清洗。有微生物污染的废物要集中处理，不能污染环境。

# 第一篇　基 础 方 法

# 第一章　显微镜的构造及其使用

## 第一节　普通光学显微镜的构造和使用

微生物学实验室最常用的仪器是普通光学显微镜，无论是观察微生物个体形态还是测量微生物细胞大小都必须用它。因此显微镜是研究微生物的重要工具，显微镜是一种精密的光学仪器，使用时应了解其构造和原理，以达到正确使用和保养的目的。

### 一、目的要求

了解普通光学显微镜的构造和原理；掌握普通光学显微镜，重点是油镜正确使用的方法。

### 二、实验材料

1）显微镜，显微镜灯，香柏油，二甲苯，擦镜纸，吸水纸等。

2）细菌的染色标本。

3）载玻片，盖玻片，接种环，酒精灯。

### 三、实验程序

（一）显微镜的构造和油镜使用的原理

**1. 显微镜的构造**

普通光学显微镜由机械装置和光学系统两部分组成（图 1.1）。

（1）机械装置

1）镜座和镜臂：它们是显微镜的基本骨架，起稳固和支撑显微镜的作用。直筒显微镜的镜臂与镜座之间有一倾斜关节，可使显微镜倾斜一定的角度，便于观察。

2）镜筒：它是一个金属制的圆筒，上端安放目镜，下端安装转换器，镜筒长 160mm。有些显微镜的镜筒长度是可调节的。

3）转换器：它是一个用于安装物镜的圆盘，其上装 3～4 个物镜。为使用方便，物镜应按低倍到高倍的顺序安装。转换物镜时，必须用手按住圆盘旋转，勿用手指直接推动物镜，以免使物镜和转换器之间的螺旋松脱而损坏显微镜。

4）镜台：用于安放载玻片。镜台上有载玻片夹或载玻片移动器，调节移动器上的螺旋可使标本前后左右移动，有些移动器上还装有刻度尺，可标定标本的位置，便于重复观察。

5）调焦装置：安装在镜筒后方两侧的粗调节螺旋和细调节螺旋，用于调节物镜与标本间的距离，使物像变清晰。粗调节轮旋转一圈可使镜筒升降 10mm，细调节螺旋转一圈可使镜筒升降约 0.1mm 的距离。

（2）光学系统

1）目镜：目镜的功能是把物镜放大的物像再次放大。目镜由两片透镜组成，上面一块为接目透镜，下面一块为聚透镜，两片透镜之间有光阑。光阑的大小决定了视野的大小，光阑的边缘就是视野的边缘，因此，又称为视野光阑。由于标本正好在光阑上成像，因此在光阑上粘一小段细发作为指针，可用来指示标本的具体部位。光阑上还可放置测量微生物大小的目镜测微尺。目镜上标 5×，10×，15×等放大倍数，不同放大倍数的目镜，其口径是统一的，可互换使用。

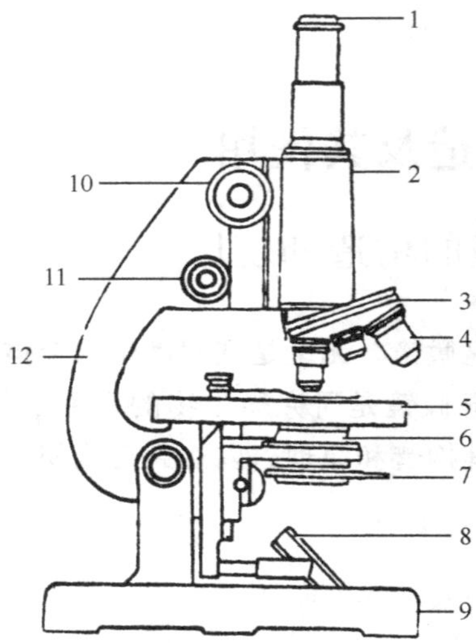


图 1.1　光学显微镜的构造

1. 目镜；2. 镜筒；3. 物镜转换器；4. 物镜；5. 镜台；6. 聚光器；7. 可变光阑；8. 反光镜；9. 镜座；10. 粗调节螺旋；11. 细调节螺旋；12. 镜臂

2）物镜：是显微镜中最重要的部件。物镜有低倍（10×以下）、中倍（20×）、高倍（40～65×）和油镜（90×以上）等不同放大倍数。油镜镜壁上刻有“OI”（oil immersion）或“HI”（homogeneous immersion）字样，也有刻一圈红线或黑线为标记的，借以区别其他物镜。物镜上标有放大倍数、数值孔径（numerical aperture，NA）、工作距离（物镜下端至盖玻片间的距离，mm）及要求盖玻片的厚度等主要参数（图 1.2）。

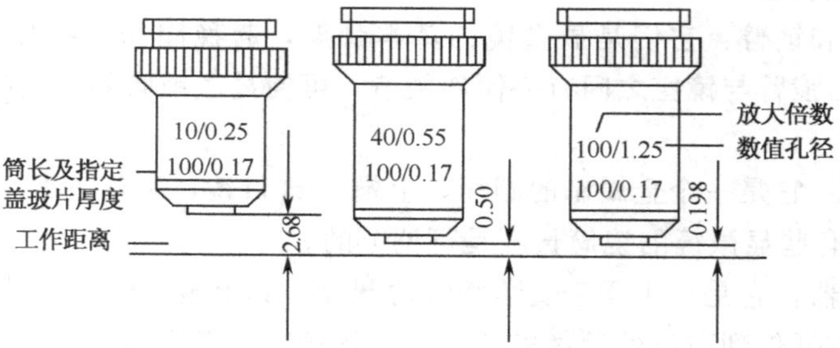


图 1.2　XSP-16 型显微物镜的主要参数

数值孔径是指介质的折射率与镜口角 1/2 正弦的乘积，可用 $NA=n\times\sin\alpha/2$ 表示。式中：$n$ 为物镜与标本间介质的折射率，$\alpha$ 为镜口角（通过标本的光线延伸到物镜前透镜边缘所形成的夹角）（图 1.3）。

显微镜的优劣主要取决于物镜的分辨率的大小。所谓分辨率就是显微镜工作时能分辨出物体两点间最小距离（$D$）的能力。$D$ 值愈小表明分辨率愈高。$D$ 值可用下列公式表示：

$$D=\frac{\lambda}{NA}$$

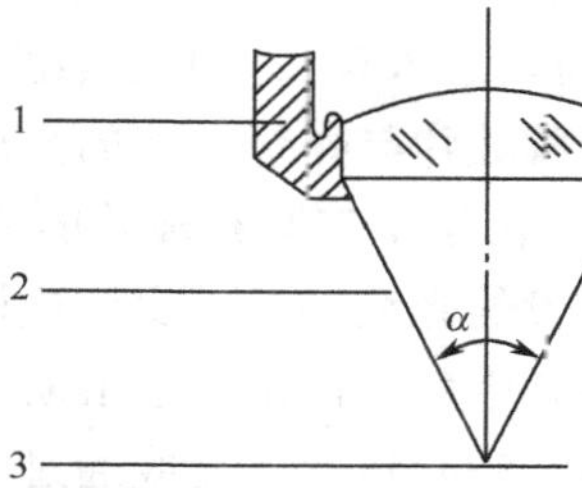

图 1.3　物镜的镜口角

1. 物镜；2. 镜口角；3. 标本面

若要提高物镜的分辨率有两条途径：① 缩短光的波长。普通光学显微镜的缺点是所用的照明光源不可能小于可见光的波长范围（约 400～700nm）。② 增大物镜的数值孔径。其影响因素之一是镜口角 $\alpha$。当 $\sin\alpha$ 增大到最大时，$\alpha$ 值为 180°，就是说进入透镜的光线与光轴成 90°角，这是不可能的，所以 $\sin\alpha/2$ 的最大值总是小于 1。现在所用的油镜其 $\alpha/2$ 为 60°左右。影响数值孔径的另一个因素是介质的折射率。不同的介质，其折射率是不同的，空气的折射率为 1.0，水的折射率为 1.33，香柏油的折射率为 1.52，玻璃的折射率为 1.5。因此，通常在物镜和标本之间加入香柏油做介质，就可使数值孔径增大到 1.2～1.4。所以，当用数值孔径为 1.25 的油镜来观察标本时，就能分辨出距离不小于 0.2μm 的物体，而大多数细菌的直径在 0.5μm 左右，故在油镜下能看清其细胞形态及某些构造。

显微镜是总放大倍数是指物镜放大倍数和目镜放大倍数的乘积。但由于物镜和目镜搭配的不同，其分辨率也不同。例如在总放大倍数一样的情况下，采用数值孔径大的 40 倍物镜和 10 倍目镜相搭配，其分辨率就比数值孔径小的 20 倍物镜和 20 倍目镜相搭配时高些，效果也更好。

3）聚光器：聚光器是起聚光线的作用，可上下移动，其边框上刻有数值孔径值。当用低倍物镜时聚光器应下降，而当用油镜时则聚光器应上升到最高位置。在聚光器的下方安装有可变光阑（虹彩光圈），它是由十几张金属薄片组成，以放大或缩小光圈来调节光强度和数值孔径的大小。在观察较透明的标本时，光圈宜缩小一些，这时分辨率虽降低，但反差增强，从而使透明的标本看得更清楚。但不宜将光圈关得太小，以免由于光干涉现象而导致成像模糊。

4）反光镜：反光镜安装在聚光器下方的镜座上，它是一个由平凹两个面组成的双面镜，可以在水平与垂直两个方向上任意旋转。其作用是采集光线，并将光线射向聚光器。凹面镜能起会聚光线的作用，因此，未安装聚光器的显微镜及光源较弱时可应用凹面，而在光源较强及用聚光器时，一般可用平面镜。

**2. 油镜的使用原理**

对于个体微小，用高倍镜仍观察不清的微生物，则必须使用油镜。使用时，需要在标本和物镜之间加入一种镜头油，如香柏油，所以叫油浸接物镜，简称油镜。由于油镜镜面很小，使用时，标本与镜面又非常靠近（0.14～0.19mm 左右），因而，进入镜头的光线较少。当光线由聚光器通过载玻片与镜头间的空气时，由于载玻片与物镜之间的介质为空气，（接物镜干燥系，图 1.4，A）空气折射率为 1，由于空气与载玻片的密度不同，使光线受到折射，发生散射现象，结果进入物镜的光线必然减少，这样就降低了视野的照明度。若载玻片与物镜之间的介质不是空气，而是一层油质，一般用香柏油，其折射率为 1.515，与玻璃的折射率（1.52）接近。光线通过载玻片后直接经过香柏油进入物镜而几乎不发生折射（接物镜油浸系，图 1.4，B)，使视野增加照明度，使物镜的数值孔径增大，这样就能使物镜像更加清晰。

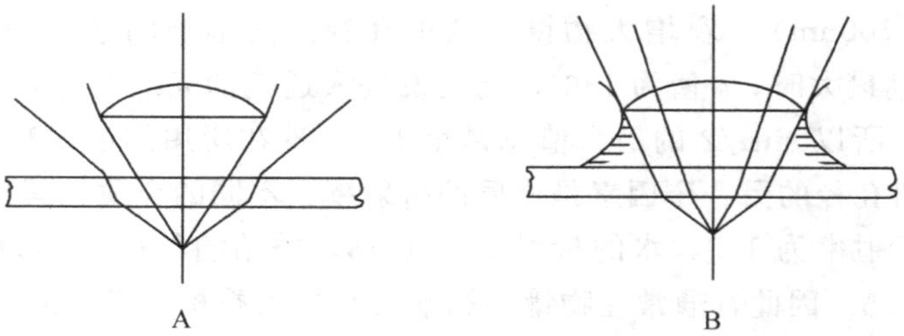


图 1.4　干燥系物镜与油浸系物镜光线通路

A. 干燥系物镜；B. 油浸系物镜

## （二）显微镜的使用（主要是油镜的使用）

**1. 用前检查**

从显微镜箱中取出显微镜时，用右手拿镜臂，左手托镜座，直立移动，轻放在平稳的桌面上，检查各部零件是否安全，镜头是否清洁，有问题则报告老师。

**2. 调节光源**

正确的照明是获得良好观察效果的前提。将低倍镜转到工作位置，使镜头与载物台距离约为 5mm 左右，下降聚光器，完全打开可变光阑，然后移动反光镜采集光源，一般以采集北窗射入的自然散射光为宜，不宜采用直射日光。如遇阴天、下雨或晚上可用普通日光灯照明。

当用显微镜灯（钨丝灯泡）照明时，因其亮度较亮，而且发射光谱中有较多刺激眼睛的红光，故应根据标本染色情况选用绿色、黄绿或蓝绿色滤光器或一面磨砂的有色滤光片，以减弱光的强度，同时又可吸收掉红光，使视野光线柔和，并可保护眼睛。

旋转反光镜，使光线投射到反光镜中央，并调节聚光器或调节光圈大小，使视野得到均匀的照明。

**3. 低倍观察**

低倍镜视野广焦点深度深，易发现目标确定观察位置，故先在低倍镜观察。

将载玻片标本（涂面朝上）置于载物台的标本夹上，并将标本中心部位移至物镜的正下方，转动粗调节螺旋，使镜头下降至镜面距离检视物大约 5mm 处。然后以左眼看目镜，另一眼睁开，一边观察视野，一边扭动粗调节螺旋，使镜头缓慢地升高，待视野内出现物像后，改用细调节螺旋，上下微微转动，仔细调节焦距和照明，直至视野内出现清晰的物像，选择适当部位，移到视野中心。

**4. 中倍、高倍观察**

依次由低倍镜至中倍镜、高倍镜观察的过程中，应适当逐步上升聚光器，以调节光照，同样也要选择适当的部位，并移至视野中心。

**5. 油镜观察**

将聚光器提升至最高点，转动转换器，移开高倍镜，使高倍镜和油镜成“八”字形，在标本中央滴一小滴香柏油，使油镜镜头浸入香柏油中，微微转动细调节螺旋，使物镜清晰可见。若油镜上升到已离开油面还未看清物像，则需重新调节。此时，可以侧面注视，用粗调节螺旋将油镜小心地下降，使镜头几乎与标本相接，但不可用力过猛，以免压碎载玻片，损坏镜头。再用右手向上转动粗调节螺旋，当视野中有模糊物像出现时，改用细调节螺旋调节，使物像清晰为止。

**6. 调换标本**

观察新的标本时，必须从第 3 条开始操作。

**7. 用后复原**

观察完毕，上旋镜筒，先用擦镜纸擦去镜头上的油，然后再用擦镜纸蘸取少许二甲苯（香柏油可溶于二甲苯）擦去镜头上的残留油迹，最后再用擦镜纸擦去残留的二甲苯。机械部件可用细软布擦去灰尘和冷凝水，下降镜筒，将接物镜转成“八”字形置于载物台上。下降聚光器（切勿使接物镜与聚光器相碰受损），反光镜垂直于镜座。放进显微镜箱中锁好，并放入规定的显微镜柜中。

## 四、注意事项

1）不准擅自拆卸显微镜的任何部件，以免损坏。

2）镜面只能用擦镜纸擦，不能用手指或粗布擦，以保证镜面的光洁度。

3）观察标本时，必须依次用低倍镜、中倍镜、高倍镜，最后用油镜。与目视接目镜时，特别是在使用油镜时，切不可用粗调节螺旋向下转，以免物镜碰到载玻片而受到损伤或压碎载玻片。

4）观察时，两眼睁开，养成两眼能够轮换观察的习惯，以免眼睛疲劳，并且能够在左眼观察时，右眼注视绘图。

5）拿显微镜时，一定要右手拿镜臂，左手托镜座，不可单手拿，更不可倾斜拿。

6）显微镜应存放在阴凉干燥处，以免镜片生霉菌而腐蚀镜片。

## 五、思考问题

1）要使视野明亮，除光源外，还可以采取哪些措施？

2）使用油镜时应注意哪些问题？

3）列表比较油镜、高倍镜和低倍镜在数值孔径、工作距离及物镜镜头大小等方面的差别。

4）镜检标本时，为什么先用低倍镜观察，而不是直接用高倍镜或油镜观察？

5）试述影响分辨率的三要素。

6）当物镜由低倍到油镜时，随着放大倍数的增加，视野的亮度是增加还是减弱？应如何调节？

# 第二节　相差显微镜的构造和使用

## 一、目的要求

1）了解相差显微镜的基本原理及用途。

2）学习并掌握使用相差显微镜观察微生物样品的基本技术。

## 二、实验材料

1）菌种：酿酒酵母（*Saccharomyces cerevisiae*）水浸片，枯草芽孢杆菌水浸片。

2）仪器或其他用具：显微镜，相差显微镜聚光器，相差物镜，合轴调节望远镜，绿色滤光片，1.0mm 以下载玻片，0.16～0.17mm 以下盖玻片等。

## 三、基本原理

暗视野显微镜可以进行活细胞观察，但是看不清细胞的内部结构。而 20 世纪 40 年代出现的相差显微镜技术却使人们不仅能观察活细胞的形态，而且还能看到细胞的内部结构及其随时间变化的过程。为此，Zernike 获得了 1953 年的诺贝尔物理学奖。

光线通过比较透明的标本时，光的波长（颜色）和振幅（亮度）都没有明显的变化。因此，用普通光学显微镜观察未经染色的标本（如活的细胞）时，其形态和内部结构往往难以分辨。然而，由于细胞各部分的折射率和厚度的不同，光线通过这种标本时，直射光和衍射光的光程就会有差别。随着光程的增加或减少，加快或落后的光波的相位会发生改变（产生相位差）。光的相位差人肉眼感觉不到，但相差显微镜能通过其特殊装置——环状光阑和相板，利用光的干涉现象，将光的相位差转换为人眼可以察觉的振幅差（明暗差），从而使原来透明的物体表现出明显的明暗差异，对比度增强，使我们能比较清楚地观察到普通光学显微镜和暗视野显微镜下看不到或看不清的活细胞及细胞内的某些细微结构。

相差显微镜的成像原理及装置如图 1.5 所示。

相差显微镜与普通光学显微镜构造上的不同在于环状光阑代替了可变光阑，用带相板的相差物镜代替普通物镜，需用合轴调节望远镜来校直光轴并使用滤色片。

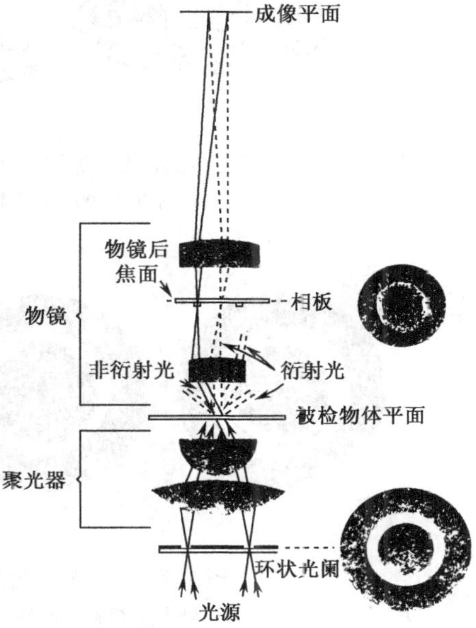

图 1.5　相差显微镜成像原理和装置

(1) 环状光阑

相差显微镜的聚光器光阑是环状光阑，照明光线只能从环状的透明区进入聚光镜再斜射到标本上（斜射角度远小于暗视野聚光器），产生直射光和绕射光。大小不同的环状光阑与聚光镜一起形成转盘聚光器，其转盘前端有标示孔，表示位于聚光镜下面的光阑种类，不同的光阑应与各自不同放大率的物镜配套使用。例如，标示孔的符号为“10”时，表示应与 10×物镜匹配；符号为“0”时，为明视野非像差的通光孔（图 1.6，A）。

(2) 相差物镜（镜头上标有 PC 或 PH 字样）

物镜的后焦平面上装有相板，这是相差显微镜的主要装置。相板由与环状光阑相对应的环状共轭面和补偿面（共轭面的内外侧部分）两部分组成，分别透过直射光和绕射光。通过涂在相板上的吸收膜和推迟相位膜，直射光和绕射光会发生光强度减弱及相位改变，再通过两者的干涉作用，将相位差改变为振幅差。如果是部分吸收直射光而推迟绕射光的相位可产生暗反差（形成明亮的背景和暗的标本），反之，如果是部分吸收绕射光而推迟直射光的相位则产生明反差（标本是明亮的而背景是暗的）。

(3) 合轴调节望远镜

由于环状光阑的光环和相差物镜中的相位环很小，在合轴调节中必须使用特殊的低倍望远镜（图 1.6，B），保证两环的环孔相互吻合，光轴完全一致（图

1.7)。

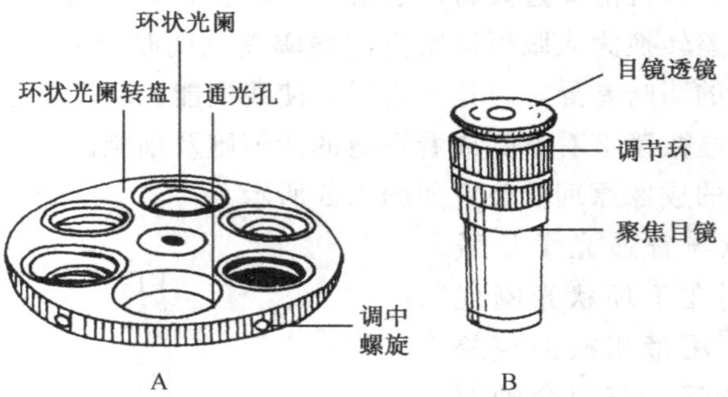


图 1.6　用于相差显微镜的环状光阑和合轴调整望远镜

A. 环状光阑；B. 合轴调整望远镜

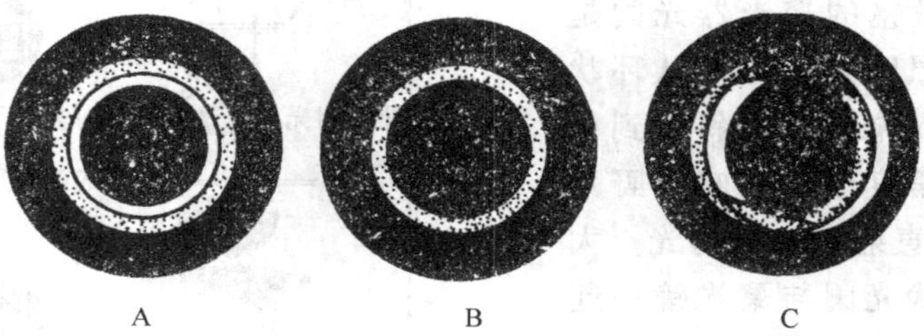


图 1.7　相差显微镜照明合轴调整

A. 环状光阑形成的亮环小于相板上暗环；B. 正确照明，亮环与暗环重合；

C. 环状光阑中心不合轴

(4) 滤光片

进行相差显微镜观察时一般都使用绿色滤光片。这是因为相差物镜多属消色物镜，这种物镜只纠正了黄、绿光的球差而未纠正红、蓝光的球差，在使用时采用绿色滤光片效果最好。另外，绿色滤光片有吸热作用（吸收红色光和蓝色光），进行活体观察时比较有利。

## 四、实验程序

1）将显微镜的聚光器和接物镜换成相差聚光器和相差物镜，在光路上加绿色滤光片。

2）聚光器转盘刻度置“0”，调节光源使视野亮度均匀。

3）将酿酒酵母水浸片或枯草芽孢杆菌水浸片置于载物台上，用低倍物镜（10×）在明视野配光并聚焦样品。

相差显微镜镜检对载玻片、盖玻片的要求很高。载玻片厚度应在 1.0mm 左右，若过厚，环状光阑的亮环变大，过薄则亮环变小；载玻片厚薄不匀，凹凸不平，或有划痕、尘埃等也都会影响图像质量。而盖玻片的标准厚度通常为0.16～0.17mm，过薄或过厚都会使像差、色差增加，影响观察效果。

4）将聚光器转盘刻度置“10”（与所用10×物镜相匹配）。注意白明视野转为环状光阑时，因进光量减少，要把聚光器的光圈开足，以增加视野亮度。

5）取下目镜，换上合轴望远镜。用左手指固定望远镜外筒，一边观察，一边用右手转动其内筒，使其升降，对焦使聚光器中的亮环和物镜中的暗环清晰；当双环分离时，说明不合轴，可用聚光器的中心调节螺旋移动亮环，直至双环完全重合。

6）按上法依次对其他放大倍数的物镜和相应的环状光阑进行合轴调节。

精确的合轴调节是取得良好观察效果的关键。若环状光阑的光环和相差物镜中的相位环不能精确吻合会造成直射光和绕射光的光路紊乱，应被吸收的光不能吸收，该推迟相位的光波不能推迟，失去相差显微镜的效果。

7）取下望远镜，换回目镜，选用适当放大倍数的物镜进行观察。

## 五、注意事项

1）载玻片不宜过厚，以适宜活菌标本的观察。

2）载玻片厚度应为1mm左右，盖玻片厚度为0.17mm，过厚或过薄均不宜使用。

## 六、实验报告

绘出你所观察的酿酒酵母和枯草芽孢杆菌的形态。

## 七、思考问题

1）为什么说相差显微镜的出现是显微镜观察技术的一大进步？

2）能否用相差显微镜观察染色标本？

# 第三节　暗视野显微镜的构造和使用

## 一、目的要求

在普通光学显微镜下安上一个暗视野聚光器，就可成为一架暗视野显微镜，本实验要求了解暗视野显微的构造和原理，并掌握其使用方法。

## 二、实验材料

1）普通光学显微镜，暗视野聚光器。

2）新的载玻片，盖玻片，镊子等。

3）香柏油，二甲苯，擦镜纸。

4）菌种或菌种制片。

## 三、基本原理

常用于暗视野显微镜上的暗视野聚光器有抛物面型和心型两种（见图 1.8）。抛物面型聚光器的顶部是平滑的，而心型聚光器的反射部分呈心脏形。其主要原理是在两种暗视野聚光器的底部中央有一块折光板，使来自反光镜的中央光柱不能直接射入物镜，而仅让光线从聚光器的边缘部位斜射到标本上，这样只有经物体反射和衍射的光线才能进入物镜。因此，整个视野是暗的，而菌体细胞则是明亮的。

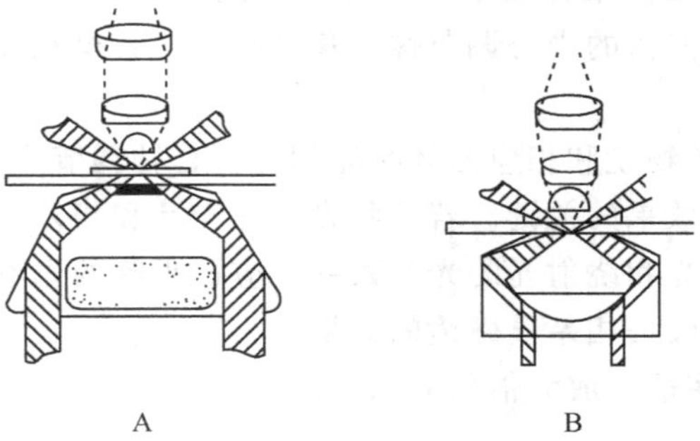


图 1.8　暗视野聚光器

A. 抛物面型聚光器；B. 心型聚光器

由于暗视野显微镜能使标本和背景形成强烈的明暗对比，所以在明视野显微镜下观察不到的活菌体，在暗视野显微镜则清晰可见。其不足之处是仅能看到菌体的轮廓，而看不清它的内部结构，因此，它主要用于观察细菌、螺旋体和大型病毒的形态及细菌运动。

## 四、实验程序

1）装暗视野聚光镜：取下原有聚光器，换装暗视野聚光镜并上升聚光器，使其透射顶端与镜台平齐。

2）调节光源：光源宜强，可用带有会聚透镜的显微镜照明（或用小弧光灯，在灯前放一透镜），光源应在透镜的焦点处，使光线平行地射到反光镜上。调节光源和反光镜，使光线正好落在反光镜的中央。

3）放置标本：加一滴香柏油于聚光镜平面上，再将水封片标本放在镜台上，使载玻片的下表面与透镜上的香柏油相接触（注意避免产生气泡）。

4）低倍对光：使聚光镜的焦点与检视物在同一平面上。当聚光镜调到准确的位置时，可看到有一圆点的光在视野中心。

5）油镜观察：具体操作是实验第一节中油镜中的使用，如对比度不够明显，可稍微调节聚光器和反光镜，并缓慢地调节粗、细螺旋，以使菌体和细菌的运动方式显示得更为清晰。

6）用后处理：参照普通光学显微镜的要求，妥善地清洁镜头，擦去聚光镜上的香柏油并将它卸下，再安上普通光学显微镜的聚光器。

## 五、注意事项

1）载玻片应非常清洁，保证无裂痕，无油脂。

2）制片时菌液浓度宜小，否则达不到暗视野观察的要求。

3）使用不同类型的暗视野聚光器时，对载玻片和盖玻片的厚度各有一定的要求。用油镜观察标本时多使用抛物面型聚光器，所用的载玻片厚度通常为1～1.1mm，盖玻片厚度不超过0.17mm，否则会因聚光器的焦点与标本不在一个平面上而无法看清物像。

## 六、思考问题

1）暗视野显微镜与普通光学显微镜（明视野）有何区别？试述其光学原理。

2）暗视野显微镜有何优缺点？试述其应用原理。

# 第四节　透射电子显微镜的构造和使用

## 一、透射电镜的基本构造

透射电镜（transmission electron microscope，TEM）属于大型精密仪器，主要由电子光系统、真空系统和供电系统三大部分组成。

### （一）电子光学系统

电子光系统又分电子枪、磁电子透镜、样本室和观察装置等几个部分(图1.9)。

**1. 电子枪**

电子枪是电子光源的发射装置，由阴极、栅极和阳极组成。一般阴极是钨丝制成的极细小的V型灯丝，当通电加热到2227℃以上时，其尖端即发射电子。栅极位于阴极和阳极之间，用来控制电子的发射的强度，并将阴极发射的电子挤压成直径小于100μm的束流，这个极微小电子束的集合点（又称交叉点）就是电镜的光源。而阳极和阴极之间有极大的电位差，可对电子束产生巨大的加速作用。另外阳极还有调节电子波长的作用，阳极的电压越高，电子波长越短，电镜的分辨力就越高。

**2. 磁电子透镜系列**

磁电子透镜包括聚光镜、物镜、中间镜和投影镜。聚光镜的作用是汇聚电子束、控制照明束斑和孔径角的大小，以减少能量的损失，使更多的电子束投射到样品上，并成像放大。一般电镜装有两个聚光镜，第一个聚光镜是短焦距强磁透镜，其作用是把光斑直径聚集到1μm以下；第二个聚光镜是长焦距弱磁透镜，其作用是把光斑直径放大到2.5μm左右，并使其正焦照到样品的表面，再通过调节活动光阑来改善孔径角，以减少电子束对样品的辐射损伤。

物镜是短焦距强磁透镜，它把样品的精细结构作第一次约 60 倍的放大，称初级放大像。可以想像如果此时稍有误差，在以后成百上千倍的进一步放大中势必将造成图像的严重失真，因此对物镜的精确度和清洁度等要求极高。另外，物镜质量的优劣与电镜的分辨力有直接的关系，物镜的质量越好，电镜的分辨力越高。物镜极靴是物镜中的关键部件，其作用是保持磁场的轴对称，并防止产生磁饱和现象。物镜中还装有可变光阑（一般可变范围是 30、50、70$\mu$m），其作用是控制物镜孔径角，以减少球面像差，此外还有除去散射电子以增加像反差的作用。另外，物镜中还装有消像散器，用来消除物镜受到污染而造成的像散。

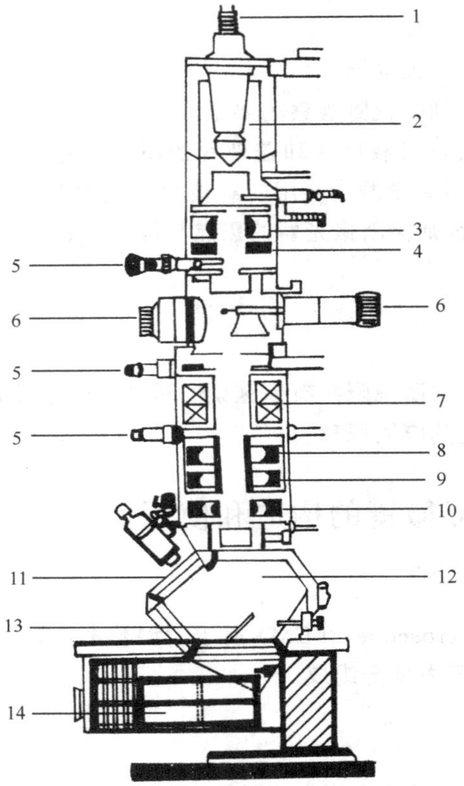


图 1.9　透射电镜结构图（林钧安等）

1. 高压电线；2. 电子枪室；3. 第一个聚光镜；4. 第二个聚光镜；5. 光阑；6. 样品臂；7. 物镜；8. 第一个中间镜；9. 第二个中间镜；10. 投影镜；11. 观察窗；12. 观察室；13. 荧光板；14. 底片盒

中间镜和投影镜的作用是把初级放大像进一步放大成最终像，呈现在荧光屏上以供观察。中间镜又叫衍射透镜，是长焦距弱透镜，其倍数可变，用来控制总的放大倍数。此外，中间镜内装有可活动的限场光阑和半固定的反差光阑，用以提高成像的质量。投影镜位于中间镜的下方，是短焦距强透镜，它把中间镜形成的放大像再次放大，使电镜的最高放大倍率可达 100 万左右。由此看来，真正能起图像放大作用的是投影镜。为了提高放大倍率，有的电镜装有两个投影镜，分别称Ⅰ级和Ⅱ级投影镜。

**3. 样品室**

样品室位于聚光镜和物镜之间，作用是稳定地承载样品和水平移动样品。有两种类型的样品室：顶落式和侧插入式。用顶落式可以把物镜极靴的空隙做得非常狭窄，提高分辨率；且物镜极靴能侧开口，因而可以放倾斜样品台。侧插入式操作简单，备有多种样品杆，如：倾斜的、可加热的或可冷却的以及旋转的等，以供不同需要。为了在换样品时不至破坏整个镜筒的真空，样品室单设有气锁装置，使电镜观察时换样品简便易行。有时同一台电镜设计两种样品室，需要高分辨率时用顶落式，不需要高分辨率时用侧插式。

**4. 观察和记录装置**

观察装置位于镜筒的下方，包括荧光屏、观察窗和立体光学显微镜。荧光屏上涂有黄绿色的荧光粉，是由硫化锌镉类制成的，并加入微量的Ag、Cu等激活剂，它的作用是将电子束所带的样品信息转换成光讯号，呈现清晰的图像。一台电镜一般有左、中、右3个观察窗，能几个人同时观察。另外窗玻璃中含有铅，用以防护X射线的逸出。记录装置包括照相室、曝光操纵杆和自动曝光记时装置等。照相室位于荧光屏的下方，内装有上下两个暗盒，分别用于存放未曝光的和已曝光的底片。曝光操纵杆一般位于操作者的右手方向，当拉起操纵杆时，荧光屏随之抬起，带有样品信息的电子束就射在胶片上。由于电镜的景深较长，所以在荧光屏上聚好焦以后，位于其下方的胶片上亦会得到清晰的图像。用自动曝光计可以事先设定曝光时间，一般在1～4s选择。目前多数电镜可在底片上打印出多种参数，如：加速电压值、放大倍率、底片编号、放大标尺、操作者代号和拍照时间等。有的新型电镜还装有电视图像系统和真空外照相系统，可以更多地记录观察信息，更方便地分析比较图像。

## （二）真空系统

电镜的真空系统主要包括真空泵，一般分机械泵和扩散泵两级。此外还有分子涡轮泵和离子泵等其他种类，适宜高分辨率的场发射电镜使用，真空可达$10^{-10}$～$10^{-9}$Torr（注：1Torr＝$1.33322\times10^{2}$Pa）。另外，真空系统还包括阀门、真空管道和检测装置等（图1.10和图1.11）。

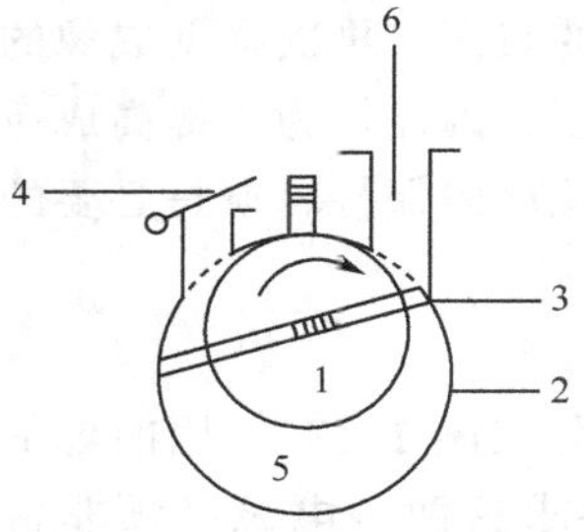


图1.10 旋转刮片机械泵工作原理截面图（朱丽霞等）

1. 转子；2. 泵体壁；3. 刮片；4. 排气阀；5. 空隙；6. 吸气口

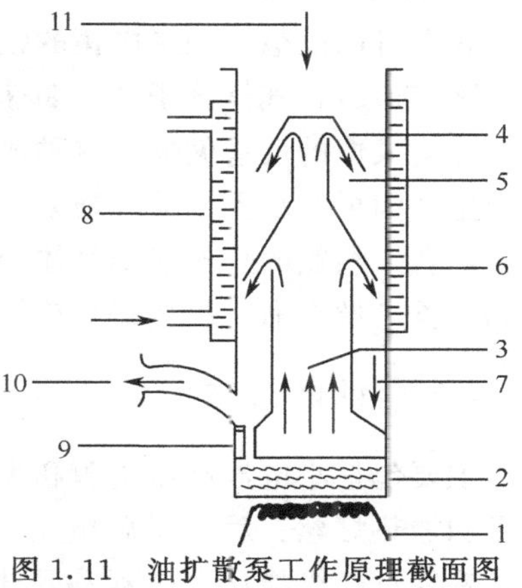


图1.11 油扩散泵工作原理截面图

1. 加热电器；2. 沸腾的硅油；3. 油分子；4. 伞形喷嘴；5. 第一级环；6. 第二级环；7. 凝结油；8. 冷却水外套；9. 凝结油返管；10. 排气口（接旋转泵）；11. 吸气口

**1. 机械泵**

机械泵是旋转式的，泵体内装有油浸偏心刮片，它通过真空管道与密闭的镜筒相连，并依靠转子的旋转使泵体内的空气压缩，且压力上升。当泵体内的气压大于外界的大气压时，泵体内的气体就被排出。排气阀可防止排出的气流倒流，与此同时，镜筒中的气体不断地补充到泵体中，又不断地被排出，这一过程反复循环，就使镜筒中的气体越来越少。尽管机械泵排气的速度较低（一般150 L/min），可达的真空度也不高（$10^{-3}$ Torr），但它为进一步用扩散泵抽真空打下基础。

**2. 扩散泵**

由二至三级油扩散泵组成，包括泵体和水冷却挡板两部分。泵体又包括加热槽、水冷却箱和多级喷筒。但是油扩散泵的启动需要特定条件，即吸入口和排气口的压强必须低于13.3Pa，所以要用机械泵辅助工作。在开启扩散泵之前，先用机械泵预抽真空20～30min，使镜筒内达到一定的真空度。扩散泵的工作原理是：当加热扩散泵中耐热性能良好的硅油时，油蒸气通过喷筒产生喷流，借助喷流产生的能量，将镜筒中扩散出来的气体分子带走，并送出排气口，而油蒸气在水冷却箱中再度凝集成油滴，返回到加热槽中，如此循环往返，镜筒中的气体分子就不断地被排出。由于扩散泵功率大，排气速度快（一般280l/s），所以可使镜筒短时间内达到并维持较高的真空度（$10^{-6}$～$10^{-7}$ Torr）。但由于扩散泵的高真空是油蒸气的喷流作用形成的，容易造成镜筒的油污染，所以不适于高分辨电镜。真空检测装置显示镜筒的真空度，并备有指示灯。有的新型电镜装有自动控制真空系统，当镜筒中的真空度下降时，高压电路自动中断，同时开启真空泵。

**3. 为什么要求真空**

我们可以设想，如果电镜的镜筒中有许多气体分子，将会怎样呢？首先，高压电路接通后，气体分子会与高速运动的电子碰撞，使电子发生散射，引起“弦光”并使成像的反差偏低。这种碰撞还会使气体电离放电，导致电子束不稳定，并产生“闪烁”现象。另外残余的气体还会污染样品的表面，再次降低成像的质量。再者，灼热的灯丝遇到气体会受到腐蚀而容易断裂。因此，为了提高成像质量和延长灯丝寿命，尽量减少镜筒中的气体分子，使镜筒内保持真空是必要的。

### （三）供电系统

主要包括小电流高压电源和大电流低压电源两部分（图1.12）。用前者加速电子和加热灯丝；后者供磁电子透镜聚焦和成像。要求这两种电源必须非常稳定，要经过二级稳压，一般高压电源达$2\times10^{-5}$/min数量级；低压电源达$1\times10^{-6}$/min数量级。这是因为任何微小的波动，都会改变电子束的波长，从而影响成像质量和降低分辨率。另外供电系统还包括偏转线圈和消像散线圈电源，这两种用一级稳定电源即可。为防止启动机械泵或开关照明灯时引起高压电流和透镜电流波动，因而影响电源的稳定度，需将机械泵和照明电路接在安全电路的后面和总稳压器的前面。总电源稳压器可把电流波动初步稳定在±2%，为进一步稳压打下基础。

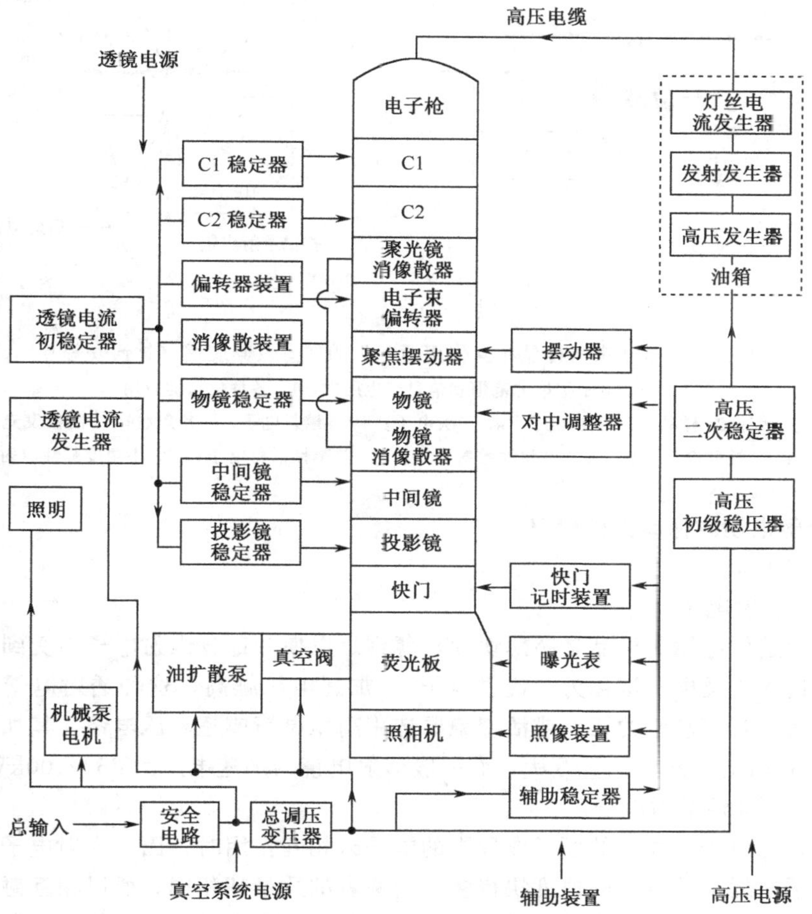


图 1.12　透射电镜电源系统模式图（朱丽霞等）

## 二、透射电镜的成像原理

### （一）电子束与样品的相互作用

#### 1. 电子束与样品相互作用后产生的信息

入射电子束与样品相互作用后，产生多种信息，如：直接透射电子、俄歇电子、二次电子、背散射电子、X 射线、小角度弹性散射电子、大角度弹性散射电子、非弹性散射电子和阴极发光现象等（见图 1.13）。下面介绍一些与透射电镜成像有关的信息。

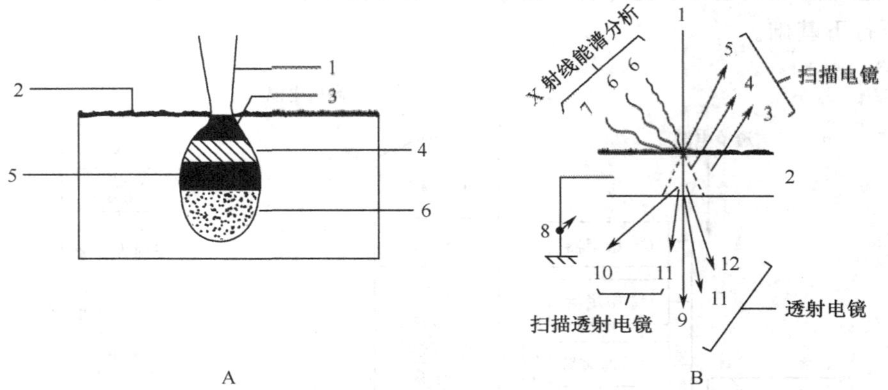


图 1.13　电子束与样品相互作用后产生的信息及其应用（林钧安等）

A. 一次电子扩散的范围和信息产生层次；B. 各种信息的应用

1. 入射电子束；2. 样品；3. 俄歇电子；4. 二次电子；5. 背散射电子；6. X 射线；7. 阴极发光；8. 吸收电子；9. 透射电子；10. 大角度弹性散射电子；11. 非弹性散射电子；12. 小角度弹性散射电子

**2. 与透射电镜成像有关的信息**

见图 1.4。

(1) 透射电子

因为透射电镜的样品是超薄切片，薄到足以使一部分入射电子不受到阻碍而直接穿透，这类电子被称为“透射电子”。加速电压越高，这种透射电子的能量越大。所以观察较厚的切片或活细胞要选用高压电镜或超高压电镜，其加速电压达 500kV 以上，甚至几百万伏，而一般透射电镜的加速电压为 25～100kV。

(2) 非弹性散射电子

当入射电子与样品的原子核周围的电子云相互作用时，因为入射电子的速度比绕原子核运动的电子的速度快得多，而两者的质量却相同，所以相互碰撞时会重新分配其总能量，使高速运动的入射电子的方向和速度发生变化，即通常所说“带有了样品的信息”。我们把这种入射电子束与样品的相互作用称为“非弹性散射”，而把作用后带有样品的信息的入射电子称为“非弹性散射电子”。因为样品中电子数目很多，从而产生的非弹性散射电子的数目也很多，所以非弹性散射电子在成像过程中起重要的作用。一方面改变了入射电子的方向，另一方面由于损失了一部分能量，致使图像模糊，形成像差。使样品尽量薄和尽量加大入射电子的能量可以降低非弹射散射引起的像差。

(3) 小角度弹性散射电子

入射电子与样品中的原子核相碰撞时，由于原子核的质量比电子的质量大很多，会使快速运动的入射电子偏斜，我们把这种现象叫“弹性散射”，而作用后带有样品信息的入射电子被称为“弹性散射电子”，但其能量的损失可忽略不计。由于物镜光阑的直径只有 20～70μm，所以偏斜角度大于物镜接受角的弹性散射电子被挡住，而只有偏斜角度小的弹性散射电子可通过物镜光阑，并参与电子显微镜的成像过程。

（二）样品的成像反差

电镜样品成像的质量与样品成像的反差有关。通常样品成像的反差指的是肉眼能辨别出来的光强度的变化，又称振幅反差。它表现为在电镜下样品成的像与它的背景有亮度的差异。形成这种差异的主要原因是，同一样品中的各种不同的结构对入射电子的作用是不同的。也就是说，当电子束通过超薄样品时，由于构成样品的原子间的距离有 0.1nm 以上，而原子核与电子的大小只有 $10^{-6}$～$10^{-7}$ nm。这种巨大的差异使入射电子中只有极少部分会与原子核或轨道电子碰撞，并形成不同角度的弹性散射电子或非弹性散射电子。而绝大部分入射电子能直接透过样品并构成图像背景的主体，在荧光屏上形成亮区。位于样品室下方的物镜光阑进一步限定了物镜的接收角，只让弹性散射或非弹性散射角小的电子通过，在荧光屏上形成相应的暗区。电子显微像的反差主要就是这样形成的。由于样品的厚度和质量的不均一，可通过光阑的小角度的弹性散射电子和非弹性散射电子也疏密不一，在荧光屏上形成的暗区就深浅不一，这使电子成像有了不同的明暗层次。

但除了振幅反差的作用之外，电子显微成像的反差与位相反差也有一定的关系。位相反差是由于直接透过电子束波的振幅与非弹性散射电子束波的不同而形成的。当样品极薄（约＜40nm）时，非弹性散射电子的散射角度很小，几乎都能通过物镜光阑．这使荧光屏上亮区和暗区的差别减小，致使图像的反差变得很小。但由于超薄样品厚度不会绝对均匀，入射电子束在穿透过程中的能量损失仍必然有差异，这就不可能有完全相等路程的出射电子，因此出射电子波路程的极微差别会使成像表现为“颗粒性”，但由于这种效应一般不易被察觉，只能在调节电镜到其最高分辨率和最大放大倍数时才能出现，所以只有对极微小的结构（如≤1nm），这种由样品本身的厚薄不均匀引起的位相反差才显出其重要性。

此外，入射电子穿透样品时，样品中的质量和厚度有差异的区域会出现一种“费涅尔条纹”，其在欠焦时以亮线勾画这些区域的边缘；在过焦时以黑线勾画这些区域的边缘，犹如给美术描细边，都有突出结构边缘使图像更清晰的作用。而在正焦时，这种“费涅尔条纹”却完全消失，倒显得图像的反差最小。所以在稍欠焦或稍过焦时拍照，既不影响图像的聚焦质量，又能加强图像的反差。基于这种现象，电镜工作者往往利用稍稍离焦来提高成像的反差，这当然要以不影响聚焦质量为前提。一般稍欠焦时有更好的反差效果，所以现代电镜已装备了最佳欠焦开关（OUF）。

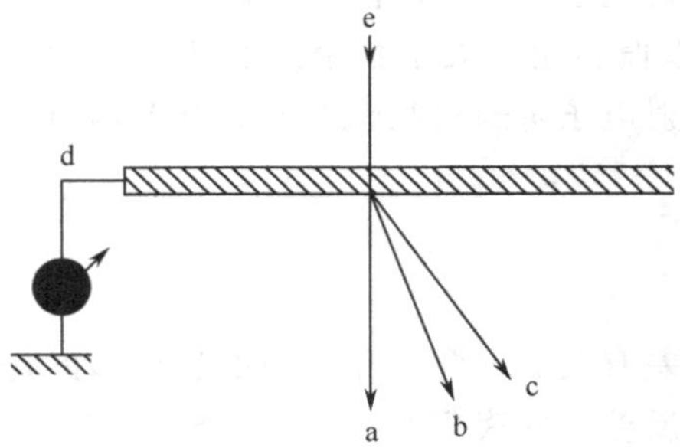


图 1.14　与透射电镜成像有关的电信号

a. 透射电子；b. 非弹性散射电子；c. 小角度弹性散射电子；d. 吸收电子；e. 入射电子束

由于生物样品的化学成分主要是碳（C）、氢（H）、氧（O）、氮（N）等相对原子质量较低的元素，再加上透射电镜要求样品先制成超薄切片，其包埋介质又多为有机类树脂，所以生物样品对电子的散射能力很小，所得的图像反差很低。为了提高样品的反差，首先要设法增加其对电子的散射能力，选用重金属盐类进行电子染色可达到这一目的。常用的有锇（Os）、钨（W）、铅（Pb）、锰（Mn）等，它们对生物样品中的不同组分有不同程度的结合力，因此样品中结合重金属盐区域对电子的散射能力也会不同程度地加强，使电子图像显示深浅不一的黑白色。这既加强了生物样品的反差，又增加了成像的层次，从而大大提高了电子显微照片的质量。还有一些增加生物样品反差的方法，我们将在以后的有关章节中详细说明。

再者，适当厚的样品可提高图像的反差，但样品越厚，入射电子的损失越多，而非弹性散射电子过多，产生的像差也越大，反而会影响成像的质量。加上损失的能量还会激发样品中的原子，使样品发热，甚至被灼伤，继而引起不同程度的膨胀，最终导致图像漂移、模糊，以至无法聚焦和拍照。另外过厚的样品还会引起成像叠加，混杂不清，背底昏暗。所以在保证一定的图像反差的前提下，小于100nm的超薄切片更适宜透射电镜。通常低速电子（电压50～60kV）更易散射，可提高样品的反差，适于40～60nm厚的样品；高速电子（电压80～100kV）穿透力强，适于90～100nm厚的样品。

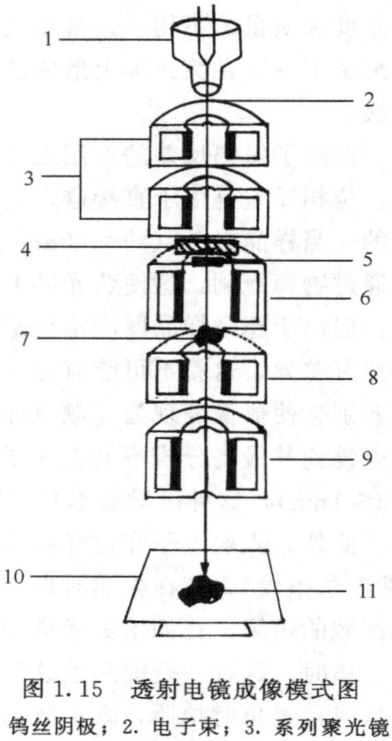


图 1.15　透射电镜成像模式图

1. 钨丝阴极；2. 电子束；3. 系列聚光镜；4. 样品室；5. 活动光阑；6. 物镜；7. 最初的放大成像；8. 中间镜；9. 投影镜；10. 荧光屏；11. 最终的放大成像

### （三）透射电镜成像原理

透射电镜的基本成像过程简述如下：在真空条件下，电子束经高压加速后形成极细的快速电子束流，此时为不带样品信息的入射电子射线。当它与样品发生作用时，由于样品的厚度和质量有差异，能产生多种带有样品信息的讯号，而与透射电镜成像密切相关的有透射电子、非弹性散射电子和小角度弹性散射电子，以及吸收电子。这些带有样品信息的电子束流经物镜作用产生样品的最初放大像，接着经中间镜和投影镜两种电磁透镜再次放大之后，带有样品信息的电子最终激发荧光屏，产生强度不同的可见光，形成能用肉眼观察的电子显微图像（图 1.14、图 1.15）。

## 三、透射电镜的性能与应用

### （一）透射电镜的分辨率与放大倍数

#### 1. 分辨率

分辨率指可以辨别的两个点之间的最短距离，一般用符号 $\delta$ 来表示。对于一台电镜来说，这种距离越短，即 $\delta$ 的数值越小，其分辨率就越高。理想条件下推出：

$$\delta=\frac{0.61\lambda}{n\cdot\sin\alpha}$$

式中：$\lambda$ 为电子波长；$N$ 为样品与电磁透镜之间的介质的折射系数（真空下 $n=1$）；$\alpha$ 为入射电子束与电磁透镜光轴之间的夹角（孔径角）；$n\cdot\sin\alpha$（NA）为数值孔径。

从公式上看，$\lambda$ 的数值越大，$\delta$ 的数值亦越大，电镜的分辨率就越低。而 NA 的数值越大，$\delta$ 的数值却越小，电镜的分辨率会越高。从这种意义上讲，提高电镜分辨率的途径有两条，一是缩短波长；二是增加数值孔径。例如：电镜之所以比光镜的分辨率高上千倍，原因之一就是电镜用电子束作为光源，其波长在 100kV 电压下只有 0.0037nm，而光镜用可见光作为光源，其波长为400～700nm。但是，由于电镜的结构十分复杂，决定其分辨率的因素也是多种多样的。首先，电子束的波长与电子的速度成正比，即电子的速度越快，其波长越短。而电子的速度又与加速电压的平方根成正比，即加速电压的平方根越大，电子的速度越快。这种关系可用以下公式来表示：

$$\lambda=\frac{12.5}{\sqrt{V}}$$

式中：$\lambda$ 为电子波长（nm）；$V$ 为加速电压（kV）。

由此可以看出，提高加速电压，可以缩短电子波长，最终使电镜的分辨率增加，表 1.1 可以进一步说明这一点。

**表 1.1　电子波长与加速电压之间的关系**

| $V$/kV | 50 | 60 | 80 | 100 | 1000 |
|---|---|---|---|---|---|
| $\lambda$/nm | 0.0053 | 0.0050 | 0.0042 | 0.0037 | 0.0009 |

另外，电磁透镜的像差也是影响分辨率的重要因素。透镜像差指的是电子光学系统偏离理想的成像，包括球差（$\delta_s$）、像散（$\delta_a$）、色差（$\delta_c$）和衍射差（$\delta_d$）等。目前，减少透镜像差的最有效的途径是适当减小孔径角和制备足够薄的样品，以减少非弹性散射电子的数量；或者稳定加速电压，使入射电子束的速度提高且一致。

球差导致像点的附近产生弥散状的小球，这是由于电磁场汇聚同一物点发出的电子束中电子速度不同造成的。因为大孔径角的电子焦距短，所以汇聚得快些，而小孔径角的电子焦距长，所以汇聚得慢些，导致入射电子束穿过透镜后不能共焦一点。像散使物点的像成为椭圆形，这一方面是由于制造仪器的材料不理想和加工不精良而导致场分布非轴对称形成的，另一方面是由于光阑和极靴孔的污染引起的。前者可以用消像散仪做补偿矫正，后者可以通过彻底清洗而消除。色差是由于电镜的加速电压波动导致电子束波长变化，进而使入射电子束的速度不一致引起的。又分为中心色差、放大色差、旋转色差和放大旋转色差等几种现象，可以通过加强电源稳压使其减小到忽略不计的程度。衍射差是限制电镜分辨率的重要因素之一，增加孔径角可以减小衍射差，但是为了减小球差却应该减小孔径角。那么如何解决这对矛盾，找出理论上最佳孔径角（$\alpha$）的值呢？

如果忽略了像散和色差的效应，只考虑衍射差和球差的综合效应，可以通过下面的公式来推出最佳孔径角（$\alpha$）的值：

$$\alpha_{最佳} = 1.4(\lambda / c_{球差})^{1/4}$$

式中：$\alpha_{最佳}$为最佳孔径角（一般 $10^{-2}$～$10^{-3}$弧度）；$\lambda$ 为电子波长（nm）；$c$ 为电磁透镜的球差系数。

用最佳孔径角可以求出电镜理论上的分辨率 $\delta$ 理论约 0.2nm。考虑到四种像差的影响，电镜达不到理想的分辨率，计算实际分辨率应为：

$$\delta_{实际} = (\delta_s^2 + \delta_a^2 + \delta_c^2 + \delta_d^2)^{1/2}$$

但是，如前所述，如果再加上生物样品本身等因素的影响，一般用透射电镜观察生物样品时，能分辨清楚的两个点之间的距离为 0.5～1nm。

**2. 放大倍数**

一般在距离 25cm 的明视条件下，人的眼睛可以辨清相距约 0.2nm 的两个点，即 $\delta_{眼}$ = 0.2nm。而生物样品的超微结构是那样的细小，都以微米（μm）、纳米（nm）来计算，如：一般植物细胞的直径为 100μm，动物细胞的直径为 10～20μm，细菌的直径为 1μm，病毒的直径为 10～100nm，生物大分子的直径为 1～10nm，小分子的直径为 0.1～1nm，而原子的直径为 0.1nm。所以不借助显微镜是无法看到的。普通光学显微镜的最佳分辨率可达 200nm，新近发展起来的进场扫描光学显微镜的分辨率提高到了电镜水平，可达 30nm，但仍不能满足观察细胞内部精细结构以及生物大分子等的要求，所以要借助分辨率更高的电子显微镜。但电镜的有效放大倍数（$M$）是恒定的，即不可能无限制地放大，也就是说当超过电镜有效放大倍数时，得到的图像是模糊不清的。电镜的有效放大倍数可以用下面的公式计算：

$$M_{有效}=\frac{\delta_{肉眼}}{\delta_{仪器}}$$

如果一台电镜的分辨率为 0.2nm（即 $\delta_{仪器}=0.2$nm），那么：

$$M_{有效}=\frac{0.2\times10^6}{0.2}=10^6 \text{ 倍}$$

其有效放大倍数可达 100 万倍，如果超过 100 万倍，所得的图像就模糊不清了，把它放得再大也无益，我们把这种多余的放大称为“空放大”。

因为 $\delta_{肉眼}$ 是相对稳定的，所以 $\delta_{仪器}$ 对于一台电镜的有效放大倍数起重要的作用。但除了仪器本身的分辨率的因素以外，样品的性质和质量、电子束的照明状况、仪器调试的状态以及拍照的技巧等因素也影响有效放大倍数，对此我们也必须考虑到。

### （二）透射电镜的性能

从前面的内容中，我们已经陆续了解了一些透射电镜的性能，如果综合起来，可以简述如下：透射电镜是以电子束作为照明光源的；装有聚光镜、物镜、中间镜、投影镜等一系列电磁透镜；其分辨率可达 0.1～0.2nm；放大倍数可达 100 万左右；电子散射的因素在其成像反差中起主导作用；在放大 500 倍时焦点深度为 500μm；图像用荧光屏显示，且无色彩；适于小于 100nm 的超薄切片以及复型膜等；要求样品在真空条件下成像。

### （三）适用于透射电镜的样品

提到适用于透射电镜的样品，可能会得到较多的关注，因为它与每一位从事生物电镜样品制备的人员有直接的关系。从样品的类别上分，如前所述透射电镜适于观察超薄切片、冷冻蚀刻的复型膜、悬浮样品的滴片，以及直接培养在载网上的经过抽提处理的单层细胞等。从研究内容上分，如果我们对细胞质膜或细胞质中的某些细胞器上抗原（或抗体）进行免疫标记；或追踪细胞中某些大分子的放射自显影标记；或对细胞中的某些生化成分作定位、定性、甚至定量的研究；以及制备细胞内微区元素定性和定量分析的样品等，一般需先制备超薄切片，再分别做特殊的处理，所以这类样品都可用透射电镜来观察。如果专门研究细胞的超微结构，如：研究细胞质膜、细胞内膜系统中的某种细胞器或中心粒和细胞连接装置等，就更需用透射电镜了。所以说透射电镜应用十分广泛。

### （四）透射电镜的操作程序

一般实验室都有专门人员负责调试电镜，使用人员只需掌握观察样品和拍照的技巧就可以了。但为了适应电镜技术日益普及的趋势，作为生命科学工作者，也有必要了解并掌握一些基本的操作步骤。对于不同型号的透射电镜，尽管基本的设计原理是一样的，但各自的设计布局还是有差异的，具体的操作方法也就不一样。所以要真正掌握这一技术，还必须结合自己使用的电镜和说明书对照学习。这里只就一般的操作程序和注意等作简要的说明。

**1. 开机**

1）接通总电源（合总闸）。

2）打开循环水阀门。

3）检查 COLUMN EVAC/AIR 开关是否在 EVAC 的位置上（如果在 AIR 的位置上，需先终止下一步的操作）。

4）拉出节开关，打开 EVAC，开始抽真空 20～30min。

5）打开 COL 开关（此开关控制透镜电流、曝光表和电压，约 20～30min 后，先检查表示电压系统和照相系统正常的绿色指示灯是否已亮，再检查真空表指针是否合格，如以上都正常，说明电镜已备好）。

**2. 调试照明系统**

1）加高压：从低到高，一步步加到位（注：每加一步都要检查指针是否稳定在预定的数值上。如果电压加不上去或不稳定，说明真空度有问题）。

2）加灯丝电流：一般高压加到 75～80kV 并稳定后，可以慢慢旋转灯丝钮，直到使灯丝饱和为止。此时荧光屏的亮度和束流达到最大，并且会随电压的增加而变化。

3）合轴：先插入聚光镜活动光阑，并把放大倍数调到约 5000 倍，再从灯丝饱和点的位置慢慢倒转灯丝钮，直到看见未饱和的灯丝像为止。接着调节合轴钮，使灯丝像位于中央，呈对称的“炸面圈”形状（图 1.16）。之后，再顺时针转动灯丝钮，直到灯丝再饱和为止。按 BRIGHTNESS 键集中电子束流，使屏幕上的电子束光斑的直径约 2in，再用 BRIGHT CENTERING 钮调节光束的位置，

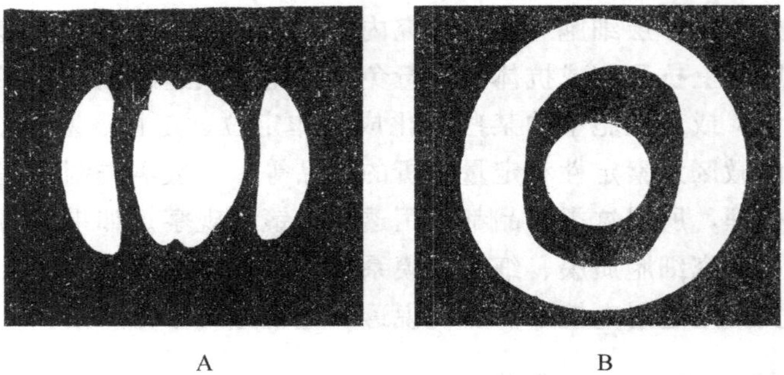

A　　B

图 1.16　灯丝像（林钧安等）

A. 未饱和的灯丝像；B. 对称的“炸面圈”

使电子束光斑位于中央。通过反复放大和聚中电子束斑，来检查其是否能均匀散开，直到满意为止。

4）装入样品：注意先关电子束流和高压，动作要轻稳准确，以便保持镜筒整体的真空。放好样品后，要检查样品是否夹牢了，以防止脱落。并且要避免碰到样品杆手把以外的部位，以防止污染样品室而影响成像的质量。

5）调整Z位置控制：此项是为了使样品在镜筒中的位置高度稳定，便于聚焦。即当改变图象的放大倍数时，像的聚焦仍保持近似同等水平。最好先在低倍下调节，如2000倍。

6）插入物镜活动光阑：一般按物镜光阑的孔径从大到小分为Ⅰ～Ⅳ级。如果样品较厚，反差较好，选Ⅰ级或Ⅱ级为宜。反之如果样品极薄，反差又太低，选Ⅲ级或Ⅳ级为宜。插入物镜光阑后要通过调节X/Y方向，使其与透镜对中合轴。

**3. 观察和拍照**

1）选择视野：电镜观察的面积非常有限，为了提高工作效率，最好先在低倍条件下选择观察的区域。先移出物镜光阑，再按SCAN键，可查看样品低倍像，把切片平整且厚薄适宜的区域移到荧光屏的中央，再重新插入物镜光阑，并使其居中。接着按ZOOM键，返回高倍，随即开始观察。

2）改变放大倍数：在观察期间可随意改变图像的放大倍数。用MAG DOWN/UP键来调节。但一般先在较低倍数下（如5000～8000）观察，碰到感兴趣的结构时，再增加倍数。这样一方面可以扩大观察面，提高观察速度；另一方面，可以保护样品表面，使其受热尽量均匀，不致被电子束击破。

3）聚焦：选择好拍照的区域后，要尽可能先拍照，再接着观察其他的区域，以防止发生意外，如：样品破裂，卷曲和漂移等。聚焦前先拉起聚焦屏幕杆，借助双目显微镜完成。有的电镜设有颤动聚焦装置（WOBBLER键），这将使判断聚焦状况更简便。在按WOBBLER键时，如果聚焦合适，图像不会交错晃动，而只是在原位极轻微地颤动，且成像外缘有非常均匀的细晕圈；而过焦或欠焦越多，图像的交错晃动就越明显。操作时，可边按住WOBBLER键，边通过快速敲击UNDER/OVER键来调节，直到聚焦满意为止。如前所述，通常对于生物样品，少许有点欠焦会得到最佳的成像反差。可以先通过WOBBLER键调到正焦后，再在F档次下少许敲击几下UNDER键。有时为了选择最佳条件，可以敲击不同次数，并都拍下来，然后再加以比较择优。如果电镜装有“最佳欠焦开关”（OUF）就方便了。

4）拍照：拍照之前，先选择自动曝光时间，一般设定1s或2s，因为较短的时间可以减免由于样品极轻微的漂移所致的成像模糊不实的现象。接着调节屏幕亮度，使其均匀，同时注意亮度指示灯的变换，当绿灯亮起时，证明已合适了。此时可以放下聚焦屏幕杆，再尽快地选择一下拍照的范围。然后关闭内照明灯，轻轻拉起照相曝光杆。待自动曝光完毕之后，可听到放气声，再放下曝光杆，并稍等片刻，可听到曝过光的底片落入暗盒的声音。当照相系统的绿色指示灯重新亮起时，证明拍照过程已完毕，可以继续观察。在继续观察之前，最好先记录下拍照的情况，如：样品内容和拍照条件等，以便分析和查找。

**4. 换版**

1）预抽底版真空：在暗室把底版装好（注意：只能开红灯，且敏感药面朝上），盖好暗盒，再放入预抽瓶中抽真空 30s，以防止残存的气体污染镜筒。

2）换版：换版前要先关闭灯丝电流和按电压 OFF 键，随即把电镜的 CAMERA 开关转到 AIR 的位置，约 30s 后完成空气渗漏。关闭室内照明，（以下在黑暗中操作）先打开电镜照相室的前门，取出已曝光的暗盒（位于下方），并立即盖好防止漏光；接着放入新装好的未曝光的暗盒（位于上方），并松动盒盖少许。然后再把一个空暗盒放入下方（取出它的盒盖），以备收集曝过光的底版。

3）预抽照相室真空：先关好照相室的前门，把 CAMERA 开关转到 EVAC 的位置，照相室的红色泵灯亮起。大约 5～10min 后，照相室的绿色指示灯亮起，证明已准备就绪，可以继续观察拍照。

**5. 关机**

1）关闭灯丝电流：把 FILAMENT 钮逆时针转到底。

2）关闭高压：直接按 HV 选择装置的 OFF 键。

3）关闭 COL 开关：扳到 OFF。

4）关闭 EVAC 开关：扳到 OFF，可听到放气声，并等 20～30s，使油扩散泵充分冷却。

5）关闭总电源。

6）关闭循环水阀门。

除此以外，还有一些操作，如：调试聚光镜光阑，纠正聚光镜和物镜的像散，以及选择衍射面积和使用电镜装配的计算器等。因为内容颇多，且专业性较强，一般由专门人员操作，这里就不再一一说明。

## 第五节　扫描电子显微镜的构造和使用

### 一、扫描电镜的基本构造

扫描电镜（scanning electron microscope，SEM）是继透射电镜之后发展起来的新型电子光学仪器，主要由电子光学系统、电子信号的收集、检测和显示系统，以及真空系统和供电系统等组成。下面结合图示简述各部分的具体内容（图 1.17）。

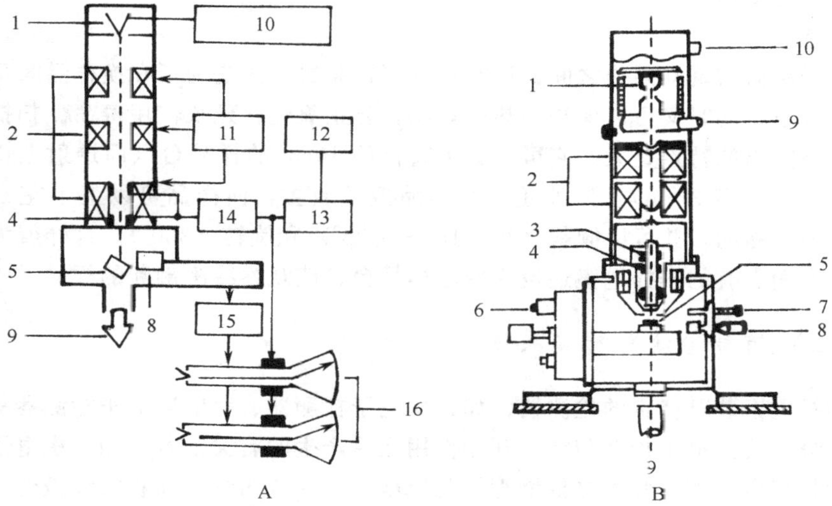


图 1.17　扫描电镜构造示意图（林钧安和田中敬一）

A. 系统方框图；B. 电子光学系统

1. 电子枪；2. 聚光镜；3. 消像散线圈；4. 扫描线圈；5. 样品台；6. 样品微动装置；7. 物镜可动光阑；8. 二次电子检测器及光电倍增管；9. 接真空系统；10. 灯丝及高压电源；11. 聚光镜电源；12. 扫描发生器；13. 扫描放大器；14. 放大控制；15. 视频放大；16. 显像管

## （一）电子光学系统

电子光学系统又分为电子枪、系列电磁透镜、扫描装置和样品室等几个部分。

### 1. 电子枪

其构造、原理和用途与透射电镜相似，也是由阴极、栅极和阳极组成。阴极是 V 型钨丝，直径只有 0.12mm，当通电加热到一定温度时，尖端即发射出电子束流。在阴极与阳极之间产生的 1～40kV 的加速电压的作用下，形成直径约 30～50μm 的高速电子束流，我们又常把它称为交叉光点或电子光源。

### 2. 系列电磁透镜

又称聚光镜，位于电子枪的下方。一般装有 2～3 级电磁透镜，有汇聚电子束流的作用，能使它的直径缩小到只有 3～10 nm，这种极细的电子束又被称为电子探针。

### 3. 扫描装置

即偏转线圈，由两组电磁线圈组成，可以控制电子探针在 X/Y 两个方向做光栅状的扫描。一般扫描电镜中装备 3 个偏转线圈，一个用于电子探针在样品的表面扫描，另外两个可以控制用作观察和摄影的显像管，使显像管中的电子束在荧光屏上同步扫描。

**4. 样品室**

位于镜筒与真空系统之间，设有空气闭锁装置。这是为了在换样品时不破坏镜筒的真空，同时又可以保护灼热的灯丝，防止氧化，延长使用寿命。扫描电镜样品室最突出的特点是大，它可以放下直径约 10cm 的样品台（而透射电镜样品载网的直径只有 3mm）。另外还装有样品微动装置，使样品可以上下左右（约 4cm 以内）移动，并可以倾斜（约－15°～＋90°）和旋转（360°）。这样就大大扩展了观察面。有的扫描电镜还设有冷冻样品台，能观察冷冻割断的样品。

### （二）信号检测与转换系统

扫描电镜装有特定的检测器，如二次电子检测器、背散射电子检测器等，它们可以分别检测电子探针与样品互相作用之后产生的有关信号，如二次电子检测器包括收集极，探头和光电倍增管等几个部分。由金属制的筒状收集极位于检测器前方，它的前端装有金属网罩。收集极在工作时需加上 200～500V 的电压，它的作用是吸收电子探针激发样品时所产生的二次电子，并使其加速趋向探头（图 1.18）。

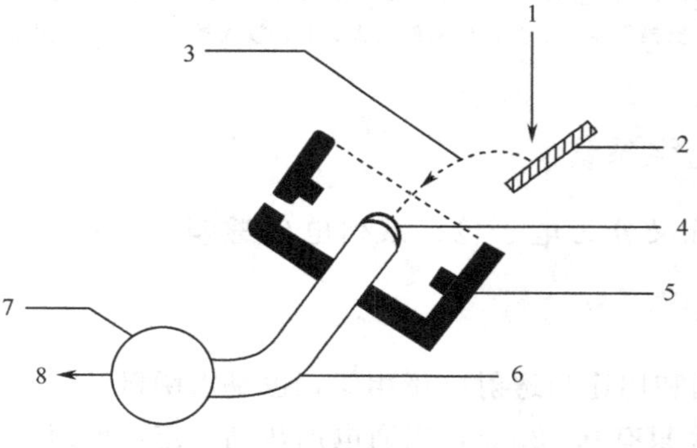


图 1.18　二次电子检测器（田中敬一）

1. 入射电子束；2. 样品；3. 二次电子；4. 塑料闪烁体（喷镀铝）；5. 电极（200～500V）；6. 光导管；7. 光电倍增管；8. 信号

探头是由玻璃或塑料制的闪烁体和光导管组成的。闪烁体表面有一层短余晖荧光粉，使电子打到闪烁体上时能产生光信号。此外，在荧光粉的表面又镀有一层极薄的铝制膜状的导电体（厚约 50～100nm）。当扫描电镜工作时，在铝膜上加有 10～12kV 的加速电压，以吸引二次电子，并使其通过铝膜后增加动能。光导管位于闪烁体的后面，它的作用是传递闪烁体产生的光信号，把它送到位于样品室外边的光电倍增管中。继而由光电倍增管将光信号转变成电信号，并进行前置放大和视频放大，再使电信号转变成电压信号后被输送到显像管的栅极。

### （三）信号的显示与记录系统

这一系统包括两个显像管，几种调控装置和一架120照相机，以及计算机记录装置等。两个显像管的分工不同，一个是分辨率较低的长余辉管，适宜观察用。另一个是分辨率较高的短余辉管，适宜拍照用。被输送到显像管栅极上的电压信号可以控制两个显像管的图像的亮度。并且当电子探针在样品表面做扫描的同时，两个显像管中的电子束在荧光屏上也做光栅状的扫描，三者是同步进行的。这样带有样品信息的电压信号就通过显像管以不同的亮度反映到荧光屏上，成为可辨认的反映样品表面形貌和成分特征的图像。选择好拍照条件之后，就可以摄影了。拍扫描电镜的照片可以在其功能范围内随意放大和缩小倍数，有的扫描电镜还设有分格局部放大装置，可以在一张底版上获悉整体低倍和局部高倍的图像。

### （四）真空系统和供电系统

扫描电镜的真空系统也是由机械泵和扩散泵组成的，使镜筒内达$10^{-5}$～$10^{-4}$Torr的真空度。供电系统可给扫描电镜的各部件提供特定的电源，与透射电镜也很相似，这里就不详细介绍了。

## 二、扫描电镜的成像原理

### （一）电子束与样品的互相作用

**1. 信号的种类**

电子探针与样品互相作用之后产生多种信号，如：二次电子、X射线、背散射电子、吸收电子、俄歇电子、电子-空穴对，以及透射电子等。各种信号在成像过程中都有不同的作用，我们只简单介绍一些与扫描电镜成像有关的信号。

**2. 与扫描电镜成像有关的信号**

（1）二次电子

它在扫描电镜成像过程中担任主角。它是样品本身的原子中的外层电子，被入射激发出来后，形成带有样品的形貌和成分等信息的电子束。二次电子主要反映样品浅表层（约5～50nm）的信息。

（2）X射线

又称伦琴射线，波长约0.001～10nm。电子探针轰击样品时，可产生特征X射线和连续X射线，其中特征X射线的波长和能量随样品中各种元素的不同而各异。我们根据这一性质可以对样品中的某些元素进行定性和定量的分析。X射线主要反映样品深层（约 50～500nm）的某些信息。

（3）背散射电子

又称背反射电子，是被样品大角度反射回来的入射电子。它主要反映样品内部较深层（约 50～100nm）原子的质量信息。另外晶体样品的特征也是利用背散射电子的衍射图反映出来的。

## （二）扫描电镜的成像原理

### 1. 二次电子的成像

二次电子成像在扫描电镜成像过程中起主导作用。当电子探针与样品互相作用时，由于样品浅表层的形貌、成分和结构等的不一致，在多种效应的综合作用下（例如：对图像的反差起主导作用的样品表面的凹凸效应；可增加图像的立体感的倾斜角效应；导致图像边缘过亮，反差不自然的边缘效应；与反射电子的数量有关的原子序数效应；以及加速电压效应等），从样品的不同区域所激发出的二次电子的数量是不同的，那么先后转换的电信号和电压信号也相应的有差异，最终导致在荧光屏上的图像与其相对应的位置上明暗也有差异。这种在荧光屏上可反映样品信息的图像被称为二次电子图像（图 1.19）。

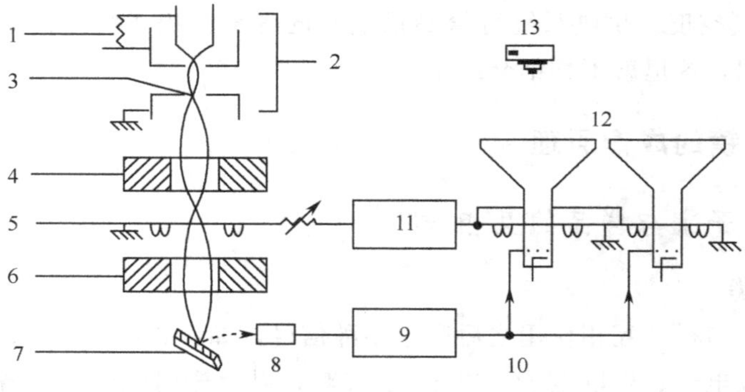


图 1.19　扫描电镜原理图（田中敬一）

1. 负高压；2. 电子枪；3. 交叉光点；4. 聚光镜；5. 偏转线圈；6. 物镜；7. 样品；8. 二次电子收集器；9. 放大器；10. 图像信号；11. 扫描电源；12. 显像管；13. 照相机

### 2. 扫描电镜成像的原理

首先，扫描电镜的电子枪发射的电子束经 1～40 kV 高压形成加压电子束，在聚光镜的汇聚作用下，又形成直径约 3～10nm 的电子探针。接着，电子探针在扫描线圈的控制下对样品的表面进行光栅状扫描（犹如一行行地读横版的书），并激发出多种带有样品信息的电信号，其中二次电子，特征 X 射线和背散射电子与扫描电镜的成像关系密切。如：样品中凸出部位会产生较多的二次电子，而二次电子的数量越多，转换成的电压信号也越强，图像中相应的部位就越亮。特征 X 射线可以反映样品中元素的种类和数量的信息。而背散射电子的散射方向是不规则的，主要受原子质量和密度的影响，也可以反映样品表面元素组成上的差异，尤其适宜观察样品表面凹洼的区域，这一特点正好与二次电子的成像互补。上述这些电信号经不同的检测器收集后，被转换成带有样品信息的电压信号，这种电压信号被送入显像管的栅极，并能控制显像管的图像的亮度等。需要强调的是，电子探针在样品表面的扫描，与供观察、拍照的两个显像管中的电子束在荧光屏上的扫描是同步进行的，这样就使电子探针在样品表面扫描时所产生的信息，也以动态的形式一点点地同步反映到两个荧光屏上，使我们得以观察和记录。

## 三、扫描电镜的性能与应用

### （一）扫描电镜的性能

**1. 扫描电镜的性能**

扫描电镜的照明源也是电子束，但要经多级聚光镜（电磁透镜）把它聚集成直径只有几纳米的电子探针。扫描电镜的分辨率可达 0.5～10nm，放大倍数 20 万左右，成像反差主要决定于二次电子的数量，在放大 500 倍时的焦点深度约为 1000μm。样品的图像靠显像管在荧光屏上显示。可用计算机对不同的灰度做相应的颜色处理，给图像加上彩色。适用于扫描电镜的样品种类繁多，以各种实体为主，不用制作超薄切片，对样品的厚度也不苛求，只要能放入样品室即可，但样品需在真空环境下检测。

**2. 扫描电镜的特点**

扫描电镜的图像比透射电镜的立体感强，这是由于它的景深要大得多的缘故。与透射电镜相比，扫描电镜的电子探针直径小，能量也小，加上对样品做光栅状扫描时，并不固定照射样品的某一区域，这样就大大减少了对样品的损伤和污染。制备扫描电镜的样品相对容易，因为二次电子的成像与样品的厚度无关，所以不需制备超薄切片；又因为样品室足够大，所以可观察较大的样品（一般在 12cm×8cm×5cm 的范围以内）。另外样品还能在三维空间做一定范围的移动，用以扩大观察面。我们用扫描电镜观察样品的同时亦能同步做微区元素分析，再加上免疫标记和冷冻制样技术的发展，不断开拓了扫描电镜的研究领域，使其优势越发显示出来。

**3. 影响扫描电镜图像质量的因素**

表 1.2 中列出了一些影响扫描电镜图像质量的因素，仅供参考。

表 1.2　影响扫描电镜图像质量的因素

| 图像质量差的表现 | 可能的原因 |
| --- | --- |
| 分辨率不够 | 电子束，灯丝，电源，合轴，聚光镜电流，加速电压，物镜光阑，消像散，闪烁体，显像管，样品本身，照相机，聚焦，镀膜太厚，杂散磁场，机械振动，污染，边缘效应等 |
| 一部分模糊 | 样品倾斜，电源不稳，电子元件不良，照相机设定，样品本身（受电子束污染，有磁性），杂散磁场大，机械振动等 |
| 像散消除不彻底 | 污染（电子束通路，光阑，样品），消像散不充分，金属镀膜太薄等 |
| 变形 | 扫描速度不合适，线性不足，没充分消除显像管的畸变等 |
| 流动和波动 | 扫描不同步，污染（电子通路，光阑，样品等），样品本身（有磁性，金属镀膜太薄等），以及杂散磁场太大等 |
| 反差不足 | 聚光镜电流，闪烁体，反差/亮度设定，聚光镜电流，照相机设定，金属镀膜太厚或太薄 |
| 反差过大 | 加速电流，聚光镜电流，光电倍增管增益过大，边缘效应，反差/亮度设定等 |
| 整体太暗 | 灯丝设定，合轴，物镜光阑，闪烁体，光电倍增管，反差/亮度设定，照相机设定，样品受电子束污染等 |
| 有阴影 | 原子序数效应，显像管（表面受污染，烧损或受伤等），样品受电子束污染 |
| 粗糙 | 电子数有限，电子探针，灯丝，合轴，聚光镜电流，反差/亮度设定，光电倍增管增益过大 |
| 有不规则条纹 | 各种电源不稳定，闪烁体，电子元件，电子束通路污染，样品金属镀膜太薄 |

### （二）扫描电镜的应用

扫描电镜的应用范围很广，已在生物学、医学、遗传学、细胞生物学以及材料科学、工农业、林牧业等方面的科学研究中得到日益广泛的应用。关于样品的形式，可以说它适宜各种实体材料，如：组织块、单细胞、昆虫、花蕊和矿石等。观察前可以对样品进行化学处理，也可以直接观察新鲜的未处理的样品。从研究的内容上看，可以研究样品表面的超微结构；可以用胶体金免疫标记细胞膜上的抗原（或抗体），可以抽提处理单层细胞以显示其细胞骨架，还可以用冷冻割断技术研究细胞中各种细胞器的结构。如果在扫描电镜上连接能谱分析仪等装置，还能在观察样品超微结构的同时，对相应的微区进行化学元素分析，把超微观察和超微分析有机的结合起来。

### （三）扫描电镜的一般操作程序

扫描电镜的种类很多，新式仪器仍在不断地被推出，不同类型的仪器在操作上是有差异的，需要结合自已使用的仪器及说明书具体研究调试问题。因为熟练掌握操作技巧可以提高样品信息的质量，拍一张优质的扫描电镜照片是由多种因素决定的，所以在具体操作过程中有许多细节问题要妥善处理。在这里我们就一般程序做简要的说明。

**1. 开机**

1）合上电镜室总电源的闸门。

2）打开冷却循环水装置。

3）预抽真空（旋转泵、扩散泵、空压机开始运转）。

4）合上显示器电源总闸。

当指示扫描电镜真空状况的绿灯亮起时，说明可以观察了。

**2. 换样品**

1）用导电胶把样品粘在样品台上，真空喷涂金之后，盖上防尘罩以备观察。

2）先关闭电镜的高压和灯丝电流，再打开样品室放气阀，稍候片刻，取出样品台架。

3）把样品台装到样品台架上，放入样品室并关好气门，重新给样品室抽真空，直到绿指示灯亮起。

**3. 观察与拍照**

1）加高压和灯丝电流：对于生物样品，一般选 5～20kV 的加速电压，选择灯丝电流的大小时要注意到亮度和反差等综合效果。

2）选择扫描速度：一般拍摄画面时需慢扫（每幅图扫描 50～100s），以提高成像质量。观察时可快扫（一般每幅图扫描 1～10s），以便于观察。

3）选择工作距离：指样品与物镜下端的距离（可变范围 5～40mm）。工作距离大，焦深亦大；工作距离小，焦深亦小。因为在小距离下工作可提高分辨率，所以为了提高成像质量，一般选 5mm。

4）选择物镜光阑：选用合适的光阑有助于调整焦深、亮度、图像和提高分辨率，另外还要考虑到放大倍数的因素。一般放大约 5000 倍时，选直径 300$\mu$m 的光阑；放大万倍以上时，选直径 200$\mu$m 的光阑。

5）图像的选择与调整：用粗/细焦钮和 X/Y 方向的消像散钮调节图像的清晰度；用亮度/反差调节装置调出细节清晰、明暗适中的图像。

6）选择放大倍数：一般先低倍再高倍观察，拍照时根据观察要求选择适当的倍数，以提高图像的实用价值。注意调节放大倍数后要重新聚焦并调整图像亮度和反差等。

7）拍照：一般选用全色 120 胶卷，底片感光度为 GB19～24DIN。在拍摄短余辉显像管（画面分辨率 1000～2500 条线）反映到荧光屏上的图像时，一般用缓慢摄影，但新近也有人选择每幅图 15s 的较快速度。

**4. 关机**

1）关闭灯丝电流、高压和显示器。

2）关闭电镜室总电源开关（此时真空泵停止工作）。

3）约 20min 后关冷却水循环装置。

## 第六节　扫描透射电子显微镜的构造和使用

### 一、扫描透射电镜的基本构造和原理

扫描透射电镜（scanning transmission electron microscope，STEM）是20世纪70年代初研制的新型电镜，它依靠发射电子和高灵敏度的检测器，有能兼顾扫描电镜和透射电镜的优点。扫描透射电镜分为两种类型，一种是高分辨型，其分辨率已接近透射电镜的水平；另一种是附件型，它是由透射电镜再附加上扫描透射电子检测器等组成的。

（一）高分辨型的扫描透射电镜

与透射电镜相比，这种扫描透射电镜最大的特点是设有场发射电子枪。场发射是一种在金属表面加上极强的电场之后，在隧道效应的作用下，金属中的自由电子向真空飞出的物理现象。场发射电子枪需要在超高压真空下工作（$10^{-10}$E），它由单晶钨丝针尖阴极和两个阳极组成。第一阳极的作用是引发场发射，第二阳极的作用是提供使电子束加速的能量。它的电子束源的直径约10nm，在电磁透镜的汇聚作用下形成的电子探针的直径约0.3～0.5nm。而加大电子束电流后，电子探针的直径仍能维持在很小的范围以内，因此大大提高了电镜的分辨本领，如能拍摄单个重金属原子的图像。

（二）附件型扫描透射电镜

给透射电镜装配上扫描透射电子检测器和一些扫描电镜的附件，就使其成为一种具备双重功能的扫描透射电镜。目前，这种做法已相当普遍，新研制的许多高性能的透射电镜都在荧光板的下方装上了扫描透射电子检测器。只要把荧光板移出光路，检测器就能吸收电子探针在样品表面扫描时产生的、带有样品信息的扫描透射电子，并通过一系列装置将样品的图像显示在荧光屏上。需要注意的是，当用扫描透射电镜获取样品的扫描图像时，位于样品下方的中间镜和投射镜只对电子束有汇聚作用，而失去了成像透镜的放大作用，因而在这种情况下，它们与图像的放大倍数无关。

由于散射角度的不同，透射电子可分为大角度散射电子和小角度散射电子两种。只要更换检测器上方的光阑或按动相关的键，就可以用透射电子检测器分别检测这两种散射电子，并得到不同效果的图像。小角度散射电子形成扫描透射明场像，大角度散射电子形成扫描透射暗场像。由于转换方便，对同一样品可以进行明场像和暗场像的对比观察，可以了解更多的信息。

## 二、扫描透射电镜的性能与应用

### （一）扫描透射电镜的性能

扫描透射电镜兼顾扫描电镜和透射电镜的优点，它的照明源也是电子束，可以观察稍厚的样品（0.2～0.4μm），但需要在超高真空下工作（$10^{-10}$E）。在不同的设置下，中间镜和投影镜有不同的用处，它们既可以起放大图像的作用，又可以起汇聚电子束的作用。关于扫描透射电镜的分辨率，高分辨型可达0.3～0.5nm，附件型的可达1.5～3nm。另外，可以随意调节扫描透射电镜图像的反差和亮度，使未染色的超薄切片也能成像良好。它还可以根据需要观察同一样品的明场或暗场像，以选择最佳成像条件，并对图像进行对比分析。扫描透射电镜的图像也是黑白的，显像方式有荧光屏和显像管两种（图1.20）。

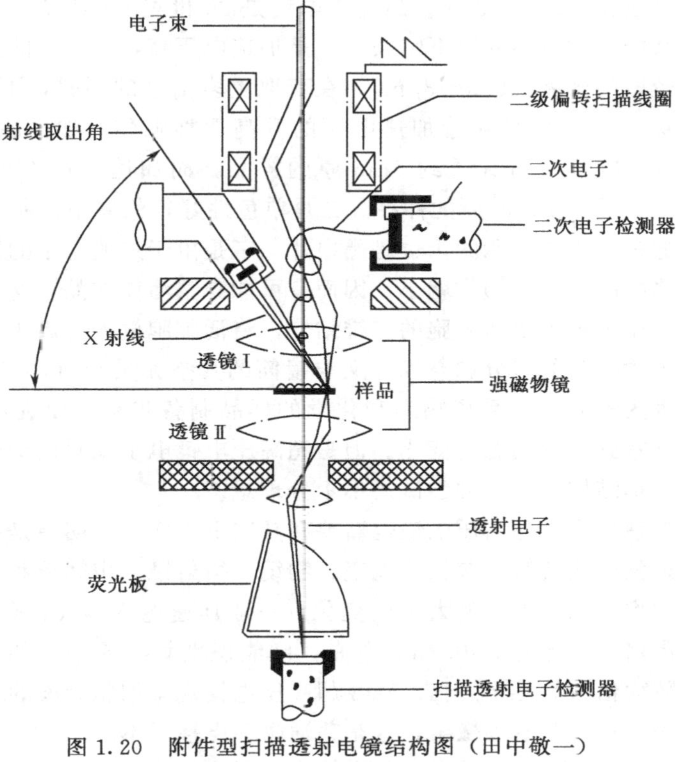


图1.20　附件型扫描透射电镜结构图（田中敬一）

### （二）扫描透射电镜的应用

尽管扫描透射电镜有一定的优势，但也有局限性。一是因为受到某些条件的限制，如：真空度、场发射电子枪的质量等，扫描透射电镜的分辨率不如透射电镜高；二是多数样品直接用透射电镜观察已能取得满意的效果，就没有必要再重复用扫描透射电镜了。所以，扫描透射电镜至今尚未得到广泛的应用。但扫描透射电镜在 200kV 加速电压下却显示了其特有的优势，即对样品的辐射损伤和污染小。这是因为电子探针在样品上是作点状扫描的，照射的位置不断变换，并且在每一点上只停留瞬间所致。因此，它可以使较厚的样品或极难得的薄样品的图像分辨率较高。可以想像，随着科技的进步和发展，扫描透射电镜必将不断被更新，并发挥出更大的作用。

## 第七节　超高压电子显微镜

加速电压大于 500kV 的电镜被称为超高压电镜（ultra high voltage electron microscope，UHVEM）。而普通透射电镜的加速电压在 120kV 以下，一般高压电镜的加速电压在 120～500kV。超高压电镜是 20 世纪 60 年代初由法国科学家首先研制出来的，它主要有以下特长：一是加速电压高，电子束的穿透力强。所以可以观察较厚的样品（0.5～3μm），在获取更多信息的同时，不降低分辨率；并且，这种穿透能力也是随着加速电压的升高而加强的，如：加速电压 1MV（1000kV）时，电子束可穿透约 5μm 厚的样品，而加速电压 3MV（3000kV）时，电子束可穿透约 10μm 厚的样品。二是单色性好，色差小，所以成像的质量高。图像是通过荧光屏显示的，也是黑白片。三是由于加速电子的能量大，穿透力强，对生物样品的辐射损伤就小。因而有可能观察活体样品，这一优势促使人们尝试用超高压电镜揭示活细胞的三维结构，将活细胞放入超高压电镜特备有的小室中（其内含一定的水分和空气，又与镜筒的真空无关），可以直接在活的状态下观察。因为省略了一系列物理和化学的样品制备步骤，使观察结果更趋逼真，能直接观察到细胞动态的变化。但是超高压电镜电子束对活细胞的辐射也会破坏细胞的精细结构，使这种尝试还不十分理想。

与透射电镜一样，超高压电镜也需要在真空下工作，照明源是超高加压电子束。有一系列强电磁透镜，包括聚光镜、物镜、衍射镜、中间镜和投射镜。超高压电镜的分辨率随加速电压的大小而变化，一般加速电压越大，分辨率亦越高。目前，它的晶格分辨率可达 0.2nm 左右，已能识别某些原子，如：N、Cl、Cu 等。图像的放大倍数为几十万倍。现在超高压电镜观察细胞骨架的精细结构也有独到之处，用它可以观察到微梁，这是普通透射电镜所不及的。

超高压电镜的电子枪比普通透射电镜高大得多，所以整个电镜体积庞大，约 7m 高，相当于二层楼房。但超高压电镜的基本构造和成像原理与普通透射电镜是相似的，只是对真空系统和供电系统要求更高，还要附加专门的调试控制系统和辐射防护装置等。由于它的构造复杂，质量要求高，导致价格昂贵，因此只有较少的实验室备有超高压电镜。

# 第二章　微生物的形态及其观察

## 第一节　细菌的三种基本形态及其简单染色

染色是观察微生物的一种重要方法。细菌细胞小，含水量多，在显微镜下菌体无色透明或半透明，不易看清。经染色处理使细菌着色，使菌体与背景形成明显的色差，从而能更清楚的观察到其形态和结构。

细胞染色是物理因素和化学因素共同作用的结果。物理因素如细胞及细胞物质对染料的毛细现象，渗透、吸收作用等。化学因素是细胞物质能与染料发生化学反应。染料是一种供染色用的有机化合物。染料分子常由苯环、连接在苯环上的染色基团（或称色基团、色基）和助色基团（或称作用基团）三部分组成。助色基团具有电离特性。生物染料有碱性染料、酸性染料和中性染料三大类。碱性染料离子带正电荷，易与酸性物质结合。细菌蛋白质的等电点较低，当它处于中性、碱性或弱酸性溶液里时，常带负电荷。所以常用碱性染料（如美蓝、结晶紫、碱性复红、孔雀绿等）染色细菌。酸性染料的离子带负电荷，能与带正电荷的物质结合。当细菌处于酸性溶液中，菌体带正电荷时，易被伊红、酸性复红或刚果红等酸性染料着色。中性染料是前两者的结合物也称复合染料，如伊红美蓝、伊红天青等。

简单染色法仅用一种染料使细菌着色，操作简便，但一般只显示菌体形态，难以辨别其构造。

### 一、目的要求

掌握细菌的涂片和简单染色技术；观察细菌的三种基本形态。

### 二、实验材料

1）菌种：球菌，杆菌和螺旋菌的斜面培养物。

2）染液：草酸铵结晶紫，齐氏石炭酸复红。

3）用品：普通光学显微镜，载玻片，镊子，接种环，吸水纸，擦镜纸，香柏油，二甲苯，酒精灯。

### 三、实验程序

1）涂片：在洁净无油污的载玻片中央滴一小滴蒸馏水，用接种环按无菌操作要求挑起少量菌体与水滴混匀，涂成极薄的菌膜。

2）干燥：让涂片自然干燥，也可将涂面朝上在酒精灯上高处稍稍加热，使其干燥。但切勿离火焰太近，温度太高会破坏菌体形态。

3）固定：涂片染色前必须先固定。目的是杀死细菌，使菌体粘附于载玻片上，同时增加菌体对染料的亲和力。固定时应尽量维持菌体原有形态，防止细胞膨胀或收缩。如果干燥用加热干燥，固定与干燥可合为一步：手执载玻片一端，涂面朝上，在酒精灯上快速通过火焰 3 次（用手背接触玻片反面，以皮肤不觉得烫为宜）。

4）染色：将载玻片置于水平位置上，在整个涂面上滴加石炭酸复红（或草酸铵结晶紫）染液，染色 1min 左右。

5）水洗：染色时间一到，倾去染液，用自来水细流冲洗至流水中无染料颜色为止。

6）干燥：甩去玻片上水珠，自然干燥。或用吸水纸吸去玻片上的水。

7）镜检：用低倍镜找到标本后油镜观察。

## 四、注意事项

1）载玻片要洁净无油污，否则菌液涂布不开或容易把脏东西误为菌体。

2）挑菌量宜少，涂片要薄而匀，过厚菌体重迭不宜观察。

3）染色时间与细菌、染色液种类、染色液浓度有关。

## 五、结果记录

绘出你在显微镜下看到的三种细菌的形态图。

## 六、思考问题

1）涂片为什么要固定？固定时应注意什么问题？

2）你在简单染色过程中遇到些什么问题？试分析其中原因。

# 第二节　细菌的运动观察及其鞭毛染色

细菌中螺旋菌、部分杆菌及少数球菌具有鞭毛，有鞭毛的细菌在幼龄时具有较强的运动力。衰老细胞的鞭毛易脱落，故观察运动性或做鞭毛染色时宜选幼龄菌。

鞭毛是细菌的运动“器官”。鞭毛非常细，需在电镜下才能观察。然而用鞭毛染色法可使鞭毛变粗，从而可在普通光学显微镜下观察其外形、着生位置和数目。这些都是细菌鉴定的主要特征。鞭毛染色方法较多，但基本原理相似。即在染色前先用媒染剂处理，让它沉积在鞭毛上，使鞭毛直径加粗，然后再进行染色。

## 一、目的要求

掌握制备细菌悬滴标本，观察细菌的运动性；掌握细菌鞭毛染色原理和方法。

## 二、实验材料

1）菌种：苏云金芽孢杆菌（*Bacillus thuringiensis*）。

2）染液：硝酸银染色液（A液，B液），Leifson染色液（A、B、C液），Baily染色液（A、B液），Ziehl石炭酸复红液。

3）用品：凹玻片，新载玻片，盖玻片，试管，接种环，凡士林，二甲苯，香柏油。

## 三、实验程序

### （一）悬滴法

1）制菌液：菌种应在新配制的牛肉膏蛋白胨培养基斜面上连续移种2～3次，以增强细菌的活动力。培养基表面要湿润，斜面基部含有冷凝水。最后一代培养基15～18h。然后用接种环挑起斜面与基部冷凝水交界处的菌液数环置于盛有1～2ml无菌水的试管中，制成轻度混浊的菌悬液。

2）涂凡士林：取洁净无油污的盖玻片一块，在其四周涂少许凡士林。

3）滴加菌液：加一滴菌液于盖玻片的中央，用记号笔在菌液周围画上记号，便于观察时寻找位置。

4）盖凹玻片：将凹玻片的凹槽对准盖玻片中央的菌液，轻轻地盖在盖玻片上，使两者粘在一起，然后翻转凹玻片，使菌液正好悬在凹槽的中央，再用火柴棒轻压盖玻片四周，使边缘闭合，防止菌液干燥。

5）镜检：先用低倍镜找到菌液边缘的记号，将菌液移进视野。由于没有染色，光线要调得暗一些，便于观察。要仔细辨别细菌的鞭毛运动和布朗运动。鞭毛引起的运动有一定的方向和规则，而布朗运动是漫无目的的在周围运动并不发生前进。运动的速度因菌种而异。

### （二）鞭毛银染色法

1）清洗载玻片：选择光滑无痕迹的载玻片，最好选用新的。为了避免载玻片相互重叠，将载玻片插在专用金属架上，然后置洗衣粉过滤液（洗衣粉煮沸后用滤纸过滤，除去颗粒）中，煮沸20min。取出载玻片冷却后用自来水冲洗晾干。再放入浓洗液中浸泡5～6d。使用前取出载玻片，用自来水冲去残酸，再用蒸馏水冲洗，沥干后放入95%乙醇中脱水。过火去乙醇，立即使用。

2）菌液制备：同悬滴法。

3）涂片：挑数环菌液于洗净的载玻片一端，立即将载玻片倾斜，使菌液缓慢地流向另一端，用吸水纸吸去多余的菌液。涂片在空气中自然干燥。

4）染色：①滴加硝酸银染色液A液，染4～6min。②用蒸馏水充分洗净A液。③用B液冲去残水，再加B液于涂片上，用微火加热至冒气，维持30～60s（加热时不可使载玻片出现干涸区，可随时补加染料）。④用蒸馏水洗去B液，自然干燥。

5）镜检：菌体为深褐色，鞭毛为褐色。

### （三）鞭毛的Leifson染色法

1）清洗载玻片：同鞭毛的硝酸银染色法。

2）菌液制备：同悬滴法。

3）涂片：在洁净的载玻片上，用记号笔在反面划3～4个等分区。在每小区的一端放一环菌液，将载玻片倾斜，让菌液流向另一端，用吸水纸吸去多余的菌液。

4）干燥：在空气中自然干燥。

5）染色：加Leifson染色液于第一区，使染料覆盖涂片。隔数分钟在第二区加染料。以后以此类推，相隔时间自行决定，目的是确定最适染色时间。在染色过程中要仔细观察。当整个载玻片出现铁锈色沉淀，染料表现出金色膜时，即用水轻轻地冲洗。一般约染10min。

6）水洗：在没有倾去染料时就用自来水轻轻地冲去染料，否则背景不清。

7）干燥：空气中自然干燥。

8）镜检：菌体鞭毛应为红色。

### （四）鞭毛的Bailey染色法

1）清洗载玻片：同硝酸银染色法。

2）菌液制备和涂片：同硝酸银染色法。

3）染色：①加Bailey染色液的A液，染5min，倾去A液。②加Bailey染色液的B液，染7min。③用蒸馏水轻轻洗净染料。④加Ziehl石炭酸复红液，置恒温金属板上加热至染液微微冒气时开始计时，维持1～1.5min。

4）水洗：用自来水将染液缓慢地冲净。

5）干燥：空气中自然干燥。

6）镜检：菌体和鞭毛应染成红色。

## 四、注意事项

1）用于观察细菌运动性的盖玻片要洁净无油污，否则会影响细菌的运动。

2）用于鞭毛染色的载玻片要特别洁净，否则会在涂片时影响菌液流动，影响鞭毛伸展。

3）银染色法较易掌握，但染色液必须每次配制，现配现用。

4）Leifson 染色法受菌种、菌龄和室温等因素影响。染色条件较难掌握，但染色液可保存几个星期。

5）鞭毛很易脱落，在整个操作中均需小心。

## 五、结果记录

绘图表示苏云金杆菌的鞭毛着生情况。

## 六、思考问题

1）镜检时如何区别由鞭毛引起的细菌运动和布朗运动？

2）用于鞭毛染色的菌为什么事先要连传几代？

3）为提高鞭毛染色的效果，应注意些什么？为什么？

# 第三节　细菌的革兰氏染色

革兰氏染色法是 1884 年由丹麦病理学家 Gram 创立的。革兰氏染色法可将所有细菌区分为革兰氏阳性菌（$G^+$）和革兰氏阴性菌（$G^-$）两大类，是细菌学中最常用的鉴别性染色法。

革兰氏染色法的主要步骤是先用结晶紫进行初染，再加媒染剂——碘液以增加染料与细胞间的亲和力，使结晶紫和碘在细胞膜上形成分子量较大的复合物，然后用脱色剂（乙醇或丙酮）脱色，最后用番红复染。凡细菌不被脱色而保留初染剂颜色（紫色）者为革兰氏阳性菌，如被脱色后又染上复染剂颜色（红色）者为革兰氏阴性菌。

该染色法之所以能将细菌区分为 $G^+$ 和 $G^-$ 菌，是由这两类菌的细胞壁结构和成分的不同所决定的。$G^-$ 的细胞壁中含有较多易被乙醇溶解的脂类物质，而且肽聚糖层较薄、交联度低。故用乙醇或丙酮脱色时，溶解了脂类物质，增加了细胞壁的通透性，使结晶紫和碘的复合物易于渗出，结果细菌被脱色，再经番红复染就染成红色。$G^+$ 菌细胞壁中肽聚糖层较厚且交联度高，脂含量少，经脱色处理反而使肽聚糖层的孔径缩小，通透性降低，因此细菌仍保留初染剂的颜色。

## 一、目的要求

要求了解革兰氏染色的原理，掌握革兰氏染色方法。

## 二、实验材料

1）菌种：枯草杆菌（*Bacillus subtilis*）菌龄 14 ～ 18h，大肠杆菌（*Escherichia coli*）菌龄 24h。

2）染液：草酸铵结晶紫染色液，路哥氏（Lugol）碘液，95%乙醇，0.5%番红染色液。

3）用品：显微镜，二甲苯，香柏油，擦镜纸，载玻片，镊子，吸水纸，接种环，酒精灯。

## 三、实验程序

1）涂片：取一洁净的载玻片，用特种笔在载玻片的左右两侧注上菌号，并在两端各滴一小滴蒸馏水，以无菌接种环分别挑取少量菌体涂片，干燥，固定。

2）初染：将涂片置于水平位置上，在两个面上滴加草酸铵结晶紫染液，染色 1min。倾去染液，水洗（水流要细）至洗出液为无色。

3）媒染：用新配的路哥氏碘液冲去涂面上的残水，再用路哥氏碘液复盖涂面染 1min，水洗。

4）脱色：载玻片反面衬一白纸，手执载玻片使之倾斜，滴加 95%乙醇进行脱色，当载玻片上流出的乙醇液中紫色接近消失时（约 20～30s）立即用自来水细流冲洗，终止脱色。

5）复染：甩去玻片上水珠，在涂面上滴加番红染色液，染色 2～3min，水洗，用吸水纸吸干。

6）镜检：用油镜观察革兰氏染色后的大肠杆菌和枯草杆菌。

## 四、注意事项

1）革兰氏染色成败的关键是脱色时间，如脱色过度，$G^+$ 菌也可被脱色而被误认为 $G^-$ 菌。如果脱色时间过短，$G^-$ 菌也会被误认为 $G^+$ 菌。脱色时间的长短受涂片的厚薄、脱色时载玻片晃动的快慢以及乙醇用量多少等因素的影响，难以严格规定，需多练习。如要验证一个未知菌的革兰氏反应时，应同时再做一张已知菌与未知菌的混合涂片，以作对照。

2）染色过程中，染液应覆盖整个涂面，染液不能干，水洗后甩去载玻片上残水，以免染液被稀释而影响染色效果。

3）菌龄要严格控制，菌体衰老的 $G^+$ 菌常呈革兰氏阴性反应。

4）涂片要匀而薄。

## 五、结果记录

记录大肠杆菌和枯草杆菌的革兰氏染色结果，绘图说明。

## 六、思考问题

1）革兰氏染色中哪一步是关键？为什么？你如何控制这一步？

2）不经复染这一步，能否区别革兰氏阳性菌和阴性菌？

3）固定杀死菌体与自然死亡的菌体进行革兰氏染色有何不同？

# 第四节　细菌的芽孢染色

芽孢是某些细菌生长到一定阶段在菌体内形成的一个圆形或椭圆形的休眠体。它对不良环境具有很强的抗性，在适宜条件下可吸水萌发，重新生成一个新菌体。芽孢的大小、形状及其在菌体内的位置均是鉴定细菌的重要依据。在一般实验室，通常用芽孢染色法来观察其形态。

芽孢具有厚而致密的壁，透性低，不易着色。若用简单染色法，只使菌体着色而芽孢不着色呈无色透明状。芽孢染色法就是根据芽孢既难以染色而一旦染上色后难以脱色，芽孢和菌体对染料的亲和力不同的原理设计的。先用一种弱碱性染料染色，加热促使芽孢着色。水洗脱色后菌体脱色而芽孢仍保留颜色。再用对比度强的染料对菌体复染，菌体呈复染色，芽孢呈初染色，两者能明显地区分。

## 一、目的要求

掌握细菌芽孢染色的原理和方法。

## 二、实验材料

1）菌种：枯草芽孢杆菌（*Bacillus subtilis*），巨大芽孢杆菌（*Bacillus megatherium*）或蕈状芽孢杆菌（*Bacillus mycoides*）。

2）染料：孔雀绿染液，碱性复红染色液。

3）用品：小试管，试管架，酒精灯，载玻片，木夹子，显微镜，二甲苯，香柏油，擦镜纸。

## 三、实验程序

### （一）改良的 Schaeffer 和 Fulton 氏染色法

1）制备菌液：加 1～2 滴水于小试管中，用接种环从斜面上挑取 2～3 环的菌于试管中，充分打匀，制成浓稠的菌液。

2）加染液：加孔雀绿染液 2～3 滴水于小试管中，用接种环搅拌使染液与菌液充分混合。

3）加热：将此试管浸于沸水浴中，加热 15～20min。

4）涂片：用接种环从试管底部挑数环菌液于洁净的载玻片上涂成薄膜。

5）固定：将涂片通过微火3次。

6）脱色：用水洗至流出的水无绿色为止。

7）复染：加碱性复红染色液，染1min。倾去染液，不用水洗，直接用吸水纸吸干。

8）镜检：油镜观察。

（二）Schaeffer和Fulton染色法

1）涂片、干燥、固定。

2）染色：在涂片的涂面上滴数滴孔雀绿染液，用木夹夹住载玻片一端，在微火上加热至染料冒蒸气时开始计算时间。持染料冒气约5min。加热过程中要随时添加染色液，切勿让染料干涸或沸腾。

3）水洗：待载玻片冷却后用缓流自来水冲洗至流出水中无染色液为止。

4）复染：用碱性复红液染1min。

5）水洗、干后镜检。

## 四、注意事项

1）供芽孢染色用的菌种应控制好菌龄，使大部分芽孢仍保留在芽孢囊内。

2）改良法在节约染料、简化操作及提高标本质量等方面都较常规涂片法优越。

3）改良法中，欲得好涂片，首先要制备浓稠的菌液，其次从小试管中取菌液时要搅一下，防止菌体沉于管底，取菌太少，取菌也可用滴管。

## 五、结果记录

绘图表示两种芽孢杆菌的芽孢形态、大小和着生位置。

## 六、思考问题

1）芽孢染色的原理是什么？用简单染色法能否观察到芽孢？

2）在芽孢染色涂片上为什么有时会出现大量游离的芽孢？

3）用改良法染色，制备涂片时应注意哪些问题？

# 第五节　细菌的荚膜染色

荚膜是包在细胞壁外的一层（厚约200nm）疏松、黏液状或胶质状物质。其成分通常是多糖，也有的是多肽或其他物质。有时多个细胞被一个共同的荚膜围成，称菌胶团。

有无荚膜是鉴定细菌的特征之一。荚膜与染料的亲和力弱，不易着色，通常采用负染色法使菌体和背景着色而荚膜不着色。因而荚膜在菌体周围呈一透明圈。由于荚膜的含水量在 90%以上，制片时一般不用热固定，以免荚膜皱缩变形。

## 一、目的要求

掌握细菌荚膜染色原理和方法。

## 二、实验材料

1）菌种：胶质芽孢杆菌（*Bacillus mucilaginosus*），也称钾细菌。

2）试剂：①墨水："沪光"绘图墨水用滤纸过滤后储藏于瓶中备用，②6%葡萄糖水溶液，③1%甲基紫水溶液，④甲醇，⑤Tyler 法染色液，⑥20% $CuSO_4$ 水溶液。

3）用品：载玻片，擦镜纸，香柏油，二甲苯，显微镜。

## 三、实验程序

### （一）湿墨水法

1）在洁净的载玻片上加一滴墨水，挑少量菌体与墨水充分混匀。

2）在混合液滴上放一清洁盖玻片，再在盖玻片上放一张滤纸，向下轻压吸收多余的菌液。

3）镜检：结果是背景灰色，菌体较暗，在菌体周围呈一明亮的透明圈即荚膜。

### （二）干墨水法

1）在洁净的载玻片一端加一滴 6%葡萄糖液，挑少量菌体与其充分混合，再加一环墨水充分混合。

2）左手拿上述载玻片，右手拿另一新载玻片（玻片边无缺口）作推片。将推片一端的边缘与菌液边以 30°角接触后，顺势将菌液迅速而均匀地推向载玻片的另一端，使菌液铺成均匀的薄膜。

3）干燥：空气中自然干燥。

4）固定：用甲醇浸没涂片，固定 1 min，立即倾去甲醇。

5）染色：用甲基紫染 1～2 min。

6）水洗：自来水轻洗，自然干燥。

7）镜检：背景灰色，菌体紫色，荚膜呈一清晰透明圈。

（三）Tyler 法

1）涂片：在洁净载玻片上滴一滴水，稍多挑些菌与水充分混合，将黏稠的菌液尽量涂开，但涂布面积不宜过大。

2）干燥：在空气中自然干燥。

3）染色：用 Tyler 法染色液染 5～7 min。

4）脱色：用 20% $CuSO_4$ 水溶液洗去结晶紫，但脱色要适度（约冲洗 2 遍）。用吸水纸吸干，并立即加 1～2 滴香柏油于涂片处，以防止 $CuSO_4$ 结晶的形成。

5）镜检：背景蓝紫色，菌体紫色，荚膜无色或浅紫色。

## 四、注意事项

1）湿墨水法中加盖玻片时不可有气泡，否则会影响观察。

2）在采用 Tyler 法时，标本经染色后不可用水洗，要用 20% $CuSO_4$ 冲洗。

## 五、结果记录

绘图表示胶质芽孢杆菌的荚膜、菌体形态。

## 六、思考问题

1）荚膜的主要成分是什么？涂片是否可用热固定？为什么？

2）试述用 Tyler 法染色时，在涂片和脱色操作中应把握哪些要领？

# 第六节　霉菌和假丝酵母的载片培养与观察

载片培养法是研究丝状真菌、放线菌等微生物生长繁殖全过程的一种有效的方法。其原理是将孢子或菌丝接种在无菌载玻片上，滴上合适的半固体培养基，盖上盖玻片造成一个让微生物仅能在载玻片和盖玻片之间的空间内横向沿盖玻片伸展的生境。因而在培养过程中，可随时用显微镜观察孢子的萌发、菌丝的生长及孢子的形成等各个阶段，而不会因观察造成培养标本的污染。用此法制备的镜检标本，视野清晰，形态逼真，是显微摄影的好材料。此标本也可制备永久标本保存。方法是：轻轻揭去盖玻片，仔细挑除标本中央的琼脂块，加少量乳酚油于标本上，盖上一清洁盖玻片。若揭下的盖玻片上菌丝很密，其自然生长状态没损坏，可把盖玻片有菌丝面轻轻盖在清洁载玻片的乳酚油滴上。在盖玻片四周滴加树胶封固，则保存效果更好。

## 一、目的要求

掌握微生物载片培养法，观察青霉、曲霉和假丝酵母的细胞形态。

## 二、实验材料

1）菌种：产黄青霉（*Penicillium chrysogenus*），黑曲霉（*Aspergillus niger*），热带假丝酵母（*Candida tropicalis*）。

2）培养基：试管装量为1/3的马铃薯半固体培养基。

3）用品：乳酚油，无菌湿室，无菌的20%甘油，无菌滴管，镊子，显微镜。

## 三、实验程序

### （一）霉菌的载片培养与观察（图2.1）

1）湿室准备：在培养皿底铺一张圆形滤纸片，在纸上放一"∩"形玻璃棒，在玻璃棒上放一载玻片和两块盖玻片，盖上皿盖，包上旧报纸，干热灭菌，备用。无菌湿室，如图2.1所示。

2）融化培养基：加热融化试管装量为1/3的马铃薯半固体培养基，放在60℃左右水浴中保温，待用。

3）整理湿室：以无菌操作技术，用镊子将载玻片和盖玻片放在湿室内便于操作的位置上。

4）接种：接种环挑取少量孢子至相应湿室载玻片上轻轻碰几下。同一菌种在同一载玻片上可接两点。记住接种的位置。

5）加培养基：用无菌滴管吸取少量培养基，（滴管中无气泡）在接种处滴一滴培养基。

6）加盖玻片：用无菌镊子把湿室内的盖玻片盖在培养基上，用镊子轻压，使盖玻片与载玻片的距离接近，但切勿压扁，影响通气。

7）倒保湿剂：每湿室内倒入3～5ml 20%的甘油，使皿内滤纸湿润，保持湿度防止载玻片上琼脂块干裂，利于霉菌生长。

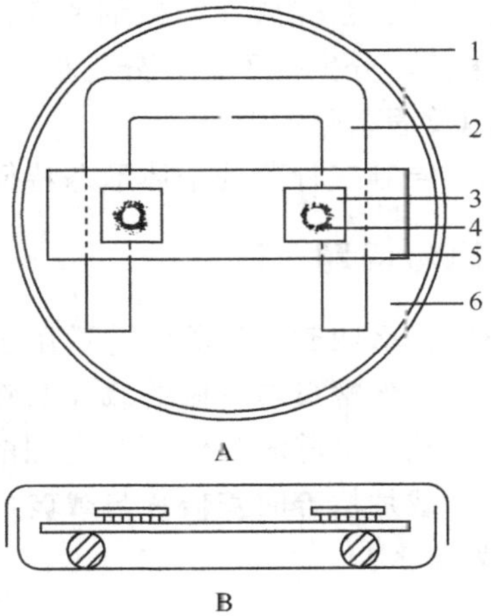


图2.1　湿室的构造图（皿中载片培养）

A. 顶面观；B. 侧面观

1. 培养皿；2. "∩"形玻璃棒；3. 盖玻片；4. 培养物；5. 载玻片；6. 保湿用滤纸

8）培养：在湿室皿盖上记上菌名，日期及实验者学号。把湿室置28℃培养箱内培养。

9）镜检：20h后即可开始观察。取出湿室内的载玻片，直接置低倍镜或高倍镜下观察。

（二）假丝酵母的载片培养和观察

假丝酵母的载片培养法与霉菌略有不同。霉菌孢子轻，易分散，故通常先接种后加培养基。然而假丝酵母以营养细胞接种，细胞不易分散，应先加培养基，待凝固后再在培养基块表面接种。其操作同霉菌载片培养法。

## 四、注意事项

1）载玻片培养法中，接种量不宜多，过多菌丝太密难以看清特征结构。

2）盖玻片与载玻片间空间宜狭，但不可无缝隙。狭窄可减少培养物的层次，有利于显微摄影和观察。

3）镜检时，先用低倍镜沿着琼脂块边缘寻找合适的视野，然后用高倍镜仔细观察、绘图。

## 五、结果记录

1）观察并记录青霉、黑曲霉和假丝酵母在斜面上的培养特征。

2）镜检三种菌的载片培养物，请特别注意以下各类结构特征：① 菌丝体（气生菌丝、营养菌丝的粗细和色泽，菌丝有无隔，能否找到足细胞等）。② 分生孢子穗，分生孢子梗，分生孢子和分生孢子小梗及顶囊的形态。③ 假丝酵母的细胞及假菌丝的形态。

3）绘制三种菌的个体形态特征图。

## 六、思考问题

1）什么叫载片培养？它适用于哪些微生物的形态观察？有何优点？

2）假丝酵母与霉菌的载片培养制作上有何不同？为什么？

3）载片培养时为何用20％甘油做保湿剂？有何优点？

4）载片培养时盖玻片与载玻片间空隙太大或全无，载片培养会出现什么结果？为什么？

# 第七节　酵母菌子囊孢子的培养与观察

大多数酵母菌是单细胞生物，形态较简单。酵母能否产生有性孢子及其孢子的形态等是酵母分类鉴定的重要依据。

在酿酒酵母的生活史中存在单倍体阶段和双倍体阶段，这两个阶段的长短因菌种而异。一般情况下，单倍体、双倍体细胞均能持续地以出芽方式繁殖。但如果将双倍体细胞移接到合适的产孢子培养基上，细胞就会发生减数分裂，形成含4个单倍体子核的细胞。原来的双倍体细胞即成为子囊，4个子核发育成子囊孢子。将单倍体子囊孢子逐个分离出来，经无性繁殖成单倍体细胞。不同遗传型的单倍体细胞不仅可作杂交育种的亲本，也是研究真核细胞遗传规律的好材料。

为促使酿酒酵母产生子囊孢子，可先将它在营养丰富的培养基上繁殖几代后，再将它移接到产孢子培养基上即可。对不同的酵母菌应选择合适的产孢子培养基。酿酒酵母常用乙酸钠培养基作为产孢子培养基。

## 一、目的要求

了解酵母菌产生子囊孢子的条件并观察其形态。

## 二、实验材料

1）菌种：酿酒酵母（*Saccharomyces cerevisiae*）。

2）培养基：麦氏（McClary）培养基（即乙酸钠培养基），麦芽汁琼脂斜面培养基。

3）染料：5% 孔雀绿染液，0.5% 沙黄染液。

4）用品：显微镜，载玻片。

## 三、实验程序

1）菌种活化：将酿酒酵母接种到新鲜的麦芽汁培养基上，28℃培养2～3d，然后再移接2～3次。

2）产孢培养：将活化了的酿酒酵母移接到乙酸钠培养基上，30℃恒温培养两周。

3）涂片染色：在洁净载玻片上滴一滴蒸馏水。从产孢培养基上挑少些菌苔于水滴中，涂片、加热固定后，加数滴孔雀绿于涂片处，染色1min。水洗，用95%乙醇脱色30s，水洗，最后用沙黄复染30s，水洗，用吸水纸拭干。

4）镜检：子囊孢子呈绿色，子囊为粉红色。

## 四、注意事项

1）用于菌种活化的麦芽汁培养基要新鲜，培养基表面要湿润。

2）用大接种量方式把酵母接到产孢培养基上，可提高子囊形成率。

## 五、结果记录

1）计算子囊形成率：随机取 3 个视野，分别计算子囊数和不产孢子的细胞数。

按下列公式计算：

$$子囊形成率=\frac{3个视野中形成子囊的总数}{3个视野中子囊的总数+不产孢子的细胞总数}\times 100\%$$

2）将结果填在表 2.1 中。

**表 2.1　酵母子囊孢子形成率**

| 菌名 | 产孢培养基 | 子囊内孢子数 | 孢子形状表面纹饰 | 子囊形成率/% |
|---|---|---|---|---|
| | | | | |

## 六、思考问题

1）如何区别营养细胞和释放出的子囊孢子？

2）试设计一个从子囊中分离孢子的方法。

# 第八节　放线菌的插片、搭片培养及观察

放线菌是抗生素的主要产生菌，其形态特征是菌种鉴定和分类的重要依据。为此人们设计过许多方法来培养和观察其形态特征，其中以插片法和搭片法较常用。

在接种过放线菌的琼脂平板上，插上盖玻片或在平板上开槽再搭上盖玻片，使放线菌菌丝沿着培养基与盖玻片的交界线上生长、蔓延，从而附着在盖玻片上。待培养物成熟后轻轻地取出盖玻片，就能获得放线菌在自然生长状态下的标本，将盖玻片置于载玻片上即可镜检，并能观察到放线菌整个个体形态。

## 一、目的要求

学会插片法和搭片法培养放线菌的制作方法，并观察放线菌的形态。

## 二、实验材料

1）菌种：细黄链霉菌（*Streptomyces microflavus*）即 5406 放线菌或青色链霉菌（*S. glaucus*）4d 的培养物。

2）培养基：高氏 1 号琼脂培养基。

3）用品：无菌培养皿，接种铲，显微镜，载玻片，无菌盖玻片。

## 三、实验程序

### （一）插片法

1）倒平板：融化的高氏 1 号培养基凉至手能握住，倒平板，凝固待用。

2）接种：用接种环从斜面上挑起放线菌孢子，在平板上约一半面积的培养基上作来回划线接种。接种量可大些，线可划密些以利于插片。

3）插片：用无菌镊子取无菌盖玻片，在划线接种的区域内以 45°角斜插入琼脂培养基内。在另一半未曾划线接种的区域也以同样的方式插上数块盖玻片（图 2.2）。再用接种环挑孢子，在盖玻片一侧基部接种，接种线只划在盖玻片中央，以免菌丝蔓延到盖玻片的背面。这样的优点是镜检时可省略抹去盖玻片背面菌丝这一步。

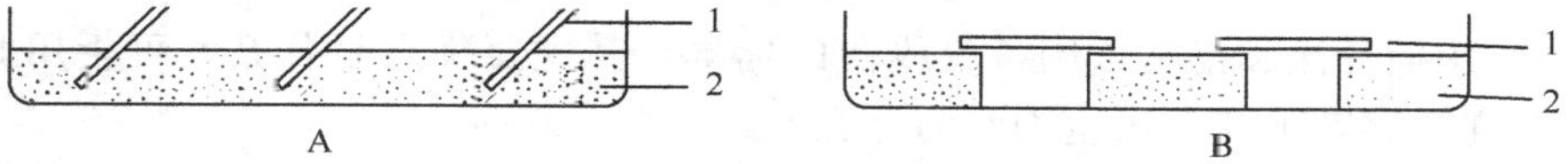


图 2.2　放线菌插片和搭片培养示意图

A. 插片法；B. 搭片法

1. 盖玻片；2. 培养基

4）培养：插片平板倒置，28℃培养 5d。

5）镜检：用镊子小心拔出盖玻片，将背面菌丝擦净（先插片后接种的可省去这一步）。然后将盖玻片有菌丝的一面向下放在洁净的载玻片上，用显微镜观察。

### （二）搭片法

1）平板开槽：用接种铲在凝固的高氏 1 号培养基上开两个平行槽，宽 0.5cm 左右。

2）划线接种：用接种环从斜面挑起孢子在槽内边缘来回划线接种。

3）搭片：在接种后的槽面上放上无菌的盖玻片。

4）培养：28℃培养 5d。

5）镜检：待成熟时，取下盖玻片置于载玻片上即可镜检观察。

## 四、注意事项

1）镜检时要特别注意放线菌的基内菌丝、气生菌丝的粗细和色泽差异。

2）放线菌生长慢，培养时间长，在操作时应特别注意无菌操作，严防杂菌污染。

3）盖玻片上培养物用0.1%美蓝染色后镜检效果更好。

## 五、结果记录

将放线菌形态的观察结果，记录在表2.2中。

表2.2　放线菌形态特征

| 菌名 | 培养法 | 图示孢子丝及孢子形态 | 平板上菌落或菌苔特征 |
| --- | --- | --- | --- |
| | | | |

## 六、思考问题

1）镜检时如何区分放线菌的基内菌丝和气生菌丝？

2）用插片法和搭片法制备放线菌的标本，其主要优点是什么？可否用此法来培养和观察其他几类微生物？为什么？

# 第九节　放线菌的玻璃纸覆盖法和印片染色法

无菌玻璃纸具有半透性膜的特性，将其覆盖在平板培养基表面，并在它表面接种放线菌，培养基中养料能透过玻璃纸被放线菌吸收利用。放线菌在玻璃纸上形成菌落或菌苔。此外，玻璃纸还具有透光性，因而可将生长至不同阶段的放线菌连同玻璃纸一起揭下，放在载玻片上镜检或摄影。用此法能观察到菌落形成的不同阶段，是一种较理想的微生物菌落形态的培养法和观察法。

印片染色法是将放线菌的菌丝先印在载玻片上，经固定染色再观察。是一种较简便的方法，但只能观察到气生菌丝和孢子丝，而且在制片过程中其形态可能稍有改变。

## 一、目的要求

掌握用玻璃纸培养放线菌的方法；掌握用印片法观察放线菌的形态；观察玻璃纸上放线菌的形态。

## 二、实验材料

1）菌种：细黄链霉菌（*Streptomyces microflavus*）或灰色链霉菌（*S. griseus*）。

2）培养基：高氏1号培养基。

3）用品：无菌培养皿，无菌玻璃纸，镊子，载玻片，三角玻璃棒等。

## 三、实验程序

### （一）玻璃纸覆盖法

1）倒平板：融化高氏1号培养基，冷至50℃左右倒平板，凝固待用。

2）铺玻璃纸：用无菌镊子将预先灭好菌的块状玻璃纸（同盖玻片大小）平铺于平板培养基表面。也可整张铺，但玻璃纸大小应略小于皿底面积。铺玻璃纸时务使纸与培养基之间无气泡产生，若有气泡可用无菌涂棒将其除尽。

3）涂布菌液：将待分离的菌种制备成一定浓度的菌悬液，吸取0.1ml菌悬液于玻璃纸上，用无菌涂棒涂匀；也可用接种环蘸取菌液后在玻璃纸上划线接种。

4）培养：接种后的平板倒置于28℃培养箱中培养5～7d，放线菌的孢子能在培养基表面的玻璃纸上形成菌落。

5）制片：在培养过程中，可取不同培养期的放线菌玻璃纸片制成标本进行观察。制片时，将含菌玻璃纸片小心取下移至载玻片上，菌面向上。玻璃纸与载玻片间不能有气泡，以免影响观察。

6）观察：将上述片子置于显微镜下观察。先用低倍镜观察放线菌菌落边缘的特征，再用高倍镜仔细观察放线菌的基内菌丝、气生菌丝和弯曲状或螺旋状的孢子丝等。

### （二）印片染色法

1）倒平板：参见玻璃纸覆盖法。

2）涂布菌液：参见玻璃纸覆盖法，不同的是菌液直接涂在培养基表面。

3）培养：参见玻璃纸覆盖法。

4）制片：用解剖刀或接种铲切下一小块连同培养基的培养物，菌面朝上放在洁净的载玻片中央。另取一洁净载玻片，微微加热。然后用这微热的载玻片盖在菌苔上，轻轻压一下（两块载玻片垂直印片，不能使带菌培养基块移动，以防破坏菌丝的自然状态）。反转有印痕的载玻片微微加热固定，用石炭酸复红染色1min，水洗、晾干。

5）油镜观察。

## 四、注意事项

1）玻璃纸与平板培养基之间不宜有气泡，以免影响其表面放线菌的生长。

2）玻璃纸在灭菌前应予以湿润，并将其与湿润滤纸交替分隔叠放在培养皿内灭菌，以防玻璃纸皱缩和相互粘在一起而不易揭开。

3）放线菌的基内菌丝常呈匍匐状生长在玻璃纸表面，镜检时，菌丝纤细而发亮。

4）印片时，载玻片要轻压，不能移动。

## 五、结果记录

1）观察并记录玻璃纸上的放线菌菌落形态特征，试与普通平板上的菌落做一比较。

2）绘制低倍镜下观察的玻璃纸上菌落边缘的形态特征。比较玻璃纸覆盖法观察到的基内菌丝、气生菌丝与其他方法观察到的两种菌丝。

3）印片染色法所观察的结果与其他方法所观察到的结果相比较。

## 六、思考问题

1）以玻璃纸覆盖法培养和观察放线菌有何优点？

2）玻璃纸覆盖法和印片染色法可否用于其他微生物的培养观察？为什么？

# 第十节　病毒粒子的电镜观察

病毒很小，直径只有 10～300nm，但形态多样，有球形、卵圆形、砖形、杆状、丝状及蝌蚪状等。含病毒的组织浸出液或提纯的病毒悬液滴于铜网上，经特殊的染色处理，在电子显微镜下就能清楚地观察病毒粒子的形态结构。

## 一、目的要求

掌握病毒的提纯方法，掌握提纯病毒和组织浸出液的负染技术。

## 二、实验材料

1）病毒：感染了烟草花叶病毒的烟草病叶，2 型腺病毒。

2）试剂：0.1mol/L pH 值＝7.2 磷酸缓冲液，8％正丁醇，4％聚乙二醇，4％NaCl，氟碳化合物，0.01mol/L Tris-HCl 缓冲液（pH 值＝8.1），氯化铷溶液，2％磷钨酸负染色液，1％戊二醛固定液，10％乙酸铀。

3）用品：组织捣碎机，磁力搅拌器，高速冷冻离心机，超速离心机，铜网。

## 三、实验程序

### （一）病毒的提纯

**1. 烟草花叶病毒的提纯**

烟草花叶病毒（tobacco mosaic virus，TMV）是杆状植物病毒。其提纯方法如下。

1）取感染 TMV 的烟草病叶 100g，加 200ml 0.1/3 mol/L pH 值＝7.2 的磷酸缓冲液（下面称磷酸缓冲液），在组织捣碎机中匀浆，用尼龙挤滤汁液。

2）在滤汁液中逐滴加入 8%正丁醇（*W/V*），边加边用磁力搅拌器搅拌，加完后继续搅拌 15min。

3）在高速冷冻离心机中以 10 000*g* 离心 10min，弃沉淀。

4）在上清液中加 4%聚乙二醇（PEG6000）和 4%NaCl（*W/V*），在磁力搅拌器中充分搅拌，使其彻底溶解，在 4℃冰箱中存放 3～4h。

5）10 000*g* 离心 20min，弃去上清液。

6）沉淀用 10～40ml 磷酸缓冲液匀浆悬浮，在 10 000*g* 下离心 20min，弃去沉淀。

7）取上清液进行超速离心，150 000*g* 1.5h 弃上清液。

8）沉淀悬浮于 1～2 ml 磷酸缓冲液中。

9）将上述沉淀悬浮液进行 10%～40%蔗糖梯度离心，75 000*g* 2h。用注射器从梯度液中抽取病毒带。

10）将病毒带的抽取液用磷酸缓冲液稀释。用 150 000*g* 离心 1.5h 脱糖，弃上清液。沉淀用少量磷酸缓冲液悬浮，即为提纯的 TMV。

离心管中蔗糖梯度可用梯度仪制备，也可配制 10%、20%、30%、40%的蔗糖液，分层叠加入离心管中，在 4℃冰箱中静止过夜，即可形成线形梯度。

**2. 动物腺病毒的提纯**

1）用 3～3.5L 细胞悬浮培养液，离心收集细胞。将细胞悬浮为 300ml（浓度为 $1.5\times10^5$～$2.0\times10^5$ 个/ml），接种乙型腺病毒，置 37℃悬浮培养 30～40h。然后 2000r/min 离心 20min，收集沉淀的感染细胞。用 0.01mol/L Tris-HCl 缓冲液（pH 值＝8.1）10ml 悬浮，反复冻融数次，作病毒提纯材料。

2）上述病毒材料中加入 35ml 冷的 Tris-HCl 缓冲液，充分吹打混匀，然后 20 000r/min离心 20min，收集具有全部感染效价的上清液。

3）上述上清液加等量氟碳化合物，移入高速匀浆器中，将匀浆器置于冰浴中，12 000r/min匀浆 1min，然后 2000r/min 离心 2 min，分成水相和氟碳化合物相。用吸管吸出水相部分移入另一容器内，加入其 1/3 容积量的新鲜氟碳化合物。同上匀浆化，离心，收集水相部分，即为粗病毒悬液。此悬液中含有 20%原有蛋白和 80%的原有感染价。

4）取固体氯化铷溶于 0.01mol/L Tris-HCl 缓冲液（pH 值＝8.1）配成相对密度为 1.43（*V/V*）的溶液。取此溶液 8ml 放入离心管中，然后取粗提病毒悬液 25ml 小心加于氯化铷溶液顶部。将离心管装入 SW-25 转子中，20 000r/min离心 45min，病毒聚集于两液界面，形成乳白色带。小心吸去病毒层上面的上清液，然后收集乳白色病毒层，加入 0.01mol/L Tris-HCl 缓冲液，使其容积达 5ml，加入固体氯化铷将其相对密度调为 1.34。此样品病毒感染价回收率约为 70%，除去约 96%原有蛋白。

5）取上述相对密度为 1.34 的氯化铯病毒样品 5ml，放入 SW-39 转子中，35 000r/min离心 20～40h（4～6℃）。离心完毕后在离心管中都可见到清晰的半透明的白色病毒带。收集这一部分样品，装入透析袋中，于 Tris-HCl 缓冲液中透析，除去氯化铯，即为提纯病毒。

## （二）病毒样品的负染色和电镜观察

### 1. 提纯病毒的负染色

提纯病毒的负染方法有两种。

1）将提纯的 TMV 悬液用重蒸水进行 1∶10 或 1∶100 稀释。用镊子夹持铜网，用滴管吸取样品滴加在铜网上，稍待片刻，用滤纸从铜网边缘吸取余液，待铜网上的液体将干未干时，立即滴一滴 2%磷钨酸负染色液；注意不能使铜网背面沾上液体。1～2min 后用滤纸吸掉余液，仅留少许液体，自然干燥。将染好的铜网放在网盒中，做好记录，即可进行电镜观察。

2）将提纯的 TMV 悬液与1%戊二醛固定液按 10∶1 比例在蜡片上混合（戊二醛最终浓度为 0.1%），固定 10～15min。用镊子夹持铜网，沾取样品悬液，稍待片刻，用滴管吸取重蒸水，连续滴洗铜网，洗掉戊二醛固定液等，清洗完毕用滤纸洗掉余液。待铜网上液体将干未干时，再将铜网膜面朝下，漂浮在1%乙酸铀或 2%磷钨酸负染色液滴上，1～2min 后取出铜网，用滤纸吸掉余液，仅留少许液体，自然干燥。将染好的铜网放在网盒中，以备观察。

### 2. 植物病毒浸出法负染色

病毒和组织浸出液可用 3 种方法负染色。

1）在载玻片上滴一滴双蒸馏水或 0.005mol/L 磷酸缓冲液，将一小片植物病叶放置于液滴中并用刀片切碎，让病毒释放到液滴中，用镊子夹持铜网，蘸取浸出液，稍待片刻，用滤纸吸掉余液，再按上述相同方法进行染色。

2）在铜网上先滴一滴 2%磷钨酸负染色液，用刀片切取一小片植物病叶，迅速将组织伤口浸入铜网上的负染液中；病毒浓度低可反复多次切出新伤口浸渍；用滤纸吸掉余液，干燥后即可观察。

3）在凹玻片中加几滴重蒸水或 2%磷钨酸负染。取一小片植物病组织剪碎，并在液滴中充分研细。用镊子夹持铜网蘸取浸出液，然后按提纯病毒相同方法进行染色。若浸出液中植物残渣过多，可先用重蒸水对铜网滴洗后再进行负染色；也可以将组织浸出液经低速离心（2000～4000r/min）后，再蘸取上清液进行染色。

## 四、注意事项

1）提纯病毒染色时，铜网背面不能沾有负染色液。

2）用组织浸出液直接制片碎片较多影响观察。浸出液经离心得上清液再制片，效果会好些，若能提纯效果最好。

## 五、结果记录

绘图表示你在电镜下观察到的病毒粒子形态。

## 六、思考问题

查阅有关资料，理清病毒提纯各步骤的原理和负染色的原理。

# 第十一节　几大类微生物菌落的识别与观察

微生物的种类繁多，对于常见常用的微生物，根据它们的主要形态可分为细菌、放线菌、酵母菌和霉菌四大类。要识别它们，最简便的方法是直接用肉眼观察其菌落形态（群体形态）。菌落是由某一微生物的单个细胞或孢子在固体培养基表面繁殖后所形成的子细胞群体，菌落形态在一定程度上是个体细胞形态结构在宏观上的反映。每大类微生物都有其独特的细胞形态，因而其菌落特征也各异，故掌握识别四大类微生物菌落形态的要点对从事菌种的筛选、鉴定和杂菌的判断等工作具有重要的意义。

## 一、目的要求

掌握识别四大类微生物菌落形态。

**1. 细菌的菌落特征**

细菌由于细胞小，故形成的菌落也较小、较薄、较透明且有“细腻”感。不同的细菌会产生不同的色素，因此常会出现五颜六色的菌落。此外有些细菌具有特殊的细胞结构，因此在菌落形态上也有所反映，如无鞭毛不能运动的细菌其菌落外形较圆而凸起；有鞭毛能运动的细菌其菌落往往大而扁平，边缘不整齐；运动能力特强的细菌则出现更大更扁平的菌落，其边缘从不规则、缺刻状直至出现迁移性的菌落，具有荚膜的细菌其菌落更黏稠、光滑、透明；荚膜较厚的细菌其菌落甚至呈透明的水珠状；有芽孢的细菌常因其折光率和其他原因而使菌落呈粗糙、不透明、多褶皱等特征。细菌常因分解含氮有机物而产生臭味，这也有助于菌落的识别。

**2. 酵母菌的菌落特征**

酵母细胞较大（直径比细菌约大 10 倍）且不能运动，故其菌落一般比细菌大、厚而透明度较差。酵母菌产生的色素较为单一，通常呈矿蜡色，少数为橙红色，个别为黑色。但也有例外，如假丝酵母因形成藕节状的假菌丝，故细胞易向外蔓延，造成菌落大而扁平和边缘不整齐等特有的形态。酵母菌因普遍能发酵含碳有机物而产生醇类，故其菌落常伴有酒香味。

**3. 放线菌的菌落特征**

放线菌属于原核生物，其菌丝纤细，生长较慢，气生菌丝生长后期逐渐分化出孢子丝，形成大量的孢子。因此菌落较小，表面呈紧密的线状或粉状等。放线菌菌落呈放射状。不少放线菌具有特殊的土腥味或冰片味。

**4. 霉菌菌落特征**

霉菌属于真核生物，它们的菌丝一般较放线菌粗且长，其生长速度比放线菌快，故菌落大而疏松或大而紧密。由于气生菌丝会形成一定形状、构造和色泽的子实器官，所以菌落表面往往有肉眼可见的构造和颜色。

根据上述特征可将四大类微生物菌落识别要点归纳如下：

- 菌落
  - 湿润光滑或粗糙，正反面颜色一致
    - 小而扁平、小而隆起、大而扁平——细菌
    - 大而隆起——酵母菌
  - 干燥绒毛或皮革状，正反面中央边缘颜色不一致
    - 大而致密、大而疏松——霉菌
    - 小而致密——放线菌

根据上述要点可基本上识别大部分未知菌落。但由于菌落特征往往还受培养基成分、培养时间及菌落在平板上分布的疏密等因素的影响，因此在观察时要注意这些条件，应选择分布较疏处的单菌落观察。对难以区别的菌落可借助显微镜观察其细胞形态来做正确的判断。

## 二、实验材料

**1. 已知菌落（长有下列各菌菌落的平板）**

1）细菌类：大肠杆菌（*Escherichia coli*）；金黄色葡萄球菌（*Staphylococcus aureus*）；胶质芽孢杆菌（*Bacillus mucilaginosus*）；枯草杆菌（*Bacillus subtilis*）。

2）酵母类：酿酒酵母（*Saccharomyces cerevisiae*）；黏红酵母（*Rhodotorula gracitis*）；热带假丝酵母（*Candida tropicalis*）。

3）放线菌类：细黄链霉菌（*Streptomyces microflarus*，又称 5406 放线菌）；黑化链霉菌（*S. nigrificans*）。

4）霉菌类：产黄青霉（*Penicillium chrysogenus*）；黑曲霉（*Aspergillus niger*）；构巢曲霉（*A. nidulans*）；白僵菌（*Beauveria bassiana*）等。

**2. 培养基**

牛肉膏蛋白胨培养基，马铃薯培养基，高氏1号培养基，钾细菌培养基。

## 三、实验程序

**1. 制备已知菌的单菌落**

通过平板划线法获得细菌、酵母菌和放线菌的单菌落，用三点接种法获得霉菌的单菌落。细菌平板37℃培养24～48h，酵母菌平板置28℃培养2～3d，霉菌和放线菌置28℃培养5～7d。

**2. 制备未知菌菌落**

从环境监测所获得的平板挑选若干个菌落，逐个编号，作为识别四大类微生物用的未知菌落。

**3. 辨别未知菌落**

根据菌落识别要点可初步判断某未知菌落是属于哪一类菌。

## 四、注意事项

1）实验台上已知菌和未知菌平板勿随意移动开盖，以免搞混菌种编号。

2）观察菌落应注意菌落在平板上分布疏密的情况。分布密集处菌落小，分布稀少处菌落较大。

## 五、结果记录

1）菌落形态特征的描述

a. 细菌菌落的描述：菌落表面形态有光滑、褶皱、放射状、根状等形态。菌落边缘形状有整齐、波状、丝状、锯齿状、裂叶状等形态。菌落隆起形状有扁平、隆起、草帽状、脐状等。透明度可分为透明、半透明、不透明等。

b. 酵母菌落形态的描述：参照细菌。

c. 放线菌和霉菌菌落的描述：

菌落表面的形状：粗糙、同心圆、辐射状沟纹、粉状、绒毛状或皮革状等。

菌落颜色：正面颜色（包括气生菌丝和孢子颜色）、反面颜色（指营养菌丝颜色）；有否水溶性色素（色素会渗入培养基中，使菌落周围的培养基改变颜色）。

2）将已知菌落形态的描述记录在表2.3中。

3）将对未知菌落的辨别结果列表记录。

**表 2.3　已知菌菌落形态记载**

| 大类 | 菌名 | 辨别要点 | | | | 菌落描述 | | | | | | |
|---|---|---|---|---|---|---|---|---|---|---|---|---|
| | | 湿 | | 干 | | | | | 颜色 | | | |
| | | 厚薄 | 大小 | 松密 | 大小 | 表面 | 边缘 | 隆起形状 | 正面 | 反面 | 水溶性色素 | 透明度 |
| 细菌 | 大肠杆菌 | | | | | | | | | | | |
| | 金黄色葡萄球菌 | | | | | | | | | | | |
| | 胶质芽孢杆菌 | | | | | | | | | | | |
| | 枯草杆菌 | | | | | | | | | | | |
| 酵母菌 | 酿酒酵母 | | | | | | | | | | | |
| | 黏红酵母 | | | | | | | | | | | |
| | 热带假丝酵母 | | | | | | | | | | | |
| 放线菌 | 细黄链霉菌 | | | | | | | | | | | |
| | 黑化链霉菌 | | | | | | | | | | | |
| 霉菌 | 产黄青霉 | | | | | | | | | | | |
| | 黑曲霉 | | | | | | | | | | | |
| | 构巢曲霉 | | | | | | | | | | | |
| | 白僵菌 | | | | | | | | | | | |

## 六、思考问题

1）试分析影响菌落大小的外界因素。

2）具鞭毛、荚膜或芽孢的细菌在形成菌落时一般会出现哪些特征？

3）当放线菌的气生菌丝尚未分化出孢子丝时，菌落表面光滑，易被误认为是细菌，在这种情况下，你如何确定它是放线菌？

# 第三章　微生物大小的测定及计数

## 第一节　微生物细胞大小的测定

微生物细胞的大小是分类鉴定的重要的依据，也是微生物重要的形态特征之一。微生物在一定的生活条件下，其细胞具有一定的形态和大小，因此测定微生物的大小，对了解微生物的形态特征以及在分类鉴定方面，都是一项重要的内容。微生物个体微小，必须借助显微镜才能观察清楚，要对微生物进行测量，也必须借助特殊的测微尺。

### 一、目的要求

学会测微尺的使用和计算方法及对球菌和杆菌的测量。

### 二、实验材料

金黄色葡萄球菌和大肠杆菌的标本玻片，显微镜目镜测微尺，镜台测微尺。

### 三、实验程序

**1. 测微尺的构造**

显微镜测微尺是由目镜测微尺和镜台接物测微尺组成，目镜测微尺是一块圆形玻璃片，在中央有精确的等分刻度，在 5mm 刻尺上等分 50 份（见图 3.1）。测量时将其放在接目镜中的隔板上。由于是测量微生物经接目镜放大后的影像，不同显微镜的放大倍数不同，故目镜测微尺每格实际代表的长度随使用接目镜和接物镜的放大倍数而改变，因此在使用前必须用镜台测微尺进行标定。

镜台测微尺为一块中央有精确等分线的载玻片（见图 3.1）。

一般将长为 1mm 的直线等分成 100 个小格，每格长 0.01mm 即 10$\mu$m 是专用于校正目镜测微尺每格长度的。

**2. 目镜测微尺的标定**

把接目镜的上透镜旋开，将目镜测微尺轻轻放入接目镜的隔板上，使有刻度的一面朝下。

将镜台测微尺放在显微镜的载物台上，使有刻度的一面朝上。

先用低倍镜观察，对准焦距，待看清镜台测微尺的刻度后，转动目镜，使目镜测微尺的刻度与镜台测微尺的刻度相平行，并使两尺左边的一条线重合，向右寻找另外两尺相重合的直线（见图 3.1）。

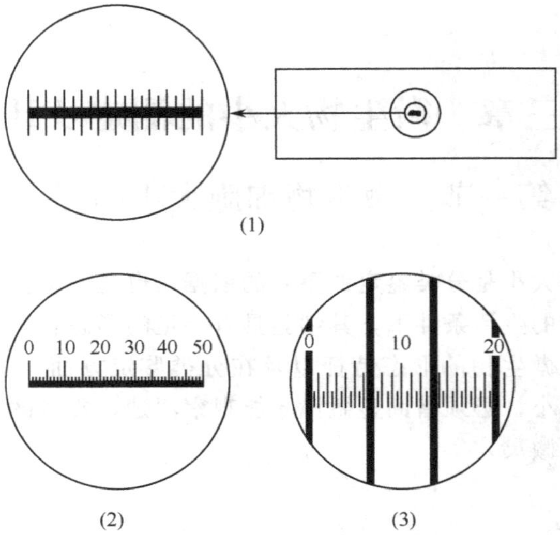


图 3.1　目镜测微尺（2）与镜台测微尺（1）及其校正（3）

记录两重合刻度间的目镜测微尺的格数和镜台测微尺的格数。

**3. 计算方法**

标定公式：

$$\text{目镜测微尺每格长度}=\frac{\text{两条重合线间镜台测微尺的格数}}{\text{两条重合线间目镜测微尺的格数}}\times 10(\mu m)$$

例如：目镜测微尺 20 个小格等于镜台测微尺 3 小格（图 3.1），已知镜台测微尺每格为 10μm，则 3 小格的长度为 3×10＝30μm，那么相应地在目镜测微尺上每小格长度为 3×10/20＝1.5(μm)。

用相同的方法分别校正高倍镜下和油镜下目镜测微尺每格所量载物台上物体的实际长度。由于不同显微镜及附件的放大倍数不同，因此，校正目镜测微尺必须针对特定的显微镜和附件（特定的接物镜、接目镜、镜筒长度等）进行，而且只能在特定的情况下重复使用。若更换目镜、物镜放大倍率时必须重新进行校正标定。

**4. 菌体大小的测定**

将镜台测微尺取下，换上玻片标本，先在低倍镜和高倍镜下找到目的物，然后在油镜下用目镜测微尺测量菌体的大小。先量出菌体的长和宽占目镜测微尺的格数，再以目镜测微尺每格的长度计算出菌体的长和宽。

例如：目镜测微尺在这架显微镜下，每格相当于 1.5μm，测量的结果，菌体的平均长度相当于目镜测微尺的 2 格，则菌体长应为 2×1.5μm ＝3.0μm。

一般测量菌体的大小，应测定 10～20 个菌体，求出平均值，才能代表该菌的大小。

## 四、注意事项

镜台测微尺的玻片很薄，在实验中标定油镜头时，应注意镜头和镜台测微尺间的距离，应由近距离向远距离调节，以免压碎镜台测微尺，损坏镜头。

## 五、实验结果

1）目镜测微尺每格标定长度________ μm。

2）将测定结果填入表 3.1。

**表 3.1　大肠杆菌测定结果**

| 菌号 | 目镜测微尺格数 | | 实际长度/μm | |
|---|---|---|---|---|
| | 宽 | 长 | 宽 | 长 |
| 1 | | | | |
| 2 | | | | |
| 3 | | | | |
| 4 | | | | |
| 5 | | | | |
| 6 | | | | |
| 7 | | | | |
| 8 | | | | |
| 9 | | | | |
| 10 | | | | |
| 均值 | | | | |

用同样方法记录金黄色葡萄球菌的直径大小，并列表。

## 六、思考问题

1）为什么更换不同放大倍数的目镜和物镜时必须重新用镜台测微尺对目镜测微尺进行标定？

2）根据测量结果说明，为什么菌体细胞大小完全相同？

3）若目镜不变，目镜测微尺也不变，只改变物镜，那么目镜测微尺每格所测量的镜台上的菌体细胞的实际长度（或宽度）是否相同？为什么？

# 第二节　微生物的显微镜直接计数

一定容积的培养物内微生物细胞数量的多少，是该微生物生命活动强弱的重要表现之一，也是某些微生物制品的质量指标之一。因此，在微生物学的工作中，经常测定微生物细胞的数量。

微生物的镜检计数法，是利用血球计数板在显微镜下直接计数的方法，也称总菌计数法。其优点是在显微镜下，可以立即得到数值，但计数的是死细胞和活细胞的总数，一般测定细菌及真菌的孢子常采用这种方法。

## 一、目的要求

通过实验了解血球计数板的构造和使用方法。并学会用血球计数板对酵母菌细胞进行直接镜检计数。

## 二、实验材料

1）菌种：酿酒酵母菌。

2）用品：显微镜，血球计数板，手动计数器，盖玻片，酒精灯，无菌吸管，无菌三角瓶，滤纸条，甲醛美蓝染色液，无菌水等。

## 三、实验程序

### 1. 血球计数板的构造

血球计数板是一块比普通载玻片厚得多的玻璃片，其上由 4 条平行槽构成的 3 个平台，中间的平台较宽，其中间又被一短槽隔成两半，每边平台上面各刻有一个方格网，即为此计数板的计数室。计数室的长和宽各为 1mm，中间平台下陷 0.1mm，故盖上盖玻片后计数室的容积为 $0.1mm^3$。血球计数板的构造见图 3.2。

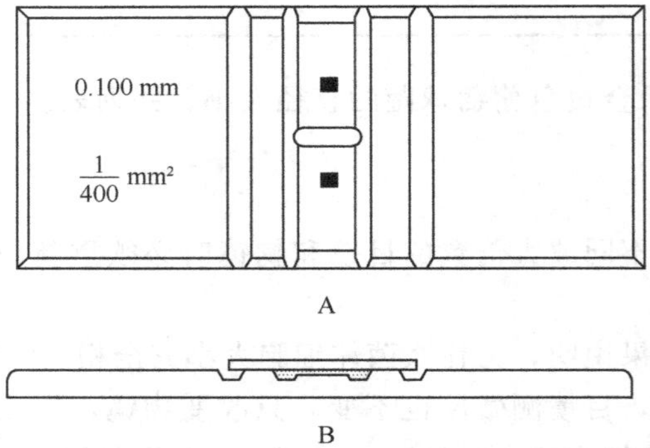


图 3.2　血球计数板的构造

A. 顶面图；B. 侧面图

常用血球计数板的计数室有两种规格，一种是 16×25 型，称为麦氏血球计数板，共有 16 个大格，每个大格又为 25 个小格（见图 3.3，A）。另一种是25×16 型，称为希里格式血球计数板，共有 25 个大格，每个大格又分成 16 个小格（见图 3.3，B）。但是不管哪种规格的血球计数板它们都有一个共同点，即计数室的小格总数是相同的，都由 400 个小方格组成。

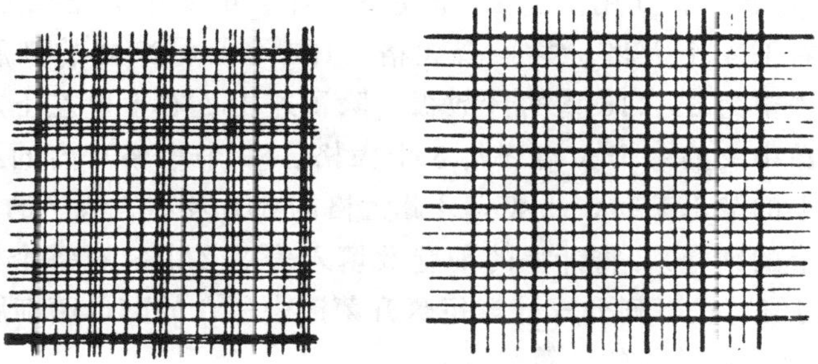

A　　　　　　　　　　B

图 3.3　不同规格血球计数板的计数室

A. 麦氏血球计数板；B. 希里格式血球计数板

因此，应用血球计数板在显微镜下直接计算微生物细胞的数量，就是先测定若干个方格中的微生物细胞的数量。再换算成每毫升菌液（或每克样品）中微生物细胞数量。

**2. 酵母菌细胞计数**

1）检查血球计数板，在正式计数前，先用显微镜检查计数板的计数室，看其是否沾有杂质或菌体，若有污物则需用脱脂棉蘸取 95％乙醇轻轻擦洗计数板的计数室，再用蒸馏水冲洗计数板，用滤纸吸干其上水分（勿用火焰烤干），最后用擦镜纸擦干净。

2）微生物细胞稀释液的制备：准确称取有代表性的固体样品 1g（若待测样品为液体培养物，则取已灭菌的 1ml 吸管吸取 1ml 液体培养物放入到 99ml 无菌水中。放入装有 30～40 粒玻璃珠的 100ml 无菌三角瓶中，充分振摇 15～30min，便得稀释 100 倍的菌液。稀释的目的在于便于计数，稀释后的样品，以每小格内含有 4～5 个酵母细胞为宜。滴入数滴甲醛杀死酵母菌，加几滴美蓝染色液，使酵母菌体着色。

3）加样：先将盖玻片放在计数室上，用吸管吸取一滴已稀释好的菌液滴于盖玻片的边缘，让菌液自行渗入，多余菌液用滤纸吸去；稍待片刻，待酵母细胞全部沉降到计数室底部，再进行计数。

4）计数：将加好样品的计数板放于载物台的中央，然后按下列步骤寻找计数室并计数。

5）找计数室：先在低倍镜下寻找计数板大方格网的位置。寻找时，显微镜的光圈要适当缩小，使视野偏暗，然后顺着大方格线移动计数板，使计数室位于视野中间。

6）转换高倍镜：转至高倍镜后，适当调节光亮度，使菌体和计数室线条清晰为止，然后将计数室一角的小格移至视野中。

7）计数：计数时，如用16×25型规格的计数板要按对角线方位，取左上、右上、左下、右下4个大格（共4个大格、100个小格）内的细胞逐一进行计数；如果使用规格为25×16型的计数板，除了左上、右上、左下、右下4个大格外，还需加数中央的一个大格（共5个大格、80个小格）内的细胞，计数时当遇到大格线上的酵母菌时，一般只计此大格的上方及右方线上的细胞（或只计下方及左方线上的细胞），将计得的细胞数填入表3.2中，对每个样品重复计数3次，取其平均值，按下列公式计算每毫升菌液中所含的酵母菌细胞数。

16×25型血球计数板的计算公式：

$$酵母菌细胞数=\frac{100小格内酵母菌细胞数}{100}\times 400\times 10\times 100\times 稀释倍数$$

25×16型血球计数板的计算公式：

$$酵母菌细胞数=\frac{80小格内酵母菌细胞数}{80}\times 400\times 10\times 100\times 稀释倍数$$

## 四、注意事项

1）计数完毕后，用蒸馏水冲洗，绝不能用硬物洗刷。洗后让其自行晾干，或用滤纸吸干，最后用擦镜纸擦干净。若计数的是病原微生物，则需先浸泡在5%石炭酸溶液中进行消毒，然后再进行清洗。

2）利用血球计数板在显微镜下直接计数的方法，无法区别死菌和活菌，有时样品中所含有的细小物质，也很难和菌体区别，故其计数结果往往偏高，因此在应用上具有一定的局限性，一般只有在微生物旺盛生长期间，没有或很少有死亡细胞的情况下，才能获得较准确的结果。

## 五、实验结果

**表3.2　酵母菌细胞总数的测定**

| 计算次数 | 各大格中细胞数 | | | | | 大格中细胞总数 | 稀释倍数 | 总菌数/（个/ml或g） |
|---|---|---|---|---|---|---|---|---|
| | 左上 | 右上 | 右下 | 左下 | 中间 | | | |
| 第一次 | | | | | | | | |
| 第二次 | | | | | | | | |
| 第三次 | | | | | | | | |
| 平均值 | | | | | | | | |

## 六、思考问题

1）根据你的实验体会，说明血球计数板计算的误差主要来自哪些方面？应如何减少误差？

2）试述血球计数板的计数原理。为什么用两种不同规格计数板来计数同一样品，结果是一样的？

# 第三节　微生物平板稀释法计数

平板培养计数法的基本原理是通过将样品制成均匀的一系列不同稀释倍数的稀释液，使样品中的微生物细胞，由原来聚集在一起分散开来，成单个细胞存在，再取一定量的稀释液接种，使其均匀分布于培养皿中的培养基内。经培养后，由单个细胞生长繁殖成菌落，统计菌落数目，即可计算出样品中的含菌数。

因为只计算在培养基生长繁殖形成的菌落，测定结果都是活菌数，故又称活菌计数法（或活孢子计数）。此法需按无菌操作进行，适用于成品质量的检定，例如生物菌肥、苏云金生物杀虫剂等。

## 一、目的要求

掌握活菌计数法。

## 二、实验材料

1）待测样品。

2）琼脂培养基。

3）无菌培养皿，100 ml 无菌水，9ml 无菌水，无菌吸管，涂棒，无菌三角瓶，无菌试管。

## 三、实验程序

### 1. 样品稀释液的准备

精确称取样品 10g。迅速倒入盛有 30～40 粒玻璃球的 100ml 无菌水的三角瓶中，充分振荡 15～30min，制成稀释 10 倍的样品稀释液，静止 30s 后，用 1ml 灭菌吸管吸取 1ml 10 倍稀释液加入 9ml 无菌水中（注意勿使吸管碰到无菌水），摇匀即制成 100 倍稀释液，换用 1ml 灭菌吸管将 100 倍稀释液吹吸几次使菌液混匀再吸 1ml 移入下一盛 9ml 无菌水的试管中，依同法稀释到亿倍或十亿倍稀释液（根据含活菌数多少而定），如图 3.4。

### 2. 混合平板培养计数法

上述样品稀释液准备完后，另取灭菌吸管按图 3.4 所示吸取适当稀释倍数的样品稀释液 1ml，放入已灭菌的培养皿中（若吸取稀释液的顺序由稀释倍数低到稀释倍数高时，则每吸完一个稀释液后，就必须另取干净的灭菌吸管吸取另一个稀释倍数的稀释液，若吸取稀释液的顺序由稀释液倍数由高到低时，则可不必更换吸管）；再倒入融化而冷却到 50℃左右的琼脂培养基（根据测定微生物种类不同而选择各自合适的琼脂培养基，如测定固氮菌可用阿须贝无氮琼脂培养基，测定杀虫杆菌可用牛肉膏琼脂培养基等）。

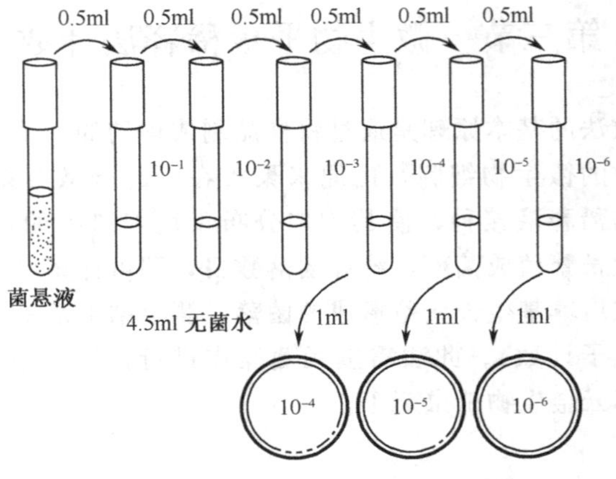


图 3.4 平板计数法中样品的稀释和稀释液的取样

培养基在平面皿中铺成一薄层（约 1.5ml），并在一平面上作顺时针和逆时针方向反复滑动，使样品稀释液和培养基混匀，放平待其凝固后反转放置，在被测生物最低温下培养（每种样品用同样方法各作 6～9 个培养皿）。当在琼脂培养基中出现菌落后，统计单个菌落的数目，就可计算被测样品的含菌数。同时用不接种的培养皿培养基，同样条件下培养作空白对照。

**3. 涂抹平板培养计数法**

先将融化冷却至 50℃的琼脂培养基，倒入已灭菌的培养皿中，待凝固后，放 28℃下保温 36～48h（或 60～70℃保温 15～20min），以蒸发干培养基表面的冷凝水。然后接种样品不同稀释液 0.2ml 于培养皿中央（其他要求同混合平板计数法）。用无菌涂棒将稀释液均匀涂抹在平板表面，同一稀释度可用同一涂棒连续涂抹。反之，必须更换涂棒或涂棒灭菌后，才能继续涂抹，涂抹后的培养皿，暂放几小时，待稀释液中的水分干后再将培养皿倒转保温培养。待菌落长出后，统计菌落数，计算出被测样品的含菌数。

## 四、结果计算

1）在严格执行无菌操作和准确稀释、定量接种的条件下，接种不同稀释倍数的菌液，在平板上长出的菌落数量，应随着稀释倍数的增减而相应地增减。在实际操作中总有一些误差，因此，统计菌落时，一般选择在同一稀释度的几个重复中的菌落数目相近者。若测定细菌和放线菌，则要求每皿以 20～300 个菌落为宜，若是霉菌则以 10～100 个菌落为宜。同时，要求同一试验的各处理和前后不同次数的计算所选定的计数稀释度应尽可能一致。

选择好计数的稀释度后，即可统计在培养皿上长出的菌落数，统计结果按下列公式计算。

a. 混合平板计数法：

每克样品的菌数＝同一稀释度几次重复的菌落平均数×稀释倍数

b. 涂抹平板计数法：

每克样品的菌数＝同一稀释度几次重复的菌落平均数×稀释倍数×5

2）为了消除和减少操作过程中的误差，可采用下列计算方法。

a. 混合平板计数法：

将接种 $10^{-7}$ 稀释液的几个培养皿上菌落平均数除以 10 得甲（即得稀释 $10^{-8}$）；

接种 $10^{-8}$ 稀释液的几个培养皿上菌落平均数得乙；

将接种 $10^{-9}$ 稀释液的几个培养皿上菌落平均数乘以 10 得丙（即得稀释 $10^{-8}$）。

每克样品含菌数＝(甲＋乙＋丙)÷3(亿/g)

b. 涂抹平板计数法：

每克样品含菌数＝(甲＋乙＋丙)÷3×5(亿/g)

## 五、实验结果

样品含菌数＝________（亿值）。

## 六、思考问题

1）平板稀释法计数与直接镜检计数有什么区别？各适用什么情况下计数。

2）哪一种方法要求严格无菌操作？为什么？

# 第四节　最大近似值法计数（MPN）（稀释培养计数）

最大近似值计数是测定土壤中各生理群微生物数量的一种方法。其原理是选择适当稀释倍数的土壤稀释液，接种在特定的液体培养基中培养，再检查培养液是否有该生理群微生物的生长。从不同稀释度接种管的生长情况，用统计学方法求出每克土壤中该生理群微生物的数量。选择稀释度范围的原则是最低稀释度的所有重复都要有菌生长，而最高稀释度则要求全部重复无菌生长。本实验以好氧性自生固氮菌的测定为例说明之。

## 一、实验材料

1）土壤样品。

2）阿须贝无氮培养液 12 支（每支装 5ml，加 1cm×4cm 滤纸条）。

3）100ml 无菌水，9ml 无菌水，1ml 无菌吸管。

## 二、实验程序

1）制备土壤样品稀释液（同平板培养计数法）。

2）接种：取$10^{-2}$、$10^{-3}$、$10^{-4}$、$10^{-5}$稀释接种液。每一稀释度重复接种3管，每管培养基接种1ml。

3）培养：30℃培养一周。

4）检查结果：凡有固氮菌生长者，在培养液表面有褐色菌膜生成，依表3.3记录各稀释度生长管数。

表3.3 不同稀释度下有菌生长的管数

| 土壤稀释液 | $10^{-2}$ | $10^{-3}$ | $10^{-4}$ | $10^{-5}$ |
|---|---|---|---|---|
| 固氮菌生长的管数 | 3 | 3 | 1 | 0 |

5）确定数量指标和微生物的数量计算：从结果看出，根据选择稀释度范围的原则，其数量指标应为“310”。数量指标都是三位数，第一位数字是所有重复都生长，后两位数字依次是以下两个稀释度的生长管数。如果再往下的稀释度仍有生长管数，可将此数加到前面相邻的第三位数上。

确定数量指标后，由表3.4数量指标换算表中查出菌数的近似值为4.5。乘以第一位数字所代表的稀释倍数，即得每克土壤样品中所含固氮菌的数目，即$4.5\times10^3$个，若需换算成烘干土中的菌数，则如前法按下式换算：

$$每克烘干土的菌数=\frac{每克湿土的菌数}{每克湿土等于若干克烘干土}$$

表3.4 每个稀释度三次重复的数量指标换算表

| 数量指标 | 细菌近似值 | 数量指标 | 细菌近似值 | 数量指标 | 细菌近似值 |
|---|---|---|---|---|---|
| 000 | 0.0 | 201 | 1.4 | 302 | 6.5 |
| 001 | 0.3 | 202 | 2.0 | 310 | 4.5 |
| 010 | 0.3 | 210 | 1.5 | 311 | 7.5 |
| 011 | 0.6 | 211 | 2.0 | 312 | 11.5 |
| 020 | 0.6 | 212 | 3.0 | 313 | 16.0 |
| 100 | 0.4 | 220 | 2.0 | 320 | 9.5 |
| 101 | 0.7 | 221 | 3.0 | 321 | 15.0 |
| 102 | 1.1 | 222 | 3.5 | 322 | 20.0 |
| 110 | 0.7 | 223 | 4.0 | 323 | 30.0 |
| 111 | 1.1 | 230 | 3.0 | 330 | 25.0 |
| 120 | 1.1 | 231 | 3.5 | 331 | 45.0 |
| 121 | 1.5 | 232 | 4.0 | 332 | 110.0 |
| 130 | 1.6 | 300 | 2.5 | 333 | 140.0 |
| 200 | 0.9 | 301 | 4.0 | / | / |

# 第五节　细菌生长曲线的测定

## 一、目的要求

了解细菌生长曲线的特点及测定的原理。

学习用比浊法测定大肠杆菌的生长曲线。

## 二、基本原理

少量的细菌，接种到一定体积的、合适的新鲜液体培养基中，在适宜的条件下进行培养，定时测定培养液中的菌量，以菌量的对数做纵坐标，生长时间做横坐标，绘制生长曲线。一般生长曲线可分为延迟期、对数期、稳定期和衰亡期（见图 3.5）。生长曲线是微生物在一定环境下于液体培养时表现出的群体的生长规律。不同的微生物其生长曲线不同，即使是同一种微生物，在不同培养条件下，其生长曲线也不同。测定在一定条件下培养的微生物的生长曲线，在科学研究及生产上是非常有意义的。

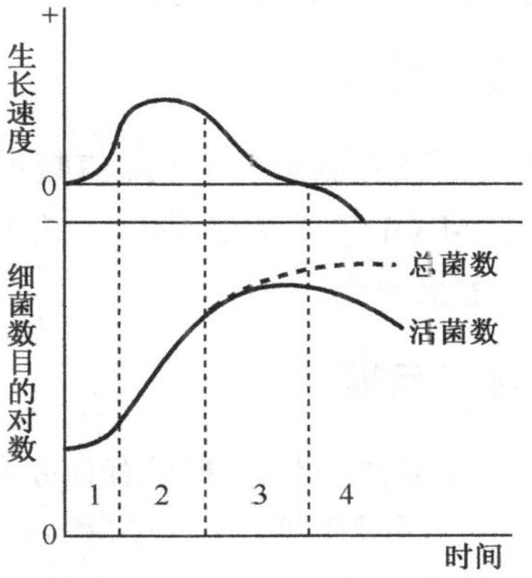

图 3.5　细菌的生长曲线

1. 延迟期；2. 对数期；3. 稳定期；4. 衰亡期

大肠杆菌是微生物学教学和研究用菌种，也是某些生物制品的生产菌种，常需要了解在一定条件下其生长曲线的特征。测定微生物的数量如本章第一节至第四节所介绍有多种不同的方法，可以根据要求和实验室的条件选用。本实验用光电比色计进行比浊，测定 OD 值的方法，此法所需仪器不多，操作简便、迅速。

## 三、实验材料

### （一）仪器

光电比色计，试管，锥形瓶，移液管。

（二）培养基和菌种：肉膏蛋白胨培养基，大肠杆菌菌种。

## 四、实验程序

1）预先将大肠杆菌接种到肉膏蛋白胨培养液中，37℃振荡培养 18h 备用。

2）把光电比色计的波长调至 420nm，开机预热 10～15min。

3）以未接种的肉膏蛋白胨培养液校正比色计的零点（以后每次测定都要重新校正零点）。

4）取盛有 150ml 无菌肉膏蛋白胨培养液的 500 ml 锥形瓶 6 个，分为两组，分别编号为 1、2、3 号和 4、5、6 号。各瓶加入培养 18 h 的大肠杆菌培养液 10 ml，37℃振荡培养。

5）于接种后的第 0、2、4、6、8、10、12、14、16、18、20h，分别用无菌移液管从各瓶中吸取培养液 5ml，在光电比色计上测定 $OD_{420}$ 值。若菌液太浓时，做适当稀释，使 $OD_{420}$ 值在 0.0～0.4 之间较好。经稀释后测得 $OD_{420}$ 值要乘以稀释倍数，才是培养液实际的 $OD_{420}$ 值。

6）于培养第 8h 取样测定后，向其中一组（1～3 号）每瓶加入肉膏蛋白胨培养液的 5 倍浓缩液 10ml 作补料；另一组（4～6 号）每瓶加入 10 ml 无菌水。继续振荡培养和定时测定。

## 五、实验报告

1）记录所测定的 $OD_{420}$ 值数据。

2）以 $OD_{420}$ 值为纵坐标，培养时间为横坐标，绘制出两种培养条件下的大肠杆菌生长曲线。

## 六、思考问题

1）比较两条生长曲线有何差异，为什么？

2）若同时用平板计数法测定，所绘出的生长曲线与用比色计比浊法测定绘出的生长曲线是否有差异，为什么？

# 第四章 培养基的制备与灭菌消毒

## 第一节 培养基的制备

培养基是按照微生物生长繁殖的要求人工配制的营养基质。主要用于分离、培养、保存、鉴定和研究微生物。培养基的种类繁多，按其物理性状，可分为液体、固体和半固体培养基；按其组成成分可分为天然、合成和半合成培养基；按其用途，可分为普通、营养、选择、鉴别和厌氧培养基等。

将微生物所需要的营养物质，按合理的方法加以调制，使其具有适宜的渗透压和pH值，并经灭菌之后成为适合于微生物生长繁殖或产物积累的基质即为培养基。细菌液体培养基由牛肉膏（供给微生物所需的氮源、碳源和维生素）、蛋白胨（氮源）、食盐（维持渗透压，通常为0.5%）和水组成，如加入适量的琼脂或明胶，可成为固体或半固体培养基。营养要求较高者可加入血清、血液、葡萄糖等营养物质。

### 一、目的要求

本实验是以细菌固体培养基为例，学习常用培养基的制备过程。

### 二、实验材料

（1）培养基成分

1）普通肉汤：牛肉膏3g，蛋白胨10g，NaCl 5g，蒸馏水1000ml。

2）普通琼脂：普通肉汤100 ml；琼脂2～3g。

（2）试剂

1mol/L NaOH、1mol/L HCl。

（3）仪器及器皿

恒温箱，手提式高压蒸汽灭菌器，电炉，天平，搪瓷缸，玻璃棒，量筒，吸管，中试管，三角烧瓶，灭菌培养皿，漏斗，分装漏斗，药匙，铁架台，棉塞，1cm厚板条，酒精灯，试管筐，棉线绳或纸绳，牛皮纸，标签，pH（5.5～9.0）试纸或比色箱，滤纸，弹簧夹等。

### 三、实验程序

**1. 普通肉汤培养基**

1）称量：按配方及配制的总量计算各种成分所需的量，分别精确称取。称牛肉膏时，应先称玻璃棒重量，然后用玻璃棒取样，再称重。

2）溶解：将各种成分加入搪瓷缸中，加蒸馏水至所配培养基的总量，于电炉上加热溶解并不断搅拌以防止液体溢出，待完全溶解后，补足蒸发掉的水分。

3）调 pH 值：常用试纸法和比色法。

4）过滤：将培养基用滤纸过滤至完全透明。

5）分装：将滤液分装于试管，量为试管高度的1/5。如大量培养细菌时，可分装于三角瓶中，量不应超过瓶容量的1/2。

6）加塞：分装后试管或瓶口用棉塞塞紧，棉塞的2/3塞进管或瓶内，外露1/3。

7）包扎：将试管包扎成捆，在棉塞上方包一层牛皮纸，用绳系好，贴上标签，注明培养基的名称及配制日期。培养基的分装如图4.1。

8）灭菌：将培养基置入手提式高压锅内，0.1MPa（121.3℃）高压灭菌20min。

9）无菌检查：将灭菌后的培养基置37℃温箱孵育24h，无菌生长，即可使用。

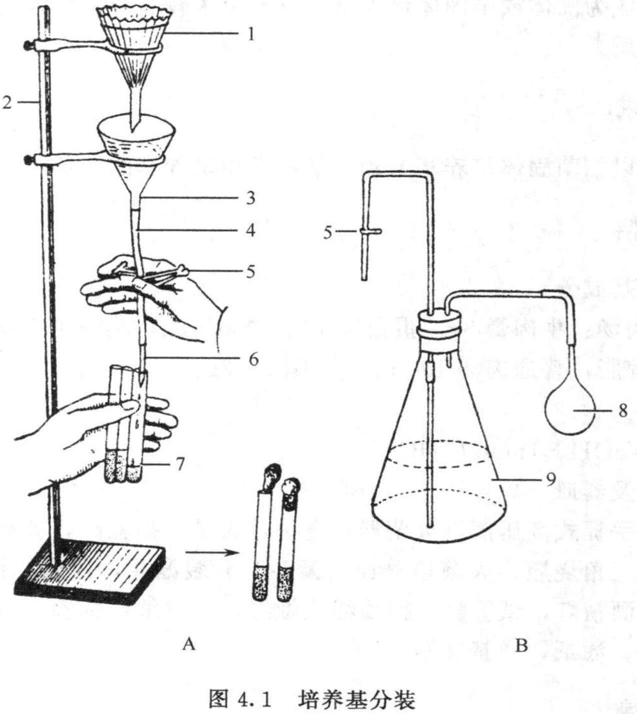


图4.1　培养基分装

A. 利用漏斗灌入；B. 利用洗耳球压入

1. 过滤漏斗；2. 铁架台；3. 三角漏斗；4. 乳胶管；5. 弹簧夹；6. 玻璃滴管；7. 试管；8. 洗耳球；9. 培养基

**2. 普通琼脂培养基**

1）称量：按配制总量和配方称量普通肉汤（调 pH 值）和琼脂。

2）溶解：将琼脂加入普通肉汤中，于电炉上加热溶解（琼脂是由海藻中提取的一种半乳糖硫酸酯，在 98℃溶于水，45℃以下时凝固，故起固形作用。在液体培养基中加入 1.5%的琼脂即为固体培养基，加 0.2%～0.5%的琼脂即为半固体培养基）。待完全溶解后补足蒸发掉的水分。

3）过滤：一般培养基可不过滤，必要时可趁热用保温漏斗或四层纱布进行过滤。

4）分装：制斜面时，将培养基分装于试管中；制平板时，分装于三角瓶中，分装量同肉汤培养基。

5）加塞、包装和灭菌：同普通肉汤。

6）摆斜面和倒平板：制斜面培养基时，应趁热将试管有棉塞的一头搁在一根长木条上，斜度要适当，斜面长度约为试管长度的 1/2，凝固后即成为斜面培养基。制平板培养基时，应无菌操作趁热将培养基倾入灭菌培养皿中，使厚度达 3mm，盖上皿盖，轻轻摇动培养皿，使其布满皿底，水平静置，等凝固后翻转培养皿。

7）无菌检查：将制好的培养基置 37℃温箱孵育 24h 无菌生长，即可使用。

## 四、注意事项

1）培养基必须含有微生物所需的各种营养物质，如碳源、氮源、无机盐、生长因子和水等。

2）培养基必须具有适宜的渗透压和 pH 值，通常细菌培养基为 pH 值 7.2～7.6，真菌培养基为 pH 值 4～6，故制备培养基要准确测定、调整 pH 值，但要尽量避免回调，以免影响培养基内各离子浓度。

3）制备及装培养基的容器必须洁净，不应含有抑制微生物生长繁殖的物质存在，如铜、铁等。培养基中的含铁量每 1000ml 超过 0.14mg 时，可减低细菌产生毒素的能力，若含铜量每 1000ml 超过 0.3mg 时，就不易生长。故配制培养基最好不用铜锅和铁锅，而用搪瓷制品、玻璃器材或铝锅。

4）制备培养基应使用蒸馏水，因其不含杂质，制成的培养基透明度高，有利于观察微生物的培养性状和其生命活动所产生的变化等。也可用井水、河水等天然水。一般不用自来水，因其含有较多的钙、镁离子，可与蛋白胨、肉浸汁中的磷酸盐生成磷酸钙、磷酸镁，高压灭菌后，会析出沉淀，影响培养基透明度。

5）配制化学成分较多的合成培养基时，有的药品间，如磷酸盐和钙、镁盐等混溶时易产生结块、沉淀，此时应依次分别溶解后，再混合。

6）配制好的培养基应立即进行灭（除）菌，否则应置冰箱保存。含血清、腹水、糖类、尿素、氨基酸等的培养基不能采用高压灭菌，应按其所规定的方法进行灭菌。

## 五、思考问题

1）什么叫培养基？其主要用途有哪些？
2）配制培养基的基本要求是什么？
3）制备一般培养基的基本步骤有哪些？
4）培养基配好后，为什么必须立即进行灭菌？
5）培养基怎样进行无菌检查？

# 第二节 干热灭菌法

干热灭菌包括火焰灭菌和热空气灭菌两种方法。火焰灭菌是以火直接焚烧或烧灼被灭菌的物品，也称焚烧灭菌，为一种最彻底的灭菌方法，但使用范围有限，仅能用于耐烧和可烧毁的物品，如实验动物尸体及其笼具、鼠缸、垫草等。实验室内常用酒精灯火焰或煤气灯火焰灭菌接种环、接种针、试管口、瓶口及镊子等。热空气灭菌又称干烤灭菌，灭菌是在电热干燥灭菌器中进行。电热干燥灭菌器（烘箱、干烤箱或干燥箱），是金属制的双层壁的方形箱，外面包有石棉，以防热散失；上壁设排气装置，并有一个插温度计的小孔；下底夹层内装有电炉丝，供通电加热用；箱内有放置灭菌物品的搁板；箱内有电热温度调节装置（图4.2）。它主要适用于试管、吸管、培养皿、烧瓶、培养瓶、盐水瓶等玻璃器皿，各种解剖、手术器械和干粉类、脂肪类、油类等其他物品的灭菌。

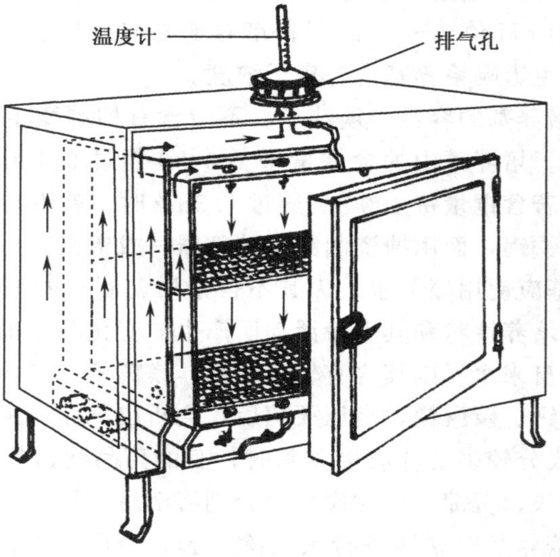


图 4.2 干热灭菌箱

干热灭菌是将待灭菌的物品置干烤箱中，使箱内温度上升至160℃，维持2h以杀死物品内外的一切微生物及其芽孢和孢子，从而达到灭菌的目的。高温可导致微生物细胞结构的破坏、核酸、蛋白质和酶的变性，最终杀死微生物。细胞蛋白质凝固性与其本身及环境中的含水量有关，在菌体受热时，环境和细胞内的含水量越大，蛋白质凝固越快，反之就缓慢。这就是为什么在相同条件下，干热灭菌不如湿热灭菌效果好的原因。

## 一、目的要求

本实验以热空气灭菌为例，了解干热灭菌的原理和方法。

## 二、实验材料

包装好的各种清洁玻璃器皿，干烤箱。

## 三、实验程序

1）装料：将待灭菌的物品放入干烤箱的搁板上。

2）升温：关闭箱门，打开排气孔，接通电源加热。待箱内温度达100～105℃时关闭排气孔，继续加热。如有鼓风装置，箱内温度升到60～80℃，可开动鼓风机10min，以均匀箱内温度，直至温度升至160℃。

3）恒温维持：待温度升到160℃时，调节温控器旋钮，维持2h。

4）降温：灭菌完成后，切断电源，让其自然降温。

5）取料：待箱内温度降至60℃以下时打开箱门取出物品。

## 四、注意事项

1）待灭菌器皿均需预先洗净、干燥、包装后放置在灭菌器内，注意不要将带水的玻璃器皿进行干烤，以免破裂。

2）注意不要装得太挤，以免妨碍空气流通，影响灭菌效果。

3）电源电压必须与灭菌器电压相符。

4）为防止纸张和棉花焦化起火，灭菌温度不得超过180℃。

5）油纸在高温下产生油滴，滴到电热丝上易着火，故禁用油纸包装物品。

## 五、思考问题

1）试述干热灭菌的类型及其应用范围。

2）试述干热灭菌方法及注意事项。

# 第三节　常压蒸汽灭菌法

常压蒸汽灭菌又称流通蒸汽灭菌，灭菌是在流通蒸汽灭菌器内进行，也可用蒸笼代替。流通蒸汽灭菌器有阿诺氏灭菌器和柯赫氏灭菌器两种，其构造均像一般的蒸笼，分为两层，下层是盛水用的金属锅，旁边有放水龙头，上层是金属制的单层圆筒，外面包有厚绒布或石棉，器内装有带孔的搁板，盖上有插温度计的孔（图 4.3），当水因加热沸腾时，热蒸汽即通过搁板孔，对被灭菌的物品进行加热灭菌。

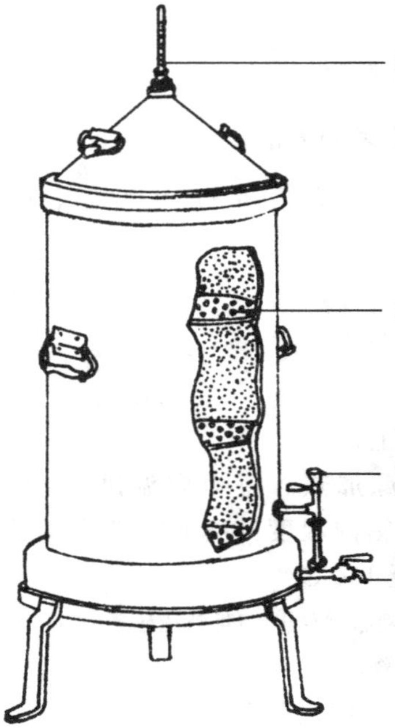

图 4.3　流通蒸汽灭菌器

流通蒸汽灭菌不能杀死芽孢和孢子，所以必须进行间歇灭菌，每次 30min，间隔 24h，连续 3d，即可达到灭菌目的。该法用于不耐热的物品，如明胶、牛乳、糖类培养基和氨基酸营养液等的灭菌。

## 一、目的要求

本实验是以间歇灭菌为例，掌握常压蒸汽灭菌的操作方法。

## 二、实验材料

流通蒸汽灭菌器或带有蒸笼的铝锅，糖发酵培养基。

## 三、实验程序

1）加水：通过加水孔向灭菌器内加水，水量以不淹盖搁板为度。

2）装料：将物品放入灭菌器的搁板上，关好门。

3）加热灭菌：接通电源加热，使水沸腾产生蒸汽，维护 30～60 min 后，撤去热源，取出物品。

4）培养：待灭菌物品冷却后，置 37℃温箱或室温培养 24h，使其芽孢萌发。

5）二次灭菌及培养：次日重复步骤 2～4。

6）第三次灭菌及培养：于第三天再重复步骤 2～3，并进行无菌检查。

## 四、注意事项

灭菌不同材料时，据材料的耐热度，可适当调节温度和时间。

## 五、结果记录

记录三次培养后培养基中有无细菌生长、产酸、产气等现象。

## 六、思考问题

1）常压蒸汽灭菌时为什么必须进行间歇灭菌？

2）间歇灭菌的原理是什么？

3）试述间歇灭菌的操作步骤。

# 第四节　加压蒸汽灭菌法

加压蒸汽灭菌又称高压蒸汽灭菌，简称高压灭菌。此法是将待灭菌的物品放入高压蒸汽灭菌器中进行灭菌。通常在 0.1 MPa 的压力下，温度可达 121.3℃，维护 15～30min，可完全杀死物品内外的微生物和芽孢及孢子。此法灭菌效果好，故常用于各种耐热的培养基、液体、玻璃器皿、橡胶制品、金属器械、纱布、工作服及废弃的培养物等的灭菌。加压蒸汽灭菌器，也称高压锅，有立式、卧式和手提式等几种，其中手提式高压灭菌器（图 4.4）为常用。

## 一、目的要求

本实验是以手提式高压蒸汽灭菌为例，掌握加压蒸汽灭菌的操作方法。

## 二、实验材料

待灭菌的培养基或其他物品，手提式高压蒸汽灭菌器。

## 三、实验程序

1）加水：取出锅内套桶向锅内加水约 3000ml，与锅底三角搁架圈相平为度。

2）装料：套桶放入原位后把待灭菌的物品放入桶内。放置物品不易过于拥挤，以利于蒸汽流通。

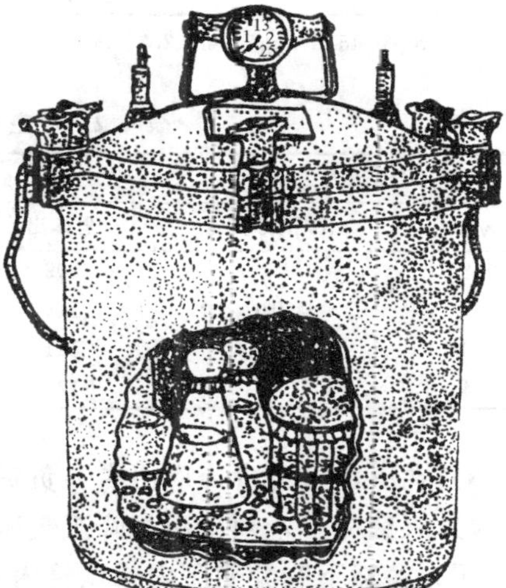

图 4.4　手提式高压蒸汽灭菌器

3）密封：将锅盖上的排气软管插入套桶的排气槽内，对齐上下螺栓，按对角线两两相对同时拧紧螺栓，使螺栓的松紧度相一致，以免漏气。

4）加热：将压力锅放在电炉上加热，并打开排气阀。待冷空气排尽时，关闭排气阀，继续加热至升压。

5）维护：压力表指针上升到0.1MPa时，开始计算时间，并控制热源，维持15～30min。

6）降压：达到所要求的灭菌时间后，切断电源，使其自然降压冷却。

7）取料：压力表指针退回“0”位时，打开排气阀，松动螺栓，揭开锅盖，取出物品。

8）清锅：倒出锅内剩余的水并擦干，以保持干燥。

## 四、注意事项

1）使用前应检查各部件，尤其是安全阀、压力表和排气软管是否完好。

2）升压前必须排尽锅内冷空气，否则压力表所表示温度与锅内温度不符，影响灭菌效果。压力与温度的关系见表4.1和4.2。

**表4.1　压力与温度**

| 压力 | | 温度/℃ | 压力 | | 温度/℃ |
| --- | --- | --- | --- | --- | --- |
| $kg/cm^2$ | $lb/in^2$ | | $kg/cm^2$ | $lb/in^2$ | |
| | 0 | 100.00 | 0.71 | 10 | 115.54 |
| 0.35 | 5 | 108.00 | 1.02 | 15 | 121.30 |
| 0.56 | 8 | 113.00 | 1.41 | 20 | 126.20 |

注：1lb=0.453592kg，1in=2.54cm。

**表4.2　冷空气排出与温度的关系**

| 压力 | | 温度/℃ | | | | |
| --- | --- | --- | --- | --- | --- | --- |
| $kg/cm^2$ | lb/平方英寸 | 全排出 | 排出2/3 | 排出1/2 | 排出1/3 | 全不排出 |
| 0.35 | 5 | 109 | 100 | 94 | 90 | 72 |
| 0.71 | 10 | 115 | 109 | 105 | 100 | 90 |
| 1.02 | 15 | 121 | 115 | 112 | 109 | 100 |
| 1.41 | 20 | 126 | 121 | 118 | 115 | 109 |

3）在灭菌过程中，应由专人负责调节火力，以防万一。

4）灭菌完毕，须待压力降至气压表的“0”处时，方可打开排气阀。放气过早，压力突然下降会使瓶内或试管内的液体冒出。

## 五、结果记录

1）记录培养基灭菌所用的压力和时间。

2）检查培养基灭菌是否彻底。

## 六、思考问题

1）在相同条件下，为什么湿热灭菌效果比干热灭菌好？

2）为什么加压的蒸汽能提高灭菌效果？

3）高压蒸汽灭菌常用温度和时间是多少？

4）试述高压蒸汽灭菌的操作方法和原理。

5）高压蒸汽灭菌时应注意哪些事项？

6）怎样才能使压力表所示温度与锅内温度相一致？

# 第五节　过滤除菌法

过滤除菌法是指通过机械作用除去液体和气体中细菌的方法，即不通过杀、灭菌手段去除细菌的方法，主要用于动物血清、腹水、糖溶液、尿素溶液、毒素、抗霉素、抗生素、酶制剂、组织培养液和其他不耐高温的物品的除菌，也可用于细菌毒素和病毒的分离。

过滤过程中液体内各物质的化学成分不会受到破坏，不能除去病毒、霉和L型细菌，且滤出的液体量有所减少。

用于除菌的器具称滤器或过滤器，其种类规格繁多。孔径较大的滤器，不能除菌，只能起澄清作用。能阻挡细菌通过的滤器称除菌滤器或除菌器，其孔径一般为0.2～2μm，分级过滤，测定病毒大小时需孔径更小的滤器。常见滤器种类如图4.5。

微生物学实验室中常用的滤器有蔡氏（Seitz）滤器、张伯伦（Chmberland）氏滤器、伯克菲尔德（Berkfield）氏滤器、耐酸玻璃滤器和微孔滤膜等。

1）蔡氏滤器：系用石棉板制成，夹于金属器中使用，每次使用需换一块石棉板。按孔径大小可分为K（Klar）、EK（Entkeimung）和EK-S三种类型。K型孔径较大，故不能除菌，仅供液体澄清之用。EK型孔径较小，常用于除菌。EK-S型滤孔更小，除菌效果最好，并能阻止大型病毒通过。

2）张伯伦氏滤器：系用无釉瓷土制成，为一整体，无金属接头，故不易有漏洞。按孔径大小可分为9级：$L_1$、$L_{1bis}$、$L_2$、$L_3$、$L_5$、$L_7$、$L_9$、$L_{11}$与$L_{13}$。$L_1$的孔径最大，$L_{13}$的孔径最小。$L_1$～$L_2$级可用于液体的澄清，$L_3$～$L_{13}$级均可用于除菌，$L_1$相当于伯克菲尔德氏滤器的V级，$L_3$＝N级，$L_{13}$＝W级。

3）伯克菲尔德氏滤器：系用硅（矽）藻土制成，有金属接头，带负电荷，分为V、N和W三型。V型孔径8～12μm，主要用于澄清液体，N型孔径5～7μm，可部分除菌，W型孔径3～4μm，能阻止衣原体等的通过。

4）耐酸玻璃滤器：滤板系由玻璃细砂烧结而成，嵌入漏斗中间，使用方便，

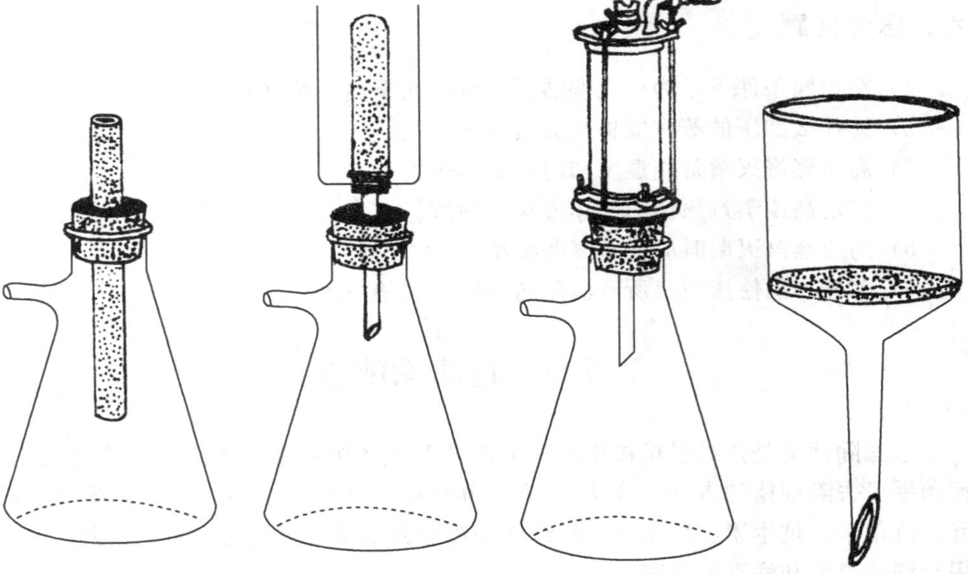


图 4.5 常见滤器种类

A. 张伯伦氏滤器；B. 伯克菲尔氏滤器；C. 蔡氏滤器；D. 耐酸玻璃滤器

但滤孔易堵塞。国内产品分为 $G_1$、$G_2$、$G_3$、$G_4$、$G_5$ 和 $G_6$ 等 6 个型号。$G_1$～$G_4$ 型的孔径为 5～200μm，只能澄清液体，$G_5$ 型孔径为 1.5～2.5 μm，可部分除菌，$G_6$ 型孔径为 1.5μm 以下，可完全除菌。

5）微孔滤膜：系由乙酸纤维酯和硝酸纤维酯的混合物制成的薄膜，也有用火棉胶、异戊醇和丙酮制成的薄膜。其孔径 0.025～10μm。0.025～0.1μm 孔径的滤膜主要用于分级过滤，测定病毒大小。过滤除菌常用 0.2～0.22 μm 孔径的滤膜。更大孔径的滤膜用于澄清。使用时将其装入不锈钢或塑料制成的小型过滤装置中，包装灭菌后，连接于已装有待滤溶液的注射器上，于无菌条件下加压挤入灭菌瓶内即成。此装置适合小量液体（20ml 以下）的除菌过滤用。

过滤除菌系用分子筛的原理进行除菌，当液体或气体通过除菌滤器时，其中大于滤板孔径的微生物和其他物质被阻挡在滤板（膜）上方，从而得到无细菌的液体或气体。

## 一、目的要求

本实验是以蔡氏滤器或耐酸玻璃滤器过滤尿素溶液为例，学习过滤除菌的一般方法。

## 二、实验材料

1）减压泵：真空泵（抽气机）。

2）滤器：蔡氏滤器和 EK 型石棉板或 $G_6$ 玻璃滤器。

3）溶液：2%的尿素水溶液或其他待滤液体。

4）其他：有孔橡胶塞，抽滤瓶，压力胶管，弹簧夹或止血钳，灭菌分装瓶，灭菌吸管，普通琼脂斜面培养基等。

## 三、实验程序

1）清洗：拆开蔡氏滤器，用水清洗各部件，蒸馏水冲洗，晾干。以同样的方法清洗抽滤瓶、胶塞和连接胶管等。如用玻璃滤器则先清洗外表，然后连接于抽滤装置上，用蒸馏水反复抽洗滤板、晾干或烘干。

2）灭菌：将洗净的滤器进行组装，石棉板装入金属筛板上（光面向下），上方为金属筒，然后拧紧螺丝，将滤器插入胶塞的孔中。玻璃滤器则直接插入胶塞孔中，使其位置适当。抽滤瓶的抽气孔连接长 10cm 左右的压力胶管。胶管的另一端连接一玻璃管（管中塞有玻璃纤维或棉花，起缓冲作用）。滤器、抽滤瓶口及抽气孔用牛皮纸包扎后于 0.1MPa 高压灭菌 15～20min。

3）连接抽滤装置：首先在超净工作台或无菌罩中以无菌操作法将滤器连接在抽滤瓶上，并用弹簧夹或止血钳夹住抽气孔上的胶管。取出后再将抽滤瓶连接于缓冲瓶，缓冲瓶接真空泵。缓冲瓶内装入无水氯化钙，以保持抽气机干燥。

4）加溶液：向漏斗中加入待除菌的溶液。

5）抽滤除菌：接通真空泵电源，取掉弹簧夹或止血钳进行抽滤。

6）滤后处理：液体滤毕后，用止血钳或弹簧夹将抽滤瓶上抽气孔处胶管夹紧，关闭电源（此步注意，一定要先将胶管夹紧，然后关抽气机，否则空气倒流，使细菌重新进入液体中），将抽滤瓶与缓冲瓶从止血钳前方拨开。最后将抽滤瓶放入超净台或无菌罩内，将抽气口置酒精灯火焰上，打开止血钳，使灭菌后的空气回流进瓶中，并无菌开启滤瓶塞，取下滤器。

7）分装和无菌检查：以无菌操作取出滤液，分装于灭菌瓶内，并取数滴接种于普通琼脂斜面，置 37℃培养 24h，进行无菌检查。

8）清洗：①蔡氏滤器：未沾有病原微生物时，可直接拆开，弃掉石棉滤板，再将各部分清洗干净、晾干，并换上一张新的石棉滤板，组装包好后，灭菌待用。沾有病原微生物时，则应先高压灭菌或浸泡消毒液中 24h 以上，然后清洗。②玻璃滤器：未沾有病原微生物时，先用蒸馏水冲掉滤板表面的颗粒，然后用蒸馏水反复抽洗清除堵塞滤孔的颗粒。如仍无效，可用 2%的粗制胰蛋白酶溶液（pH 值为 7.2～7.6），于 37℃处理 24h 或置洗液中浸泡 24h 后进行清洗和反复抽洗。沾有病原微生物时，应先浸泡于 1%NaOH 或 1%来苏水中过夜，次日取出清洗、抽洗。

## 四、注意事项

1）过滤除菌时应注意选择滤器的型号、滤孔的大小。

2）新购入的玻璃滤器用前应先经酸或碱液处理。

3）连接滤器与抽滤瓶时应严格进行无菌操作，切勿用手伸入抽滤瓶中的部分。

4）抽滤完后要防止回气，造成污染。

5）滤器用后应及时清洗干净。

## 五、结果记录

1）观察滤液的清澈程度。

2）记录无菌检查结果。

## 六、思考问题

1）过滤除菌有哪些优点和缺点？

2）过滤除菌适合哪些材料的除菌？

3）常用滤器有哪些种类及型号？

4）过滤除菌时应注意哪些事项？

# 第六节　紫外线灭菌

紫外线波长为136～400nm，系非电离辐射，其中250～266nm灭菌力最强，这也是核酸的最大吸收峰波段。紫外线的穿透能力很弱，多用于空间及物体表面的消毒，如实验室、无菌室、无菌罩、超净工作台、医院手术室、婴儿室以及传染病房等的空间、墙壁及桌面的消毒。有些不能用热和化学药品灭菌的器械，如高速离心机的胶质沉淀管、细胞培养板、纤维薄膜、玻璃纸等，也可用紫外线灭菌。紫外线也能引起微生物变异，故可作为微生物育种诱变剂。

紫外线的作用效果也取决于微生物类群、生理状态和照射剂量。一般多倍体、有色细胞、干燥细胞、芽孢和孢子比单倍体、无色细胞、湿细胞和营养细胞的抗性要强。

紫外线主要作用于细胞的DNA，能使相邻的胸腺嘧啶（T）形成二聚体，形成嘧啶水合物和使DNA发生断裂和交联，从而导致微生物变异或死亡。此外，空气中的氧在紫外线的照射下可转变成具有灭菌作用的臭氧（$O_3$）。

实验室中多用紫外线灭菌灯，其波长为2537Å，灭菌力强而稳定。

## 一、目的要求

本实验是以紫外线灯照射超净工作台或无菌罩为例，了解紫外线的灭菌作用。

## 二、实验材料

超净工作台（或无菌罩），普通琼脂平板培养基，萨布罗（Saboraud）氏琼脂平板培养基，0.1%新洁尔灭水溶液。

## 三、实验程序

1）用纱布蘸取新洁尔灭，擦拭超净工作台台面。

2）打开超净工作台的紫外线灯，照射30min后关闭紫外灯。

3）取普通琼脂平板和萨布罗氏琼脂平板各5个，分别放入超净工作台台面上的四个角和中央，打开皿盖；同时于超净台外两种平板各放2～3个，作为对照。15～30min后盖上皿盖。

4）普通琼脂平板于37℃，萨布罗氏琼脂平板与28℃培养24～48h，取出后记录菌落数，检验紫外线的灭菌效果。每个平板少于4个菌落数时灭菌效果良好，如超出，需延长照射时间。

## 四、注意事项

1）紫外线灭菌效果与照射时间和距离有关，时间长而距离近者效果好。

2）紫外线对人有害，在无菌室、超净工作台工作时，不可开着紫外线灯工作。

## 五、结果记录

记录超净工作台内、外培养皿上的菌落数。

## 六、思考问题

1）紫外线灭菌的原理是什么？

2）紫外线消毒主要用于哪些方面？

3）紫外线消毒时需注意哪些事项？

# 第七节　化学药剂消毒灭菌

化学药剂消毒灭菌是指利用化学药剂去杀灭物体或环境中的病原微生物或一切活的微生物的方法，包括消毒、灭菌和抑菌等方面的内容。

化学药剂对微生物的作用不完全相同，同一化学药剂因其浓度不同，有的表现为杀菌，有的表现为抑菌。能通过破坏微生物细胞结构或代谢机能而杀死微生物的化学药剂称为杀菌剂或消毒剂；不破坏细胞结构而只干扰新细胞物质合成和微生物生长繁殖的化学药剂称为抑菌剂或防腐剂。消毒剂与防腐剂之间并无严格的界限，只有浓度的区别，极低浓度时则失去作用或甚至反过来表现为刺激作用。消毒剂对人体有害。故只能外用或用于无生命的物体，如皮肤、黏膜及伤口等体表，实验室沾有病原微生物的各种机械器皿，公共场所，交通工具，医院门诊部及传染病房，病人的用具，畜禽舍、栏圈、饲养用具、病畜禽接触过的一切用具、排泄物和分泌物等的消毒。消毒剂的使用方法有浸泡、擦拭、气体熏蒸、喷雾、喷洒和撒粉等。优良的化学消毒剂应具有以下性质：①作用迅速；②抑菌和杀菌范围广；③对应用对象有较强的穿透力；④易与水混合而形成稳定的溶液或溶胶；⑤其杀菌效力不受应用对象表面有机物质的干扰；⑥不受光、热及其他不良气候条件的影响；⑦不对应用对象产生染色、腐蚀或破坏等有害作用；⑧安全、经济无异味并易于包装和运输等。

化学消毒剂的种类繁多，按其化学结构可分为重金属盐类、氧化剂、卤素及其化合物、醇、醛、酚、酸碱类、烷类、还原剂、季胺类表面活性剂、染料和烷基化合物等十多类。其杀菌抑菌机理因种类不同而异。有的可使菌体蛋白变性或沉淀；有的可干扰菌体代谢；有的能降低菌体的表面张力；有的能改变细胞膜的通透性，这些都能抑制或杀死细菌。有些化学消毒剂具有几种作用机理。

纸片扩散法药物敏感试验是将含药物的圆形滤纸片置于已接种待测菌的固体培养基上，药物通过向培养基内扩散，抑制敏感菌的生长，从而出现抑菌环(带)。由于药物扩散的距离越远，到达该距离的药物浓度越低，故可根据抑菌环的大小，判断细菌对该药物的敏感性。

## 一、目的要求

本实验要求掌握纸片扩散法药物敏感试验为例，观察化学药剂对微生物的抑制或杀灭作用。

## 二、实验材料

1）菌种：大肠埃希氏菌液体培养物，金黄色葡萄球菌液体培养物。

2）药品：2.5%碘酊，0.1%升汞，5%石炭酸，75%乙醇，2%来苏水，10%福尔马林，0.1%新洁尔灭，0.05%龙胆紫。

3）培养基：普通琼脂平板。

4）其他：灭菌吸管，玻璃涂布棒，直径6mm圆形灭菌滤纸片，眼科镊子，酒精灯等。

## 三、实验程序

1）区分标记：将普通琼脂平板用记号笔在皿底划成八等分，每一等分内标明一种药物名称及其浓度。

2）移菌液：以无菌操作法分别吸取大肠埃希氏菌培养液及金黄色葡萄球菌培养液各 0.1ml，置于两个已标记药物名称及浓度的普通琼脂平板上。

3）涂布：用灭菌涂布棒将菌液均匀涂布于培养基表面。

4）放药品：用无菌镊子将小滤纸片分别浸入各种药剂中，取出时在容器壁上除去多余的药液，并以无菌操作将纸片对号放入各培养皿的小区中央。

5）培养：将贴好含药纸片的平板置 37℃培养 18～24h。

6）观察：到时间后取出琼脂平板，观察、测量抑菌圈的直径，抑菌圈大者抑（杀）菌力强。

## 四、注意事项

1）操作过程注意无菌操作。

2）吸管、涂布棒在两种细菌间不可混用。

3）要按时观察、记录结果，时间久后，抑菌圈内可重新长上细菌。

## 五、结果记录

把记录填入表 4.3，比较各种化学药剂对大肠埃希氏菌和金黄色葡萄球菌的抑（杀）菌能力。

**表 4.3 各种化学药剂对大肠埃希氏菌和金黄色葡萄球菌的抑（杀）菌能力**

| 药剂 | 抑菌圈直径/mm | |
|---|---|---|
| | 大肠埃希氏菌 | 金黄色葡萄球菌 |
| 2.5%碘酊 | | |
| 0.1%升汞 | | |
| 5%石炭酸 | | |
| 75%乙醇 | | |
| 2%来苏水 | | |
| 10%福尔马林 | | |
| 0.1%新洁尔灭 | | |
| 0.05%龙胆紫 | | |

## 六、思考问题

1）本实验所用各化学药剂的抑（杀）菌原理是什么？

2）细菌的药敏试验在实践中有何重要意义？

3）从本实验所用的浓度来比较，哪一种药剂抑（杀）菌力最强？

# 第五章　无菌操作与接种技术

## 第一节　无菌操作技术（讲解和示范）

无菌操作技术主要是指在微生物实验工作中，控制或防止各类微生物的污染及其干扰的一系列操作方法和有关措施，其中包括无菌环境设施、无菌实验器材及无菌操作方法等。

### 一、实验材料

（1）仪器和用品

1）恒温箱，干燥箱，高压灭菌器，煮沸消毒器。

2）包裹好的灭菌外科刀，剪，镊子，培养皿，吸管，注射器等。

3）接种棒，酒精灯，工作服，胶手套。

（2）培养基普通琼脂平板，改良马丁琼脂平板。

### 二、实验程序

#### （一）无菌环境

无菌环境只是相对而言的，是指人们利用物理的方法或化学的方法，在某一可控制空间内使微生物数量降低到最低限度，接近于无菌的一种空间。而无菌室和无菌柜、超净工作台就可做到这样的空间。

**1. 无菌室**

无菌室是最常用的无菌环境之一。无菌室的建筑设计应考虑布局合理，使用方便，操作安全以及造价适宜等条件。

（1）建筑与装修

1）建筑无菌室的建筑物应选远离交通干道区。平房建筑时，外墙应有一段水泥地面隔离地带。楼房建筑时，无菌室最好在二楼以上。

2）无菌室内部装修应平整、光滑，无凹凸不平棱角等。

3）室内门缝要封紧。

4）室内应装有调温设备与无菌或净化空气输入装置。

5）无菌室与缓冲间的墙上应有建玻璃拉窗供实验器材传递。

（2）室内无菌状态的检查

常用的测定方法：取普通琼脂平板（9cm），改良马丁琼脂平板（9cm）各3

个置于无菌室的不同工作位置上，开盖暴露 30min，37℃培养 48h，细菌和霉菌总数分别不超过 10 个为宜，否则不能使用，应再重新消毒。

**2. 无菌柜（接种罩）**

样式很多，可根据需要制造，是以木材与玻璃或有机玻璃的柜架构成，一般建成一个约 $1m^3$ 的单侧平斜面或双侧面可移动的箱体，其上方装有照明灯及紫外线灯，其下部操作面有两个伸手孔，并接有套袖，手可由此伸入柜内进行操作，在侧面或对面可有拉门送入使用器材和样品。

无菌柜的优点是简单轻便体积小，易于灭菌消毒，安全并可移动，但操作不便，适用于一般接种操作，尤其适用于致病菌检验中阳性菌的接种、划线等操作。

**3. 无菌工作台（又称超净工作台）**

系在无菌柜的基础上设计出来的一种无菌工作台。目前多采用垂直层流的气流形式。通过变速离心风机将负压箱内经过预滤器过滤后的空气压入静压箱，再经过高效滤器进行二级过滤，从出风面吹出的洁净气流，以一定的和均匀的断面风速通过工作区时，将尘埃颗粒和生物颗粒（主要是微生物）带走，从而形成无尘无菌的工作环境。超净工作台有单人操作与双人操作等型号，可按需要选用。使用超净工作台应注意以下事项：

1）使用时应提前 50min 打开紫外线杀菌灯，30min 后关闭，并启动送风机。

2）净化区内严禁存放不必要的物品以保持洁净的气流不受干扰。

3）应定期（每月一次）用电风速计测量工作区，平均风速保持其在 0.32～0.48m/s。

4）每 2～3 个月将预滤器中无纺布滤料拆下进行清洗或更换。

5）每 3 个月用尘埃粒子计数器测定工作台的洁净度（≤3.5 颗/L）。

6）用平板法测定其平均菌落数，每个培养皿每小时不超过 0.5 个菌落[≤0.5个/(皿・h)]。

7）当加大风机输入电压已不能使净化区平均风速达到规定参数时，应更换高效过滤器。

## （二）无菌器材

无菌器材是无菌技术的主要组成部分，微生物检验和实验用器材可分为两类：

**1. 器材灭菌**

凡是检验中使用的器材，能灭菌处理的必须灭菌，如玻璃器皿（包括注射器、吸管、滴管、三角瓶、试管、培养皿等）、培养基、稀释剂、无菌衣、口罩、胶管、胶乳头。金属器材（如外科刀、剪、镊子、针头等），凡能包裹的，应先用包装纸包裹后，再进行灭菌。

**2. 器材消毒**

凡检验用器材无法灭菌处理的，使用前必须经消毒处理，例如无菌室内的凳、试管架、天平、工作服等，这些虽然无法灭菌，但可以消毒。

消毒可用化学药品熏蒸、喷洒或擦拭。

## （三）无菌操作

无菌操作一般是在无菌环境条件下，使用无菌器材进行检验或实验过程中，防止微生物污染和干扰的一种常规操作方法。无菌操作的目的，一是保持待检物品不被环境中微生物所污染；二是防止被检微生物在操作中污染环境和感染操作人员。因而无菌操作在一定意义上讲又是安全操作，现将主要操作简述如下。

**1. 进入无菌室前的准备**

1）提前 1～2h 开启紫外线灯，进行空间灭菌处理，最少照射 30min。

2）检查一切准备进入无菌环境器材的灭菌消毒情况。

3）操作人员将手部消毒后，再穿戴无菌工作服（包括鞋、帽、口罩等）。

4）进入无菌室后，进一步用消毒液消毒手或戴上消毒的外科手套。

**2. 检验操作过程**

1）在所有操作中均不应大幅度或快速动作，以免搅动空气。

2）使用玻璃器皿应轻取轻放，避免破损，以防培养物扩散。

3）操作时点燃煤气或酒精灯，在近火焰区进行操作。

4）使用金属接种器皿，用前用后均需灼烧灭菌。

5）在接种培养物时，不应使培养物飞溅，以免污染环境和产生气溶胶。

6）在用注射器、吸管、滴管接种后，应置入盛有消毒液的缸或桶内。

7）在开启菌种管或其他供试品安瓿前应用碘酊棉或酒精棉消毒菌种管或安瓿，刻痕用的砂轮或锉刀，也应消毒，折断时要小心，防止污染。

8）无菌瓶塞和试管掉落在工作台，一般不宜再用，应另换无菌塞。

9）如接种烈性细菌（如炭疽杆菌或霉菌、放线菌）时，就在浸有消毒液纱布上操作，以免细菌或孢子散落传播。

**3. 其他试验操作**

1）在实验室观察平板培养物时，一般不宜开盖观察；检验结果，可以开盖检查。如取菌作涂片染色或移植培养时，培养皿上下盖可适度开缝，但不准完全揭开。

2）涂片染色时应使用夹子夹持玻片，切勿用手直接拿玻片，以防感染细菌。

3）用过的玻片应放置消毒液中或直接煮沸消毒，冲洗液也应煮沸或消毒处理后再倒掉以免污染环境。

## 三、注意事项

1）若工作服受污染应脱下翻转包裹，使污染部分包在内部送往消毒。

2）因偶尔打破盛有培养物的器皿，使病原菌（毒）污染了工作台时，应立即用浸有消毒液的纱布或毛巾覆盖，经一定时间消毒后，再用消毒液洗刷或擦拭。

3）如划破手指等部位立即将划破的手指浸入5%碘酊液中浸泡，然后再做进一步处理。

4）小范围的污染自己处理，如有必要通知有关人员协助处理。

## 四、思考问题

试述无菌操作的目的和意义?

# 第二节　微生物接种技术

将微生物的培养物或含有微生物及可疑含有微生物的样品移植到培养基上的操作技术称之为接种。

接种是微生物实验及研究中的一项最基本的操作技术。无论微生物的分离、培养、纯化或鉴定以及有关微生物的形态、生理的实验及观察研究都必须进行接种，接种的关键要严格的无菌操作，如操作不慎引起污染则实验结果就不可靠，影响下一步工作的进行。

## 一、实验材料

(1）器械和用品

酒精灯，玻璃铅笔，火柴，试管架等接种工具。

(2）菌种和培养基

1）菌种：大肠杆菌，金黄色葡萄球菌。

2）培养基：普通琼脂斜面和平板，营养肉汤，普通琼脂高层（直立柱）。

## 二、实验程序

### （一）接种工具

接种时需要工具，常见的有接种环、接种针、接种钩、滴管、移液管、△形接种棒，具体形式如图5.1。

接种环、接种针、接种钩均由金属丝和柄两部分组成。金属丝的软硬要合适，传热和散热要快，以铂金丝为最理想，但价格昂贵，目前我国主要用镍铬丝

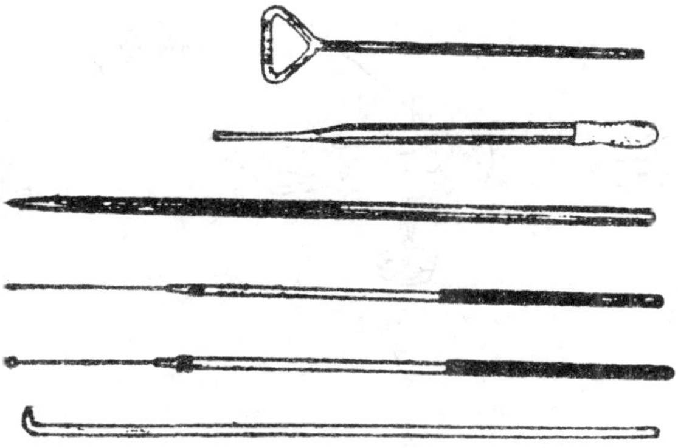


图 5.1　常见的几种接种工具

A. △形接种棒接种环；B. 滴管；C. 移液管；D. 接种针；E. 接种环；F. 接种钩

代替，柄的部分常用铝棒或铜棒制成，前端有一连接金属线的螺旋卡头，后端有一不传热的胶木柄。

将镍铬丝与柄连接即为接种针，针要求直，不要弯曲。接种环、接种钩和接种铲是用镍铬丝适当加工而成。环一般直径 3～4mm，位于末端，中央要圆而不带棱角。钩是在镍铬丝末端弯出 2～3mm 成直角。接种铲是用较粗的镍铬丝或不锈钢钢丝末端加工成铲形薄片，表面要光，另一端连接手柄。

△形接种棒是用直径 2～3mm 玻璃棒在喷灯上烧红，用镊子加工成。

接种方法有多种，可根据接种的目的和使用的培养基不同分别采用。

### （二）斜面接种法

斜面接种法主要用于接种纯菌，使其增殖后用以鉴定或保存菌种。也可以从病料中挑取材料接种于斜面，待有细菌生长后，再进行平板划线以分离细菌。

通常先从平板培养基上挑取分离的单个菌落，或挑取斜面、肉汤中的纯培养物接种到斜面培养基上。以斜面上的菌种接种到新的斜面培养基为例说明操作方法和注意事项（图 5.2）。

1）操作应在无菌室、接种柜或超净工作台上进行，先点燃酒精灯或煤气灯。

2）将菌种斜面培养基（简称菌种管）与待接种的新鲜斜面培养基（简称接种管）持在左手拇指、食指、中指及无名指之间，菌种管在前，接种管在后，斜面向上管口对齐，应斜持试管呈 45°～60°角，并能清楚地看到两个试管的斜面，注意不要持成水平，以免管底凝集水浸湿培养基表面。

3）以右手在火焰旁转动两管棉塞，使其松动，以便接种时易于取出。

4）灭菌接种棒（环）：右手持接种环柄，将接种环垂直放在火焰上灼烧。镍铬丝部分（环和丝）必须烧红，以达到灭菌目的，然后横持接种环将除手柄部分

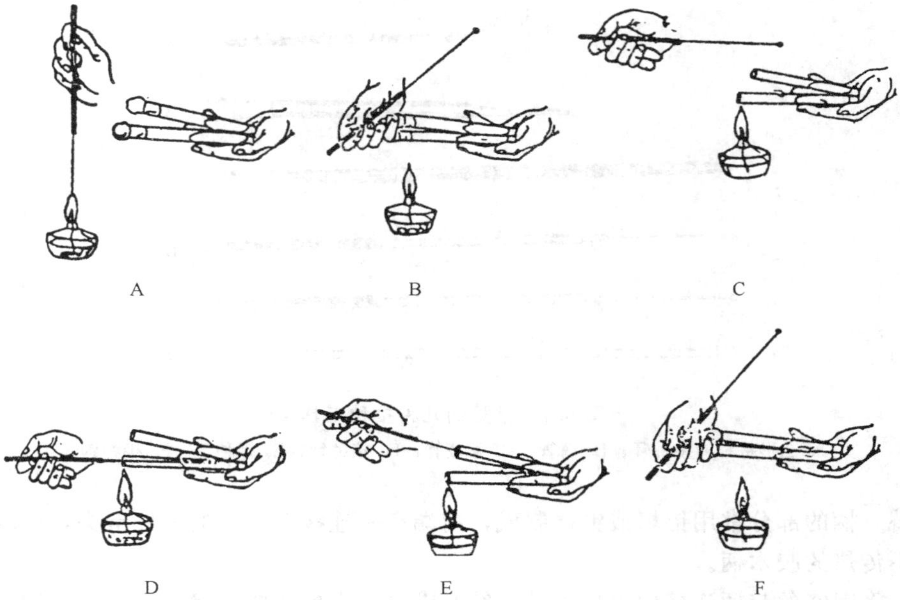

图 5.2 斜面接种时的无菌操作

A. 接种灭菌；B. 启开棉塞；C. 管口灭菌；D. 挑取菌苔；E. 接种；F. 塞上棉塞

的金属杆全用火焰灼烧一遍，尤其是接镍铬丝的螺口部分，要彻底灼烧以免灭菌不彻底。

5）用右手的小指和手掌之间及无名指和小指之间拔出试管棉塞，持住再将试管口在火焰上通过，以杀灭可能玷污的细菌。

6）将灼烧灭菌的接种环插入菌种管内，先接触无菌苔生长的培养基上，待冷却后再从斜面上刮取少许菌苔，接种环不能通过火焰，应在火焰旁迅速插入接种管。

7）画线，由下往上做 S 形画线。

8）接种完毕，接种环应通过火焰抽出管口并迅速塞上棉塞。

9）再重新仔细灼烧接种环后，放回原处，并塞紧棉塞。

10）将接种管贴好标签或用玻璃铅笔画好标记后再放入试管架，即可进行培养。

## （三）液体接种法

多用于由病料中分离细菌和用增菌液进行增菌培养，也可用于纯培养菌接种液体培养基进行生化试验，其操作方法与注意事项与斜面接种法基本相同，仅将不同点顺序介绍如下。

1）由斜面培养物接种至液体培养基：用接种环从斜面上蘸取少许菌苔，接至液体培养基时应在管内靠近液面试管壁上将菌苔轻轻研磨并轻轻振荡，或将接种环在液体内振摇几次即可。如接种霉菌菌种时，若用接种环不易挑起培养物时，可用接种钩或接种铲进行。

2）由液体培养物接种液体培养基时，可用接种环或接种针蘸取少许液体移至液体培养基中即可。也可根据需要用吸管、滴管或注射器吸取培养液至新液体培养基中即可。

3）接种液体培养物时应特别注意勿使菌液溅在工作台或其他器皿上，以免造成污染，如有溅污，可用酒精棉球灼烧灭菌后，再用消毒液擦净，凡吸过菌液的吸管或滴管，应立即放入盛有消毒液的容器内。

### （四）固体接种法

普通斜面和平板接种均属于固体接种，斜面接种法已讲了，不再赘述。固体接种的另一种形式是接种固体曲料，进行固体发酵，因所用菌种或种子来源不同可分为：

1）用菌液接种固体料，包括用菌苔刮洗制成的菌悬液和直接培养的种子发酵液。接种时按无菌操作将菌液直接倒入固体料中，搅拌均匀。但要注意接种所用水容量要计算在固体料总加水量之内，否则在用液体种子菌接种后含水量加大，会影响培养效果。

2）用固体种子接种固体料：包括用孢子粉、菌丝孢子混合种子菌或其他固体培养的种子菌，只要把接种材料种子菌直接倒入无菌的固体料中就行，但必须充分搅拌使之混合均匀。一般是先把种子菌和少部分固体料混匀后再拌入大堆料。

3）固体料接种时应注意“抢温接种”，即在曲料灭菌后不要使料温降得过低才接种，而应在料温高于培养温度5～10℃抓紧接种（如培养温度为30℃，料温降至35～40℃时即可接种）。抢温接种可使培养菌在接种后即得到适宜的温度条件，从而能迅速生长繁殖，且长势好，杂菌不易滋生。

另一措施是“堆积起温”，即在大量的固体曲料接种后，不要立即分装曲盘或上帘，应先堆积起来上加覆盖物，防止散热，使培养菌适应新的环境条件，逐渐生长旺盛，产生较大热量，使堆温升高后，再分装一定容器中培养。这样可以避免一开始培养菌繁殖慢，料温上不去，拖延培养时间；这一措施具有水分蒸发大，杂菌易发展的缺点。

### （五）穿刺接种法

此法多用于半固体、乙酸铅、三糖铁琼脂与明胶培养基的接种，操作方法与注意事项与斜面接种法基本相同。但必须使用笔直的接种针，而不能使用接种环。

接种柱状高层或半高层斜面培养管时，应向培养基中心穿刺，一直插到接近管底，再原路退出穿刺时，勿使接种针在培养基内左右移动，以使穿刺线整齐，便于观察生长结果。

## 三、注意事项

1）一切操作均应在火焰旁进行。

2）棉塞应始终夹在手中，如掉落应更换无菌棉塞。

3）如不慎使棉塞触及火焰着火，切勿用口吹，应在刚着火时迅速塞入试管，因管内氧气不足很快熄灭，若棉塞外端着火，则可用手捏灭，或废弃踩火后更换无菌棉塞。

4）接种液体培养物时应特别注意勿使菌液溅在工作台上或其他器皿上，以免造成污染，如有溅污，可用酒精棉球灼烧灭菌后，再用消毒液擦净，凡吸过菌液的吸管或滴管应立即放入有消毒液的容器内。

## 四、思考问题

试述如何在接种中，贯彻无菌操作的原则？

# 第六章 微生物育种和菌种保藏

微生物育种和菌种保藏也是微生物学学科中的一项重要技术。

随着微生物遗传学及其在生产实践中的不断发展，迫切地需要建立更多的新菌种为科学研究和生产所用，其中包括对原有微生物菌种性能的改造和选育，即育种技术。

在生产实践和科学研究中所获得的优良菌种都是国家和社会的重要资源，为了能长期地保持原种的特性，防止菌种的衰退和死亡，人们创造了许多保藏菌种的方法，建立了系统的管理制度。在国际上许多国家都设立了专门的菌种保藏机构。我国在北京中国科学院微生物研究所内设有微生物菌种保藏委员会，在武汉大学内设有中国典型培养物保藏中心，其任务是将收集的菌种按其特性选用最佳的保藏方法，使菌种不死、不衰、不乱，以达到有利于使用和交换的目的。

## 第一节 紫外线诱变育种

紫外线有理想的诱变效果，简便易行，操作方便，是一种不容忽视的微生物诱变育种技术。

紫外线是一种常用的物理诱变因素，它的主要作用是使DNA链中的两个相邻的嘧啶核苷酸形成二聚体，并阻碍双链的解开和复制，从而引起基因突变，最终导致表型的变化。本实验要求了解紫外线诱变原理，掌握紫外线诱变育种方法。

### 一、实验材料

1）培养皿 9cm(×44)，6cm(×3)；三角瓶 250 ml(×1)；离心管(×2)；移液管 10ml(×2)；5ml(×2)，1ml(×20)，三角玻棒(×6)；电动搅拌器(×1)；玻璃管小搅拌棒(×3)；试管(×40)，紫外灯 15W(×1)。

2）生理盐水。

3）菌种：北京棒状杆菌 AS1.563（高丝氨酸缺陷型）。

4）培养基

a. 完全培养基

牛肉膏 5g，蛋白胨 10g，NaCl 15g，琼脂 20g，蒸馏水 1000ml；调 pH 值为 7.5；121℃灭菌 20min。需要 600ml，其中 20ml 是不加琼脂的培养液。

b. AEC 培养基

S-(2-氨基乙基)-L-半胱氨酸(即 AEC)5g,葡萄糖 20g,硫酸铵 10g,尿素 2.5g,$KH_2PO_4$ 1g,$MgSO_4 \cdot 7H_2O$ 0.04g,$FeSO_4 \cdot 7H_2O$ 2mg,$MnSO_4 \cdot 4\sim6H_2O$ 2mg,生物素 50μg,硫胺素 100μg,甲硫氨酸 20mg,苏氨酸 20mg,琼脂 20g,蒸馏水 1000ml,调 pH 值为 7.5,0.08MPa 灭菌 20min;需要 400ml。

## 二、实验程序

1) 紫外线诱变处理:将 AS 1.563 菌种接种斜面,在 30℃培养过夜后挑一环接入 20ml 完全培养液中(用 250ml 三角瓶),30℃摇床培养 16~18h 后离心(3000 r/min,10min),用生理盐水离心洗涤两次,加生理盐水至总体积为 20ml,各取 5ml 菌液加入 3 个直径 6cm 的培养皿内,分别置磁力搅拌器上,紫外灯预热 20min 后开动搅拌器,打开皿盖,分别照射 10s、30s 和 60s,灯距 28cm。

2) 测定紫外线的杀菌率:照射后的菌液各取 0.5ml 入 4.5ml 生理盐水中,分别稀释,照射 10s 的处理稀释至 $10^{-3}$ 和 $10^{-4}$,照射 30s 的处理稀释至 $10^{-2}$ 和 $10^{-3}$,照射 60s 的处理稀释至 $10^{-1}$ 和 $10^{-2}$,对照稀释至 $10^{-5}$ 和 $10^{-6}$。分别取 0.1ml 到无菌的空培养皿中,倾注 50℃的完全培养基(先融化),重复 3 次。30℃恒温培养 1~2d,记录活菌数,并计算存活率。

3) 抗 AEC 突变菌株的筛选:照射后的菌液(不稀释)和对照菌液各取 0.1ml,在 AEC 选择性培养基上涂皿,每种剂量的菌液和对照各涂 5 皿以上,放入纸盒内,置 30℃避光培养 4~5h,能生长的菌落是抗 AEC 突变菌株。本实验的 AEC 浓度是 5mg/ml,但不同出发菌株所需的 AEC 浓度不尽相同,故可在 2~15mg/ml 的范围内测试,选出对照菌不生长而抗性突变菌株能生长的适宜浓度作为筛选浓度。

4) 抗 AEC 突变菌株赖氨酸产量的测定:将抗性菌落挑入完全培养基斜面,30℃培养 48h 后挑入摇瓶发酵培养基,按有关方法测定赖氨酸产量,选出高产菌株。

## 三、注意事项

1) 紫外线诱变后的稀释分离应在暗室内红灯下操作,涂皿后应放在盒内或用黑纸包好,置 30℃避光培养。

2) 北京棒状杆菌 AS 1.563 最适宜生长温度是 30℃,不宜放在 37℃中培养。

3) 初筛时可多挑几株抗性菌株进行摇瓶培养,待测定效价后,再挑选高单位效价菌株在 AEC 平板上作划线纯化。

## 四、结果记录

1) 紫外线处理后的存活率记录于表 6.1 中。

2) 抗 AEC 突变菌株的筛选结果记录于表 6.2 中。

**表 6.1　紫外线对北京棒状杆菌存活率的影响**

| 剂量 | 稀释度 | 个/0.1ml | | | 平均值/(个/ml) | 存活率/% |
|---|---|---|---|---|---|---|
| | | ① | ② | ③ | | |
| 对照 | $10^{-5}$ | | | | | |
| | $10^{-6}$ | | | | | |
| U.V.10s | | | | | | |
| U.V.30s | | | | | | |
| U.V.60s | | | | | | |

**表 6.2　抗 AEC 突变率**

| 剂量 | 抗 AEC 突变型/(个/0.1ml) | | | | | 平均值/(个/ml) | 存活率/% |
|---|---|---|---|---|---|---|---|
| | ① | ② | ③ | ④ | ⑤ | | |
| 对照 | | | | | | | |
| U.V.10s | | | | | | | |
| U.V.30s | | | | | | | |
| U.V.60s | | | | | | | |

## 五、思考问题

1）紫外线引起诱变作用的机理是什么？为保证诱变效果，在照射中及照射后的操作应注意哪些问题？

2）在制备供照射用的菌液时，应控制哪些影响诱变效果的因素？

# 第二节　化学诱变育种

常用的化学诱变剂有硫酸二乙酯、盐酸氮芥、亚硝酸钠、乙酸亚胺、氯化锂和*N*-甲基-*N′*-硝基-*N*-亚硝基胍(NTG)等。采用化学诱变剂进行诱变育种也是常用的育种技术。

化学诱变剂作用于微生物基因突变的分子基础在于 DNA 链上引起碱基排列的改变或是结构的改变。由于碱基序列或结构的变化，导致了编码氨基酸的变化，因而影响了某些蛋白质的合成或酶的活性，生物体随之发生的便是某一性状的改变。这种改变可以稳定地遗传给后代，建立起具有新的遗传性状的菌株，这就是突变型筛选和诱变育种的遗传学基础。本实验以栖土曲霉为出发菌株，以硫酸二乙酯为诱变剂，变异的指标是白色孢子和蛋白酶活性。

## 一、目的要求

要求了解化学诱变的机理，掌握化学诱变的方法。

## 二、实验材料

1）试剂：pH 值 7.2 的 0.1mol/L 磷酸缓冲液，Folin phenol，0.55mol/L $Na_2CO_3$，10%三氯乙酸，2%酪蛋白溶液，酪氨酸溶液（100μg/ml）。

2）无菌三角瓶，培养皿，试管，吸管，血球计数计，无菌脱脂棉，恒温水浴。

3）培养基：察氏培养基，酪蛋白培养基，固体曲培养基。

4）出发菌株：栖土曲霉（*Aspergillus terreus*）。

## 三、实验程序

1）从长好的栖土曲霉斜面上取 1 环接种于大试管察氏培养基斜面上，33～34℃培养 4d。

2）制备孢子液：①用 25ml pH 值为 7.2 的磷酸缓冲液把斜面上的孢子分两次洗下，倾入盛有玻璃珠的无菌三角瓶里。②振荡 10min，无菌脱脂棉过滤，滤液用血球计数板计数，调整孢子浓度至 $\times 10^6$/ml。

3）硫酸二乙酯处理。①稀释制备好孢子液 $10^3$/ml，取 0.1ml 涂培养皿作为对照，33℃培养 72h，计菌落数。②另取 10ml 孢子液加入大试管中，加入硫酸二乙酯稀释液（原液 1ml，95%乙醇 4ml）0.5ml，32℃水浴中处理 3min 或 60s，不断振荡试管。处理后，立即稀释到 $10^{-2}$、$10^{-3}$（稀释中止反应）。各取 0.1ml 或 0.2ml 涂抹平板，33℃培养 3d；观察白色菌落并计算，其他菌落也可计数。

4）酶活力测定。

a. 初筛　以平板法测定蛋白酶活力：取 10 只培养皿先倾注察氏培养基，凝固后加入 5ml 酪蛋白培养基，待凝固后，用玻璃打孔器将对照菌和诱变处理后的各种菌落（菌落应编号）各自接到培养基表面，每皿放 3～5 个菌落，其中一个必须是对照。33℃培养 48～72h，根据透明圈的大小，就可推测蛋白酶活力的大小。

b. 复筛　固体曲和液体曲法：由初筛选出的蛋白酶活力较高的菌株，挑选若干株，接种于斜面上，33℃培养成熟，一支保存，另一支制成孢子悬液，取 0.5ml 接入装有固体麸皮等成分的培养料中，充分搅匀，28～30℃培养，24h 搅拌一次，以防结块，再继续培养 12h，即为固体曲（液体振荡培养为液体曲），然后进行酶液浸提。定量称取固体曲，105℃烘干至恒重，计算含水量。另外再定量称固体曲，以 2～4 倍的 40℃温水浸泡，在 40℃恒温下，不断搅匀，浸泡 1～2h 后，挤压或过滤收集浸出液，即为酶液。

c. Folin-phenol 测定酶液蛋白酶活力。

## 四、注意事项

1）硫酸二乙酯易分解产生硫酸，因此用硫酸二乙酯做诱变剂时，需要在一定温度下的缓冲液中进行。

2）要精确地制备孢子悬液。

3）测定蛋白酶活力要在40℃恒温下进行。

## 五、结果记录

1）初筛结果记录。

2）复筛结果记录。

## 六、思考问题

1）化学诱变剂的诱变机理是什么？为保证诱变效果应注意哪些问题？

2）硫酸二乙酯作诱变剂应掌握哪些环节？

# 第三节　原生质体融合育种

原生质体融合的特点是人为地用物理方法使细胞融合，从而获得新种细胞。原生质体是研究细胞分化、细胞杂交、细胞器、病毒感染、生物合成、代谢遗传工程等良好的材料。目前更引人注意的是通过原生质体融合、细胞杂交改造品种或创造新种。细菌、放线菌的原生质体通过PEG诱导融合可以建立具有两个或三个以上全套遗传物质的新个体或遗传重组体。真菌、酵母的原生质体融合，不仅种内能融合，而且在种间和属间融合也已获得成功。

原生质体融合对那些缺乏有性过程的真菌来说，显然具有重大意义。例如头孢霉菌通过原生质体融合后分离得到的重组体其头孢霉素C的产量可提高40%，链霉菌通过原生质体融合后产生重组体的频率比一般杂交高20～20 000万倍。枯草杆菌通过原生质体融合达到了质粒的转移。这是区别于经典的转化、转移和接合等传递遗传信息方法的新体系，表明了原生质体融合技术在遗传学研究和育种技术中具有的潜力。

## 一、目的要求

了解原生质体融合技术的原理和方法。

## 二、实验材料

### 1. 细菌原生质体融合所需器材

（1）菌株

地衣芽孢杆菌（*Bacillus lieheniformis*）-1；

地衣芽孢杆菌（*Bacillus lieheniformis*）-2。

（2）培养基

完全培养基：蛋白胨1%，牛肉膏1%，NaCl 0.5%，调pH值为7.0，琼脂

1.5%,0.1MPa 压力下灭菌 20min。

基础培养基：葡萄糖 0.5%，$K_2HPO_4$ 1.4%，$KH_2PO_4$ 0.6%，琼脂 1.5%，0.07MPa 压力下灭菌 15 min。

高渗培养基：分别在完全培养基和基础培养基中添加 0.5mol/L 蔗糖和 20mmol/L $MgCl_2 \cdot 6H_2O$。

（3）缓冲液

SMM 缓冲液：0.5mol/L 蔗糖，0.02mol/L 顺丁烯二酸，20mmol/L $MgCl_2 \cdot 6H_2O$，用 NaOH 调至 pH 值 6.7；0.05MPa 灭菌 20min。

（4）溶菌酶

用 SMM 配制所需浓度，本实验所需浓度为 200～400U/ml。

（5）聚乙二醇（NW.6000）

用 SMM 配制浓度为 30%。

**2. 链霉菌原生质体融合所需器材**

（1）菌株

吸水链霉菌井冈变种（*Streptomyces hydroscopicus* var. *jinggangsis*）$UA_1$ his，吸水链霉井冈变种 $UA_2$ ilv。

（2）培养基（以下为重量百分比浓度）

斜面培养基：天冬素 0.05%，葡萄糖 1%，$K_2HPO_4$ 0.05%，琼脂 2%，自然 pH，0.06～0.07MPa 压力下灭菌 15min。

有机 A 培养液（增补 10%蔗糖）：牛肉膏 0.3%，牛肉胨 0.5%，葡糖糖 1%，NaCl 0.5%，调 pH 值为 7.2，0.06～0.07MPa 压力下灭菌 15min。

原生质体再生培养基（$R_2$YE）：蔗糖 10.3%，葡萄糖 1%，酪素氨基酸 0.01%，$K_2SO_4$ 0.025%，$MgCl_2 \cdot 6H_2O$ 1%，将上述成分配制成 800ml。另外，将微量元素液 2ml，0.5% $K_2HPO_4$ 10ml，3.68% $CaCl_2 \cdot 2H_2O$ 100ml，0.25M pH 值 7.2 的 Tris 缓冲液 100ml，20% L-脯氨酸 1.5ml，0.4%酵母膏分别灭菌后加入，从而获得原生质体再生培养基；该培养基最终 pH 值 7.2，琼脂 2%。

最低合成培养基（增补高渗剂）：天冬素 0.05%，蔗糖 10%，葡萄糖 10%，$CaCl_2 \cdot 2H_2O$ 3.68% 10ml，$K_2HPO_4$ 0.05%，$MgCl_2 \cdot 6H_2O$ 1.021%，琼脂 2%；pH 值＝7.2；0.06～0.07MPa 压力下灭菌 15min。

（3）稳定液 P（以下为重量百分比浓度）

蔗糖 10.3%；$K_2SO_4$ 0.025%，$MgSO_4$ 0.025%，$MgCl_2 \cdot 6H_2O$ 0.203%，将上述成分配成 800ml。另将 0.5% $KH_2PO_4$ 10ml，3.68% $CaCl_2 \cdot 2H_2O$ 100ml，TES 缓冲液（0.25mol/L，pH 值＝7.2）100ml，微量元素液 2ml，$ZnCl_2$ 4mg，$FeCl_3 \cdot 6H_2O$ 20mg，$CaCl_2 \cdot 2H_2O$ 1mg，$MnCl_2 \cdot 4H_2O$ 1mg，$Na_2B_4O_7 \cdot 10H_2O$ 1mg，$(NH_4)_6Mo_7O_{24} \cdot 4H_2O$ 1mg 分别灭菌后加入配制。

(4) 溶霉菌

(5) 三羟甲基氨基甲烷(Tris)

**3. 酵母菌原生质体融合所需器材**

(1) 菌株

啤酒酵母 H 1014a/ys,啤酒酵母 M-1a his。

(2) 培养基

完全培养基(YEPD):蛋白胨 2%,酵母膏 1%,葡萄糖 2%,pH 值=6.0～6.5,固体培养基加 2%琼脂,0.06～0.05 MPa 压力下灭菌 20min。

基础培养基(YNB):参见白毓谦等编著的"微生物实验技术",山东大学出版社,1987,P478。

生孢培养基:参见同上,P479。

再生培养基:在完全培养基或基础培养基中加入 0.6mol/L KCl。

(3) 渗透压稳定剂

1mol/L 山梨醇磷酸缓冲液:由 pH 值为 5.8 磷酸缓冲液配制而成,简称 PB。

(4) EDTA-巯基乙醇溶液

由 0.1mol/L EDTA 液配制成 0.4%巯基乙醇。

(5) 蜗牛酶(溶于 PB 中,抽滤除菌)

(6) PEG 6000

**4. 霉菌原生质体融合所需器材**

(1) 菌株

顶头孢霉(*C. acremonium*) $A_1$lea,顶头孢头霉(*C. acremonium*) $A_2$ZnO。

(2) 培养基

完全培养基:蔗糖 2%,日本聚胨 0.3%,葡萄糖 0.5%,酵母膏 0.2%,$FeSO_4$ 0.001%,$KNO_3$ 0.1%,$KH_2PO_4$ 0.05%,$MgSO_4 \cdot 7H_2O$ 0.05%,琼脂 2%,pH 值为6.4～6.7,0.01MPa 灭菌 20min。

基础培养基:蔗糖 3%,$NaNO_3$ 0.2%,$KH_2PO_4$ 0.1%,$MgSO_4 \cdot 7H_2O$ 0.05%,KCl 0.05%,$FeSO_4$ 0.001%,琼脂 2%,pH 值 = 6.8,0.01MPa 灭菌 20min。

菌丝生长培养基(PM):蔗糖 2%,玉米浆(干重)2.35%,$CH_3COONH_4$ 0.45%,pH 值为 6.8～7.0,0.01 MPa 灭菌 20min。

再生培养基(RM):将完全培养基或基础培养基中加入 0.7mol/L NaCl 作为渗透压稳定剂。

(3) 酶液

1%纤维,0.1%Zymolyase 5000 单位。上述酶液用 0.7mol/L NaCl pH 值为 5.8 柠檬酸-磷酸氢二钠配制。

(4) 二硫苏糖醇(dithiothreitol,DTT)

用 pH 值为 7.3 柠檬酸-磷酸氢二钠缓冲液配制成 0.005MDDT 液,用 0.45μm 微孔滤膜过滤,除菌。

(5) 聚乙二醇(相对分子质量 6000)

30%PEG 溶液中含 0.01mol/L $CaCl_2$,用 0.02mol/L 甘氨酸-NaOH 调节 pH 值为 8.0,配制而成。用 0.45μm 微孔滤膜过滤除菌。

## 三、实验程序

### (一) 原生质体融合育种的基本过程

首先用脱壁酶将微生物细胞脱去细胞壁,制成原生质体(在高渗液中进行),然后将两种或两种以上的原生质体混合在一起,用促融剂促使细胞融合,再在高渗的选择培养基上重新合成细胞壁,生长繁殖,形成菌落,最后测定性状重组。

**1. 原生质体制备**

酶法分离原生质体的关键在于 3 个基本因素:①有效溶解细胞壁的酶类;②有效的渗透压稳定剂;③适应酶解生理时期的菌细胞以及 pH 值、温度等条件。

(1) 酶系统

能溶解细胞壁的酶类很多。由于各类微生物细胞壁的化学成分不同,对溶菌酶的要求也不同。细菌细胞壁的主要成分是肽聚糖,溶菌酶对肽聚糖有专一性作用,所以细菌用溶菌酶脱壁。酵母菌用蜗牛的消化酶和酵母裂酶(zymolyase),霉菌用壳多糖酶、纤维素酶,放线菌用溶菌酶和溶解酶等脱壁。

(2) 渗透压稳定剂

原生质体对渗透压十分敏感,在高渗液中稳定,低渗液中不稳定而破裂,制备原生质体时所需的渗透压稳定剂又常称为高渗溶液,一般有糖醇系统和盐溶液系统。糖醇溶液系统以甘露糖、蔗糖、山梨醇、木糖、纤维二糖、鼠李糖为主要的糖醇类,细菌、放线菌、酵母菌用量为 0.3～0.6mol/L。真菌以盐溶液为主,常用的有 KCl、NaCl、$MgSO_4$ 等。实验证实,1～100mmol/L 浓度的钙离子和镁离子溶液中大部分原生质体是稳定的。

(3) 微生物细胞的生理状态

大多数实验证明,酶解最适菌龄为对数生长早期与中期细胞,因为它们的细胞壁对酶解敏感,原生质体形成率高,稳定期细胞抗酶解。产黄青霉原生质体释放的第二个高峰是生长进入稳定期,认为这时期可能有内源溶解作用。一般认为酵母菌的同一培养物是细胞生活史中不同阶段,是非同步的,需同步化。丝状真菌是以丝状结构为特点的,原生质体可来自菌丝的不同部位,或来自有隔、无隔的菌丝,或来自无性孢子;前者易得到原生质体,但常是不均匀的,有时是无隔的;后者因抗酶力强,难脱壁,但可得单核均匀的原生质体。

此外，生长培养基对原生质体制备也有一定影响。例如，培养链霉菌的培养基中加 1%～4%的甘氨酸对形成原生质体有利。

对难以原生质体化的细胞可在酶作用前予以处理。例如，用 2-脱氧葡萄糖处理粟酒裂殖酵母，它具有抑制细胞壁成分（葡聚糖层）的重新合成的能力；再如一定浓度的巯基乙醇处理酿酒酵母，有利于松动细胞壁蛋白质结构的二巯键。因此，它们能提高原生质体的形成率。

(4) 原生质体的形成

对数生长期细胞在渗透压稳定的条件下酶解，释放出原生质体。原生质体呈球形，显微镜下即可与营养细胞区别而进行鉴别。

制备好的原生质体去掉渗透压稳定剂，置于水样的低渗透溶液中，原生质体缓慢破裂。在一般固体培养基上无法形成菌落，所以可用酵解前后的菌落数、光电比浊的 OD 值、血球计数的细胞数来求得原生质体的形成率。

以平板计数为例。酵解前稀释样品，涂抹 CM 平板，计菌落数，为酵解前的总菌数。酵解后稀释于 4 倍或 4 倍以上的无菌水中，涂抹于 CM 平板上，记菌落数，为酵解后未脱壁的菌落。

**2. 原生质体融合**

原生质体融合的一般程序是采用具有不同遗传标记的两个亲株，制备原生质体后，用渗透压稳定液，离心洗涤，除去残壁和杂质（颗粒、菌丝碎片）获得纯净原生质体。将浓度调至 $10^6$～$10^7$/ml，按等量混合，用 PEG 和 $Ca^{2+}$ 诱导两亲株原生质体凝集、融合、重组。

(1) 融合剂

通常原生质体本身是不易融合的，同种之间有可以通过胞间联丝的存在自然融合，异种却很难，需要促融剂促融。PEG 和 $Ca^{2+}$ 所以促融，认为是由于带负电荷的 PEG 和带正电荷的 $Ca^{2+}$ 与细胞膜表面分子相互作用，使原生质体间的细胞膜上带电极性而导致膜表面吸附聚集在一起，先形成微团，然后膜融合。一般采用相对分子质量为 4000～6000，浓度为 30%的 PEG 合适。真菌原生质体融合受阴离子影响较大，主要是 $Ca^{2+}$，浓度以 10～100mmol/L $CaCl_2$ 为宜。在 $Ca^{2+}$ 情况下，需碱性（pH 值＝9.0），$Cu^{2+}$ 时则需低 pH 值。

(2) 融合条件

PEG 诱导原生质体融合的时间较短，只要 1～2min。20～30℃，处理时间由 12min 到 1h，如果延长至 1h 以上，融合率也不会提高。

**3. 原生质体复原与再生**

原生质体以及融合后的原生质体必须再生细胞壁而复原为微生物的正常细胞形态，这个过程只有在固体培养基上才能完成。放线菌和霉菌的原生质体可涂抹在高渗培养基上就能获得再生细胞。细菌则采用双层培养法，用高渗琼脂培养基铺底层，原生质体则加入高渗琼脂中倾注于底层上。

原生质体再生受多种因素影响，如平板密度、平板含水量、细胞生长与细胞壁再生的温度等。

**4. 融合子的检出和鉴定**

微生物通过细胞融合会产生两种结果：①形成杂合双倍体或单倍重组体的真正融合；②形成异核体的暂时融合。它们和野生型一样，均能在基础培养基上生长。前者稳定，后者不稳定。通过传代培养可分离产生亲本类型。因此，融合子的检出是通过将融合的原生质体涂抹于高渗基础培养基(或选择培养基)上，经培养长出菌落后检出的，然后连续传代分离，选择到稳定的重组子。

融合子的鉴定可通过遗传、生化分析以及菌株产物性能测定等方法实现。

**5. 原生质体再生和融合率的计算**

计算公式：

$$原生质体再生率=\frac{再生平板上总菌数-未形成原生质体菌数\times 100\%}{酶酵解前总菌数-未形成原生质体菌数}$$

$$融合率=\frac{融合子\times 100\%}{亲本再生的原生质体数}$$

## (二) 细菌、放线菌、酵母菌和霉菌原生质体融合育种

**1. 质体融合程序**

(1) 原生质体制备

将两亲本菌株分别接入20ml液体的完全培养基中，37℃摇瓶振荡培养18h。离心收集菌体，悬浮于生理盐水中。经4000r/min离心15min，洗涤，弃去上清液，将菌体悬浮于SMM缓冲液中，此时菌液浓缩5倍。加入SMM液配制的溶菌酶，置42℃恒温水浴内脱壁，定时取样镜检，至视野里绝大部分杆菌形成球形的原生质体后，以4000r/min离心15min，倾去上清液，加5ml SMM缓冲液搅匀原生质体液。另取样至无菌水中，使原生质体膨胀破裂，然后再取样涂于CM平板，37℃培养24h，计算数量，即获得未脱壁的细胞数。

(2) 原生质体的再生

取一定量的原生质体液适当稀释后涂抹于高渗CM平板，37℃培养24h，即得细胞壁未溶解而形成的菌落数目和由原生质再生而形成的菌落数目。

(3) 原生质体融合和融合子的检出

取等量的两亲株的原生质体，加SMM溶液混匀，以4000r/min离心15～20min，轻轻倾去上清液，加入SMM液配成的30%聚乙二醇(NW6000)2～4ml，在42℃下搅匀，保温2～3min，加SMM液为原液量的3～10倍，吸取适量(0.2～0.4ml)至高渗MM或含有两种抗生素的高渗MM平板上涂抹。37℃培养24～48h，观察计数，初步检出融合子。另取单一亲株的原生质体液分别做对照实验。

(4) 融合子传代培养和验证

将获得的融合子继续在加有两种抗生素的平板上或MM平板上连续传代，得到稳定的各种基因型的重组子以及具有两种抗生素抗性的原养型重组子。

(5) 根据公式计算出原生质体形成率、原生质体再生率和原生质体融合率

**2. 链霉菌原生质体融合程序**

(1) 原生质体制备

1) 取斜面，将孢子分别接入含10%蔗糖有机A培养液100ml中，置37℃摇床振荡培养15～20h，离心收集菌体。

2) 用0.3mol/L蔗糖溶液洗1～2次，再用高渗稳定液P洗一次。

3) 湿菌体悬于5ml稳定液P中，然后按每毫升湿菌体加10mg的量加入溶菌酶，置32℃水浴保温1～2h消化。注意镜检观察溶菌开始时间，溶菌30min后，用无菌滴管轻轻吸打几次，使原生质体和细胞壁进一步分离或分散，呈现出均匀乳白色悬浮液。镜检检查至菌丝体大部分凝集成球状体可停止溶菌。

4) 低速离心1～2min(500r/min)，除去沉淀的细菌壁、碎片及未被消化的菌丝体，然后将原生质体液移入另一离心管中再次离心，倾去上清液，用P稳定液洗一次，悬浮于P稳定液中，备用。

5) 将原生质体液用P稳定液做适当稀释，涂抹于再生培养基，37℃培养4～5h，菌落长成后分别计数。

(2) 原生质体融合

取配对原生质体0.5ml，合并离心，除去上清液，加1ml 42%PEG(相对分子质量4000)融合，轻轻摇匀，32℃保温4～5min后(注意观察凝聚现象)，加P稳定液5ml，离心除去上清液，最后悬于1mlP稳定液中，取0.1ml涂抹于再生平板上。

(3) 融合子检出

1) 直接法检出重组子：将融合的原生质体直接涂抹在高渗的最低合成培养基平板上，37℃培养4～5h，观察有无菌落生长，即为原养型重组子(有时也可能包括异核体)。

2) 间接法检出重组子：将融合的原生质体先涂抹在$R_2$YE再生培养基的平板上，37℃培养4～5h，待孢子成熟后用影印法影印到最低合成培养基平板上，以检出原养型重组子。

另取融合的原生质体0.2ml，分别用水和P稳定液10倍系列稀释，涂抹于$R_2$YE再生培养基的平板上，37℃培养4～5h，计算菌落数。

(4) 融合子传代培养和验证

将获得的重组子继续在最低合成培养基平板上连续传代，检出稳定的重组子。

(5) 根据公式计算出原生质体形成率、原生质体再生率和原生质体融合率

**3. 酵母菌原生质体融合程序**

(1) 原生质体制备

1) 收集细胞：从斜面上取两亲本菌株各一环分别接入5ml完全液体培养基

中，静置培养 24h 后，转接入盛有 50ml 完全液体培养基的 200ml 三角瓶中，摇床培养 16h，离心洗涤，收集菌体细胞。

2）预处理：取 4mlEDTA-巯基乙醇于装有 1g 酵母细胞的离心管中，30℃保温 30min，以 4000r/min 离心 10min，倾去上清液。

3）脱壁：在装有处理过的 H1014M-1 酵母细胞的两只离心管中，分别加入 1mol/L 山梨醇缓冲液和蜗牛酶 40mg，置 30℃水浴中振摇 50～60min，作用完毕后，用 PB 液离心洗涤，洗去酶液，最后加入 4ml PB 液制成浓度为 $10^6$/ml 的原生质体液。

（2）原生质体鉴别与计数

1）相差显微镜检查。

2）平板计数：取 1ml 原生质体液用 PB 液稀释，涂抹高渗完全培养基。另取 1ml 原生质体液用无菌水稀释涂抹完全培养基。28℃培养 3～4d，计算菌落（也可用双层培养法）。酶解前的菌液直接用无菌水稀释，涂抹完全培养基，培养后计算菌落数。按公式算出原生质体形成率和原生质体再生率。

（3）原生质体融合与融合子的检出

取脱壁后制成的 H1014 和 M-1 原生质体液各 0.5ml 混合于离心管中，以 4000r/min 离心 10min，倾去上清液，然后加入 10ml 0.01mol/L $CaCl_2$ 的 30% PEG 液，置 37℃水浴保温 30min 后，离心，倾去上清液，用 PB 液洗涤，除去残留的 PEG。用 PB 液制成悬液，稀释涂抹再生基础培养基，28℃培养 4～5d，检出融合子。另取稀释液涂抹再生完全培养基，28℃培养 4～5d，计算菌落数。

（4）融合子传代培养与鉴定

1）将检出的融合子继续在 MM 平板上传代分离，获得稳定的重组子。

2）融合子鉴定。

细胞大小体积测量：镜检测量 H1014，M-1 以及融合子的细胞大小，按下列公式计算：

$$V=(4/3)\pi\times(a/2)\times(b/2)^2$$

式中：$a$ 为长轴；$b$ 为短轴

结合型测定：将待测的融合子与标准株（$a$ 或 $b$）杂交，检测融合子的结合型。

DNA 含量测定：比较 H1014、M-1 及融合子 DNA 含量。

另外还可以进行生孢实验与遗传分析。

**4. 霉菌原生质体融合程序**

（1）原生质体的制备

从完全培养基的斜面上挖取一块（0.5cm×1.0cm）生长成熟的营养缺陷型菌株接入液体 PM 培养基上，28℃振荡培养 42～48h，经 0.005M DTT 溶液（一般 1g 湿菌丝加 5ml DTT），28℃振荡处理 1h，无菌蒸馏水洗两次，重新悬浮于

pH 值为 5.8 的酶溶液中，1g 湿菌丝加 10ml 酶液，28℃振荡反应 2～3h，经 $G_2$、$G_3$ 玻璃漏斗滤去菌丝，以 1500r/min 离心 5min，悬浮于 0.7mol/L NaCl 溶液中，镜检原生质体数。

（2）原生质体再生

将制备的原生质体悬液适当稀释，涂抹在完全再生培养基上，28℃培养 3～4h，计算菌落数。

（3）原生质体融合与融合子检出

取等量两菌株的纯原生质体悬液（$10^6$～$10^7$/ml）混合、离心、沉淀，倾去上清液，加入预热至 30℃配制好的 PEG 液，摇匀后保温 10min 涂抹于基础培养基上，选出融合子。另取单一菌株原生质体液做对照实验。

（4）融合子传代培养与验证

1）将获得的融合子于基础培养基和选择培养基上培养，检出稳定的融合子。

2）将检出的融合子做遗传和生化分析，确定融合子的性质。

（5）根据公式算出原生质体形成率、原生质体再生率和原生质体融合率。

## 四、注意事项

1）原生质体对渗透压十分敏感，对高渗稳定，低渗不稳定，因此制备原生质体时，必须用渗透压稳定剂（即高渗溶液）。

2）酶解最适菌龄为对数生长的早、中期，这时细胞壁对酶解敏感，原生质体形成率高，稳定期细胞抗酶解，因此破壁时要掌握微生物的菌龄。

3）一般原生质体融合不易发生，尤其是异种之间更不易发生自然融合，因此，在原生质体育种中，必须加促融剂促融，以提高原生质体的融合率。

## 五、思考问题

1）原生质体融合技术的机理是什么？

2）概述原生质体融合的基本过程。

3）为什么在制备原生质体时要在渗透压稳定剂条件下进行？为什么原生质体融合时需添加融合剂（促融剂）？

# 第四节　微生物菌种常规保藏方法

微生物的菌种保藏是微生物学工作中的重要一环，保藏工作失败，分离、培养工作前功尽弃。微生物菌种保藏的目的要求达到以下 3 点：①不变：保持原种性状，防止或延缓退化；②不死：保持活力而不死；③不杂：保证纯培养，防止污染。微生物菌种保藏的基本原理，是使微生物的生命活动处于半永久性的休眠状态，也就是使微生物的新陈代谢作用限制在最低的范围内。干燥、低温、缺氧、避光和缺少营养是保证获得这种状态的主要措施。

## 一、目的要求

本实验要求了解菌种保藏的基本原理，掌握菌种保藏的几种常规方法。

## 二、实验材料

1）待藏的细菌，酵母菌，放线菌和霉菌。

2）牛肉膏蛋白胨斜面和半固体直立柱（培养细菌），麦芽汁琼脂斜面和半固体直立柱（培养酵母菌），高氏1号琼脂斜面（培养放线菌），马铃薯蔗糖斜面培养基（用蔗糖代替葡萄糖有利于孢子形成和丝状真菌的生长）。

3）接种环，接种针，无菌滴管，试管，干燥器，移液管，无菌培养皿（内放一张圆形滤纸片）等。

4）医用液体石蜡（相对密度0.83～0.89），10%HCl，筛子，五氧化二磷，石蜡，白色硅胶等。

## 三、实验程序

### 1. 斜面传代保藏法

1）贴标签：将注有菌株名称和接种日期的标签贴在试管斜面的正上方。

2）接种：将待保藏的菌种用斜面接种法移接至注明菌名的试管斜面上。

3）培养：细菌置37℃恒温培养15～24h，酵母菌置28～30℃恒温培养36～60h，放线菌和丝状真菌置28℃培养4～7d。

4）收藏：为防止棉塞受潮长杂菌，管口棉花应用牛皮纸包扎，或用熔化的固体石蜡熔封棉塞后置4℃冰箱中保存。保存温度不宜太低，否则斜面培养基因结冰脱水而加速菌种的死亡。

### 2. 半固体穿刺保藏（适用于细菌和酵母菌）

1）贴标签：将注有菌株名称和接种日期的标签贴在半固体直立柱试管上。

2）穿刺接种：用穿刺接种法将菌种直刺入直立柱中央。穿刺接种操作见实验5-2。

3）培养：同斜面传代保藏法。

4）收藏：待菌种生长好后，用浸有石蜡的无菌软木塞或橡皮塞代替棉花塞并塞紧，置4℃冰箱中保藏，一般可保藏半年至1年。

### 3. 石蜡油封藏

1）石蜡油灭菌：将医用液体石蜡油装入三角瓶中，装置不超过三角瓶总体积的1/3，塞上棉塞，外包牛皮纸，加压蒸汽灭菌（121℃，灭菌30min），连续灭菌2次。在40℃温箱中放置2周（或置105～110℃烘箱中烘2h），以除去石蜡油中的水分，使石蜡油变为透明状，备用。

2）培养：用斜面接种法或穿刺接种法把待保藏的菌种接入合适的培养基中，培养后，取生长良好的菌株作为保藏菌种。

3）加石蜡油：无菌吸取石蜡油于菌种管中，加入量以高出斜面顶端或直立柱培养基表面约1cm为宜。如加量太少，在保藏的过程中会因培养基稍露出油面而逐渐变干。

4）收藏：棉塞外包牛皮纸，把试管直立放置于4℃冰箱中保藏。放线菌、霉菌及产芽孢的细菌一般可保藏2年；酵母菌及不产芽孢的细菌可保藏1年左右。

5）恢复培养：当要使用时，用接种环从石蜡油下挑起少量菌种，在试管壁上轻轻碰几下，尽量使油滴净，再接种于新鲜培养基上。由于菌体外粘有石蜡油，生长较慢且有黏性，所以一般需再移植1次才能得到良好的菌种。

**4. 砂土管保藏法（适用于保藏产生芽孢的细菌以及形成孢子的霉菌和放线菌）**

1）处理砂土：取河砂经60目筛子过筛，除去大的颗粒，用10%HCl浸泡（用量以浸没砂面为度）2～4h（或煮沸30min），除去有机质，然后倒去盐酸，用流水冲洗至中性，烘干或晒干，备用。另取非耕作层瘦黄土（不含有机质），风干、粉碎，用100～120目的筛子过筛，备用。

2）装砂土管：将砂与土按2∶1或4∶1（*W*/*W*）比例混合均匀，装入试管（10mm×100mm）中，装置约1cm高。加棉塞，加压蒸汽灭菌，121℃灭菌30min。灭菌后取少许置于牛肉膏蛋白胨或麦芽汁培养液中，在合适的温度下培养一段时间确证无菌生长，才能使用。

3）制备菌液：吸3ml无菌水至斜面菌种管内，用接种环轻轻搅动，洗下孢子，制成孢子悬液。

4）加孢子液：吸取上述孢子液0.1～0.5ml于每一砂土管中，加入量以湿润砂土达2/3高度为宜。

5）干燥：把含菌的砂土管放入干燥器中，干燥器内用培养皿盛五氧化二磷（或变色硅胶）做干燥剂，再用真空泵抽气2～4h，以加速干燥。

6）收藏：砂土管可选择下法之一：①保藏于干燥器中；②将砂土管取出，管口用火焰熔封后保藏；③将砂土管装入$CaCl_2$等干燥剂的大试管内，塞上橡皮塞并用蜡封管口，置4℃冰箱中保藏。

7）恢复培养：使用时挑少量混有孢子的砂土接种于斜面培养基上即可。原砂土管仍可原法继续保藏。

**5. 明胶片保藏法（适用于保藏细菌）**

该法是用含有明胶的培养基作为悬浮剂，把欲保藏的菌种制成浓悬浮液，滴于载体上使其扩散成一薄片，干燥后保藏。

1）制备悬浮液：A液：蛋白胨1%，牛肉膏0.4%，NaCl 0.5%，明胶20%，调pH值为7.6，分装2ml于小试管中，121℃灭菌15min，备用。B液：

0.5%维生素C水溶液（用时配制，过滤除菌）。使用前融化试管中的A液明胶培养基，待冷却至50℃左右，加0.2mlB液，混匀，置40℃水浴中保温。

2）制备菌液：待保藏菌种在斜面培养基上生长良好后，用牛肉膏蛋白胨培养液制成浓的菌悬液，把菌液加到上述A、B液的悬浮剂试管中，使细胞浓度达到$5\times10^9$/ml以上。

3）制备蜡纸：将硬石蜡放搪瓷盘内熔化，用镊子取直径8cm滤纸片浸入石蜡液中2min，取出，置无菌培养皿中冷却，备用。

4）加菌液：用无菌毛细管吸上述菌液，滴在石蜡滤纸上，让每小点菌液自行扩散，形成小薄片状。每张滤纸上大约可滴30点的菌液（依滴管大小而定）。

5）干燥：将培养皿放入装有五氧化二磷（变色硅胶也可）的干燥器内，用真空泵抽气，使其干燥。

6）收藏：干燥后将含有菌液的明胶片从石蜡滤纸上剥下，装入带有软木塞、并注明菌名和保藏日期的无菌试管中，再将石蜡密封管口，置4℃冰箱保藏。

7）恢复培养：用无菌镊子取一片保藏有菌种的明胶片投入液体培养基中，置适宜温度下培养即可。

**6. 硅胶保藏法（适用于保藏菌丝状真菌）**

1）制备硅胶：将白色硅胶（不含指示剂的硅胶），经6～22目筛子过筛，取均匀一致、大小中等的颗粒装入10mm×110mm的带螺旋帽的小试管中，装量以2cm高为宜，然后在160℃下干热灭菌2h。

2）制备菌液：用5%的无菌脱脂牛奶把斜面上的孢子洗下，制成浓的孢子悬液。

3）加菌液：在加菌液时硅胶因吸水而发热，将会影响孢子的成活，所以在加菌液前，盛硅胶的试管应放在冰浴中冷却30min，同时将试管倾斜，使硅胶在试管内铺开，然后从试管底部开始逐渐往上部缓慢地滴加菌液，加入菌液量，以使硅胶湿润为度。加完菌液，立即将试管放回冰浴中冷却15min左右。

4）干燥：旋松试管螺帽，放入干燥器内，在室温下干燥，待试管内硅胶颗粒易于分散时，表明已达干燥目的。

5）收藏：取出试管拧紧螺帽，其四周用石蜡密封，置4℃冰箱中保藏。

6）恢复培养：使用时，从硅胶管中取出数粒硅胶在培养液中培养即可。

**7. 麸皮保藏法（适用于保藏产孢子的丝状真菌）**

1）制麸皮培养基：称取一定量的麸皮，加水拌匀（麸皮∶水＝1∶0.8～1.5），分装试管，装入量约1.5cm高（不要紧压），加棉塞，管口用牛皮纸包扎，加压蒸汽灭菌（121℃，灭菌30min）。

2）培养菌种：将待保藏菌种接入麸皮试管中，在适宜温度下培养，待培养基上长满孢子后，取出干燥。

3）干燥：将麸皮菌种管放入装有无水$CaCl_2$的干燥器内，在室温下干燥，在干燥过程中应更换几次无水 $CaCl_2$，加速干燥。

4）收藏：将装有麸皮菌种管的干燥器置于低温下保藏，或将麸皮菌种管取出，换上无菌橡皮塞，用蜡封管口，置低温下保藏。

5）恢复培养：使用时，用接种环挑起少量带孢子的麸皮在合适的斜面培养基上，置适宜温度下培养即可。

## 四、注意事项

1）用于保藏的菌种应选用健壮的细胞或成熟的孢子，因此掌握培养时间（菌龄）很重要，不宜用幼嫩或衰老的细胞作为保藏菌种。

2）从石蜡油封藏的菌种管中挑菌后，接种环常有油和菌，因此接种环在火焰上灭菌时要先烤干再灼烧，以防止菌液飞溅，引起污染。

3）在硅胶法保藏菌种时，为防止硅胶管内温度升太高，因此在加菌液的整个过程中应尽量在冰浴中进行。

4）灭过菌的砂土管应按 10%的比例抽样调查，如果灭菌不彻底，应重新灭菌。

## 五、结果记录

将菌种保藏方法及结果记录于表 6.3 中。

**表 6.3　菌种保藏结果记录**

| 接种日期 | 菌种名称 | | 培养条件 | | 保藏法 | 备注 |
|---|---|---|---|---|---|---|
| | 中文名 | 学名 | 培养基 | 培养温度/℃ | | |
| | | | | | | |

## 六、思考问题

1）为防止菌种管棉塞受潮和长杂菌，可采取哪些措施？

2）为了防止水分进入石蜡油中，可否用干热灭菌法代替加压灭菌法？为什么？

3）斜面传代保藏菌种有何优缺点？

4）干燥法保藏菌种的原理是什么？有哪些优点？

5）若菌种管干燥时间拖得过长，会有何影响？

## 第五节　微生物菌种的冷冻干燥保藏法

冷冻干燥保藏法又称冷冻真空干燥法，它综合利用了各种有利于菌种保藏的因素（低温、干燥和缺氧等），是目前最有效的菌种保藏方法之一。用冷冻干燥保藏法保藏的菌种具有成活率高、变异性小等优点，保藏期一般可达10年以上。

### 一、目的要求

本实验要求了解和熟悉冷冻干燥保藏菌种的原理和方法。

### 二、实验材料

1）安瓿管，长颈滴管，冷冻真空干燥装置。
2）待保藏菌种。
3）适于细菌，酵母菌，放线菌和霉菌的各种斜面培养基。
4）脱脂牛奶，10%HCl等。

### 三、实验程序

（一）冷冻干燥保藏的装置

冷冻真空干燥装置有多种类型，但大多是由放置样品、收集水分和真空设备3个部件组成，见图6.1。放置样品装置有歧管式和室式两种类型。为了避免冻干过程中水蒸气进入真空泵中，通常在样品与真空泵之间安装一个冷凝器，使水蒸气冻结在冷凝器上或用装有五氧化二磷干燥剂的广口瓶来取代。真空泵一般采用功率为4L/s，真空极限为0.067Pa（$5\times10^{-4}$ Torr）。而且真空泵必须具有良好的性能，要求在开机后5～15min内使真空度达66.7Pa（0.5Torr）以下，才能保证样品顺利地冻干。

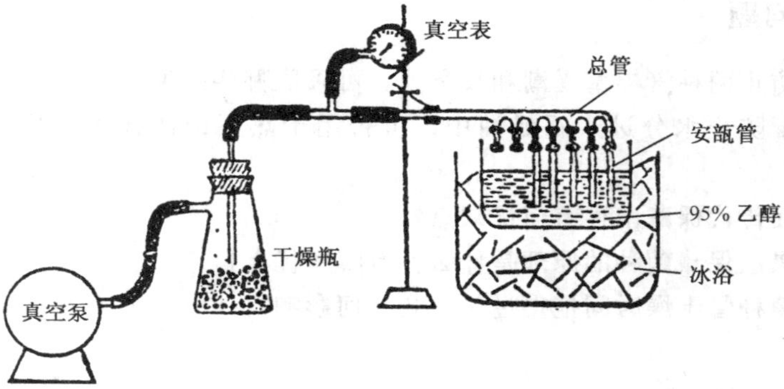


图6.1　冷冻干燥保藏装置

（二）操作步骤

1）准备安瓿瓶：选用中性硬质玻璃制备安瓿瓶，其大小规格随多歧管上短管直径大小而定。安瓿管先用10％HCL浸泡8～10h，再用自来水冲洗多次，最后用蒸馏水洗1～2次，烘干。将打印有菌名和接种日期的标签放入安瓿管内，有字的一面朝向管壁，管口塞上棉花，121℃灭菌30min。

2）制备脱脂牛奶：将新鲜牛奶煮沸，除去表层油脂，然后用脱脂棉过滤，离心15min（3000r/min），再除去上层油脂。也可将煮沸牛奶置0～2℃冰箱过夜，待脂肪漂浮于液面时除去，如此重复数次，直至油脂除尽为止。如选用脱脂奶粉时，可直接配成20％乳液，然后分装、灭菌（121℃条件下灭菌30min），并做无菌试验。

3）制备菌液：吸取3ml无菌牛奶直接加入斜面菌种管中，用接种环轻轻摇动菌苔，再用手摇动试管，制成均匀的细胞或孢子悬液。

4）分装菌液：用无菌的长颈滴管将菌液分装于安瓿管底部，每管装0.2ml，日后要统计保藏细胞的存活数时，则必须严格地定量。

5）预冻：将安瓿管口外的棉花剪去，并将棉花塞往里推至离管口约15mm处，再将安瓿管上端烧熔拉成细颈（图6.2），并接至多歧管的侧管上，并将整个多歧管浸入装有干冰和95％乙醇的预冻槽内（图6.1），此时槽内温度约为－40～－50℃，可使悬液冻结成固体。

6）真空干燥：完成预冻后，开动真空泵。将多歧管升高至安瓿管底部与冰面接触（该处温度约－10℃），以保持安瓿管内的悬液仍呈固体状态。开动真空泵后，应在5～15min内使真空度达66.7Pa（0.5Torr）以下，在此真空度下被冻结的悬液开始升华。继续抽真空，当真空度达到26.7～13.3Pa（0.2～0.1Torr）的条件下，冻结的样品就逐渐干燥成白色片状。当肉眼看出呈干燥状态时，便将安瓿管从冰浴中提起，于室温下（25～30℃）继续干燥（但温度不得超过30℃）。在升温条件下，可加速样品中残留水的蒸发。干燥时间应根据安瓿管的数量、保护剂的性质和悬浮液的装量而定，一般3～4h即可。

7）封管：样品干燥后，继续抽真空达1.33Pa（0.01Torr）时，在安瓿管细颈处用火焰灼烧熔封（见图6.2）。熔封后安瓿管是否保持真空，可用高频率电火光发生器测试，即将发生器轻轻接触安瓿管的上端（切勿直射菌种），使管内发生真空放电，若呈现淡紫色时，证明真空度符合要求，然后置4℃冰箱保藏。

8）恢复培养：当需使用菌种时，先用75％乙醇消毒安瓿管外壁，然后将安瓿管上部在火焰上烧热，再滴数滴无菌水于烧热处，使管壁产生裂缝，放置片刻，让空气从裂缝中慢慢地进入管内，然后将裂口端敲断这样可防止空气因突然开口而冲入管内致使菌粉飞扬。将合适的培养液加入冻干样品中，使干菌粉充分溶解，再用灭菌的长颈滴管吸取菌液至合适培养基中，置最适温度下培养。

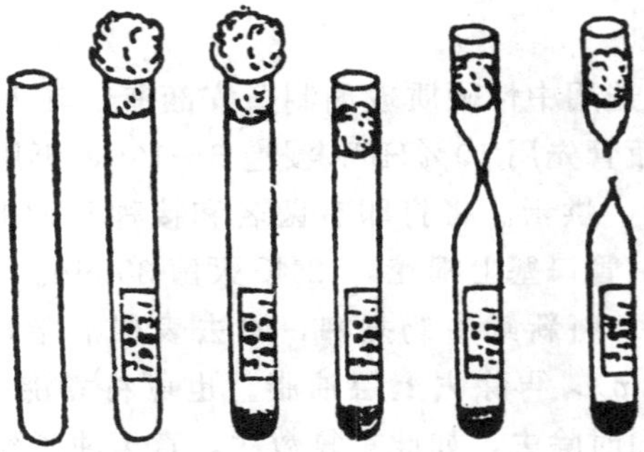


图 6.2 安瓿管的形状及熔封程序

A. 安瓿管；B. 安放标签；C. 加菌悬液；D. 干燥和密封前将棉塞推向管内位置；E. 拉细颈；F. 熔封

## 四、注意事项

1）进行真空干燥过程中，安瓿管内的样品应保持冻结状态，这样在抽真空时样品就不会因产生泡沫而外溢。

2）熔封安瓿管时，火焰要调至适中，封口处灼烧要均匀；若火焰过旺，封口处易弯斜，冷却后易出现裂缝，从而造成漏气。

## 五、结果记录

将菌种保藏结果记录于表 6.4 中。

表 6.4 菌种保藏结果记录

| 接种日期 | 菌种名称 | | 培养条件 | | 保护剂 | 保藏温度/℃ | 开管存活率/% | 开管日期 |
|---|---|---|---|---|---|---|---|---|
| | 中文名 | 学名 | 培养基 | 培养温度表/℃ | | | | |
| | | | | | | | | |

## 六、思考问题

1）冷冻真空干燥设备包括哪几个部件？各部件起何作用？

2）预冷后，样品真空干燥要求在什么条件下进行？

# 第六节　液氮超低温保藏法

液氮超低温保藏法是目前最为先进的保藏方法，在中国微生物菌种保藏管理委员会的几个保藏中心都有这种设备。将菌种保藏在超低温（－150～－196℃）的液氮中。在这种温度条件下，微生物的代谢处于停止状态，因此可降低变异率和长期保持原种的性状。对于用冷冻干燥保藏法或其他干燥法保藏有困难的微生物如支原体、衣原体及难以形成孢子的霉菌、小型藻类或原生动物等都可用这种方法长期保藏。

为了减少超低温冻结菌种时所造成的损伤，必须将菌液悬浮于低温保护剂中，分装安瓿管后进行冻结；冻结方式有两种，一种是慢速冻结，另一种是快速冻结。慢速冻结是在冻结器控制下，以每分钟下降1～5℃（每分钟下降度数因菌种不同而异）的速度使样本由室温下降至－40℃后，立即将样本放入液氮储藏器（又称液氮冰箱）中做超低温冻结保藏。快速冻结是指将分装有菌液的安瓿管直接放入液氮冰箱做超低温冻结保藏（表6.5）。无论选用哪种方式，处理不当都会引起细胞的损伤或死亡。

由于细胞类型不同，其渗透性也有差异，要使细胞冻结至－196～150℃，每种生物所能适应的冷却速度也不同。因此，必须根据菌种，通过试验来决定冷却的速度。

## 一、目的要求

本实验要求了解液氮超低温保藏菌种原理和方法。

## 二、实验材料

1）液氮生物储存罐（液氮冰箱），控制冷却速度装置，安瓿管，铝夹，低温冰箱。

2）待保藏的菌种及适合的相应培养基。

3）保护剂：20％甘油，10％二甲基亚砜（DMSO），其他类型的保护剂请参见附录于后。

## 三、实验程序

1）制备安瓿管：用于超低温保藏菌种的安瓿瓶必须用能经受121℃高温和－196℃冻结处理而不破裂的硬质玻璃制成的。如放在液氮气相中保藏，可使用聚丙烯塑料做成的带螺帽的安瓿管（也要能经受高温灭菌和超低温冻结处理），安瓿管大小以容量2ml为宜。

安瓿管用自来水洗净，再用蒸馏水洗两遍烘干。将注有菌名及接种日期的标签放入安瓿管上部，塞上棉花于121℃灭菌30min备用。

2）制备保护剂：配制20%甘油或10% DMOS水溶液，于121℃灭菌30min。

3）制备菌悬液：把单细胞微生物接到合适的培养基上，并在合适的温度下培养到稳定期，对于产生孢子的微生物应培养到形成成熟孢子的时期，再吸适量无菌生理盐水于斜面菌种管内，用接种环将菌苔从斜面上轻轻地刮下，制成均匀的悬液。

4）加保护剂：吸取上述菌液2ml于无菌试管中，再加入2ml 20%甘油或10%DMSO，充分混匀，保护剂的最终浓度分别为10%或5%。

5）分装菌液：将加有保护剂的菌液分装到安瓿管中，每管装0.5ml。对不产孢子的丝状真菌，在做平板培养后，可用直径0.5mm的无菌打孔器将平板上的菌丝连同培养基打下若干个圆菌块，然后用无菌镊子挑2～3块至含有1ml10%甘油或5%DMSO的安瓿管中，如放于液氮液相中保藏，安瓿管口必须用火焰密封，以免液氮进入管内。熔封后将安瓿管浸入次甲蓝溶液中于4～8℃静置30min，观察溶液是否进入管内，只有经密封检验合格者，才可进行冻结。

6）冻结：适于慢速冻结的菌种在控速冻结器的控制下使样品每分钟下降1～2℃，当冻结到－40℃后，立即将安瓿管放入液氮冰箱中进行超低温冻结。如果没有控速冻结器，可在低温冰箱中进行，将低温调至－45℃（因安瓿管内外温度有差异，故须调低5℃）后，将安瓿管放入低温冰箱中冻结1h，再放入液氮冰箱中保藏。适于快速冻结的菌种，可将安瓿管直接放液氮冰箱进行超低温冻结保藏。

7）保藏：液氮超低温保藏菌种，可放在气相或液相中保藏。气相保藏，即将安瓿瓶放在液氮冰箱中液氮液面上方的气相（－150℃）中保藏。液相保藏，即将安瓿管放入提桶内，再放入液氮（－196℃）中保藏。

8）解冻恢复培养：将安瓿瓶从液氮冰箱中取出，立即放入38℃水浴中解冻，由于安瓿瓶内样品少，约3min即可融化。如果测定保藏后的存活率，可吸0.1ml融化的悬液，做定量稀释后进行平板计数，然后与冻结前计数比较，即可求得存活率。

## 四、注意事项

1）放在液氮中保藏的安瓿管，管口务必熔封严密。否则当该安瓿管从液氮冰箱中取出时，会因进入其中的液氮受外界较高温度的影响而急剧气化、膨胀导致安瓿管爆炸。

2）从液氮冰箱取出安瓿管时面部必须戴好防护罩，手上戴好皮手套，以防冻伤。

## 五、结果记录

表 6.5　菌种保藏结果记录

| 接种日期 | 菌种名称 | | 培养条件 | | | 保护剂 | 冻结速度/(℃/min) | 液相或气相保藏 | 存活率/% |
|---|---|---|---|---|---|---|---|---|---|
| | 中文名 | 学名 | 培养基 | 培养温度/℃ | 培养时间/h | | | | |
| | | | | | | | | | |

## 六、思考问题

1）液氮超低温保藏法的原理是什么？如何减少冻结对细胞的损伤？

2）在液氮液相中保藏菌种要注意什么问题？

# 第二篇　生物防治微生物及制品

# 第七章　杀虫微生物及其制剂

## 第一节　从感病死亡昆虫体分离杀虫苏云金杆菌

在自然界中许多昆虫都会被病原细菌感染而得病死亡，人们可以利用这些病原细菌进行有害昆虫的生物防治。但是在病死虫体上存在的细菌，不一定都是能致该虫生病或死亡的病原菌，还必须经过分离培养来确认该病原细菌的存在，这在杀虫细菌乃至其他杀虫微生物的研究中都是非常重要的一个环节。根据病原细菌对寄主昆虫致病的专一性，可分为专性寄生菌和兼性寄生菌。专性寄生菌对寄主昆虫寄生性较强，一般难于在人工培养基上分离培养；而兼性寄生菌则不然，既可在寄主昆虫体上寄生，也可以以腐生生活，它们一般容易在人工培养基上分离培养。另外，还有一类在昆虫肠道中以腐生生活的细菌，平时并无致病作用，但一经进入昆虫体腔，则可使昆虫产生败血症而死亡，这一类细菌称为潜在病原菌，它们也易于在人工培养基上分离培养。

### 一、目的要求

本实验分别以兼性寄生菌苏云金芽孢杆菌（*Bacillus thuringiensis* Berl.）和专性寄生细菌日本金龟子芽孢杆菌（*B. popillae* Dutky）（见第二节）为例，说明如何从患病死亡昆虫中分离杀虫细菌，由此学习一般分离培养方法。

### 二、实验材料

0.1%升汞水溶液，无菌水，0.85%灭菌生理盐水，牛肉膏蛋白胨琼脂平板和斜面（牛肉膏蛋白胨琼脂培养基（g/1000ml）：牛肉膏5，蛋白胨1，琼脂20，蒸馏水1000ml），显微镜，石炭酸复红染液，接种环，剪刀，镊子，指形管，酒精灯，70%乙醇，水浴锅或恒温箱，玻棒，待分离的鳞翅目死虫（幼虫）等。

### 三、实验程序

1）用在酒精灯上火焰灭菌过的镊子镊取死虫体浸入70%乙醇中约2s，使虫体表面湿润，然后将虫体移入盛有0.1%升汞水溶液的指形管中表面消毒1～2min。

2）将表面消毒的虫体移入装无菌水的指形管中，轻轻振荡片刻，然后依次转入第2、第3个盛无菌水的指形管中同样振荡，充分洗去虫体上残留的升汞溶液。

3）再将虫体转入装有 0.85%无菌生理盐水的指形管中，用无菌玻璃棒将虫体轻轻压碎，使褐色体液流出，制成菌悬液。

4）将菌悬液在 80℃水浴或恒温箱中处理 10min 后，在灭菌的牛肉膏蛋白胨琼脂平板上划线分离，将划线接种的平板置 30℃培养 4～6d，使形成单菌落。

上述 3）和 4）步也可采用以下方法：将表面灭菌虫体在无菌操作条件下用手术剪刀沿背线或侧线剪开，或剪去肛门一端轻压另一端，均可获得褐色体液，用无菌接种环取一环体液到盛有 4.5ml 无菌水的指形管内，混匀后直接划线分离，或用 10 倍稀释法分离。

5）挑取外观似苏云金杆菌的单个菌落（乳白色、湿润、略呈圆形、边缘不整齐、扁平状），用石炭酸复红染色后用显微镜观察，或不经染色直接用相差显微镜检查，如具有苏云金杆菌典型的芽孢与伴孢晶体，可初步确定为苏云金杆菌。

6）用无菌操作挑取该种菌落转接到牛肉膏蛋白胨琼脂斜面上，30℃下培养，并定时取样镜检观察生长全过程，若符合下述特征，即可确定为苏云金杆菌：营养体杆状、两端钝圆，通常单个存在或以 2～4 个在一起形成短链，进一步发育后，营养体内初步形成芽孢和晶体，菌落成熟后，芽孢和晶体游离。

## 四、注意事项

1）供分离用的虫体应是死亡时间不长，体呈褐色但不膨大者；或为濒于死亡的鳞翅目昆虫幼虫，已停止取食，口吐褐色体液，排泄稀粪，部分或大部分虫体变为褐色者。死亡时间过长的虫体不宜用。

2）对虫体进行表面消毒时要严防消毒液渗入体腔，妨碍病原菌的分离。

3）分离培养过程中要注意无菌操作。

## 五、思考问题

1）供分离用的虫体为什么不宜用死亡过久的虫体？

2）在分离病原菌时为什么要先对虫体表面进行消毒？消毒时为何常常先用 70%乙醇浸一下虫体？

3）在分离苏云金杆菌时，由虫尸制备的菌悬液在划线培养前为什么先经 80℃处理 10min？所有被分离的病原菌细菌是否都必须经高温处理？

# 第二节　从感病死亡昆虫体分离杀虫日本金龟子芽孢杆菌（乳状菌）

## 一、实验材料

与分离苏云金杆菌基本相同。供试昆虫为乳状菌感染的病蛴螬。

## 二、实验程序

1）从作物根际附近采集感染乳状菌的病蛴螬，病虫体呈现乳白色，马氏管部位尤为明显，背线已难看出，对着光源看病虫足已混浊，而健康虫体足是透明的，血淋巴是清彻的，背中线清楚。

2）用清水洗涤虫体数次，同时用小毛笔轻轻刷洗足节间可能附着的泥土，再经 5%次氯酸钠液洗涤 3～5min，对虫体表面进行消毒。

3）用 70%乙醇棉球擦洗双手，将经过消毒处理的病蛴螬用手指拿起，以食指和中指固定其头部，拇指和其余指头固定腹部，使病虫胸足裸露，然后用消毒剪刀剪下后腿足节端部，使血淋巴滴出（乳白色体液）。

4）将血淋巴收集入无菌离心管中，3000r/min 离心 15～20min，弃上部血清，加入无菌蒸馏水洗涤后再离心，如此离心洗涤 2～3 次，最后再用无菌蒸馏水稍加稀释制成菌悬液。菌悬液在 55～70℃水浴中处理 20 min 后以供分离，若不立即用于分离，可将菌悬液置于无菌安瓿瓶或小试管中封固，置 3～5℃冰箱中保存备用。

5）用无菌移液管吸取菌液点滴于 J -琼脂培养基或 WYSS 培养基平板上，每皿接 10 个点，或用移液管划线接种。①J -琼脂培养基（以百分比含量计算，下同）：胰化胨 0.5，酵母浸膏 1.5，磷酸氢二钾 0.3，葡萄糖 0.2，琼脂 2.0，蒸馏水 100ml。②Wyss 培养基：酪氨酸 0.2，酵母浸膏 0.5，半胱氨酸 0.02，葡萄糖 0.2，氯化钙 0.005，磷酸氢二钾 0.1，硝酸钾 0.005，硫酸镁 0.05，琼脂 2.0，蒸馏水 100ml。

6）接种平板在 25℃下培养，5d 后检查生长状况，若长势太弱，可再移接新平板。

## 三、注意事项

1）由于日本金龟子芽孢杆菌（乳状菌）寄生专化性较强，故在人工培养基上不易分离，不仅生长缓慢，而且较易污染，因此在操作过程中要严格处理用具，保持环境清洁，尽量防止污染。

2）在分离平板培养过程中，若接种部位很快形成明显的或直径 1cm 以上的细菌菌落时，很可能不是所要分离的乳状菌，而是其他种类的细菌。

3）在显微镜下（最好用相差显微镜）观察该菌营养体，细胞较细长，一般不运动，单生或二联生，两端钝圆，活菌大小为 0.5μm×5.2μm，形成芽孢后菌体稍膨大，呈现梨形或纺锤形，孢子端生，另一端形成具折光性的伴孢体（又称附孢）。整个孢子囊像一个“足印”（A 型菌）。

## 四、思考问题

日本金龟子芽孢杆菌是专性病原细菌，其分离培养比较困难，为保证分离成功，在操作中应特别注意哪些环节？

# 第三节 用选择性培养基从土壤中分离苏云金杆菌

苏云金杆菌在自然界中分布广泛，它不仅可以从病虫体中分离出来，也可以从土壤、枯枝落叶、仓库灰尘及蚕渣等物上分离。绝大多数苏云金杆菌菌株是从昆虫中分离出来的，已介绍了分离培养的方法。本实验介绍如何从土壤中分离苏云金杆菌。土壤中微生物的种类极为丰富，有真菌、细菌（无芽孢杆菌、有芽孢杆菌及其他细菌）等，它们会干扰对苏云金杆菌的分离培养，因此可以借助温度和抗菌素的处理来抑制其他微生物从而达到分离苏云金杆菌的目的。

## 一、实验材料

水浴锅，无菌水，青霉素，多黏菌素 B，灭菌牛肉膏蛋白胨琼脂平板和斜面，三角玻璃刮铲，无菌吸管，待分离土样等。

## 二、实验程序

1）将土样粉碎混匀，称取 10g 悬浮于含 100ml 无菌水的三角瓶中，强烈振荡 5min。为防止振荡时产生泡沫，也可在悬浮液中加入 0.2ml 的 $P_{2000}$ 硅油，然后静置 5min。

2）将上层悬浮液用无菌吸管转入灭菌试管中，置于 65℃ 水浴中热处理 30min，除去真菌及非芽孢杆菌类微生物。

3）将处理后的土壤悬液成 10 倍系列稀释，用无菌吸管吸取每个稀释度悬液 0.1ml 放入灭菌牛肉膏蛋白胨琼脂平板中（培养基 pH 值为 8.5，含青霉素 4mg/L系列稀释，多黏菌素 B 5mg/L），用灭菌三角玻璃刮铲摊平。

4）将平板置 30℃ 培养 4～6d，待菌落长出后，再纯化转入斜面保存。

## 三、注意事项

1）在 30℃ 下有些土壤微生物也能生长，因此也可将平板先在 37℃ 培养24～48h，苏云金杆菌在此温度下仍能形成芽孢和伴孢晶体，其他土壤微生物的生长却受到抑制。

2）加入青霉素、多黏霉素 B 的培养基对其他芽孢杆菌（如炭疽芽孢杆菌、枯草芽孢杆菌等）有较好的抑制作用，但不影响苏云金杆菌的生长，因此对苏云金杆菌的分离有很好的效果。但抗生素的含量不能太高，否则同样会抑制苏云金杆菌的生长，影响分离效果。有时在培养基中只加多黏霉素 B（含量 5mg/L）同样有较好的分离效果。

## 四、思考问题

从土壤中分离苏云金杆菌为何要用选择性培养基?

# 第四节　苏云金杆菌芽孢和伴胞晶体的区别（染色）

当苏云金杆菌菌体成长老熟时，其一端会产生一个椭圆形的芽孢，另一端同时出现一个或多个菱形或其他形状的晶体——伴孢晶体，此时为芽孢囊阶段。有时芽孢位于细胞中央，而伴孢晶体却位于细胞两端。能形成芽孢并同时形成伴孢晶体是苏云金杆菌区别于其他芽孢杆菌的最显著的形态特征。例如蜡状芽孢杆菌（*Bacillus cereus*）在形态、培养特征和生化反应等方面均与苏云金杆菌相似，一般难于区分，但蜡状芽孢杆菌只产生芽孢不产生伴胞晶体，这点与苏云金杆菌又有显著不同。因此，我们可以通过对老熟菌体的芽孢和伴孢晶体的观察来判别是否为苏云金杆菌。苏云金芽孢杆菌的芽孢和伴孢晶体可以不经染色直接在相差显微镜下观察，也可经特殊染色后在普通光学显微镜下观察。本实验介绍两种苏云金芽孢和伴孢晶体的区别染色方法。

## 一、实验材料

萘酚蓝黑，卡宝品红，甲醇（98%），乙酸，蒸馏水，洁净玻片，显微镜，酒精灯，苏云金芽孢杆菌，碳酸碱性复红，95%乙醇，研钵。

## 二、实验程序

**1. 萘酚蓝黑-卡宝品红染色**

（1）染液配制

A 液（萘酚蓝黑液）：萘酚蓝黑 1.5g，甲醇 50ml，乙酸 10ml，蒸馏水 40ml。

B 液（卡宝品红液）：卡宝品红 1.0g，95%乙醇 10ml，蒸馏水 90ml，用时配成 30%水溶液。

（2）苏云金杆菌涂片制作

将在牛肉膏蛋白胨琼脂平板上培养 48h 以上的苏云金杆菌，用无菌接种环挑取少许与干净玻片上的少量无菌蒸馏水混匀，涂布，并在空气中干燥，经火焰固定。

（3）染色

先用 A 液染色 80s，水洗，再用 B 液复染 20s，水洗，干燥后镜检。

(4) 结果

营养体紫色，芽孢粉红色，晶体深紫色。

**2. 齐氏（Ziehl）石炭酸复红染色**

1）染色液配制。

2）苏云金杆菌涂片制作同前。

3）染色：将石炭酸复红染液滴加到苏云金杆菌涂片上，染色 2～3min，水洗，干燥后镜检。

4）结果：营养体红色，晶体深红色，芽孢不着色仅见具有轮廓的折光体。

## 三、注意事项

1）制备苏云金杆菌涂片时火焰固定要适当，一般于火焰上通过 2～3 次即可；切忌在酒精灯火焰上烤，以免破坏菌体形态。

2）石炭酸复红染液稀释液易变质失效，一次不宜多配，也不宜久储。

## 四、思考问题

供染色用的苏云金杆菌须是培养 48h 以上的老龄菌体，为什么？

# 第五节　苏云金杆菌感染菜青虫

任何被用作防治害虫的病原微生物，在得到纯培养物后，首先必须确定其对原寄主是否致病，致病力的强弱（毒性高低），才能进一步考虑有否应用的可能性。另外，根据柯赫氏定则，从感病昆虫体分离出一种纯培养物后，还必须重新接种到原来的健康寄主昆虫上，并产生相同症状，然后再分离纯化出来，才能确定是该种昆虫的病原微生物。所以，从上述两个方面来看，都要涉及病原微生物感染昆虫的实验。苏云金杆菌是目前应用最广泛的杀虫微生物，特别是鳞翅目昆虫对其非常敏感。

## 一、目的要求

本实验通过苏云金杆菌对菜青虫的感染，了解病原细胞感染昆虫的一般方法。

## 二、实验材料

苏云金杆菌（粉剂或菌悬液），菜青虫，牛肉膏蛋白胨琼脂培养基，摇床，血球计数板，计数器，显微镜，青菜叶，养虫皿，喷雾器，微量注射器等。

## 三、实验程序

### 1. 苏云金杆菌芽孢计数

供试苏云金杆菌菌粉或菌悬液，必须先了解其芽孢的含量，然后才能根据实验需要设计出不同浓度梯度作致病性或毒力测定。芽孢计数可采用培养皿菌落计数或血球板菌落计数。

（1）培养皿菌落计数

1）将菌粉 1g 放入装有灭菌玻璃株的 500ml 三角烧瓶内，加入 100ml 无菌水，在摇床上振荡 15min 使其均匀分散。样品即被稀释 100 倍（$10^{-2}$），然后继续用 10 倍稀释法稀释至 $10^{-8}$（若供试样品为菌悬液，则用 10 倍稀释法直接稀释）。

2）用无菌吸管分别吸取 $10^{-6}$、$10^{-7}$、$10^{-8}$稀释液各 0.2ml，置于灭菌培养皿中，再倒入融化的 45℃灭菌牛肉膏蛋白胨琼脂培养基，轻轻摇匀使其成含菌平板，冷凝后倒置于 30℃温箱中培养。

3）24h 后取出计数菌落，一般选择菌落数在 50～100 个的平板计数。再以下式换算出每克菌粉或每毫升菌悬液的活芽孢数。

活芽孢数/每克菌粉（每毫升菌液）＝菌落数目×5×稀释倍数

4）全部操作重复 2 次，求平均值。

（2）血球计数板计数

1）按（1）的方法获得不同稀释度的菌液，然后吸取高稀释度的菌液在血球计数板中进行芽孢计数，菌液浓度以计数板内每小格有 3～4 个芽孢为宜。详细操作方法参阅血球计数板使用说明。

2）在显微镜下进行芽孢计数时，若是 25 小格×16 中格的计数板，要按对角线方位取左上、左下、右上、右下 4 个中格（即 100 个小格）计数其中芽孢；若为 16 小格×25 中格的计数板，除计数上述 4 个中格外，需加数中央的中格。计数时，每小格的右边与下边压线的芽孢不计在内。每个样品重复计数 3 次，取平均值。

3）待测液每毫升芽孢数可按下式计算：

a. 25 小格×16 中格的计数板

芽孢数/ml＝(100 个小格内芽孢数/100)×4 000 000×稀释倍数

b. 16 小格×25 中格的计数板

芽孢数/ml＝(80 个小格内芽孢数/80)×4 000 000×稀释倍数

（注：每小格体积＝1/4 000 000$cm^3$）

### 2. 供试菜青虫的准备

供试菜青虫必须是健康且虫龄一致的，可从野外采集，也可人工饲养。若为野外采集的，必须在室内先饲养观察一定时间，无异常病态方可使用。从野外采集时，最好是采集卵，经消毒后室内孵化饲养，一般用 3 龄幼虫供感染试验。将菜青虫分为处理组和对照组，每组供试虫数 30～50 头。虫子可饲养在洁净的养虫缸或大培养皿中，用数层纱布作盖扎紧，上置湿脱脂棉球保湿。

**3. 感染方法**

可用添食法和口腔注射法。注射法感染快，但易损伤虫体，可能会因技术性失误引起死亡，一般实验室常采用添食法。

（1）注射感染

根据实验的要求，选取一定浓度的菌液，用微量注射器将菌液直接注入菜青虫口腔内，注射量根据实验要求而定，通常为 0.25～3μl，操作要小心，不要刺破食道，以免消化道中正常细胞进入血腔引起败血症。对照组只注射无菌蒸馏水。

（2）添食感染

将菜青虫喜食的新鲜菜叶（如甘蓝叶等），洗净，再用无菌水冲洗 2～3 次，晾干。菜叶老嫩程度要尽量一致，然后根据实验目的的不同选取一定浓度的菌液，均匀喷洒于菜叶上，喷洒的量可根据试验需要事先计算出每头虫给菌量（芽孢数）来决定。带菌菜叶晾干后即可饲喂供试虫子。对照组只喷等量的无菌蒸馏水。30℃下饲养 24h 后，取出残余菜叶，换入清洁未加菌的菜叶继续饲喂。

对于要求较精确的试验，可用下述添食法感染。

1）用含有 10×5 个杯子的干净塑料盘，每杯大小 2.4cm×2.4cm，在杯底钻一直径 0.2mm 圆洞。取与塑料盘相同大小的干净玻璃一块，在每个杯口相应位置上配置直径 0.25mm 的塑料泥。

2）取一片清洁的甘兰菜叶，剪取 1.1cm×1.5cm 菱形小片，将一端固定在塑料泥上。

3）将测试菌液用微量注射器吸取一定量（如 0.25μl），点滴在小叶片上端侧面，然后将塑料盘倒扣在玻璃板上。

4）待叶上菌液干燥后，从杯底圆孔放入幼虫一头。对照组叶片用无菌蒸馏水同法处理后放入虫子。放虫完毕后，用双层湿纱布覆盖保湿。

不管何种感染方法，都需按试验设计的温度和饲喂时间进行处理后计数死亡率。注射法较添食法感染快，次日即要开始观察记录虫子病变死亡情况。一般试验都要求每日进行观察记载。最后用下面公式计算校正死亡率（$P$）。

校正死亡率 $P=(a-b)/a$

式中：$P$ 为校正死亡率；$a$ 为对照组活虫百分率；$b$ 为处理组活虫百分率。

由校正死亡率再进行其他项目的生物统计，如致死中量 $LD_{50}$ 等。

## 四、注意事项

1）在感染试验中，必须注意清洁卫生，以免其他污染造成昆虫疾病干扰测试结果。

2）对照组昆虫死亡率超过5%时，说明供试昆虫不健康，或测试条件不适，或操作有误，结果可靠性值得怀疑。

3）感染试验若为毒力测定等较精确的试验时，试验必须重复2～3次，才能获得较可靠的结论。

## 五、思考问题

1）用培养皿计数法和血球板计数法测量同一苏云金杆菌样品的含菌量时，结果会不会有差异？为什么？

2）在感染试验中，应注意哪些环节以尽量保证获得较可靠的结果？

# 第六节　乳糖-丙酮沉淀法制备苏云金杆菌粉剂

在杀虫微生物中，目前只有苏云金杆菌被大规模地用于生产，防治农林等有害昆虫。苏云金杆菌经发酵后可以采用不同方法制成粉剂、液剂、乳剂等不同剂型。由于苏云金杆菌的杀虫因素主要为晶体毒素，其次为芽孢、耐热性外毒素及其他毒素，所以制剂中晶体毒素、芽孢等有效成分含量越高，其质量越佳。本实验采用乳糖-丙酮沉淀法可从苏云金杆菌发酵液中制备出晶体蛋白和芽孢含量很高的菌粉。乳糖作为苏云金杆菌发酵液中有效成分的载体，在与丙酮相遇时以沉淀析出，沉淀经干燥、研磨即可制成高效的苏云金杆菌粉剂。

## 一、实验材料

苏云金杆菌发酵液，离心机，研钵，蒸发皿，真空干燥器，丙酮，6%乳糖溶液，0.1mol/L HCl，玻棒，精密pH试纸，烧杯等。

## 二、实验程序

1）发酵液预处理：待苏云金杆菌发酵液中芽孢和晶体开始分离时（分离率10%～20%），取出发酵液，用0.1mol/L HCl调pH至5.0左右；

2）将调过pH的发酵液在离心机上4000r/min离心20min左右，晶体蛋白、芽孢等形成沉淀，弃去上清液，将沉淀移入烧杯中；

3）将沉淀悬浮于约为原液量1/2的6%乳糖溶液中，同时用玻棒用力搅拌20～30min；

4）徐徐加入乳糖悬液4倍量的丙酮，边加边搅拌即有沉淀析出，静置使完全沉淀；

5）用抽滤法去掉丙酮，沉淀可再用少量丙酮洗2～3次，进一步去除杂质；

6）将沉淀置蒸发皿中真空干燥，将干燥物在研钵中研碎制成菌粉。

## 三、注意事项

1）丙酮是易燃物质，实验过程中要严密防火，以免发生危险。

2）发酵液离心后所得沉淀，经乳糖悬浮并搅拌后，也可不经丙酮处理而直接真空干燥，然后研磨成菌粉。这种处理方法可节约丙酮，方法较简便，但干燥后结块较坚实，研磨成菌粉时较费力，且菌粉中含有一定杂质。

## 四、思考问题

用乳糖-丙酮沉淀法制备苏云金杆菌粉剂，其发酵液培养基在选料时应注意什么问题？

附注：苏云金杆菌培养基（仅供参考）

1）牛肉膏 0.5%，蛋白胨 1%，蔗糖 0.1%，氯化钠 0.2%。

2）玉米粉 6.8%，玉米浸出固形物 4.70%，酵母粉 0.6%，酪蛋白水解物 1.94%，葡萄糖 0.64%，$Na_2HPO_4$ 0.6%，$NaH_2PO_4$ 0.6%。

3）棉籽仁粉 1%，蛋白胨 0.2%，糖蜜 1.86%，$CaCO_3$ 0.1%，$NaH_2PO_4$ 0.01%（菌株 HD-1）。

接菌后摇床振荡培养，32～34℃，230r/min。

# 第七节　白僵菌的分离与鉴定

白僵菌是昆虫的重要病原真菌，由白僵病引起的昆虫僵病，约占整个昆虫真菌病害的 21%。白僵菌在自然界分布极为广泛，寄生范围也十分宽广，杀虫范围达 200 多种昆虫和螨类。它作为杀虫微生物，不仅效果显著，而且广泛用于农、林害虫的防治。

本实验介绍白僵菌的分离与鉴定方法。

## 一、白僵菌的分离

### 1. 实验材料

玉米螟僵虫数条，镊子，接种针，接种环，三角形玻璃涂布器，灭菌水，灭菌试管和培养皿（皿内放一张无菌滤纸），70%乙醇棉球，沙氏琼脂培养基（平板和斜面），酒精灯。

### 2. 实验程序

1）镊子经酒精灯火焰灭菌后，夹取 70%乙醇浸渍的棉球涂擦僵虫表面进行消毒，然后放入培养皿内无菌滤纸上，再放入无菌水湿润的脱脂棉球保湿。每皿放 2～3 头僵虫，于 26℃下保湿培养 2～5d，随时观察虫尸表面变化。由于玉米螟幼虫常被白僵菌寄生致死，所以 2～3d 后虫尸表面即可生出绒状菌丝，随后即形成密集、白粉状或稍带浅黄色的分生孢子。

2）用灭菌接种针挑取少量孢子放入有 1～2ml 无菌水的试管中，轻轻摇匀，然后用灭菌接种环取 1 环孢子悬浮液放于沙氏琼脂培养基平板中央，用无菌涂布器涂布平板，并用同一涂布器连续在另两个平板上依次涂接（相当于连续稀释），置 26℃培养 3～7d。

3）待单个菌落形成后，挑取单菌落转接于沙氏琼脂斜面上，再于 26℃培养至孢子形成，置 4℃冰箱保存备用。

## 二、白僵菌分类鉴定

**1. 实验材料**

待鉴定白僵菌斜面，接种铲，灭菌大培养皿（直径 155mm，内置一灭菌滤纸，上放 U 形玻棒），灭菌载玻片和盖玻片，沙氏培养基平板，酒精灯，显微镜。

**2. 实验程序**

1）将接种铲在酒精灯上火焰灭菌，待凉后从沙氏琼脂平板上切取宽约 5～6mm 大小的培养基小块，并移至灭菌载玻片上，用接种针无菌操作从待鉴定的菌斜面上挑取孢子接种于培养基块四周，盖上无菌盖玻片。

2）将接菌的带培养基的载玻片放入大培养皿中的 U 形玻棒上，并在滤纸上放一团无菌水湿润的脱脂棉球保湿，以免培养基块变干。

3）26℃培养 3～4d 后，取出载玻片在显微镜下观察。如能看清分生孢子梗及分生孢子，即可进行制片。

4）制片时可先取下盖玻片，将带菌面朝下放到另一块预先滴有一滴乳酸复红染液的载玻片上，在显微镜下观察；同时移去载玻片的带菌培养基块，在上面滴加一滴上述染液，盖上另一盖玻片，在显微镜下观察载玻片上菌的生长状态。

5）根据前面所述白僵菌的形态特征，注意菌丝、分生孢子梗、分生孢子的形态和大小，特别是分生孢子梗“Z”字形弯曲的结构。首先确定所鉴定的菌种是否为白僵菌，进而根据分生孢子的形态确定是何种白僵菌。

## 三、注意事项

从玉米螟僵虫上分离白僵菌时，有可能同时分离出绿僵菌或其他真菌菌落，因此在挑取单菌落转管纯化时，注意挑取白色粉状菌落；或先从菌落上挑取一点孢子制片观察，初步确定后再转至斜面保存，供分类鉴定用。

## 四、思考问题

1）从玉米螟僵虫上分离白僵菌时，球孢白僵菌和卵孢白僵菌哪种出现几率高些?

2) 白僵菌最具特征的形态结构是什么?

附注:

1) 沙氏琼脂培养基: 蛋白胨 10g, 葡萄糖(或麦芽糖)40g, 酵母膏 2g, 琼脂 15~20g, 蒸馏水 1000ml, 调 pH 值为 5.6。

2) 乳酸复红染液: 将 0.1g 酸性复红溶解于 100ml 乳酸, 滤纸过滤后备用。

## 第八节 白僵菌生产菌株的虫体复壮

在白僵菌的生产中, 由于菌种反复在人工培养基上移接, 或者营养条件不适宜, 常常造成菌种退化, 表现出生活力降低, 如菌体不发达、产孢量变少以及产毒能力下降等, 这种现象在其他杀虫微生物中也常常存在。试验证明, 退化的菌种可以通过重新感染原始寄主或其他敏感昆虫达到复壮的目的。感染的方法主要有注射法和喂食法。现以白僵菌在敏感昆虫玉米螟上复壮为例, 说明退化菌株复壮的一般方法。

### 一、实验材料

待复壮白僵菌菌株, 玉米螟三龄幼虫, 微量注射器, 养虫皿, 嫩玉米叶, 灭菌水, 接种针, 灭菌培养皿和试管, 酒精灯, 毛笔。

### 二、实验程序

1) 孢子悬液制备: 用无菌操作的方法, 向菌种斜面注入约 3ml 无菌水, 轻轻摇动, 制成分生孢子悬液。

2) 感染玉米螟:

a. 注射法: 用无菌微量注射器向事先准备好的健康玉米幼虫口腔滴注孢子液, 每头虫约 3μl, 然后放入养虫皿中用干净嫩玉米叶段饲养。

b. 喂食法: 用灭菌毛笔蘸取孢子悬液涂于干净嫩玉米叶段上, 喂食健康玉米螟虫。

3) 将上述处理过的虫子连同养虫皿一道放入 26℃恒温箱中饲养, 并用无菌水湿润的棉球置于纱网或纱布盖上保湿。

4) 待虫体死亡后, 将其移置于灭菌培养皿内的滤纸上, 加湿棉球保湿, 继续在 26℃下培养。

5) 待虫尸长出分生孢子后, 制片观察是否为白僵菌。确认有白僵菌后, 再进一步分离纯化(方法参阅第二篇第七章第七节白僵菌的分离方法), 所获菌株即为经过复壮的菌株。

## 三、注意事项

1）白僵菌在虫体复壮的过程中，可能同时感染其他微生物，因此必须经过分离纯化。

2）为了提高白僵菌的毒力，有时需要连续几次进行虫体复壮。

3）复壮菌株的致病力强弱可与保存的原始菌株进行比较测定。

## 四、思考问题

1）用白僵菌感染玉米螟虫时，是否需要对孢子悬液进行精确的含菌量测定和定量饲喂？

2）用作复壮的玉米螟虫为什么要用健康的虫体？如何获得？

# 第九节　用液体-固体培养法制备白僵菌粉

白僵菌的生产有固体发酵和液体深层发酵两种途径。固体发酵是以麦麸等农副产品为原料进行曲盘发酵；液体深层发酵是利用发酵罐进行工业化生产。固体发酵采用我国传统的制曲法，所需设备简单，技术操作易于掌握，便于因地制宜、土法上马，开展群众性生产，但其产品质量不稳定、生产效率低，产量有一定限制；液体深层发酵生产工业化，产量大、效率高、产品质量较稳定，但需要复杂的设备和动力，不仅如此，液体发酵生产白僵菌目前尚存在一个难题，即只能形成芽孢子而不能产生真正的分生孢子。一般认为芽孢抗逆性较分生孢子差，容易丧失活力，且治虫效果也不如分生孢子，因此在这一技术难题尚未圆满解决以前，生产上才常用液体深层和固体表面培养相结合的方法生产白僵菌，即液体-固体培养法，或称为液固双相培养法。该法特点是：先用液体深层发酵生产白僵菌的芽孢子和菌丝作为种子菌，再接种于固体培养基进行固体发酵以获得分生孢子。在实验室条件下采用此法少量制备白僵菌粉时，可用液体摇床培养法生产种子菌代替发酵罐。下面介绍 3 种白僵菌粉制备方法。

## 一、液体种子发酵——固体曲盘培养法

**1. 实验材料**

白僵菌生产菌株，种子斜面培养基，种子罐培养基，二级发酵培养基，固体发酵培养基，曲盘，种子罐，发酵罐，无菌室，风扇等。

**2. 实验程序**

1）将生产菌株在种子斜面培养基上活化，以备接种种子罐。

种子斜面培养基配方：土豆汁 20%，蔗糖 2%，蛋白胨 0.3%，琼脂 2%，水 100%，pH 值自然。

2）将培养好的斜面菌种接种到种子罐。接种量约为种子罐培养基量的2%，26℃培养24h，罐压0.5kg/$cm^3$，搅拌速度180r/min。

种子罐培养基配方：淀粉3%，蔗糖2%，豆饼粉0.5%，酵母粉0.5%，磷酸二氢钾0.1%，消沫剂0.05%，水100%，pH值自然。

3）将种子罐培养的菌种以1%左右的量接入发酵灌进行二级发酵培养，26℃培养20h，罐压0.5kg/$cm^2$，搅拌速度180 r/min。

二级发酵培养基配方：麦麸5%，蔗糖2%，蛋白胨0.2%，磷酸二氢钾0.02%，硫酸镁0.02%，消沫剂0.05%，水100%，pH值自然。

4）将二级发酵培养液的菌液，以30%的量加入固体培养料中进行曲盘发酵。

固体培养基配方：①麦麸80%，玉米秸粉（草炭或锯末也可）20%；②麦麸60%，棉籽（豆）饼20%，锯末20%；③麦麸30%，米糠40%，稻壳30%。

上述配方任选一种加水40%～50%，混匀后过粗筛、装布袋，每袋装料7.5～10kg，然后于0.1MPa压力灭菌1h，凉至40℃时，用发酵液接种，接种需在无菌室中进行。

5）接种后的固体培养料置于干净曲盘中培养，曲盘可用木盘、白铁盘、竹框、竹帘等。料厚3～3.5cm，上覆以无菌锯末或稻壳等隔离空气中杂菌，减少污染。在室温15～25℃下培养5～7d，注意料温升高时用风扇通风降温、排湿。此法制备的菌粉质量较好（60～100亿孢子/g）。

6）待培养料大量形成分生孢子后，在30～40℃下烘2～3d或在40～45℃下快速烘干，粉碎后过100目筛即成菌粉，用塑料袋或双层牛皮纸袋包装，在阴凉通风处储藏，时间不超过8个月。

7）成品质量检查：每克菌粉的活孢子数可用培养皿稀释法测定。若用血球计数板法测定，需辅以悬滴法测定孢子萌发率，以确定活孢子数。一般产品质量标准是：每克菌粉活孢子数50亿～90亿，平均80亿，萌发率90%为合格。

## 二、液体种子发酵——$C_{-4}$载体吸附培养法

**1. 实验材料**

Φ160mm抽风管，ΦD240mm旋风分离塔，$C_{-4}$载体，其他与第一种方法基本相同。

**2. 实验程序**

该法菌种斜面培养、种子罐培养、二级发酵等与第一种方法中1）、2）、3）同，待二级发酵培养出菌体后，将菌液与$C_{-4}$载体按重量比例3.5～4∶1拌匀，进行载体培养，不加任何培养料。吸附菌液的载体以5～6cm厚度平铺于约0.2$m^2$的尼龙网框上，框距5～6cm，间隔放于22～29℃的培养房内，6d后移入

37℃左右烘干房中干燥 32～48h，然后通过管道抽风吸料，使孢子有效分离，经旋风分离塔，收集高孢粉；整个分离收集过程在全封闭系统中进行。此法生产的菌粉含孢量可达 150～200 亿/g。

## 三、摇床种子培养——固体曲盘培养法

**1. 实验材料**

菌种，液体种子培养基，摇床，固体培养基，曲盘等。

**2. 实验程序**

1）生产菌种活化同前。

2）将活化菌种接入液体种子培养基摇床振荡培养（种子菌培养），24～28℃下振荡培养 48～72h。

种子培养基配方：麦麸 5%，蔗糖 2%，蛋白胨 0.2%，磷酸二氢钾 0.02%，硫酸镁 0.02%，pH 值自然。

将麦麸加水煮 30min，过滤，补足水分。滤液中加入其他成分后装入三角瓶中，每瓶装 150ml，灭菌后备用。

3）将振荡培养的种子菌液加入固体培养料中进固体曲盘法培养（与第一种方法同）。

## 四、注意事项

1）在白僵菌粉制备程序中需防止杂菌污染。

2）注意室内白僵菌粉尘量应设法降低在 3.5mg/m³ 以下，否则操作人员吸入过多白僵菌孢子后，会产生头痛、咳嗽等过敏反应。操作人员应戴防尘口罩，穿紧口工作服，操作完后要及时洗手洗脸，以保安全。

3）白僵菌粉含有大量活孢子，需在阴凉、干燥处储藏，时间不超过 8 个月，否则易失效或降低活力。

4）制备白僵菌粉方法及培养基多种多样，此处所述方法仅供参考。

## 五、思考问题

1）制备白僵菌粉的方法主要有哪些？各有何特点？

2）制备过程中如何防止杂菌污染？

# 第十节　核多角体病毒的分离及提纯

除细菌和真菌外，病毒也是重要的昆虫病原微生物。到目前为止，国内外已从 11 个目 1000 余种宿主昆虫中发现了病毒。目前用于害虫防治的病毒主要有 3 类：核多角体病毒、质多角体病毒和颗粒体病毒。病毒是非细胞形态的大分子生

物，而且只有在活的寄主细胞中才能增殖，所以它们不能像大多数真菌和细菌那样在人工培养基上进行分离纯化。昆虫病毒的分离提纯要以特殊的方法进行，一般是将感病虫体捣碎、悬浮，经反复离心，才能得到纯的病毒颗粒。

## 一、目的要求

本实验以核多角体病毒为例，说明昆虫病毒的分离提纯方法。

## 二、实验材料

病毒感染致死的鳞翅目昆虫，光学显微镜，镊子，解剖刀，载玻片，盖玻片，吸管，蒸馏水，鉴别染液，离心机（低速、高速、超速），离心管，研钵，天平，梯度仪，微型蠕动泵，磁力搅拌器，蔗糖（分析纯），甘油（分析纯）等。

## 三、实验程序

### 1. 病虫标样采集

从野外采集有下列姿态和体色变化的鳞翅目老龄死幼虫：用腹足倒挂于树顶部，下垂部分由于体液液化显得膨大，刚死不久的虫子体壁较脆，一触即破，流出淡褐色的浓液，无臭味；或整个虫体紧贴于植物叶片上，其四周溢出淡褐色的脓液。具上述特征的虫尸可能是核多角体病毒感染致死的。

### 2. 病毒鉴定

由于不同类型病毒分离提纯方法有某些差别，所以要先对病毒类型做初步鉴定。

1）将采到的死虫体置于洁净滤纸上，用镊子把虫子体壁撕开，取一点组织碎片放于滴有蒸馏水的载玻片上，用镊子夹住均匀涂布，待其自然干燥后，进行核多角体病毒鉴别染色。

2）鉴别染液（伊红染液）的配制：

溶液 A（乙醇福尔马林溶液）：70%乙醇 90ml，40%福尔马林 10ml。

溶液 B（1%氢氧化钠溶液）：NaOH 1g，蒸馏水 100ml。

溶液 C（5%伊红水溶液）：伊红（水溶性）5g，蒸馏水 95ml。

3）鉴别染色：在自然干燥的涂片上滴加几滴 A 液，10～20min 后，用水冲洗，再用滤纸吸干；然后加上几滴 B 液；1min 后用水冲洗吸干；最后加上几滴 C 液，5～10min 后用水冲洗、吸干，在光学显微镜下（400～600 倍）观察。核多角体病毒的多角体被染成粉红色，其他组分不着色（质多角体病毒和颗粒体病毒鉴别染色见附注）。

### 3. 核多角体病毒的分离提纯

1）将鉴定是核多角体病毒感染的虫体置于洁净研钵中加少量无菌蒸馏水研磨，以释放出多角体，再加入适量蒸馏水混匀后用双层纱布过滤。

2）将滤液在 200～500r/min 离心 10～20min，除去沉淀的杂质。

3）上清液在 5000r/min 离心 20min，取沉淀加无菌蒸馏水匀浆，再离心，重复数次，所得沉淀即为粗提纯的核多角体。若要得到高纯度的多角体，则需进行下述梯度离心。

4）将粗提纯的核多角体沉淀以适量的蒸馏水匀浆，加入装有 25%～60%（W/W）蔗糖梯度水溶液的离心管中，加入样品量需视离心管大小而定，如 30ml 的离心管加样量可达 1cm 的厚度。然后于 6000r/min 离心 30min，在离心管的中下段约在 56%（W/W）蔗糖梯度处可见一较粗的离心带，用弯针头管吸出这段含多角体带的蔗糖液，用蒸馏水稀释，再以15 000*g*离心 20min，所得沉淀即为纯化的多角体［质多角体病毒的纯化方法与核多角体病毒相同；颗粒体病毒的纯化方法与之类似，但所用蔗糖浓度要低些，以 14%～45%（W/W）梯度为好］。

5）若需进一步获得纯化的病毒粒子，则需要溶解多角体，使病毒粒子分离。方法为：将经 25%～60%（W/W）蔗糖梯度溶液中离心提纯的多角体加蒸馏水稀释成 25mg/ml 的悬液，以同体积的 0.1mol/L $Na_2CO_3$ 在 30℃处理 30min 到 1h，使多角体溶解，以蒸馏水稀释 10 倍，经 2800*g* 离心 1h，取上清液于 50 000*g*离心 1h，使粒子沉淀。稍稀释后，置于 25%～60%（W/W）蔗糖梯度液中（梯度间隔 5%，每一梯度用 2ml，事前在 4℃下过夜）于99 000*g*离心 3h，吸取含病毒区带，再以蒸馏水稀释 5 倍，经80 000*g*离心 3h，所得沉淀即为纯化的核多角体病毒粒子。

已纯化的病毒粒子可置于 0.005mol/L $Na_2CO_3$ 中 4℃储藏，以减少聚合。

附注：（1）质多角体病毒鉴别染色（次甲基蓝染色法）

次甲基蓝 0.25g，蒸馏水 100ml。

病毒涂片自然干燥并经火焰固定 10 次后，滴加染液，再经酒精灯火焰 35 次左右，水洗，镜检，多角体染为深蓝色。

（2）颗粒体病毒鉴别染色（复红染色法）

溶液 A、B 同前述伊红染色法，溶液 C（1%碱性复红），碱性复红 1g，95%乙醇 10ml，石炭酸 5g，蒸馏水 85ml。

病毒涂片晾干后加 A 液，固定 10～20min 后，滤纸吸干；加 B 液，1min 后水洗，吸干；加 C 液染色 1min，水洗，吸干后镜检。颗粒体病毒染成玫瑰红色。

## 四、注意事项

1）用来分离核多角体病毒的虫子最好是刚死亡的虫子，若死亡过久可能滋生腐败细菌和真菌，影响分离效果。

2）采集的虫子不能在阳光下曝晒，亦不可在福尔马林液中浸泡，以免虫体内病毒失活。

## 五、思考问题

在核多角体病毒的分离纯化过程中，所使用的器皿及操作过程是否要求严格无菌？为什么？

# 第十一节　棉铃虫核多角体病毒制剂的制备

病毒是专性寄生病原生物，至今尚未能研究出在人工培养基上生长的方法，所以只能在活的细胞中增殖。目前培养昆虫病毒主要采取感染活的寄主昆虫和组织培养两种方式。前者已有成熟的经验，并在病毒制剂生产中广泛应用，后者虽有研究报道，但因组织培养技术要求严格，大量增殖病毒制备病毒制剂仍存在不少问题，所以尚未达到广泛实用阶段。

## 一、目的要求

本实验介绍室内饲养棉铃虫法大量增殖核多角体病毒、制备病毒制剂的方法。

## 二、实验材料

核多角体病毒，棉铃虫，蓖麻叶，人工饲养，饲养盘，养虫缸，离心机，血球计数器等。

## 三、实验程序

1）制备核多角体病毒悬液：方法参考第十节。将核多角体病毒用蒸馏水稀释成 $1\times10^8$ 个多角体/ml（用血球计数板计数）；

2）向悬液中加入每毫升 1500～2000U 的青霉素、链霉素防止杂菌污染，加入 0.06％的硫酸铜做增效剂，可提高感染效果。

3）接种病毒：将人工饲养或野外采集的健康 3 龄棉铃虫幼虫放于玻璃缸内，缸口用多层纱布盖好。虫口密度一般为 1 头/$3cm^3$ 左右为宜。用 1％漂白粉液或 5％石灰水浸泡蓖麻叶片进行消毒，然后用清水洗涤，晾干。用上述病毒悬液浸泡蓖麻叶后，再晾干。待虫子短时间饥饿后，将晾干的带毒叶子置养虫缸内饲喂，使其感染病毒。一般供食带毒叶片 1～2 次。养虫缸盖好纱布，置 30℃下培养。

4）死亡收获及病毒提取：一般感染 5～6d 后出现死亡高峰，应在幼虫临死前收获（虫体肿胀、体表乳白发亮，停止取食、行动困难，虫体一触即破，流出乳白色体液）。将收集的死虫及时加水捣碎，用纱布过滤，滤液用碳酸钙或高岭土吸附、晾干、研碎、过筛制成粗粉剂低温保存；或者用第十节所述方法，对滤液进行离心、分离纯化，以获得提纯的核多角体或纯化的病毒粒子，再低温保存。

若用棉铃虫更大规模地生产核多角体病毒制剂，则可按下面流程进行：

a. 在30℃条件下用人工饲料饲育大量棉铃虫幼虫5～6d，5%幼虫用于虫种延续繁殖，95%用于生产病毒制剂。棉铃虫人工饲料配方：熟黄豆粉20g，玉米粉30g，大麦粉30g，维生素C 1g，棉油0.5ml，琼脂3.5g，水180ml。

b. 接种核多角体病毒：在塑料杯中单个饲养幼虫，饲料表面喷$3.6\times10^6$个多角体。

c. 26℃下饲育5～8d，增殖病毒。

d. 收集死亡研碎、过滤、离心（方法见第十节）。

e. 经标准化制成商品剂型。

## 四、注意事项

1）用来接种感染的棉铃虫幼虫以3～4龄为好。

2）感染棉铃虫的病毒接种量以$1\times10^6$PIB/ml为最常用（幅度$1\times10^5$～$5\times10^7$PIB/ml，PIB代表多角体内含体）。接种浓度过高，幼虫死亡快，病毒增殖倍数低；浓度过低，幼虫死亡速度太慢，多能化蛹，病毒产量也低。

# 第十二节　昆虫病毒多角体的染色观察

## 一、实验目的

学习昆虫病毒多角体的染色方法。

## 二、实验原理

包裹有大量病毒粒子的晶形或非晶形结构称为包含体。前者由病毒粒子堆叠而成，后者则易含寄主细胞成分。因为包含体的形状多样，在相差显微镜下观察，包含体的平面图呈三角形、四边、五边、六边以至圆形等多种形状，故称为多角体。

昆虫病毒多角体有核型多角体和质型多角体。核型多角体主要存在于昆虫组织的脂肪体、真皮和气管基质的细胞核中。质型多角体则存在于昆虫的中肠上皮组织的细胞质内。在昆虫细胞组织中形成的多角体，通过特殊染色后可在光学显微镜下观察到。

## 三、实验材料

1）活材料：感染核多角体病毒致死的斜纹夜蛾虫尸。

2）染色液和试剂：5%伊红染色液，乙醇-福尔马林固定液，质型多角体染色液Ⅰ，质型多角体染色液Ⅱ，吉姆萨染色液，1%NaOH 溶液，香柏油，二甲苯，甲醇。

3）器材：研钵，离心机，离心管，纱布，蒸馏水，指形管，载玻片，接种环，擦镜纸，显微镜。

## 四、实验程序

（1）核型多角体的染色与观察

1）制片：

方法（a）：将感染多角体病毒死亡的虫尸放入研钵内加少量的无菌水碾碎，取悬液于载玻片上涂片，让其自然干燥。

方法（b）：将虫尸加少量无菌水碾磨，然后用两层纱布过滤，离心机 3000 r/min 离心 30min，离心管中的混合液出现 3 层，最下一层是杂质，中间一层乳白色浑浊液含有大量多角体，上层是清液，小心地用吸管吸出乳白色浑浊部分，再反复用无菌水洗涤离心几次，这样就可以获得多角体的粗提纯液，将粗提纯液稀释到一定浓度（以镜检时不密不稀为好），于载玻片上涂片，让其自然干燥。

2）固定：用乙醇-福尔马林固定液固定 10～20min，而后用滤纸吸干固定液。

3）碱处理：加 1%NaOH 溶液于涂片上，处理 1min。用 5%伊红染色液染色 3～5min，然后倾去染色，让其自然干燥。

4）镜检：于染色涂面上加香柏油一滴，用油镜观察，结果多角体应呈粉红色。

（2）质型多角体病毒的染色与观察

方法（a）：

1）制片：除选用感染质型多角体病毒的虫尸外，其他方法同上述。

2）固定：加甲醇 1～2 滴，固定 2～3min，晾干。

3）染色：固定液干后加质型多角体染色液Ⅰ染色 2～3min，水洗，晾干。

4）镜检：多角体青色，背景为淡红色。

方法（b）：Sikorowski 染色法：

1）如前述制作涂片，室温干燥 1～2h 或 50℃干燥 10min。

2）电热板加热到 40℃并滴质型多角体染色液Ⅱ染色 5min（或室温下 20 min），注意不让染色液蒸干。

3）从加热板取下载玻片，倾去染色液，晾干。

4）用自来水轻轻冲洗 5s。

5）待涂片干后，用油镜观察，质型多角体被染成海军蓝，而背景物染成淡蓝色。

(3) 核型多角体与质型多角体的区别染色

1) 按常法制备涂片。

2) 将涂片在火焰上文火加热干燥。

3) 将吉姆萨染液滴在涂片上，染 1min 后加入等量蒸馏水冲淡均匀，再继续染色 30min。

4) 水洗，待干后用油镜镜检。结果，质型多角体呈紫色，而核型多角体不着色。

## 五、结果记录

1) 绘出所观察到的昆虫病毒多角体的形态。

2) 比较核型多角体与质型多角体的异同。

# 第八章　杀菌微生物及其制剂

## 第一节　生防菌的主要微生物种类

用于植病生防的微生物种类很多，其中主要有细菌、放线菌、真菌、病害及它们的代谢产物，通过产生抗菌物质、竞争、拮抗、重寄生及交互保护等作用抑制植物病害。

### 一、细菌

细菌在植物病害防治中的重要性，主要在于它的数量、生长繁殖速度和利用广泛营养的能力。一般每克土壤中含活菌的数量在$10^6$～$10^9$，细菌繁殖一代所需要的时间平均为20min。生长快的细菌达到对数生长期一般约45h。细菌在环境中竞争营养能力极强，可利用土壤中成分复杂的木质素、纤维素、半纤维素、蛋白质、单糖、氨基酸和甲壳质等，这些特征标志着细菌是一种较好的生物防治材料。

目前研究较多的用于植物病原细菌防治的生防细菌主要有两类，即假单胞菌（*Pseudomonas*）和芽孢杆菌（*Bacillus* spp.），前者如荧光假单胞菌（*p. fluorescens*）、丁香假单胞菌（*P. syringae*）、洋葱假单胞菌（*P. cepacia*）和恶臭假单胞菌（*P. putida*），后者如枯草芽孢杆菌（*B. subtilis*）、多黏芽孢杆菌（*B. polymyxa*）、蜡状芽孢杆菌蕈状菌变种（*B. cereus.* var. *mycoides*），两者均可产生抗菌物质，但芽孢杆菌的抗菌物质活性比假单胞菌活性高，拮抗谱也较宽。此外，还有一种寄生性细菌蛭弧菌（*Bdellovibrio* spp.）在离体培养下对菜豆假单胞细菌（*Pseudomonas phaseolicola*）引起透明的溶菌斑，同时该菌对黄单胞菌属、欧氏杆菌属、土壤杆菌属和假单胞杆菌属的120个植物病原细菌菌株都有溶菌作用；但蛭弧菌只能有寄主存在才能存活，其增殖系数比其他寄主微生物低得多，且寄主范围过宽，对土壤中有益固氮菌和根瘤菌等有影响，因此，在应用上还有一定的限制。

### 二、真菌

真菌在控制植物病害中占有相当重要的地位，主要通过竞争、拮抗和重寄生等作用，有效控制植物病害，其中主要为病原真菌。目前对农作物生物防治较为重要的有非病原类真菌和病原类真菌两大类。前者研究较多的有木霉、镰刀菌、菌根，如木霉、绿黏帚霉可防治棉花枯萎或重寄生等作用，抑制病菌，从而达到防治病害的目的。病原类真菌主要是指通过自然突变、人工诱导突变和遗传工程改造的植物病原真菌弱毒株，其防病机制是通过竞争、干扰和对植物抗菌性的诱导等起作用。其中研究较多的有烟草赤星病菌、黄瓜枯萎病菌、立枯丝核菌等。

### 三、放线菌

放线菌是土壤中分布广泛的习居微生物，其数量仅次于细菌。许多放线菌可产生抗生素，它们大多对植物病原菌有效，所以其生防机制是通过放线菌产生的抗菌素抑制病原菌。目前研究最多的有链霉素、有效霉素、井冈霉素等。

### 四、病毒

从理论上讲，病毒可通过感染植物病原菌，来控制或减轻其危害。但由于病毒在病原菌之间的传播速度慢，较难迅速流行控制病原菌生长，因此，在应用上还有较大的困难。目前，利用弱毒株在防治植物橘柑速衰病及番茄花叶病的方面已有一些成功的事例。

## 第二节　生防菌生产工艺

生防菌的生产需要经过实验室摇瓶、小试、中试到发酵生产的试验过程，通过实验摸索发酵条件、菌株培养特征、发酵时间和产品质量的检测指标与方法建立等。摇瓶试验包括菌株的培养条件，如培养基组分、pH 值、摇瓶温度、初始接菌量等，以及菌株的培养特征，如生长动力曲线、产抗菌素动力学。小试是在摇瓶试验基础上，用小型发酵罐试验，重点解决通气量、放罐最佳时间及质量检测指标与方法的测定，为中试摸索条件。通过实验最终建立起成本较低、产量活性比较高的成套生产工艺程序。发酵生产完成后，还需要对生防菌的剂型进行研究，产品中可增加一些有利于保护生防菌株及产生抗生物质活性的添加剂，经工艺处理，制成粉剂或液体包装新产品。

### 一、培养基

现介绍以下几种配方，可根据当地原料情况选用，或参考试验新配方。

1）PDA 培养基；

2）麦糠培养基：麦糠∶水为1∶1，pH 值自然；

3）葡萄糖 5g，花生粉 0.5g，玉米浆 1g，$MgSO_4$ 0.1g，pH 值自然；

4）葡萄糖 30g，玉米淀粉 10g，玉米浆 15g，豆饼粉 15g，NaCl 5g，$(NH_4)_2SO_4$ 5g，$CaCO_3$ 5g，$K_2HPO_4$ 12g，pH 值为 7.2～7.4。

## 二、发酵条件

1）拮抗细菌 pH 值为 7，温度 28～30℃，兼性好氧，32h 发酵产生的抗菌菌数达到 $2.5\times10^{13}$/ml。

2）产抗生素真菌 pH 值为 7.2～7.4，最适生长温度 32℃，最佳产素温度 30℃，在前期菌的生长中适当将温度提高，而中后期产素阶段将温度控制在 30℃，最适通气量 1∶0.8（V/V/min），发酵最适菌龄为 26h。

# 第三节 生防菌制剂及应用

## 一、细菌病害生防制剂

### 1. K84 细菌素

放射土壤杆菌无毒株系 K84 主要是通过活细胞的作用，而且在接种病毒前后使用都有一定的效果，并在培养基平板上产生抑菌圈，其作用机制为细菌素的作用，但同时也不能排除侵染位点的竞争作用。K84 细菌素（A84）是由一个分子质量为 $30\times10^{6}$Da 的质粒编码的，它是一种腺嘌呤核苷酸类似物（6-磷酸酰胺）。目前有许多国家如澳大利亚、新西兰、希腊、匈牙利、西班牙、美国、中国等使用，用于冠瘿病的防治，效果显著。经浸种、蘸根或浸种加蘸三种处理效果可达到 78.5%～98.1%。植株处理后 K84 在根上的种群浓度可达 $5\times10^{5}$～$5\times10^{6}$CFU/g 组织，对植物保护期一般可达两年，有些地方由于使用 K84 已很难找到冠瘿病这一病害。

### 2. 增产菌

在植物根际存在着对根系具有较强占领能力的细菌，它们对根部其他的有害微生物有一定的拮抗作用，但对植物有刺激作用，这类细菌即为促生菌（促生性根际细菌，plant growth promoting rhizobacteria，PGPR)。由于施用后能增产，故称之为增产菌。如对马铃薯、萝卜、西瓜、芹菜和利马豆等的作物试验，对萝卜增产效果高达 144%，对其他作物为 5%～33%。目前 PGPR 商品化的主要问题是改善制剂形式，同时要不断提纯和复壮供试菌种及研究混合菌种的最佳配方。目前可用于制剂研究与开发的菌株有荧光假单胞杆菌和芽孢杆菌，如荧光假单胞杆菌可通过胞外嗜铁素对铁的螯合作用与其他有害微生物竞争，来避免病原微生物的危害，以保证植物根部对营养物质与水分的吸收与输导。

## 二、真菌病害生防制剂

### 1. 井冈霉素

井冈霉素是上海农药所分离筛选的对水稻纹枯病有显著防效的农用抗生素，现有 30 多个工厂生产。由吸水链霉菌井冈变种产生，为弱碱性水溶性抗生素，主要成分由 A、B、C、D、E、F 组成，其中 A 和 B 两组分对病害的防治起主要作用。在农业生产中主要用于水稻纹枯病、棉花立枯病的防治，同时对小麦纹枯病、赤霉病和水稻小球菌、稻曲病、黄瓜粉霉病、番茄晚疫病、黑斑病、西瓜蔓割病、炭疽病等病害也有防效，因此，目前已成为广泛被接受的用于农作物真菌病害防治的农用抗生素。近 10 年来，年产量稳定在 $3\times10^5 \sim 4\times10^5$ t（以 5%制剂计），防治面积约 $1.5\times10^8 \sim 2.0\times10^8 hm^2$，并有部分产品出口东南亚。井冈霉素已成为防治纹枯病用药成本低、农民普遍接受的首选微生物农药品种。

**2. 农抗 120**

农抗 120 是中国农科院生防所针对农作物真菌病原菌定向筛选的一种抗真菌抗生素。它对多种真菌病害，如白粉病、炭疽病、枯萎病、纹枯病等都有很好的防效，增产显著。如在国内许多省市和地区的应用表明，农抗 120 对多种农作物白粉病的防效为 55%～90%，炭疽病为 55%～96%，枯萎病为 55%～98%，水稻枯萎病为 67%～99%，芦笋茎枯病为 70%～99%，增产显著。自 1984 年工厂化生产以来，目前已在全国推广应用。

**3. 木霉**

木霉是研究较多的生防真菌，制剂开发已成功，并已取得农药登记注册，用于防治蔬菜灰霉病、豆类根腐病、棉花立枯病均具有较理想的防治效果。目前用于生物防治的木霉以绿色木霉和哈茨木霉为多，其作用机制主要是通过重寄生发挥防治作用，其菌丝体制剂和孢子制剂均可用于病害防治，但菌丝体制剂较孢子制剂更为有效。这主要是因为重寄生菌是通过菌丝缠绕、吸附、穿入病原菌丝体而达到重寄生的，即重寄生主要是菌丝体的重寄生。

**4. 菌根**

外生菌根对多种林木土传病害有良好的防治效果，是一种比较重要的生物防治菌。菌根主要通过重寄生起作用，如 *Suillus grevillei*，*Gomphidius roseus* 等菌株对立枯丝核菌等植物病害有较好的防效，其中前一种菌株目前已用于菌剂的大规模生产，在育苗造林等生产的应用中发挥了较好的作用。

## 三、其他农用抗生素

201 微生物杀菌剂是一种新型、高效、广谱的微生物农药，经河南、广东、江苏、四川等地的田间实验结果表明：201 微生物杀菌剂对黄瓜霜霉病、荔枝霜霉病、水稻白叶枯病、稻瘟病、烟草赤星病、黑胫病、白菜黑腐病、软腐病和角斑病均有很好的防治效果，防效在 75%～95%，防效分别比甲霜灵、瑞毒霉、雷多米尔-锰锌、多菌灵等化学农药效果好。另外对农作物有明显的促生长作用，并可增产 15%～30%。

公主岭霉素是放线菌 NO769 产生的代谢产物，具有广谱抗菌作用，对禾谷类黑穗病、水稻恶苗病、稻曲病的防效显著，在 16 个省推广应用 $4.2\times10^5 hm^2$

多，防效 95%以上。

春雷霉素和灭瘟素-S已在许多国家注册，两者均适用于水稻稻瘟病，春雷霉素也适用于蔬菜、水果、豆类、糖甜类、咖啡等作物的真菌和细菌病害。由于既没有毒性，又对耐庆大霉素的绿脓杆菌具有很强的抑制作用，所以它是一种农医两用抗生素。

农抗 5102 是华中农业大学分离的吸水链霉菌应城变种产生的抗生素，包括 5102-Ⅰ、5102-Ⅱ和 5102-Ⅲ 3 个组分，分别对水稻纹枯病、玉米小斑病、棉花枯萎病有良好的防治效果。5102-Ⅰ号抗生素与井冈霉素类似，对水稻纹枯病有显著的防效。其他组分对水稻小球菌核病和棉花立枯病有明显的防效。20 世纪 70 年代末，已应用 $2.0\times10^{4}hm^{2}$。

中生菌素（农抗 751）是中国生物所研制成功的一种高效、广谱、低毒的抗真菌病害的 *N*-糖甙类农用抗生素，其主要用于水稻白叶枯病等细菌性病害和苹果轮纹病部分真菌性病害的防治。多年防治白叶枯病试验表明，用中生菌素于水稻 3～4 叶期和移栽 5d 各喷一次，严重发生年份大田于发病初期再喷一次药，大田防效可达 85%～90%。

## 四、植物病原菌毒素

植物病原菌毒素对某些病原物具有抗菌活性。细交链孢菌酮酸是来自稻瘟病（*Pyricularia oryzae*）的有毒代谢产物，它对稻胡麻斑病（*Helminthosporium oryzae*）、稻白叶枯病（*Xanthomonas oryzae*）等多种病害具有良好的防治效果。以镰刀菌分泌的萎蔫酸为主成分的可湿性粉剂 500mg/ml，对瓜果腐霉（*Phythium aphanidermatum*）防效为 100%，而对照药剂仅为 64.1%。phlciuchrom viridiol 也是具有抗菌活性的真菌霉素。茄链格孢（*Alternaria solani*）培养滤液中存有抗菌活性物质交链孢酸，分别对 *Botrytis cinerea* 和 *Sclerotinia sclerotiorum* 菌丝生长有明显的抑制。已证明交链孢酸是番茄早疫病的致毒因子，它在植物病害发生发展过程中具有重要作用。历来都将研究重点放在其有害一面，而忽视可利用的一面。本研究证明，交链孢酸对 *B. cinerea* 和 *S. sclerotiorum* 具有明显的抗菌活性，从而为变植物病原菌素有害为有利因素提供新的证据，也为新类型农药分子设计提供线索。交链孢酸选择性地对可产生菌核的 *B. cinere* 及 *S. sclerotiorum* 有效而对其他供试真菌无效，其内在机理可能与病原菌中的毒素有关。

## 五、种子处理杀菌剂

微生物也被用来控制土壤中的病菌，1989 年 Kemira 推出其生物杀菌剂 *Streptomyces griseovirdis*，商品名为 Mycostop，主要用以控制观赏植物和温室蔬菜上的镰刀菌，也可用于种子处理。土壤喷洒或灌药，已在美国和若干欧洲国家中销售。若干公司正在开发枯草杆菌用作生物控制剂。例如 *Microbilrhizogen* 已开发一种独特品系的枯草杆菌 MB600，并申请了专利，该品系对一系列植物病害都具有活性，可用于种子处理和叶面喷施。该公司拟在全球范围的主要农业区申请使用此技术，并与若干公司签订合作协议，其中包括 Gustafson，Sandoz 以及日本的出光兴产公司。微生物在种子处理中还可与通常的化学活性成分组合。1993 年 Gustafson 获准生产的种子处理剂 Kodiak AT 中就包含有 3 种活性成分，即化学杀菌剂甲霜灵、五氯硝基苯和微生物杀菌剂枯草杆菌。

# 第九章　除草微生物及其制剂

在我国，列入名录的杂草有704种，分属87科366属，对农业生产造成为害的重要农田杂草有60种。与农业病、虫、鼠所造成的为害相比，农田杂草对作物的为害是与作物竞争养分、水分的长期行为。据估计，全球 $1.5\times10^9$ 亿 $hm^2$ 耕地每年因杂草危害就造成76.3亿美元的损失，占病、虫、草、鼠所造成损失（243.7亿美元）的1/3，仅粮食就损失 $1.25\times10^8$t，足够2.5亿人生活一年。我国有 $1\times10^8hm^2$ 耕地，因农田杂草危害每年作物产量损失达10%上，仅粮食就损失近 $7.0\times10^9$kg。

杂草的微生物生物防治就是谨慎的利用微生物寄主范围较为专一的病原微生物将影响人类活动的杂草种群控制在经济上和生态上可容许的水平。杂草微生物防治目的不是根除杂草，而是根据群体微生物生态学的原理，使一种杂草减少到经济上和美学上可以容许的水平。

微生物除草剂是指利用植物的致病微生物（真菌、线虫、病毒）来防治田间杂草。杂草的微生物防治在国内外已有不少成功的实例。例如我国的“鲁保一号”真菌防治大豆菟丝子，防治效果可达85%以上，而且不危害大豆和其他农作物，对人畜无害。美国、澳大利亚和欧洲利用粉苞柄锈菌防治小麦田中的主要杂草灯芯粉苞苣均取得了较大面积的防治成效。现就这方面的情况做一简要介绍。

## 第一节　除草剂的微生物种类

杂草的病原微生物主要有真菌、细菌、病毒、线虫和寄生性种子植物，这些是常见的植物病原菌，也是杂草微生物防治中最常使用的杂草微生物防治因子。随着除草剂在农业中的广泛应用，利用高效低毒的微生物除草剂已引起了美国、澳大利亚、加拿大、俄罗斯等许多发达国家的重视，并相继开展了大量的研究工作，涉及的微生物种类有80多种，如美国仅24个州开展的研究项目就达50多个。到1980年代中期，已有17项取得了明显的防除杂草效果，有的已进入规模化生产。

真菌种类很多，在自然界分布广泛，目前已有记载的种类约有10万种以上，大部分是腐生的，约有8000种以上寄生植物。已知现有的植物种类都可被真菌侵害。杂草的病原真菌常见的有锈菌、镰刀菌、炭疽病菌等。

利用真菌防除杂草已备受世界各国杂草生防研究者的广泛注意，一些真菌除草剂业已投产并商品化。此外，用真菌毒素作为除草剂的研究是杂草生防研究中的一个诱人的领域。如 *Colletotrichum gloeosporioides* f. sp. *Aeschynomene* 培养滤液对弗吉尼亚皂角（*Aeschynomene virginica*）的选择毒素的活性程度，发现培养滤液与原菌株一样，对杂草有一定抑制作用。

全世界已知危害植物的细菌约有 300 种，目前利用植物病原细菌作为杂草生物防治的研究很少。据 1983 年 Templeton 统计，在当时研究的 83 种用于杂草生物防治的植物病原菌中，细菌仅占 3 种，并且主要是假单杆菌属（*Pseudomonas*）细菌。

目前已发现的植物病毒病已超过 700 种。在 1982 年，Templeton 报道用于进行杂草生物防治的植物病毒有 6 种。

## 第二节　除草剂制剂及其应用

理论上来看，所有阻碍杂草植物生长发育和繁殖传播的植物病原微生物如真菌、细菌、病毒或线虫等，都可被认为是有潜在应用可能的杂草生物防治物。迄今为止，人们对杂草天敌的研究和开发利用着重于植物病原真菌中，半知菌亚门的真菌尤为重要，其次为担子菌亚门真菌。可能是因为病原真菌易于处理和鉴定，并且分类地位容易确定，寄主范围也了解较详细。除一些真菌孢子需借助于某些昆虫和携带物传播扩散，但极大多数植物病原真菌都不必依赖于昆虫或其他节肢动物进行传播。

无论专性或兼性植物病原物都可考虑用作杂草天敌的微生物防治。专性真菌病原如各类锈菌对杂草危害程度常常很重，而且锈菌对杂草寄主的专一性强，这是选择合适的杂草微生物防治物最主要的一个标准。但从制剂研制考虑，兼性杂草病原物可在人工培养基上培养繁殖，因此最为理想。人们常常选择易于产生孢子的植物病原真菌作为杂草生物防治物，这是因为易人工培养并可诱导产孢。

现在已有两种真菌生物除草剂 DevineR（Abbott 公司）和 CollegoTM（Ecogen 公司）在美国注册和销售。在中国利用炭疽病菌（*Colletotrichum gloeosporioides*）制成“鲁保一号”菌剂防治大豆菟丝子取得重要成就。在美国，另外两种杂草病原真菌（*Cercospora rodmanii* 和 *Alternaria cassiae*）正在进行工厂化生产。几种其他的杂草病原真菌，常见的如 *Alternaria macrospore*，*Colletotrichum coccodes*，*C. dematium*，*C. malvarum*，*C. gloeosporioides* f sp. *Jussiaeae*，*Fusarium lateritium* 和 *F. solani* f. sp. *cucurbitae* 在美国也正在或已经被研究进行商品化利用。在其他国家和地区如澳大利亚、加拿大、欧洲、美国和中国也正在积极研究许多其他杂草病原真菌，并研究其作为杂草微生物除草剂的可能性及相应的施用技术。

**1. Devine 制剂**

Devine 成品是一种含较多 *Phytophthora palmivora* 厚垣孢子的液态制剂，由美国 Abbott 公司生产和销售。1981 年从一种杂草真菌 *P. palmivora* 上分离，并被制备成生物除草剂，商品名为 DevineR。最早在美国佛罗里达柑橘园里使用，用来主治柑橘园中的杂草莫伦藤 *Morrenia odorata* Lindl，可在杂草幼苗期和成株期使用，对杂草莫伦藤通常约有 100%的防治效果，而且控制杂草的效果可持续 2 年以上。除了杂草莫伦藤，Devine 还可侵染其他一系列寄主植物。在温室试验中，洋葱、罗马甜瓜（棱瓜）、西瓜、英国豌豆、南瓜及个别柑橘品种表现感病，而马铃薯和番茄在进行叶面处理下表现感病。尽管在温室试验条件下，这些作物感病，但这种感病程度并不能代表田间实际情形，因为在自然条件下不易被高浓度的病原菌所感病。

**2. Collego 制剂**

Collego 于 1982 年研制成功，有效成分为炭疽病菌（*Colletotrichum gloeosporioides* f sp. *aeschynomene*），最早在美国阿肯色、密西西比、路易斯安那等几个州用于水稻和大豆中皂角［*Aeschynomene virginica*（L.）Bsp.］防治，可引起皂角幼苗茎秆、叶片和炭疽病。该制剂为可湿性粉剂，由美国 Ecogen 公司生产和销售。

**3. 鲁保一号**

这是由中国山东农业科学院的研究人员于 1963 年在研究大豆杂草菟丝子（*Cuscuta australis*）的过程中发现的，有效成分为一种黑盘孢目毛炭疽菌属的真菌炭疽病菌（*Colletotrichum gloeosporioides* Penz）。对大豆、花生、洋麻、小麦、高粱、玉米、棉花、烟草等多种农作物均安全。20 世纪 70 年代，在江苏、山东、安徽、陕西、宁夏等 20 多个省推广应用 1000 多万亩，防效在 85%以上，平均可挽回损失 30%～50%。

**4. *Cercospora rodmanii* 制剂**

*Cercospora rodmanii* 为世界上最重要的水生杂草凤眼蓝的病原菌。目前正由 Abbott 公司开发研制。

**5. *Alternaria cassiae* 制剂**

*Atfernaria cassiae* 最早由巴基斯坦学者首次报道为决明属杂草（*Cassis holosericea*）的病原菌，1980 年发现该菌在美国密西西比州可侵染钝叶决明（*Cassia obtusifolia*）引起中枯病。目前正由美国加州 Mycogen 研制开发。

**6. F798**

为镰刀菌（*Fusarium orchanches* Jacz）培养而制成的制剂，在我国新疆瓜列当病株上分离获得。目前一般采用 789 制剂割茎涂液防治列当。

**7. Cgm**

从洋葵里的一种炭疽菌（*Colletotrichum gboeosporioides* f. sp. *malva*）中

分离获得，在加拿大被用作洋葵（*Malva puillasm*）的生物防治，目前正在被开发研制成制剂。

**8. Co**

从刺苍耳上分离的一种病原真菌［*Colletotrichum orbiculara*（Berlet Mont）v. *avx*］，在澳大利亚被用于刺苍耳（*Xanthium spinosum* L.）的生物防治。近年来正在开发研究制成刺苍耳的生物除草剂。

双丙氨磷是德国 Zohner 研究组分离的能产生既抗细菌、又抗真菌的抗生素，并且有强烈的杀草活性，能防除一年生和多年生的农田杂草，是一种速效和持效兼而有之的除草剂。与此同时，日本制果公司也独立地从一种链霉素中得到同样的产物。该抗生素后被命名为双丙氨磷，化学结构为（2-氨基-4-甲基磷酰乙酰）丙氨酰丙氨酸。经过该菌的细胞融合而实现了商品化，生产出第一个具内吸收作用能除多种杂草的微生物制剂。

其他正在被开发成生物除草剂的病原真菌还有交链孢属（*Alternaria*）、炭疽菌属（*Colletotrichum*）、壳二孢属（*Ascochyta*）、复端孢属（*Bipolaris*）、尾孢属（*Cercospora*）、茎点霉属（*Phoma*）、疫霉属（*Phytophthora*）、小柱菌属（*Sclerotinia*）、*Microsphaeropsis* 属和 *Drechslera* 属的真菌。

真菌除草剂目前主要存在的问题，一是对化学农药的不亲和性，导致了广泛使用化学农药的田间真菌生物除草剂药效不佳；二是对非目标寄主植物存在可能的潜在危险；三是菌种退化与抗不良环境能力较弱，使商品生产储存和大面积防治存在矛盾；四是大规模使用真菌除草剂，由于形成较高的选择压力，易产生抗性杂草；五是作用时间较长，见效慢。目前杂草微生物防治的研究重点，一是开发更多的微生物除草剂种类；二是与化学农药的协调；三是与昆虫生物防治间的协调；四是通过遗传工程技术，改造病原物的致病性及环境适应性，以提高致病杀草能力和忍受化学农药的特性。

细菌和病毒等与病原真菌一样，也可开发成微生物除草剂，但由于其本身的生物学及致病特性，其成功事例远远少于病原真菌。其中报道的病原细菌一般都是假单胞菌属（*Pseudomonas*）的细菌，如 *P. syringae* van Hall 用于野燕麦（*Avena fatua* L.），*P. solanacearum* E. F. Sm. 用于千年不烂心（*Solanum dulcamara* L.），*P. syringae* van Hall 用于允翰逊草（*Sorghum halepense*）的防治。

利用病毒防治杂草的报道相对更少，国际上曾报道 4～5 种病毒来防治杂草，如美国佛罗里达的 Charudattan 等曾试图用病毒防治莫伦藤（*Morrenia odorata* Lindl），美国马里兰州的 Bayley 利用病毒防治穗状孤尾藻（*Myriophyllum spicatum* L.），尼日利亚的 Pettet 利用病毒防治大藻（*Pistia stratiotes* L.）及前苏联的 Izhevsky 利用烟草花叶病毒株系防治刺龙葵（*Solanum carolinense* L.）。但目前利用细菌和病毒等防治杂草获得成功的事例不多，更没有商品化制剂的问世。

# 第三篇　食品微生物及其发酵产物

# 第十章 食品微生物检验及测定

## 第一节 食品中细菌总数的测定

食品有可能被多种类群的微生物污染，某些微生物还能在食品中繁殖。食品中所含细菌总数可以作为判别食品被污染程度的标志，是食品卫生检验的一个指标。同时还可以运用这一方法观察细菌在食品中繁殖的动态，以便对被检样品进行卫生学评价时提供依据。细菌总数是指食品检样经过处理，在一定条件下培养后，1g或1ml食品检样，在琼脂培养基上形成的细菌菌落总数。

每种细菌都有它一定的生理特性，培养时应满足它们的要求才能分别将各种细菌培养出来。但实际上，一般都只用一种常规方法作细菌菌落总数的测定，所得的结果只包括一群能在细菌基础培养基上生长的嗜中温性需氧细菌的菌落总数，根据食品检验要求，还可以进一步对检样作其他的特殊方法的检验。

### 一、实验材料

1）恒温培养箱，药物天平，电炉，酒精灯，试管夹，无菌小勺，无菌称量纸。

2）无菌（内装9ml水）试管，无菌5ml吸管1支，无菌1ml吸管7支，0.1ml吸管2支，9cm无菌培养皿8套，含玻璃珠三角瓶。

3）生理盐水（或无菌水），营养琼脂培养基，待测食品。

### 二、实验程序

#### 1. 制备样品

在准备稀释之前，所有培养皿都要标明样品号、稀释度、日期和其他要求注明的项目。

冰冻食品在送检容器内融化，一般是在稀释前放入0～4℃冰箱，在18h即可融化。对冰冻食品（特别对大样品），可以用带漏斗的电钻取得试验材料。具体方法是：将无菌螺丝钻插入无菌塑料漏斗（此漏斗的下端已截断，孔径正好比螺丝钻稍大一点），漏斗对着冰冻样品，钻下来的冰片在漏斗中聚集，取出放入无菌容器中，对大块的固体食品检样（冰冻或不冰冻），用无菌刀或镊子从不同部位采取试验材料，再混合，得到比较有代表性的试验材料．如果样品不太大，并且软硬合适，可把全部样品放入无菌匀浆机中搅拌2min，液体和半固体样品可迅速来回颠倒容器使之混匀。

打开任何样品容器之前，在取样开口处的周围表面，必须擦干净，去除污染样品的物质，再用70%乙醇擦拭消毒。

**2. 检样稀释**

若是固体食品，以无菌操作称取检样25g，若是液体食品，以无菌操作吸取25ml，放入装有225ml灭菌生理盐水和玻璃珠的三角瓶中，充分振荡，制成1∶10的均匀稀释液，取上述稀释液1ml加入9ml水试管中混匀，类推即得10倍递增的稀释液。根据检样污染情况，选择2～3个稀释度。

**3. 培养**

每稀释度液体取1ml放入无菌培养皿中，每个稀释度做2个培养皿，将溶化并冷却至46℃左右的营养琼脂培养基15ml倾注培养皿内，立即旋摇培养皿，使检样与培养基充分混匀，放平。同时另取2个培养皿不加检样，只倾入培养基做空白对照，待冷凝后，翻转平板，使底面向上，放入37℃培养箱，24h后取出。

**4. 菌落计数**

计算每皿内细菌菌落数，一般先进行肉眼观察，用钢笔或蜡笔在平板底上进行点数，然后再持放大镜检查有无遗漏的微小菌落。在记下各个平板的菌落数后，求出同一稀释度的各平板平均菌落数。

**5. 菌落计数的报告**

（1）平板菌落数的选择

一个稀释度的两个平板（或3个平板），应先取菌落数30～300的平板，作为菌落总菌数测定标准，若两个（或3个）平板均符合此范围内，应采取两个（或3个）平板的平均数，其中一个平板如有较大片状菌落生长时不宜采用，而应以无片状菌落生长的平板作为稀释度的菌落数。若片状菌落不到平板的一半，其余一半中菌落分布又很均匀，则可计算半个平板后乘以2代表全平板菌落数。

（2）稀释度的选择

1）应选择平均菌落数在30～300的稀释度，乘以稀释倍数报告之，如表10.1例1。

2）若有两个稀释度，其生长的菌落在30～300，则应视二者之比如何来决定，若比值小于2，应报告其平均数；若大于2，则报告其中较小的数字，如表10.1例2和例3。

3）若所有平均菌落数均大于300，则应按稀释度最高的平均菌落数乘以稀释倍数报告之，如表10.1例4。

4）若所有稀释度的平均菌落数均小于30，则应按稀释度最低的平均菌落数乘以稀释倍数报告之，如表10.1例5。

5）若所有稀释度的平均菌落数均不在30～300，其中一部分大于300或小于30时，则以最接近30或300的平均菌落数乘以稀释倍数报告之，如表10.1例6。

(3) 菌落数的报告

菌落数在 100 以内时，按实有数报告，大于 100 时，采用二位有效数字。在二位有效数字后面的数值则以四舍五入的方法计算，为缩短数字后面的零数，也可用 10 指数来表示，如表 10.1 报告方式栏。

**表 10.1　稀释度选择及细菌总数报告方式**

| 例次 \ 平均菌落数 \ 稀释倍数 | $10^{-1}$ | $10^{-2}$ | $10^{-3}$ | 两稀释倍数之比 | 细菌总数/(个/g或个/ml) | 报告方式/(个/g或个/ml) |
|---|---|---|---|---|---|---|
| 1 | 1365 | 164 | 20 | — | 16 400 | 16 000 或 $1.6\times10^4$ |
| 2 | 2760 | 295 | 46 | 1.6 | 37 750 | 38 000 或 $3.8\times10^4$ |
| 3 | 2890 | 271 | 60 | 2.2 | 27 100 | 27 000 或 $2.7\times10^4$ |
| 4 | 不可计 | 4650 | 513 | — | 513 000 | 510 000 或 $5.1\times10^5$ |
| 5 | 27 | 11 | 5 | — | 270 | 270 或 $2.7\times10^2$ |
| 6 | 不可计 | 305 | 12 | — | 30 500 | 31 000 或 $3.1\times10^4$ |

## 三、结果计算

将结果填在表 10.2 中。

**表 10.2　细菌总数测定记录**

| 项目 \ 菌落数 \ 稀释倍数 | $10^{-1}$ | $10^{-2}$ | $10^{-3}$ | 细菌总数/(个/g或个/ml) |
|---|---|---|---|---|
| 第一皿 | | | | |
| 第二皿 | | | | |
| 均数 | | | | |

## 四、思考问题

讨论影响实验结果的因素。

# 第二节　食品中大肠菌群的检验

食品中细菌总数的测定对评定某些食品的新鲜度和卫生质量起着一定的卫生指标作用，但还必须配合大肠菌群的检测和其他项目的检验，才能做出比较正确的判断。

大肠菌群包括大肠杆菌和产气杆菌及一些中间类型的细菌。这群细菌是革兰氏阴性短杆菌，能分解乳糖产气。大肠杆菌在人及动物肠道内生存，一般无病原性。有人研究成人粪便中的大肠菌群的含量，发现每克粪便含有 $10^8$～$10^9$ 个，若水中发现有大肠菌群存在，即可证实已被粪便污染，有粪便污染也就有可能有肠道病原菌存在。目前在评定食物的卫生质量而进行检验时，也都采用大肠菌群或大肠杆菌作为粪便污染的指示细菌，只要有粪便污染的水或食品，总是被人们认为是不卫生的。

## 一、实验材料

1）恒温培养箱，乳糖胆盐发酵管，革兰氏染色液 1 套，乳糖发酵管，伊红美蓝琼脂，待测水样或食品。

2）试管，培养皿，载玻片，接种环，移液管。

## 二、实验程序

### 1. 大肠菌群的检验程序

参见图 10.1。

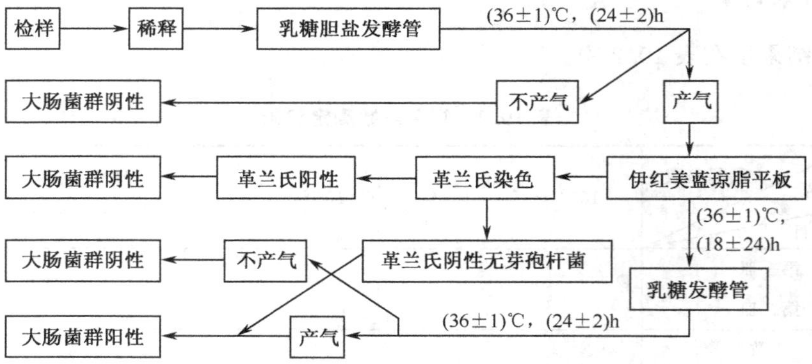


图 10.1　大肠菌群检验程序

### 2. 检样稀释

制备样品和稀释参照食品中细菌总数的测定，得原液、1∶10；1∶100 等 10 倍递增稀释液，根据食品卫生标准要求或对检样污染情况的估计，从中选择 3 个稀释度，每一稀释度做 3 次重复实验。

### 3. 乳糖发酵实验

将待检样品接种于乳糖胆盐发酵管内，接种量在 1ml 以上者，用双料乳糖胆盐发酵管；1ml 及 1ml 以下者，用单料乳糖胆盐发酵管。每一稀释度接种 3 管，置（36±1)℃温箱内，培养（24±2）h，如所有乳糖胆盐发酵管都不产气，则报告为大肠菌群阴性；如有产气者，则按图 10.2 所示的程序进行。

**4. 分离培养**

将产气的发酵管分别转接在伊红美蓝琼脂平板上，置（36±1)℃温箱内，培养 18～24h 然后取出，观察菌落形态，并做革兰氏染色和证实试验。

**5. 证实实验**

在上述平板上，挑取可疑大肠菌群菌落 1～2 个进行革兰氏染色，同时接种乳糖发酵管，置（36±1)℃温箱内培养（24±2）h，观察产气情况。凡乳糖管产气，革兰氏染色为阳性的无芽孢杆菌，即可报告菌群阳性。

## 三、注意事项

食品卫生国家标准：全脂牛乳粉，细菌总数每克不得超过50 000个，大肠菌群每百克中最可能不得超过 40 个，致病菌不得检出。

## 四、结果记录

根据证实为大肠菌群阳性管数，从 MPN 检索表（表 10.3）报告每 100ml 或 100g 食品中大肠菌群的最可能数。

**表 10.3　大肠菌群 MPN 检索表（3×3 管）**

| 阳性管数 | | | MPN | 95%可信限 | | 阳性管数 | | | MPN | 95%可信限 | |
|---|---|---|---|---|---|---|---|---|---|---|---|
| 1 | 0.1 | 0.01 | 100ml | 下限 | 上限 | 1 | 0.1 | 0.01 | 100ml | 下限 | 上限 |
| 0 | 0 | 0 | <30 | | | 1 | 1 | 0 | 70 | 10 | 230 |
| 0 | 0 | 1 | 30 | | | 1 | 1 | 1 | 110 | 30 | 360 |
| 0 | 0 | 2 | 60 | <5 | 90 | 1 | 1 | 2 | 150 | | |
| 0 | 0 | 3 | 90 | | | 1 | 1 | 3 | 190 | | |
| 0 | 1 | 0 | 30 | | | 1 | 2 | 0 | 110 | 30 | 360 |
| 0 | 1 | 1 | 60 | | | 1 | 2 | 1 | 150 | | |
| 0 | 1 | 2 | 90 | <5 | 130 | 1 | 2 | 2 | 200 | | |
| 0 | 1 | 3 | 120 | | | 1 | 2 | 3 | 240 | | |
| 0 | 2 | 0 | 60 | | | 1 | 3 | 0 | 160 | | |
| 0 | 2 | 1 | 90 | | | 1 | 3 | 1 | 200 | | |
| 0 | 2 | 2 | 120 | | | 1 | 3 | 2 | 240 | | |
| 0 | 2 | 3 | 160 | | | 1 | 3 | 3 | 290 | | |
| 0 | 3 | 0 | 90 | | | 2 | 0 | 0 | 90 | 10 | 360 |
| 0 | 3 | 1 | 130 | | | 2 | 0 | 1 | 140 | 30 | 370 |
| 0 | 3 | 2 | 160 | | | 2 | 0 | 2 | 200 | | |
| 0 | 3 | 3 | 190 | | | 2 | 0 | 3 | 260 | | |
| 1 | 0 | 0 | 40 | <5 | 200 | 2 | 1 | 0 | 150 | 30 | 440 |
| 1 | 0 | 1 | 70 | 10 | 210 | 2 | 1 | 1 | 200 | 70 | 890 |
| 1 | 0 | 2 | 110 | | | 2 | 1 | 2 | 270 | | |
| 1 | 0 | 3 | 150 | | | 2 | 1 | 3 | 340 | | |

续表

| 阳性管数 | | | MPN | 95%可信限 | | 阳性管数 | | | MPN | 95%可信限 | |
|---|---|---|---|---|---|---|---|---|---|---|---|
| 1 | 0.1 | 0.01 | 100ml | 下限 | 上限 | 1 | 0.1 | 0.01 | 100ml | 下限 | 上限 |
| 2 | 2 | 0 | 210 | 40 | 470 | 3 | 1 | 0 | 430 | 70 | 2300 |
| 2 | 2 | 1 | 280 | 100 | 1500 | 3 | 1 | 1 | 750 | 140 | 3800 |
| 2 | 2 | 2 | 350 | | | 3 | 1 | 2 | 1200 | 300 | |
| 2 | 2 | 3 | 420 | | | 3 | 1 | 3 | 1600 | | |
| 2 | 3 | 0 | 290 | | | 3 | 2 | 0 | 930 | 150 | 3800 |
| 2 | 3 | 1 | 360 | | | 3 | 2 | 1 | 1500 | 300 | 4400 |
| 2 | 3 | 2 | 440 | | | 3 | 2 | 2 | 2110 | 350 | 4700 |
| 2 | 3 | 3 | 530 | | | 3 | 2 | 3 | 2900 | | |
| 3 | 0 | 0 | 230 | 40 | 1200 | 3 | 3 | 0 | 2400 | 360 | 13 000 |
| 3 | 0 | 1 | 390 | 70 | 1300 | 3 | 3 | 1 | 4600 | 710 | 24 000 |
| 3 | 0 | 2 | 640 | 150 | 3800 | 3 | 3 | 2 | 11 000 | 1500 | 48 000 |
| 3 | 0 | 3 | 950 | | 2100 | 3 | 3 | 3 | ≥24 000 | | |

## 五、注意事项

大肠菌群的细菌能够生长在含有胆盐的培养基上，胆盐对革兰氏阳性杆菌有抑制作用，因此一般培养大肠杆菌都选用含有胆盐的培养基。大肠杆菌群具有分解乳糖而产酸产气的特点，据此就比较容易与其他细菌区分，借此就可初步做出鉴别。若有其他非典型菌和克雷伯菌属混杂在一起而进行鉴别时，就会增加一些困难。

# 第三节　番茄制品中的霉菌直接镜检计数

番茄制品由于本身的性质，容易受到霉菌和酵母菌的污染，其生长的过程引起番茄制品的变质。有些霉菌的代谢产物能引起食用者的各种急性和慢性中毒，特别是有些霉菌产生的毒素具有强烈的致癌性。因此对食品加强霉菌的检验，在食品卫生学上具有重要意义。

番茄制品的霉菌检验最常用的方法是霍华德（Howard）霉菌检测法。本实验的目的在于学习和掌握霍华德的霉菌直接镜检计数法。

## 一、实验材料

1）折光仪，霍氏计测装置（载玻片、盖玻片、测微皿），显微镜，药物天平。

2）50ml 烧杯，玻璃棒，100ml 量筒。

3）番茄酱，擦镜纸，绸布。

## 二、实验程序

1）制备检样：取定量检样，加入蒸馏水稀释至折光指数为 1.3447～1.3460（即浓度为 7.9%～8.8%）备用。

2）显微镜标准视野的校正：在显微镜下，于放大率 90～125 倍，调节霍氏计测装置的标准视野。

3）涂片：将制好的检样液，用玻璃棒均匀地涂布于计测装置上。

4）观测：将制好的载玻片放在显微镜标准视野下进行霉菌观测，每个检样同时制作两个片子。在标准视野下，发现有霉菌菌丝其长度超过标准视野（1.382mm 的 1/6 或 3 根菌丝总长度超过标准视野的 1/6）时，该视野为阳性（+）视野，否则为阴性（-）视野。一般每个检样应观察 50 个视野（表 10.4）。霍氏霉菌计测数值又称霉菌数，用百分比表示，其计算公式为

$$\text{样品含霉菌数}=\frac{\text{阳性视野数}}{50}\times 100\%$$

## 三、注意事项

番茄酱霉菌数部颁标准不超过 40%。

## 四、结果记录

表 10.4　霉菌数镜检计数结果

| 视野 | 1 | 2 | 3 | 4 | 5 | 6 | 7 | 8 | 9 | 10 | 11 | 12 | 13 | 14 | 15 | 16 | 17 |
|---|---|---|---|---|---|---|---|---|---|---|---|---|---|---|---|---|---|
| 结果 | | | | | | | | | | | | | | | | | |
| 视野 | 18 | 19 | 20 | 21 | 22 | 23 | 24 | 25 | 26 | 27 | 28 | 29 | 30 | 31 | 32 | 33 | 34 |
| 结果 | | | | | | | | | | | | | | | | | |
| 视野 | 35 | 36 | 37 | 38 | 39 | 40 | 41 | 42 | 43 | 44 | 45 | 46 | 47 | 48 | 49 | 50 | |
| 结果 | | | | | | | | | | | | | | | | | |

## 五、思考问题

阳性视野是怎么规定的？为什么这样规定？

# 第四节　食品中耐热性细菌的检验及计数

耐热性细菌的定义是经过一定的热处理后仍能生存的细菌。这些残存的细菌可能只有原来数量的小部分或者是大部分。嗜热性细菌和耐热性细菌的区别，主

要是前者不但是经过热处理后仍能生存，而且在较高温度下还能生长。在食品中主要遇到的耐热菌是细菌，耐热性细菌在乳和乳制品方面已受到很大的注意，因为这类细菌在巴氏灭菌后仍能生存而通用此名。

在微球菌属（*Micrococcus*）、链球菌属（*Sterptococcus*，主要是肠球菌）、微杆菌属（*Microbacterium*）、节杆菌属（*Arthrobacter*）、乳杆菌属（*Lactobacillus*）、芽孢杆菌属中，已知含有一些耐热的菌种。另外的一些菌属，当最初的数量很高时，经过热处理后偶有少数存活，它们在正常情况下可被完全杀死。熟食冷藏后的腐败通常是加热后污染的结果，特别是污染的许多真正的嗜冷细菌被加热所完全杀死或减少到最低限度以后，耐热性细菌的类型可以缓慢地生长，造成食品质量的缺陷。耐热性细菌在良好的冷藏温度下是不太能生长的，但在冷藏温度下可发现嗜冷芽孢杆菌属菌种（*Psychrotrophic*，*Bacillus* sp.），肠球菌也可以在冷藏温度下缓慢生长。食物传播性疾病与食品中存在的耐热性细菌无关，但耐热性的肠球菌，即使证据不足，仍被认为可能是引起食物传播性疾病的原因。

## 一、实验材料

1）食品检样，电热恒温水浴箱，磷酸盐缓冲液。

2）试管，培养皿，移液管，三角玻璃涂棒，铁丝试管架。

3）培养基：胰蛋白胨 5.0g，酵母浸膏 2.5g，葡萄糖 1.0g，琼脂 15.0g，蒸馏水 1000ml（pH 值为 7）。

## 二、实验程序

**1. 制样**

液体样品必须充分混匀，制备 1∶10 磷酸盐缓冲液的稀释液。固体或半固体样品以磷酸盐缓冲液做成 1∶10 首次稀释液，用匀浆器打匀。

**2. 热水浴**

以无菌操作吸取原始液体样品或 1∶10 稀释液 5ml 于灭菌试管内，要小心防止污染样品上部的试管部分。试管上部附着的样品会导致假的结果，因为它们不能受到与管内样品同样程度的加热，同时试管附着的样品较为干燥，而干热的杀菌效果不如湿热。当一批样品试管准备加热时，在加热前要把全部样品试管放在水浴内，一方面可防止细菌的生长，另一方面使全部试管的温度一致和加热的速度标准化。在一支装有样品的试管中插入温度计做温度指示管，以监测整个加热过程中的温度。要待水浴箱内达到所要求的温度并稳定后，再把样品试管架放入水浴中。水浴内的水量要足，以使样品试管放入后下降的温度不超过 0.5℃（0.9 ℉）。供牛乳检验用的水浴温度应在（62.8±0.5)℃，其他样品为（80±0.5)℃，30min。当温度指示管内样品的温度达到要求的温度 0.5℃（0.9℉）误差以内时开始计算时间。加热完毕后，将样品管浸在冰水浴中，使其冷却到10℃以下。

**3. 检验与计数**

耐热性细菌总数的测定可以参照食品的细菌总数的测定方法，无菌接种于平板培养基上，32℃培养，(48±3) h，取出做检验和计算。

## 三、注意事项

用于检验亚致死热操作细菌恢复的条件，显著地影响着细菌的生长，因为受伤细菌较未受伤细菌在开始生长时显然有更高的要求（如某些微生物学家所使用的检查受伤菌方法），虽然许多因素尚有待确定，但培养基中的某些复合营养物质的存在，不含或少含选择性物质如氯化钠、某些抗生素、pH、培养的时间和温度等都影响到细菌的残存率，有时还十分显著。为了使各个实验室获得可比性的结果，计数条件（特别是受到热或其他因素损伤的细菌的计数条件）的标准化是必要的。

## 四、结果记录

以单位样品（每 ml、每 g、每 $cm^2$）中的耐热菌数报告。

## 五、思考问题

经巴氏灭菌后的火腿罐头，长时间储存的火腿为什么常常见到有色泽的改变和引起酸败的气味？

# 第五节　商业性灭菌试验

食品加工者可以通过加热使罐头达到绝对灭菌。之所以不这样做是因为过度加热（时间过长或温度过高）会加速香味的消散、色泽和坚实度的改变以及营养成分的损失。“商品性灭菌加热处理”，可使制造者制造出卫生安全、可稳定储藏的罐头食品，而不致损坏罐头的色泽、香味、坚实度和营养成分，这样的热处理不会使罐头食品完全无菌，其定义是：①在一般的储藏条件下，罐头不存在可生长的细菌，不会腐败。②罐头中不存在有致病菌增长的可能性。

因此，根据这个定义是允许经过热处理的罐头含有活菌的。但这些细菌并不增殖，因而不致于引起食品物理性能的改变。同时不得有致病菌的存在，或者在内容物中没有再增生的可能性。

当装在密闭容器内的罐头食品败坏时，可见产气、罐盖膨胀、内容物坚实度和 pH 值的改变，以及（或）经显微镜检查细菌数增多。商品性灭菌试验并不是为腐败罐头而设计的。

在下述3种的一般性条件下，经过热处理的商品性灭菌罐头可能发现细菌：①细菌为专性嗜热芽孢杆菌，而正常的储藏温度低于它的嗜热范围；②加热处理的食品在高酸和酸性范围之内。不耐酸的细菌可能存在，但由于处在酸性条件下而不能生长；③从加热和水活性（water activity）结合处理以防止细菌生长和腐败的罐头食品中，可发现嗜温性和嗜热性细菌。在这3种情况下找到细菌是正常现象，应看作是商业性细菌。

## 一、实验材料

1）超净工作台，细菌学用开罐器，pH计（pH试纸），镊子（取颗粒状物），软木塞钻孔器（取固形物），显微镜。

2）吸管，载玻片，培养皿。

3）结晶紫染色，Ziehl-Neelsen氏碳酸复红染色液。

4）培养基：

标准法琼脂：牛肉浸膏3.0g，蛋白胨5.0g，氯化钠8.0g，琼脂15.0g，蒸馏水1000ml，pH值为7.3。

PE-2培养基：酵母浸膏3.0g，蛋白胨20.0g，溴甲酚紫1%乙醇溶液4.0ml，蒸馏水1000ml。

庖肉培养基：牛心454.0g，蛋白胨20.0g，葡萄糖2.0g，氯化钠5.0g。

土豆葡萄糖琼脂：去皮土豆（土豆切块，水煮30min，过滤取汁）200.0g，葡萄糖20.0g，琼脂15.0g，蒸馏水1000ml。

橘汁肉汤：胰蛋白胨或酪蛋白的胰消化物10.0g，酵母浸膏3.0g，葡萄糖4.0g，磷酸氢二钾2.5g，半胱氨酸0.001g，橘子汁200ml，蒸馏水800ml。

Sabouraud氏葡萄糖琼脂：葡萄糖40.0g，蛋白胨10.0g，琼脂15.0g，蒸馏水1000ml，pH值为5.6±0.2。

ATP肉汤：酵母浸膏7.5g，胰蛋白胨12.5g，葡萄糖10.0g，枸橼酸钠5.0g，盐酸硫胺素0.0001g，氯化钠5.0g，磷酸氢二钾5.0g，氯化锰0.14g，硫酸镁0.8g，硫酸亚铁0.04g，聚吸着剂（plysorbate）80 0.2g，蒸馏水1000ml。

酸性产品试验肉汤：酵母浸膏7.5g，蛋白胨10.0g，转化糖［转化糖：即左旋糖和右旋糖的混合物。以25%（W/V）的酒石酸调节pH值为0.4±0.2］10.0g，蒸馏水1000ml。

## 二、实验程序

### 1. 样品处理

如需测定生产的某个阶段是否符合商品性灭菌标准的要求，可选取代表该批产品的试验样品，在适当的温度下足够长时间的保温，使其中所含的细菌生长而表现出它的存在。如使用普通蒸汽锅灭菌，每锅至少检查一份样品，如果是连续灭菌，则在装箱时，间隔取样品。

如果是从零售架收集罐头检查商品性灭菌情况，所取样品数量应能使任何试验结果真正有充分的根据。

当保温后，记录产品的品名和制造商标。同时严格检查罐容器的异常现象，如泄漏、膨胀、卷边、开口、裂缝等。如罐头容器有缺陷或已损坏，则不适于试验。如罐头已很明显的腐败，应进行腐败原因的鉴定。

培养条件根据商品性灭菌试验的目的而定。对指定的40℃以上储存的低酸产品（热销产品），应于55℃保温5～7d。除某些在管理单位不断检查下的肉类罐头外，所有其他的低酸产品，应在30～35℃保温10d。对酸性产品，于25～30℃保温10d。

对某些商品性灭菌发生怀疑的产品的检查，在可能的情况下，将全批产品进行保温，或者在单批内或每批内按统计学方法随机取样保温。但对有嗜温性菌可疑者，保温时间应延长至30d。

**2. 检验**

随时将出现胖听或罐听内容物明显改变显示细菌生长的罐头从保温室取出。保温结束，需打开一些罐头，检查不易发现的变质情况。

如果检验的目的仅仅是为了确定产品是否是商品性灭菌的，而检验者又熟知这一产品及其细菌性腐败的可能类型，则不必采用无菌手续进行检验。仔细将罐听打开，注意异常气味、坚实度改变和起泡情况；用pH计或试纸测定pH值；如得不出结论，则制备涂片做显微镜检查。在检验中发现的与正常产品不同的异常现象，都意味着被检罐头不是商品性灭菌。遇到这种情况，应将未打开的异常罐头进行腐败原因的鉴定。

如果检验者对所检产品可能存在的病原腐败特性不熟悉，则在开启每听罐头和检验时，应进行无菌操作。同时罐听必须清洁。如有明显的污垢、油渍等，应当用洗涤剂和水刷洗，冲净，擦干。

**3. 培养**

（1）适用于低酸食品的培养基

1）PE-2培养基：培养好氧菌和厌氧菌。

2）疱肉培养基：适于厌氧菌生长。

3）标准琼脂：适于好氧菌生长。

4）适用于酸性食品的培养基。

（2）橘汁肉汤：适用于酸性食品中细菌和酵母菌的培养。一些乳酸杆菌在此培养基中生长不良，因此如有此类细菌，还要用ATP肉汤培养。

1）酸性产品试验肉汤：适用于耐酸性细菌。

2）土豆葡萄糖琼脂：培养抗热型酵母和霉菌的平板培养基。

3）Sabouraud 氏葡萄糖琼脂：培养霉菌和酵母菌的平板培养基。

4）ATP 肉汤：适于乳酸杆菌的生长。

无菌操作开罐后，液体食品可直接接种培养。含固形物和汤汁两种状态的内容物，应在保持二者正常比例下，用机械搅拌器搅匀。缺乏汤汁的产品，也应用机械搅拌器搅匀，必要时加适量无菌水制成糊状。

用吸管无菌操作取 1～3ml，转接到适当的培养基内进行培养；另取 5～10ml 加到一支灭菌试管内，冷藏储存起来，必要时作为以后使用的样品。制备一张内容物涂片，供做显微镜检查；测定内容物的 pH 值；检查内容物的气味和外观；记录结果。

对低酸产品，按种两管内容物培养或两管 PE-2 培养基，培养于 30～35℃。如用疱肉培养基，也接种两管。然后须再接种双份需氧平板或培养基管。在30～35℃培养。如产品在储存或检验中的正常温度高于 40℃，或样品曾在 55℃培养过，则接种的任何双份培养基管均培养于 55℃；否则，即不需要在 55℃培养。对于酸性产品，接种两管灭菌内容物管，或两管试验室制造培养基，或特选的培养基培养于 25～30℃。如怀疑为霉菌，则制备倾注平板，培养于 30℃。在判定阴性之前，至少培养 5d。

酸性产品试验肉汤是一种能发现微量污染杂菌的优良培养基，主要用于大量培养，一般接种约 100g 样品于 200ml 无菌培养基内，每份样品至少接种 3 瓶培养基。于 30℃培养 5d，另外 1 瓶培养 10d。培养结束，所有样品做显微镜检查。

**4. 涂片直接镜检**

将开罐后和培养结束的被检物制涂片，放置于显微镜下进行直接镜检，同时做正常样品的对照检验，以便确定被检物的异常菌量。

**5. 实验室培养基阳性培养物的证实**

某些食品具有抑制一些细菌的有生命力的芽孢发芽生长和抑制肉中某些无芽孢菌生长的固有特性。这种情况特别在酸性产品确实存在，但并不限于酸性产品。实验室培养基可能不显示类似的抑菌性，因而以培养的阳性结果推断所检罐头产品是否商品性灭菌，即可能得出错误的结论。当遇到这种麻烦问题时，可将阳性培养物接种在分管试管的或罐听内的灭菌产品内容物内，进行培养，以确定出现这种阳性培养结果的真实意义。有意义的菌，将会生长而显示它们的存在。如果第一次即用灭菌的罐头内容物做培养基，同时做直接显微镜检查，测定产品有无异常状态（与正常对照样品相比较），即不再需要这样的证实手续。

## 三、注意事项

如在一套双份培养物中仅有一管呈阳性反应，应怀疑为外来的（实验室）污染。将阳性培养物与原内容物进行比较，特别是在直接涂片中比较，常可使问题得到澄清。如仍不能将问题澄清，可用保存的样品重新进行培养。

胖听（无论是何种程度的），可显示微生物的活动。但罐头本身的膨胀状态，特别是在打检和弹性上显示膨胀的，或轻度胖听者，并不一定为非商品性灭菌产品。呈现这种状态的产品，必须与正常产品比较，证实有过多的细菌（直接涂片镜检）或内容物异常（pH 值、坚实度、气味等）方可确定。

## 四、思考问题

1）商业性灭菌和实验室内灭菌有什么不同之处？

2）为什么要进行商业性灭菌？

# 第六节　微生物热力致死时间的测定

商业食品常通过热力来达到杀菌要求。在一定时间内对细菌进行热处理时，从细菌死亡的最低热处理温度开始的各个加热期的温度称为热力致死温度。在热力致死温度下杀死一定浓度的菌所需要的全部时间为热力致死时间。

低酸食品罐头杀菌工艺条件的正确制定是一项复杂而烦琐的工作。根据美国 FDA 要求，研究人员必须经过腐败微生物芽孢耐热性测试、热穿透试验及实罐接种灭菌试验，才能科学地制定低酸食品罐头的杀菌工艺条件。

热力杀菌有 3 种方法：

(1) 低温长时间杀菌

用 62～65℃，30min 处理牛乳，一般可杀死 97%以上微生物，残存的微生物为耐热性的微生物，多为乳杆菌属、链球菌属、芽孢杆菌属、微球菌属、微杆菌属、梭状芽孢杆菌属中的一些耐热菌如嗜热乳杆菌、保加利亚乳杆菌、嗜热链球菌、粪链球菌、牛链球菌、枯草芽孢杆菌、地衣芽孢杆菌、蜡状芽孢杆菌、嗜热脂肪芽孢杆菌、变异微球菌、凝聚微球菌、乳微杆菌等等。室温放置，超过 1d 左右会发生变质。

(2) 高温短时间杀菌

用 72～75℃，15～16s 处理牛乳，其杀菌效果与低温长时间杀菌效果相似。变质现象相似。

用 80～85℃，10～15s 处理牛乳；其杀菌效果要比低温长时间杀菌和 72～75℃，15～16s 的高温短时杀菌的好。所残存的微生物主要是芽孢杆菌和梭状芽孢杆菌，其他微生物几乎不再存在。因而该消毒乳的变质主要是由芽孢杆菌所引起出现甜凝固、蛋白质腐败现象。

(3) 超高温瞬时杀菌

用 130～135℃，2s 处理牛乳；微生物致死率达到 100%，那几乎可以达到灭菌的效果。可能残存的仅是芽孢杆菌和梭状芽孢杆菌的芽孢。芽孢菌数可减少至原来的 1%以下，其他非芽孢菌可全部被杀死；杀菌温度更高时，残存的芽孢菌更少。超高温瞬时杀菌乳，经过良好包装后，在冷藏下可以存放 20d 而不变质，经过无菌包装，则可以在不冷藏下存放 3～6 个月。

## 一、实验材料

1）水浴锅，CSM 型超高温瞬时灭菌机，细菌培养基，恒温培养箱。

2）培养皿，试管，移液管，玻璃涂棒，鲜牛乳。

## 二、实验程序

1）以无菌移液管取鲜牛乳 10ml，置于无菌试管内，共制 12 管。

2）牛乳试管分别放入水浴锅和超高温瞬时灭菌机中。进行 62～65℃ 30min、72～75℃ 15～16s、80～85℃ 10～15s、130～135℃ 2s 杀菌。每个处理 3 支试管。

3）取鲜牛乳及处理牛乳 0.1ml，放于细菌培养基平板上，用无菌三角玻棒涂匀。每一处理制 3 个平板，将平板倒置，在 35～37℃中任选一温度培养。

4）计算菌落。

5）计算 $D$ 值：

$$D=t/(\lg a-\lg b)$$

式中：$D$ 为指数递降时间。可以认为在某一温度下，每减少 90％活菌（或芽孢）数所需的时间；$T$ 为经某一加热温度处理时间；$a$ 为腐败菌的初始温度；$b$ 为残菌浓度；菌的浓度单位为：细胞/ml。

## 三、结果记录

将微生物热力致死时间的测定结果记录在表 10.5 中。

**表 10.5 微生物热力致死时间的测定结果**

| 杀菌方法 | 细菌数测定的培养温度/℃ | 细菌生存数 | | 热力致死率/% |
|---|---|---|---|---|
| | | 杀菌前 | 杀菌后 | |
| 62～65℃，30min | | | | |
| 72～75℃，15～16s | | | | |
| 80～85℃，10～15s | | | | |
| 130～135℃，2s | | | | |

## 四、思考问题

1）微生物热力致死时间的测定有什么实际意义？

2）怎样选择培养温度？

# 第十一章　发酵微生物及其制品的鉴定、测定

## 第一节　糖化曲中糖化酶的测定

糖化曲中的糖化酶能将淀粉水解为葡萄糖，进而被微生物发酵产生乙醇。糖化酶活力越高，淀粉的利用率就越高。糖化曲分为固体曲和液体曲两种。一般固体曲采用斐林法测定，液体曲采用碘量法。

（1）斐林法原理

葡萄糖的自由醛基在碱性溶液中可将二价铜还原为一价铜，过量的二价铜可用已知浓度的标准葡萄糖进行滴定，由此得出样品的含糖量。

斐林试剂中的亚铁氰化钾可使两价铜还原为一价铜。本法以次甲基蓝做指示剂，指示剂在氧化状态时为蓝色，还原状态时无色。

1）$CuSO_4 + 2NaOH \longrightarrow Cu(OH)_2\downarrow + Na_2SO_4$

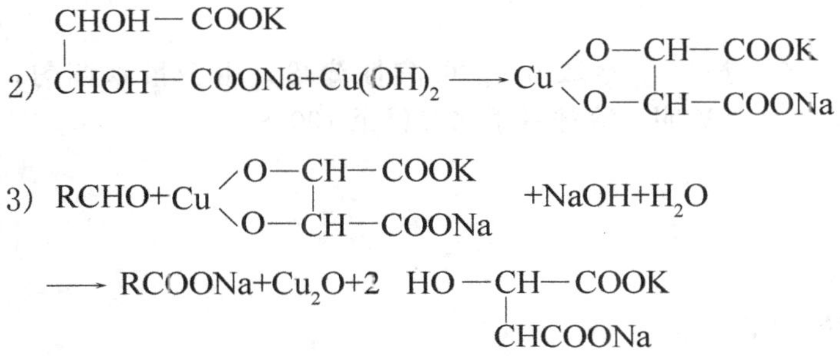

（2）碘量法原理

液体曲糖化酶活力测定采用碘量法。淀粉经糖化酶水解为葡萄糖，葡萄糖的醛基能被弱氧化剂次碘酸钠所氧化。

1）$I_2 + 2NaOH = NaIO + NaI + H_2O$

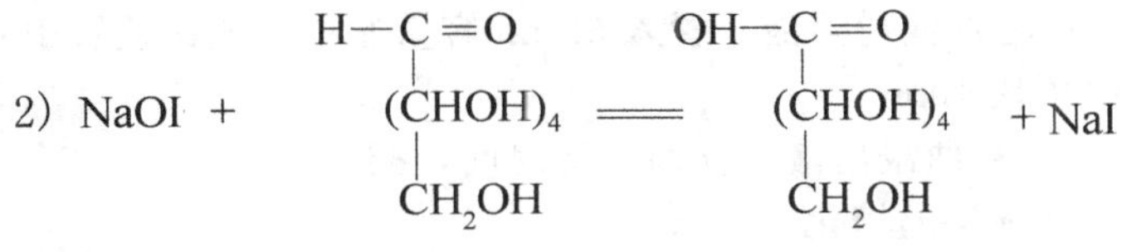

3）过量的碘用硫代硫酸钠溶液滴定

$$I_2 + 2Na_2S_2O_3 = Na_2S_4O_6 + 2NaI$$

## 一、实验材料

1）斐林试剂 A 液：140g 硫酸铜（$CuSO_4 \cdot 5H_2O$）和 0.2g 次甲基蓝，定容至 4000ml。

2）斐林试剂 B 液：468g 酒石酸钾钠，505.6g 氢氧化钠和 37.6g 亚铁氰化钾，定容至 4000ml。

3）pH 值为 4.5～4.8，0.2mol/L 乙酸缓冲液。

4）2%可溶性淀粉水溶液：以绝干可溶性淀粉配制。

5）0.1%葡萄糖标准溶液：1g 烘干的无水葡萄糖溶于水，加 3ml 盐酸定容至 1000ml。

6）0.05mol/L 硫代硫酸钠溶液。

7.2%可溶性淀粉溶液。

7）pH 值为 4.6 乙酸-乙酸钠缓冲溶液。

8）0.1mol/L 碘溶液　　称取 12.7g 碘，40g 碘化钾，加少量水研磨溶解，用水稀释至 1000ml，储存于棕色瓶中。

9）0.1mol/L 氢氧化钠溶液。

10）6.2mol/L 盐酸溶液　　量取 17ml 浓盐酸，缓慢倒入水中，用水稀释到 100ml。

11）0.5%淀粉指示剂　　称取 0.5g 可溶性淀粉，用少量水调匀，倾入 80ml 沸水中，继续煮沸至透明，冷却后用水稀释至 100ml。

## 二、实验程序

### （一）斐林法

**1. 5%麸曲浸出液的制备**

1）称取 5.0g 麸曲（以绝干曲计），置入 250ml 烧杯中。

2）加 90ml 水，10ml pH 值为 4.6 乙酸-乙酸钠缓冲溶液，搅匀。

3）于 30℃水溶液中保温浸出 1h，经常搅拌。

4）用脱脂棉过滤，滤液即为 5%麸曲浸出液。

**2. 麸曲糖化液的制备**

1）吸取 25ml 2%可溶性淀粉溶液，置入 50 ml 容量瓶中（或比色管中）。

2）于 30℃水浴中预热 10min。

3）准确加入 5ml 5%麸曲浸出液，立即计下时间，摇匀。

4）于 30℃水浴中准确保温糖化 60min。

5）迅速加入 15ml 0.1mol/L 氢氧化钠溶液，终止酶解反应。冷却后，用水定容至 50ml，摇匀。同时做一空白液：吸取 25ml 2%可溶性淀粉溶液，置入 50 ml 容量瓶中（或比色管中）。先加入 15ml 0.1mol/L 氢氧化钠溶液，然后再准确加入 5ml 5%麸曲浸出液，用水定容至 50ml，摇匀。

**3. 定糖**

（1）空白液定糖

吸取斐林试剂甲、乙液各 5ml，于 100～150ml 锥形瓶中，准确加入 5ml 空白液，并用滴定管预先加入适量 0.1%标准葡萄糖溶液，使以后滴定时消耗 0.1%标准葡萄糖溶液在 1ml 以内，摇匀。于电炉上加热至沸，不离热源，立即用 0.1%标准葡萄糖溶液滴定至蓝色消失。此操作需在 1min 内完成。

（2）糖化液滴定

准确吸取 5ml 糖化液代替 5ml 空白液，以下操作按空白液进行。

**4. 计算**

麸曲糖化酶活力定义：1g 麸曲在 30℃ pH 值为 4.6，1h 内分解可溶性淀粉为葡萄糖的质量（毫克）。

$$糖化酶活力 = (V_0 - V) \times c \times 50/5 \times 100/5 \times 1/W \times 1000$$

式中：$V_0$ 为加 5ml 空白液后消耗 0.1%标准葡萄糖溶液的体积（ml）；$V$ 为加 5ml 麸曲糖化液后消耗 0.1%标准葡萄糖溶液的体积（ml）；$c$ 为标准葡萄糖溶液的浓度（g/ml）；50/5 为 5ml 麸曲糖化液换算成 50ml 麸曲糖化液中的糖量；100/5 为 5ml 麸曲浸出液换算成 100ml 麸曲浸出液中的糖量；$W$ 为绝干麸曲称取量（5g）；1000 为 g 换算成 mg。

（二）碘量法

**1. 液体曲糖化液的制备**

1）吸取 25ml 2%可溶性淀粉溶液，置入 50ml 容量瓶中（或比色管中）。

2）加 5ml pH 值为 4.6 乙酸-乙酸钠缓冲溶液，于 40℃水浴中预热 10min。

3）准确加入 1ml 液体曲滤液，立即计时，摇匀，于 40℃水浴中保温糖化 1h。

4）迅速加入 15ml 0.1mol/L 氢氧化钠溶液，终止酶解反应。冷却后用水定容至 50ml，摇匀。

同时做一空白液：吸取 25ml 2%可溶性淀粉溶液，置入 50ml 容量瓶中（或比色管中）。先加入 15ml 0.1mol/L 氢氧化钠溶液，然后再准确加入 1ml 液体曲滤液，用水定容至 50ml，摇匀。

**2. 定糖**

1）吸取 10ml 0.1mol/L 碘溶液，置入 250ml 碘量瓶中。

2）加入 15ml 0.1mol/L 氢氧化钠溶液，准确加入 5ml 液体曲糖化液，摇匀，于暗处反应 15min。

3）加 10ml 2mol/L 盐酸溶液，50ml 水，摇匀。

4）立即用 0.05mol/L 硫代硫酸钠溶液滴定至浅黄色，加约 1ml 0.5%淀粉指示剂，继续滴定至蓝色消失。

空白试验：吸取 5ml 空白液代替液体曲糖化液，同上操作。

**3. 计算**

液体曲糖化酶活力定义：每毫升液体曲于40℃pH 值为4.6，1h 内分解可溶性淀粉为葡萄糖的毫克数。

$$糖化酶的活力=(V_0-V)\times M\times 90\times 50/5$$

式中：$V_0$ 为空白实验消耗0.05mol/L 硫代硫酸钠溶液的体积（ml）；$V$ 为测定时消耗0.05mol/L 硫代硫酸钠溶液的体积（ml）；$M$ 为硫代硫酸钠溶液的浓度；90 为1 硫代硫酸钠溶液相当于葡萄糖的质量（毫克），即葡萄糖的质量（毫克）；5 为所取液体曲糖化液的体积（ml）；50 为液体曲糖化液的总体积（ml）。

## 三、注意事项

1）经实验，对同一麸曲，当直接称取含水麸曲5g 和称取绝干麸曲5g，在同样条件下测定糖化酶活力，将结果都换算成绝干曲计，则结果是不一样的，含水麸曲其糖化酶活力偏低。为便于进行比较，应采取称取绝干麸曲5g 进行测定。

2）麸曲的浸取与时间有关。经试验，糖化酶活力随浸取时间的增加而增加。但浸取时间达1h 后，则影响较小，故采用30℃下浸取1h。

3）在相同条件下，用不同糖化时间测定糖化酶的活力，将结果再换算成1h 下糖化酶活力，其结果也是不相同的，糖化时间短，糖化酶活力就高。为便于比较，建议采用糖化60min 为宜。

4）糖化温度对糖化酶活力影响甚大，故糖化时温度一定要严格控制。

5）测定中，一定要同时做一空白试验，以校正糖化酶本身与可溶性淀粉中还原性物质。

6）糖化酶活力与可溶性淀粉的性质和质量有关，故活力表示时应予以注明可溶性淀粉的出厂时间。

7）2%可溶性淀粉应新鲜配制。在配制中，也可采用加水后搅拌直接煮沸至透明，冷却后，再用水稀释到一定体积，这样配制法对结果无影响。

# 第二节　酒曲中酵母菌的分离

在乙醇发酵和制酒生产过程中，定期由发酵醪液和酒曲中进行优质酵母菌的分离筛选，可保证菌种具有良好的生产性能，保证生产的正常运作。在分离过程中利用酵母菌在液体培养中较霉菌生长得快和酸性环境中酵母较细菌适宜生长这两点特性，使酒曲中的酵母菌在酸性培养基中进行富集培养，降低霉菌及细菌增殖率，提高酵母菌含量，然后以合适的方法进行分离。

## 一、目的要求

学习并掌握酒曲中酵母菌分离方法，获得优良生产菌株。

## 二、实验材料

1）样品：酒曲或乙醇发酵醪液。

2）培养基：5°麦芽汁培养基。

3）试剂：乳酸。

4）器皿：试管，培养皿，移液管，涂布器，小刀，接种针，载玻片。

## 三、实验程序

### 1. 酒曲中酵母的富集培养

用无菌小刀剖开曲块，从内部挖取米粒大小的一块，加入10ml麦芽汁培养液试管中，同时加入一滴乳酸摇匀后于28℃培养24h，而后取1ml接种于另一支添加乳酸的麦芽汁试管中，再行培养。在培养过程中若出现菌丝体应立即挑出，烧毁，经过如此3～4次的转接培养，制得菌浓度约$1.5\times10^{9}$/ml的酵母增殖液。

### 2. 酵母增殖液或乙醇发酵液的酵母分离

取最后一代酵母增殖液或乙醇发酵醪液1ml，以10倍稀释至$10^{-7}$，然后取后两个稀释度的稀释液各0.1ml，分别接于事先倒好的麦芽汁固体平板上，用无菌涂棒依次涂布2～3个皿，28℃培养48h。

### 3. 酵母菌选择接种

对平板上长出的典型酵母菌单菌落进行描述性记录，并同时制片镜检，然后选择正圆形、比较大、丰满隆起、色泽洁白而光润的菌落分别接于麦芽汁斜面置28℃培养48h，即得酵母分离菌种，做筛选备用。

### 4. 液体培养特征

将上述各酵母菌株分别接种于麦芽汁液体试管中，25℃培养24h，记录培养特性，镜检并记录其细胞形态。

### 5. 纯化

将挑出的菌株采用平板分离的方法纯化，其培养基与分离培养基的营养成分相同。

根据不同的需要目的，选择不同的性能测定方法，具体操作请参考有关资料，这里不再一一列举，选择优良菌种进行保藏或供生产使用。

## 四、思考问题

1）详细记录实验结果。

2）若培养皿中出现细菌及霉菌，如何解释？应该怎么办？

# 第三节　红曲的制备及红方腐乳的生产

豆腐乳是由豆腐坯经前期发酵和后期发酵而制成的。各种豆腐乳尽管外观、风味差异较大，但在制造方法上却有很大共性。豆腐坯的前期发酵是在豆腐坯上培养根霉（或毛霉），其致密的菌丝可形成皮膜，同时菌丝分泌大量的酶来分解豆腐坯中的营养成分，豆腐坯上的细菌也迅速繁殖并深入豆腐坯内部。豆腐坯的最主要的营养成分是蛋白质，其次是碳水化合物及脂肪等物质。根霉所分泌的各种酶中以高活力的蛋白酶及淀粉酶最为重要，在这些酶所渗入到的区域，蛋白质与淀粉发生逐步的水解，生成了朊、胨、多肽及各类糊精，并生成少量氨基酸及各种糖类，这为细菌深入豆腐坯内部创造了条件，也为后期发酵生成大量氨基酸和风味物质提供了基础。

豆腐乳的后期发酵是一个极为重要的生物化学变化阶段。氨基酸等物质的生成与细菌的厌氧发酵关系密切。在后期发酵中，加入配料如红曲霉、米曲霉（面曲）、酒及食盐等进行长期的厌氧发酵，各种微生物的胞外霉使豆腐坯的主要成分蛋白质分解成氨基酸，其中谷氨酸、天门冬氨酸具有鲜味，甘氨酸、丙氨酸等具有甜味。淀粉糖化，糖发酵成有机酸及乙醇，以及配料等都有助于形成酯等风味物质。最终，发酵制成色香味独特而且适口性良好的红方腐乳。在后期发酵时，很多配料还起到了防止腐败的作用，如食盐既提供了咸味，又可防止腐败作用的发生。

红曲是红曲霉在蒸熟的籼米上繁殖并产生红色及黄色色素制成的。红曲霉适宜生长在高温高湿环境，加醋酸及低度酒（4%～6%）有利于红曲霉的生长优势。红曲霉色素是一种蒽醌类衍生物（$C_{22}H_{24}O_5$），它经日光照射可由红色褪为黄色，遇氧也可还原为黄色。红曲是制造红方腐乳的关键性配料，其红色即来自红曲。在后期发酵中，红曲也起重要作用。

## 一、目的要求

本实验要求通过具体实践，掌握红曲制备方法及红方腐乳生产的关键技术，从而加深有关理论的知识。

## 二、实验材料

10kg 籼米，乙酸，25℃开水，红曲米试管菌种，蒸桶或大蒸锅，灭菌麻袋，根霉原种，克氏瓶，竹箩，坛子，装坛卤，封坛卤，封坛料，木框竹底盘（或蒸笼）。

其他：豆浆，石膏或盐卤，制坯设备（疏布、木框、榨板等）。

## 三、实验程序

### （一）红曲的制备

1）浸泡籼米 40min，淘洗后沥干，放入蒸桶，待桶内全部冒气，加盖蒸

3min，取出搅散结块并散热至42～44℃。

2）取红曲米试管菌种1支，将菌种研细混于含有1.2%～1.5%冰醋酸0.7kg、25℃的开水中，将菌种研细，然后接入熟籼米。充分搅拌后装入灭菌麻袋，扎口后放入曲室培养。此时品温约34℃。

3）曲室温度保持28℃左右，品温由34℃升至39℃约需17～19h。待升至50～51℃时（约第24h）即拆袋，将籼米摊于木盘散热至36～38℃，再堆集米饭并覆盖麻袋，使品温升至48℃，此过程约需6h。这时再将米饭散开，翻拌散热至36～38℃，再堆积米饭，使温度升至46℃；再摊晾翻拌至36～38℃，堆米不覆盖麻袋使温度升至44℃，最后摊平，米粒已染成淡红，使品温保持35～42℃。整个培养过程35h。

4）培养35h左右时，米饭大部已呈淡红色，此时由于米饭干燥，需均匀加25℃开水0.7～1.2kg/10kg。以后每6h加水1次，加水前4h要翻拌1次，加水后也要翻拌。约加水7次后，得紫红色潮湿成品。

5）将潮湿成品摊于平盘，厚度约1cm以下，75℃烘干13h。每10kg籼米可得红曲干品3.8kg左右。

### （二）红方腐乳的生产

**1. 制坯**

1）点浆：取刚滤出的5～6°Be（波美度）豆浆50kg，迅速升温至沸。然后在82℃，pH值为5.5～6.5时，用石膏或盐卤点浆。如用盐卤，应为12～15°Be。将盐卤细流缓加，同时轻划豆浆，使浆水上翻，至盐卤与豆浆混匀，蛋白质渐凝而与水分离。再点少许盐卤，静置5～10min养花。

2）压榨：将豆花上箱后徐徐加压，箱的两榨板之间木框高度与红方厚度同，豆花应用纱布包覆。压成的豆腐坯水分一般在70%～73%，富于弹性，无水泡及麻皮。

3）划块：将压好放冷的坯取下放于板上，按要求划方，如大红方为4.8×4.8×1.8，小红方为4.1×4.1×1.6（均以cm计）。

**2. 前期发酵**

1）菌种准备：取供腐乳制作用根霉原种待用。以100g麸皮加水约140g的比例拌好湿料，每克氏瓶装40～50g，塞棉塞后，以0.1MPa高压灭菌30min。待克氏瓶放凉后，以无菌操作每管原种约接5瓶，混匀后30℃培养2d，至孢子成熟待用。加750ml 30℃开水于克氏瓶内，摇震后用纱布过滤得孢子悬液。

2）接种：将豆腐坯竖放于木框竹底盘（蒸笼），每块之间留有空隙。约取150ml菌悬液均匀喷洒于用50kg豆腐制成的豆腐坯上。

3）培养：保持环境温度28～30℃，待水分挥发后盖布培养，各笼可以柱状堆叠。约13h左右，因菌丝生长，笼温升至33℃以上，要进行翻笼，可散热并调节上下温差，补给空气。至 28h，菌丝基本长足，其间每隔 5～7h 翻笼一次。32h 左右，可将蒸笼翻搭成“品”字形降温。这时，豆腐坯已长满长毛状菌丝。

**3. 后期发酵**

1）腌坯：将毛坯平放于竹箩中，分层加盐，腌坯盐吸收腌坯水分而溶化，盐渗入腌坯内后，腌坯又渗出浸入汁。此浸入汁进一步溶解腌坯盐形成卤汁或于腌坯侧面形成卤晶。不断淋去卤汁卤晶，可使成品口味质量提高，但如此增加了劳动强度和用盐量。经过两天的腌渍腌坯即可供装坛。

2）配料：以一万块小红方计，其所需配料如下：①染坯卤（以 kg 计）：红曲 1.5，面曲 0.6，黄酒 6.25，浸泡 2～3d，磨成细浆后加黄酒 18kg，搅匀备用。②装坛卤（以 kg 计）：红曲 3，面曲 11.2，黄酒 12.5，浸泡 2～3d，磨成细浆后加黄酒 57.8kg，冰糖 5g（热开水溶化），搅匀备用。

**4. 装坛**

取出腌坯计数装入洗净干燥的坛内，一般每坛装 280 块小红方块。装坛首要在染坯卤中将坯的各面染红。将坯装入坛后，将装坛卤灌入至超出腐乳 7cm 左右，再顺序加面曲 150g，荷叶 2 张，封口盐 150g，白酒 150g（封坛料），最后加盖用水泥封严。室温约半年成熟。

**5. 开坛**

开坛取出成品应是表面鲜红，断面淡黄，味咸细腻，有红方腐乳独特风味。

## 四、注意事项

1）红曲培养时，可以 30min 测温 1 次，以便及时了解温度变化。

2）点浆要严格按规定条件进行。

## 五、思考问题

1）酒在发酵中起何作用？

2）食盐加入量的多少将对发酵有何影响？

# 第四节　泡菜制作及乳酸菌的分离与初步鉴定

在泡菜制作过程中，一个主要作用就是乳酸发酵。乳酸发酵是在厌氧条件下，某些微生物将己糖分解产生乳酸的作用。酸泡菜、酸奶及青储饲料的制作均是最常见的乳酸发酵。乳酸在这些制品中的作用主要是提供特殊风味，降低 pH 值以抑制腐败细菌的生长。根据反应过程和产物的不同，有正型乳酸发酵和异型乳酸发酵之分，前者可用下式表示：

$$C_6H_{12}O_6 \xrightarrow{-4H} 2CH_3COCOOH \xrightarrow{+4H} 2CH_3CHOHCOOH$$

上述反应中产物只有乳酸。制作质量好的泡菜、酸奶等乳酸发酵制品中，正型乳酸发酵是主要的发酵过程。异型乳酸发酵的产物则较复杂，除产生乳酸外，还可产生乙醇、甲酸、乙酸、琥珀酸、甘油及二氧化碳和氢气等。不同的微生物可造成异型乳酸发酵的产物不同或各产物的比例不同，但通常所形成的乳酸约占发酵产物的 40%，琥珀酸约占 20%，乙酸、乙醇约占 10%，其余约 20%为气体。在乳酸发酵制品中，如异型乳酸发酵所占的比例较大则其风味不纯正，而且由于产生的乳酸较少，产物较复杂，而容易造成其他腐败微生物的生长。严格掌握操作程序标准，并为常见正型乳酸发酵细菌提供厌氧等环境，是增大正型乳酸发酵比例、提高产品质量的重要保证。当然，如果仅有正型乳酸发酵，产品的风味也会单调，但一般在乳酸发酵产品制作上，由于发酵菌种多样，这种情况不会出现。

进行乳酸发酵的微生物主要是各种乳酸细菌。常见的乳酸发酵细菌有乳酸链球菌（*Streptococcus lactis*）、胚芽乳杆菌（*L. plantarum*）、短乳杆菌（*L. brevis*）、肠膜状明串珠菌等。这些细菌都是厌氧菌或微需氧菌，在 pH 值为 5～6 环境中能正常生长。除乳酸链球菌是长链或短链排列的小球菌外，其余均为无芽孢、革兰氏阳性、一般不能运动的杆菌。培养乳酸菌的培养基一般要加天然物质如酵母膏等才能保证其生长。

在制作酸泡菜时，加食盐可以促使含有己糖等营养的菜汁从组织中抽提出来，这种食盐溶液利于乳酸菌的生长，而抑制其他微生物的生长。当发酵至总酸度达到 1.5%～2%时，发酵活动停止，这时乳酸可达 1%～1.5%。

## 一、目的要求

本实验要求同学利用乳酸细菌的生理生化特性来分离鉴定乳酸菌，并通过酸泡菜制作了解乳酸发酵知识和乳酸发酵制品的制作过程。

## 二、实验材料

1）植物发酵液乳酸菌培养基：脓化牛乳 15g，酵母膏 5g，葡萄糖 10g，西红柿汁 100g，吐温-80 10ml，琼脂 10g，$KH_2PO_4$ 2g，蒸馏水 100ml。将培养基 0.07MPa 灭菌 15min。

2）革兰氏染色液，10% $H_2SO_4$，2% $KMnO_4$，含氨硝酸银溶液，滤纸条，试管，无菌吸管，无菌培养皿，无菌 50ml 三角瓶，厌氧罩，有旋盖大罐头瓶，刀，菜板，萝卜，食盐，pH 试纸，热开水。

## 三、实验程序

### （一）乳酸发酵——酸泡菜的制作

1）热开水配制 5%食盐溶液 150～200ml，放凉待用。

2）将萝卜洗净，带皮切成小块，稍晾干后放入罐头瓶至瓶口 1.5cm 左右，再加食盐溶液至淹没萝卜块，此时液面距瓶口约 0.5cm。拧上盖以隔绝空气，置28～30℃培养一周至一周半左右，观察有无气体产生及无污染。

3）结果检验：开盖后，可闻到微酸味，说明有乳酸发酵作用，品尝可有酸泡菜特殊风味。用 pH 试纸测定，发酵液 pH 值呈酸性。

（二）乳酸菌的分离和初步鉴定

1）乳酸菌的观察：取泡菜一环制涂片，用革兰氏染液染色，油镜检查可见菌体呈 $C^+$，无芽孢，细长的为乳酸杆菌，若是成链状排列 $G^-$ 菌的为乳酸链球菌。

2）产生乳酸的检查：取泡菜发酵液 10ml 放于试管中，加 10%$H_2SO_4$ 1ml，再加 2%$KMnO_4$ 1ml，此时乳酸转化为乙醛。取滤纸条于含氨硝酸银溶液中浸湿，横搭于试管口，徐徐加热试管至沸，挥发的乙醛使滤纸变黑，说明发酵液有乳酸的生成。

3）乳酸菌的分离：取发酵液 5ml 放于三角瓶，加 25ml 乳酸菌液体培养基，混匀，为稀释液Ⅰ；再取稀释液Ⅰ 5ml 放于三角瓶，加 25ml 乳酸菌液体培养基，混匀，为稀释液Ⅱ；如此配制到稀释液 X。将各稀释液分别取 0.1ml 于无菌培养皿中，倒 15ml 乳酸菌固体培养基于培养皿中，凝固后置厌氧罩中 25～28℃培养 2～4d，待有白色小菌落长出，即为初步分离的乳酸菌。进一步的鉴定应以有关生理生化鉴定为主。

## 四、注意事项

酸泡菜发酵过程，要做到排气密封。如发现霉菌连片污染，要清除污物，然后加食盐水并密封。在发酵时尽量避免食盐水腐蚀瓶盖。

## 五、思考问题

1）泡菜乳酸菌来自何处？

2）加厌氧罩在分离鉴定乳酸菌上有何意义？

# 第五节　酸奶的酿造及乳酸的快速测定（酶法）

酸奶是以牛奶为主要原料，经乳酸菌的厌氧发酵制成发酵乳。牛奶中的主要蛋白质是酪蛋白，其等电点约为 4.6。当乳酸菌发酵牛奶时，乳糖等物质产生乳酸而降低 pH 值至酪蛋白的等电点使酪蛋白则形成凝乳状沉淀。制成的酸奶 pH 值一般在 4.0～4.6，其内主要酸性物质乳酸不仅起到保持成品性状，提供风味、减缓成品腐败的作用，也能抑制肠道有害细菌的生长。某些乳酸菌可以在消化道定植并产生乳酸、乙酸而改善肠道的微生态环境。酸奶制作时，乳酸菌的大量繁殖造成牛奶中部分蛋白质的降解及乳酸钙的形成，同时，一些脂肪、丁二酮等风味物质也形成，这些物质及乳酸和乳酸菌共同赋予酸奶既具有保健饮料的特性又具有嗜好饮料的特性。

酸奶制作的发酵剂具有单菌和多菌混合型。菌种的选择主要是由产品的要求及生产条件确定的。例如，日本选育的干酪乳杆菌（*Lactobacillus casei*）YIT-9029，在生产中可抗噬菌体裂解，产品可抗胃酸，风味优良。采用多菌混合发酵的目的是要提高产酸力并使产品具有更佳的风味。常用的多菌混合是：①1∶1的嗜热乳酸链球菌及保加利亚乳杆菌，②1∶1的乳酸菌及乳脂链球菌。恒温发酵时多采用①，自然发酵时多采用②。恒温发酵主要是根据需要，人工控制调节发酵温度。自然发酵主要指发酵是在环境温度一般不超过37℃下进行，而当冬季时则采取简单的保温措施，使环境温度尽量在25℃以上进行自然发酵成熟。此种发酵虽然简便，但发酵周期往往较长。

酸奶制作的每个环节都有一定要求，为控制发酵条件及产品品质，需要经常测定酸奶的乳酸或酸度（常以总酸度代表乳酸）。采用酶法测定乳酸仅有二十几年历史，其原理是乳酸在乳酸脱氢酶催化下，将 $NAD^+$ 还原为NADH，在340nm测NADH，可得到溶液吸光度的变化，从而测出乳酸含量。酶反应如下：

$$\text{L（+）乳酸} + MAD^+ \xrightarrow{\text{L（+）乳酸脱氢酶}} \text{丙酮酸} + MADH$$

$$\text{D（−）乳酸} + MAD^+ \xrightarrow{\text{D（−）乳酸脱氢酶}} \text{丙酮酸} + MADH$$

溶液加肼可消除丙酮酸使反应完全，从而使测定结果精确反映乳酸含量。

## 一、目的要求

掌握酸奶制作的基本理论和方法，以及酶法测定乳酸的理论和方法。

## 二、实验材料

1）菌种嗜热链球菌和保加利亚乳杆菌混合菌种生产发酵剂，酸度0.4%。

2）原料：新挤健康优质牛奶，蔗糖。

3）仪器：紫外及可见分光光度计，1cm比色皿，吸管。

4）试剂：①pH值为9.0缓冲液：在300ml容量瓶中加11.4g甘氨酸，2ml浓度为24%的氢氧化肼，加275ml蒸馏水。②NAD溶液：加NAD600mg于20ml蒸馏水中。③L（+）LDH：加5mg L（+）乳酸脱氢酶于1ml蒸馏水中。④D（−）LDH：加2mg D（−）乳酸脱氢酶于1ml蒸馏水中。

煮锅，干热灭菌奶瓶，恒温箱，冰箱。

## 三、实验程序

### （一）酸奶制作

1）加热处理牛奶：将牛奶 10kg 置于煮锅，加 1kg 蔗糖，加热至 85～90℃，维持 30min。封盖。

2）冷却：较快冷却至 40℃。

3）接种：接 0.5kg 发酵剂于牛奶中，要求无菌操作，若发酵剂酸度高于或低于 0.4%，可适量增减用量。

4）罐装、发酵：将搅匀的牛奶无菌操作倒入奶瓶，每个奶瓶约 0.25kg（距瓶口 1.5cm），迅速封口。整个过程不得超过 1.5h。将奶瓶送入 40～45℃发酵室发酵 2～3h，若酸奶凝结、pH 达到 4.2～4.3 可停止发酵。

5）后发酵：将酸奶转至冷藏室，搬运要避免振动。酸奶约经历 30min 降至 10℃，这期间乳酸菌仍缓慢生长，酸度继续升高，此为后发酵。温度降至 10℃以后，后发酵停止。为防止酸度升高、杂菌污染，为使乳清回吸，提高稳定性，应在 0～5℃冷藏酸奶 12～20h。

6）成品检查：①感官指标：凝乳结实均匀，无气泡，表面光滑，乳色，酸味悦人。②理化及卫生指标（本实验可略）：脂肪＞3%，酸度 80～120T°，大肠菌群＜40/100ml，致病菌：阴性。

### （二）酶法测定乳酸

1）稀释：取成品乳清溶液（可以通过离心等方法得到）稀释 10 或 20 倍。

2）加试剂测试：用吸管依次加下列试剂于比色皿中：3ml 缓冲液，0.2ml 乳清稀释液，0.2mlNAD 溶液，混匀后于 340nm 处测得 $\varepsilon_1$。再加 0.02ml L(＋) LDH，0.02ml D（—）LDH，保温 25℃，60min，于 340nm 测得 $\varepsilon_2$。

以蒸馏水代替乳清液，其余各步均与上述相同，测出空白 $\varepsilon_1$ 及空白 $\varepsilon_2$。

3）计算：参考酶法测定乙醇的计算公式，将相应的值代入，可求得乳酸浓度。

## 四、注意事项

1）发酵用牛奶不可含有抗菌素及防腐剂，以免影响发酵。

2）生产用发酵剂的营养成分应尽量与制作酸奶的原料相同。

3）制作酸奶的发酵剂不可过多加用，以免造成乳清分离。

## 五、思考问题

1）加糖在酸奶制作上起何作用？

2）若成品酸度过低，原因何在？

## 第六节 食醋的酿造及醋醪中醋酸菌的分离

食醋是重要的调味品，其主要成分是醋酸。能生产食醋的原料很多，如含糖的水果，含淀粉的粮食。这些物质经微生物作用产生醋酸及蛋白质等降解产生的风味物质，形成了各种食醋独特的色、香、味。食醋酿造可分为固体和液体发酵两大类，其原料有生料和熟料之分。酿醋一般需加多种辅料，它们可为发酵提供良好的物理化学环境。

制醋大致分 3 个过程：①淀粉水解成糖；②糖发酵成乙醇；③乙醇氧化成酸。前两个过程实际上是乙醇发酵，其所用原料、微生物（如液化和糖化过程所用的曲霉、乙醇发酵所用的酵母菌等）或酶与乙醇发酵基本上相同。第三个过程主要是由醋酸菌的活动造成的，其作用机理较复杂，简化可表示为

$$CH_3CH_2CH \xrightarrow{\text{乙醇脱氢酶或乙醇氧化酶}} CH_3CHO \xrightarrow{\text{乙醛脱氢酶}} CH_3COOH$$

一般情况下，醋酸菌为杆状，生长过程严格好氧，在液体中形成菌膜。但是，人们发现一些例外，如热醋酸梭菌则属于严格厌氧菌。醋酸菌生长的最适 pH 值为 3.5～6.5，最适温度为 30℃左右。1%～1.5%的食盐具有抑制醋酸菌的作用，60℃下加热 10min 可以杀死醋酸菌。在生产中，经常采用加盐加热的方法来防止有的醋酸菌利用醋酸为碳源过度氧化而造成低产。

本实验采用液态发酵制酒，固态发酵转酸的新工艺。其特点是简单易行，周期短，产量质量可得到提高。在发酵时，由于发酵热将造成品温升高及品温不均匀，为了保证品温在利于发酵的温度范围之内，需要倒醅来控制温度。

### 一、目的要求

掌握乙酸发酵的基本理论及食醋制备的一些基本过程。

### 二、实验材料

1）用品：大型铁锅，发酵缸，淋缸，滴定管，三角瓶，吸管。

2）原料：高粱粉（或薯粉）50kg，麸皮 75kg，稻壳 75kg，食盐 2.5 kg，水 275kg。

3）试剂：标准氢氧化钠溶液，酚酞指示剂，蒸馏水，革兰氏染色液。

4）乙酸菌分离培养基：葡萄糖 1g；酵母膏 1g，乙醇 2ml，琼脂 2.5g，$CaCO_3$ 1.5g，水 100ml。

将上培养基分装于培养皿和试管，高压灭菌 20min。

5）菌种：中科 3.324# 糖化黑曲霉扩大曲 15kg，中科 3.951# 米曲霉扩大曲

5kg，中科 2.109# 酵母酒母液 10kg，中科 1.41# 醋酸菌种子液 10kg，B. F. 7658 淀粉酶 0.15kg。

## 三、实验程序

### （一）食醋酿造

1）液化：在铁锅中加水 275kg，加高粱粉或薯粉 50kg，升温至 60℃，调 pH 值为 6.2～6.4，加淀粉酶。继续升温至 85～90℃维持 10min 液化。然后升温至沸，维持 20min。

2）糖化：降温至 60℃，调 pH 值为 5.4，加 3.324# 黑曲霉扩大曲 7.5kg，熄火，盖瓶盖，包上麻袋，保温糖化 3h。

3）乙醇发酵：待温度降至 28℃时，将糖化液移到乙醇发酵缸，加 2.109# 酒母液 10kg。第一天，敞口培养，繁殖菌体；第二天起，盖缸密封，厌氧发酵产生乙醇。总共 4d，发酵室温度为 25～28℃。

4）醋酸发酵：

a. 装料，倒醅：将乙醇发酵液掺拌麸皮，稻壳，3.324# 黑曲霉扩大曲 7.5kg，3.951# 扩大曲，1.41# 醋醅菌种子液，搅匀后送入醋酸发酵缸（也可直接在乙醇发酵缸中进行），摊平后加盖发酵。第二天，品温若上升，可将上部醋醅翻动，如升到 37℃或以上，可将醋醅全部倒入另一空缸。一般，一天要倒醅一次，若品温超过 42℃，可两天倒 3 次；若品温过低（如在 32℃左右），可两天倒一次。醋酸发酵室的温度应控制在 30～32℃。一般至第 7d，品温逐渐下降到 32℃。

b. 检验：取发酵液 5ml 置于三角瓶，加蒸馏水 45ml，再加酚酞指示剂 2～3 滴，以氢氧化钠标定液滴定至粉红。由下公式可计算：

$$W_a（醋酸含量）=V_b C_b \times 60.06 \times 10^{-3}\ (g)$$

式中：$V_b$ 为所消耗氢氧化钠的体积（ml）；$C_b$ 为氢氧化钠浓度（mol/l）。

上述公式实际上得出的是总酸量，但由于醋酸在发酵液总酸中占绝对优势，故总酸量近似于醋酸含量。

c. 加盐后熟：经测定醋酸含量若达到 7～7.5g/100ml，即可加盐封醅。先将食盐一半搅拌于上半缸，搅匀后移入另一缸：次日再把另一半食盐拌入下半缸，搅匀后合并成一缸。后熟 2d，使色香味更佳。

d. 淋醋：将醋醅倒入淋缸后，加水淋下，收集的醋汁醋酸含量降至 5%时停止。在实际生产中，常用淋缸三套循环法进行淋醋。

e. 配制灭菌：将所淋醋汁于 80℃灭菌 10min，亦可沉淀并加苯甲酸钠等防腐剂，即得成品。

（二）醋酸菌分离

1）观察：取醋醪汁于三角瓶中，塞棉塞，28℃培养 2～3d，待长出菌膜后，取菌膜一环制片，革兰氏染色。镜检可见革兰氏阴性、无芽孢的杆菌，将其与原醋酸菌种子液镜检结果比较，可见形态特征的一致性。

2）培养皿分离：由三角瓶的菌膜取菌在数个培养皿培养基上划线，然后置于 30℃恒温箱培养 48h，整个过程要无菌操作。取出观察，各单菌落形态应基本一致。

3）斜面保养：取单菌落菌转接于斜面，30℃培养 2d 后可放于 0～4℃冰箱保藏。

## 四、注意事项

如果倒醅降温无效，可用塑料薄膜封于醋醅表面以控制温度上升趋势。

## 五、思考问题

1）5%以下醋汁为何不宜制成品醋？

2）醋酸菌能否将糖转化成其他酸？

# 第七节　食品中乙醇的快速测定（酶法）

含有乙醇的食品主要是各类酒类。酒类是饮料工业的支柱产品，与人类生活密切相关。出于保健的需要和很多国家政策的引导，各国发展低度酒类的势头越来越猛，几乎无醇的啤酒的出现即是一例。酒类中乙醇的测定对于鉴定酒的品质极为重要。测定乙醇的经典方法很多，而酶法测定乙醇相对历史较短，它是一种快速灵敏的方法，可用于乙醇少于 1%（*V*/*V*）样品的测定，故能够适应测定低度酒类乙醇含量的要求。对于酒精度较大的饮料，可以通过稀释来准确测定（一般稀释至 0.01～0.15g/L）。其他含乙醇食品，可通过制取一定量试样的一定体积的乙醇提取液来测定其微量乙醇。

酶法测定乙醇的原理是乙醇在乙醇脱氢酶催化下，将 $NAD^+$ 还原为 NADH。辅酶Ⅰ构型的改变，造成其在 340nm 吸光度的变化，测定这种变化，可以计算出样品的乙醇含量。酶反应过程如下：

$$CH_3CH_2OH + MAD \xrightarrow{\text{乙醇脱氢酶}} CH\ CHO + MADH + H^+$$

溶液中加缓冲液使呈碱性，同时加氨基脲除去生成物乙醛，则反应可进行完全，从而使测定结果可精确反映乙醇含量。

## 一、目的要求

掌握酶法测定乙醇的主要原理及其主要操作方法。

## 二、实验材料

1）试样：低酒度啤酒，酒精度约为10g/100ml的白葡萄酒。

2）仪器：紫外及可见光分光光度计，1mm比色皿。

3）试剂：①pH值为9.0缓冲液：10.00g$Na_4P_2O_7 \cdot 10H_2O$，2 500g盐酸氨基脲及0.5g甘油溶于250ml水中，移入300ml容量瓶，在20℃稀释至刻度。②$NAD^+$溶液：72.0mg$NAD^+$溶于6.00ml水中，4℃保存。③乙醇脱氢酶溶液：用50mg减压干冻酶（约含30mg酶蛋白）溶于7ml水中，4℃保存。以上试剂尽量低温保存，也不可过久。

## 三、试验程序

1）稀释：将白葡萄酒稀释1000倍达到0.10g/L左右酒精度。

2）加试剂测试：取两试管，各加2.50ml缓冲液和0.10mlNAD＋溶液。然后一管加0.50ml水为空白，另一管加0.10ml试样稀释液和0.40ml水，混匀。2min后，用1mm比色皿在340nm波长处分别测得吸光度$\varepsilon_1$值。各管再分别加0.02ml乙醇脱氢酶溶液，混匀，塞好试管，置于37℃水浴保温25min。用同一比色皿，在相同条件下测得各管溶液的吸光度值$\varepsilon_2$。

3）计算根据以下公式计算：

$$\text{乙醇}=\frac{V\times M\times\Delta\varepsilon\times D}{1000\times\varepsilon\times 1\times Vs}\ (\text{g/100ml})$$

式中：$V$为比色液最终体积（3.12ml）；$M$为乙醇M重量（46.07g/mol）；ε为NADH在340nm吸光系数（$6.3\times10^3\times1\times mol^{-1}\times cm^{-1}$）；1为比色皿厚度（0.1cm）；$\Delta\varepsilon=\varepsilon_s-\varepsilon_b$，$\varepsilon_s$＝试样$\varepsilon_2$－试样$\varepsilon_1$，$\varepsilon_b$＝空白$\varepsilon_2$－空白$\varepsilon_1$；$V_s$为取样体积（0.10ml）；$D$为稀释倍数（1000）

对于低度啤酒可以省去稀释步骤（$D$=1），按上述各步测定乙醇含量。

## 四、注意事项

酶反应中，其他杂醇等也可被氧化，故试样中其他杂醇不可过大，否则将引入较大误差。

## 五、思考问题

试样颜色对测定结果有无影响？

# 第八节　噬菌体的培养及噬菌斑的观察

噬菌体是一类寄生于微生物细胞中的病毒。噬菌体跟其他微生物一样可依据其个体形态和群体形态进行分类鉴定。噬菌体的个体形态可用电镜观察，其群体形态即噬菌斑形状可用肉眼观察。噬菌体在含寄主细胞的平板上，通过吸附、侵入，在寄主细胞中大量繁殖，最后裂解寄主细胞而释放。释放的噬菌体再感染附近的细胞，从而在菌苔上形成一个个肉眼可见的无菌空斑，称噬菌斑。不同类型的噬菌体形成的噬菌斑形状完全不同。噬菌体在一定条件下是相对稳定的。噬菌斑的形成技术不光可用于噬菌体的分类鉴定，也可用于各种样品中噬菌体的检查和定量测定。

## 一、目的要求

学会用双层平板法培养噬菌体形成噬菌斑，观察噬菌斑的形态。

## 二、实验材料

1）敏感菌：北京棒状杆菌或大肠杆菌。

2）培养基：上层营养琼脂（含琼脂 0.6%，试管分装，每管 4ml），底层营养琼脂（含琼脂 1.5～2.0%），3 倍浓缩的营养肉汤。

3）用品：细菌滤器，抽滤装置，恒温水浴锅，无菌吸管，无菌培养皿等。

## 三、实验程序

1）培养敏感菌：取经活化的敏感菌斜面 1 支，从中挑取 1 环菌体接种到营养肉汤中，培养到对数期，使菌液在 650 nm 处的 OD 值为 0.8 左右，备用。

2）增殖噬菌体：取上述敏感菌培养液 5 ml 于盛有 50 ml 三倍浓缩的营养肉汤三角瓶中，37℃（棒状杆菌用 30℃）培养 4～6 h 后，加入污水（大肠杆菌培养液中加粪便污水，棒杆菌培养液中加味精厂区阴沟污水）100 ml，继续培养 12～24 h，以增殖噬菌体。

3）制备裂解液：将上述的混合培养液，2000～3000r/min 离心 10 min。取上清液用细菌滤器过滤，在抽滤瓶的试管中收集滤液，取少量滤液做无菌试验，即将滤液滴几滴于营养肉汤中，培养过夜，无细菌生长则表明除菌彻底。

4）验证噬菌体的存在：在营养琼脂平板上滴几滴对数期的敏感菌菌液，用无菌涂棒涂匀。待菌液被平板培养基吸收干后，滴上述滤液数小滴于含菌平板表面。在平板的某一区域上滴加一小滴无菌生理盐水为对照，做上记号。然后将平板倒置培养 12～18 h。如加滤液处无菌生长，出现空斑，而对照处有菌生长无噬菌斑则表明滤液中有噬菌体存在。平板上空斑连片说明滤液中噬菌体浓度较高。

5）噬菌斑制备：上述平板上已有噬菌斑出现，滤液不用稀释，若空斑成片滤液可适当稀释，用营养肉汤稀释。

用 9cm 直径的无菌培养皿，倒入 10 ml 底层营养琼脂培养基。取装有上层营养琼脂的试管，融化后放入 50°C 左右的水浴中保温。在每支无菌试管中加入 0.1 ml 对数期敏感菌悬液和 0.1ml 各稀释度的滤液，将保温在水浴的上层营养琼脂倒入试管，立即摇匀倒在已凝固的底层琼脂上，摇匀铺平。培养 12～24 h，观察平板上噬菌斑的形态大小。

## 四、注意事项

1）制备噬菌体裂解液的除菌滤器和收液管均须严格灭菌。

2）制备双层平板时，倒好底层或上层培养基均须放在水平位置上凝固。

3）双层平板法操作中，敏感菌和噬菌体也可加入保温在水浴中的上层培养基中，但摇匀时要注意气泡产生。不管如何操作，敏感菌噬菌体与培养基要充分摇匀，无气泡，迅速倒入底层培养基上能铺平无凝块。

4）平板要倒置培养，以防冷凝水下滴影响噬菌斑的形成及计数。

## 五、结果记录

1）描述平板上出现的各种噬菌斑的形态和大小。

2）计算滤液中噬菌体的浓度（即效价）

噬菌体数＝噬菌斑数目×滤液稀释倍数×10（个/ml）

## 六、思考问题

1）为什么在同一敏感菌的平板上会出现形态大小不同的噬菌斑？

2）噬菌体分离检测中，为什么要经增殖这一步？这种增殖与其他微生物的富集培养有何区别？

# 第十二章　食用菌的制种方法和栽培技术

食用菌是指可供人们食用的一类大型真菌，如蘑菇、香菇、平菇、灵芝等。这些食用菌不仅营养丰富，味道鲜美，有些还具有药用价值。目前，在我国城乡广泛开展栽培食用菌已是一条利国利民、脱贫致富之路，受到各地的重视。

食用菌的制种、栽培技术也是微生物学实验的重要内容，并且是一项很实用的微生物学技术。

通过对“子实体的形态观察”、“平菇母种、原种、栽培种的制备”、“平菇的出菇试验”“香菇的纯种分离与培养”、“食用菌的菌种复壮与保藏”等几个实验介绍，使读者掌握食用菌形态结构的一些特点、制作方法、分离、培养、保藏的基本原理及栽培技术，达到举一反三的作用。

## 第一节　子实体形态观察

真菌学通常把能产生孢子的果实体称作为子实体，也称担子果（子囊菌的子实体称为子囊果）。子实体也是供人们食用的部分。

食用菌的担子果大部分是蘑菇形的，也有呈木耳、银耳形的。此处仅以常见的蘑菇、香菇、平菇等伞菌目的菇类形态为例简要介绍。

伞菌目子实体一般由菌盖、菌柄及菌丝体三部分组成。伞菌目其菌盖分表皮层和菌肉两部分。菌盖的形态和大小因食用菌的种类而异，有的呈圆形，有的呈半球形、扇形、喇叭形、钟形或马鞍形等。菌盖的质地可分为肉质、膜质、蜡质和革质等。菌盖的皮层有各种各样的颜色，如白、黄、褐、灰、红等；有时随着培养条件和发育阶段不同而有所改变，如平菇的菌盖幼时为灰黄色，长大以后为灰色，老熟时则近白色。菌盖表面，有的光滑，有的表面具有绒毛、鳞片或晶粒状的小片。菌盖的腹部是菌褶或菌管，上面连接着菌肉，这部分有时称为子实层体。菌褶的颜色除它本身具有色泽之外，往往随着菌体的变老而表现出各种孢子的颜色，但也有的食用菌褶的颜色与孢子的颜色不同。菌褶或菌管与菌柄的着生类型有以下四种：离生，又名游生，菌褶与菌柄不接触，游离，如双孢蘑菇和草菇；直生，又名贴生，菌褶后端着生在菌柄上，如滑菇、鳞耳等；弯生，又名凹生，菌褶与菌柄处有弯凹，如口蘑、香菇。延生，又名垂生，菌褶后端随菌柄下延，如侧耳。

菌柄是菌盖的支撑部分，它在菌盖下的着生方式：

1）中生：菌柄生于菌盖的中央，如蘑菇、草菇；

2）偏生：菌柄生于菌盖的偏心处，如香菇；

3）侧生：菌柄生于菌盖的一侧，如侧耳、虎掌菌。

菌柄的形状有圆柱形、纺锤形、棒形等，有的柄基膨大或延伸成假根。

菌柄内部有的松软或空心，但也有实心的，还有些种类随着菇体的不断生长，菌柄内部由实心变成空心。

有些伞菌在初形成菌蕾时，外面常包围着1或2层包被，叫做菌幕。当菌蕾长大开伞时，菌幕被撑破，除去部分菌蕾的碎片留在菌盖的边沿处外，有些菌幕残留在菌柄上，成为菌环，如白蘑菇、蜜环菌。有些食用菌的菌幕残存在菌柄的基部，形成杯状的菌托，如草菇。这些都是食用菌形态上的重要特征。

## 一、目的要求

观察几种食用菌的子实体，认识、熟悉食用菌子实体的形态特征。

## 二、实验材料

取新鲜的平菇、香菇、蘑菇等子实体各若干，如无新鲜子实体，也可用各种子实体的浸制标本。

## 三、实验程序

仔细观察比较各种食用菌子实体的形态结构，绘出各种食用菌子实体形态图，并做如下记载描述。

食用菌菌名：

1）子实体形态结构图。

2）菌盖：形状、质地、颜色、表面特征。

3）菌褶：颜色与菌柄的着生类型。

4）菌柄：形状、着生位置、质地、表面、内部空心或是实心。

5）有无菌环、菌托。

## 四、思考问题

1）各种食用菌的子实体形态结构有何不同？

2）按真菌学术语，指出各结构的名称。

# 第二节　平菇的母种、原种、栽培种的制备

平菇是侧耳属的统称，约有30几种，已进行人工栽培的有糙皮侧耳、凤尾菇、鲍鱼菇、白黄侧耳等。

平菇含有大量的蛋白质、多糖及维生素，肉质肥厚而富有韧性，是中外著名

的食用菌之一。

平菇适应性强，生物效率高，生产周期短而集中，成本低，具有粗生快长的优点，是一种很有发展前途的食用菌。

## 一、目的要求

学习平菇的母种、原种、栽培种的制备，掌握食用菌菌种繁殖技术。

## 二、实验材料

1）平菇菌种。

2）培养基：马铃薯，葡萄糖琼脂培养基（PDA），棉籽壳培养基。

3）器具：培养瓶，接种铲，镊子，酒精灯，防水纸，绳子。

4）药品试剂：5%石炭酸，75%酒精棉球，2%石灰水等。

## 三、实验程序

### （一）母种的培养

母种的培育是制种工作中的关键，它的优劣直接影响到原种、栽培种的质量好坏。母种可由孢子萌发而成，也可以从子实体组织分离或用平菇斜面的菌丝体移接扩增而得。

将平菇斜面菌种用无菌操作铲取黄豆粒大小的一块，接入PDA培养基的试管斜面上，置恒温箱或培养室25～26℃下培育，3d后菌丝生长洁白、健壮，7d后菌丝长满斜面。

### （二）原种和栽培种的制备

由试管母种初步扩大繁殖到固体种（原种）。由原种再扩大繁殖应用于生产，叫生产种或栽培种。原种可用500ml三角瓶，栽培种用700ml蘑菇瓶，其制作过程是：拌料（含水量60%左右）→装瓶2/3→压实→打洞→洗瓶→用防水纸包扎瓶口（或棉塞塞住）→灭菌→冷却→接种→培养。

1）培养基配方：棉籽壳50kg，石膏粉1 kg，过磷酸钙（或尿素）0.25kg，糖0.5 kg，水约60kg，pH值为5.5～6.5。

2）拌料：含水量约60%。

将棉籽壳、石膏粉、过磷酸钙按定量充分拌匀，将糖溶在60kg的水中，然后边拌边加入糖水，糖水加完后，再充分拌匀。静止4h后，再测定含水，含水量应为60%左右。具体检查方法：可用一只手握紧培养料，在指缝间有水渗出而不下滴为宜，若含水量不足，需再加水，调pH值为5.5～6.5左右。

3）装瓶：将配制好的培养料装入培养瓶中，装料时尽量做到四周紧实，中间松，并在中心挖一小洞，以利接种；栽培种装料到瓶肩。

4）洗瓶，加防水纸包扎。将装好料的瓶子，用清洁湿布把瓶子的四周及瓶口擦洗干净（以免杂菌污染），用防水纸将瓶口扎好。

5）灭菌：装瓶后应立即灭菌，不能隔日。

a. 用高压灭菌锅灭菌：要求压力为 0.17Mpa，达到 128℃，再维持 1.5～2h。灭菌时间到后自动降磅，放气后，利用余热，再闷蒸 1h。

b. 用土锅灭菌：用蒸笼等加热到培养基上冒蒸汽后，继续保持 4～6h，再闷蒸 3～4h 方可出锅。在灭菌中需添水时，一定要加开水，否则达不到灭菌的目的。

6）接种：

a. 原种的接种：将斜面母种划成 6 块，用无菌接种铲铲下一块放入原种培养基上（注意将长有菌丝的一面朝向原种培养料），使其直接与培养基接触，以利生长，塞上棉塞，26℃左右恒温黑暗培养。

b. 栽培种的接种：将已灭菌而冷却至 50℃左右的培养物以无菌操作法将原种接入洞内及培养基表层，要求表面不露出培养基，用接种铲或无菌镊子将表面压实，以利原种与培养基密切结合，利于繁殖快。接种人员的双手应用 75%酒精棉球擦净，接种铲或镊子需先用酒精棉球擦净，然后再以火焰灭菌，并在接种室或净化工作台中进行接种。接种完毕应立即将瓶口用无菌纸包扎好，26℃左右培养。

7）培养和管理：

a. 温度：平菇菌丝生长最适温度为 25～28℃，子实体形成最适温度为 15～20℃。原种三角瓶料面布满菌丝需 7～10d。栽培种料面长满菌丝需 20～30d。因此应掌握好平菇生产季节，一般以 4 月或 10 月中旬为宜。

b. 湿度：菌丝生长阶段空气温度以 70%为宜，并以黑暗为主，有利菌丝生长。

c. 若局部菌丝不萌发，可用无菌接种铲打几个洞通气，也可喷洒 10%糖和 20%的乙醇混合液，促使菌丝萌发。

## 四、注意事项

1）装瓶时料上下松紧要一致，灭菌要彻底，接种要严格无菌操作。

2）原种或栽培种培育中，从第 3d 到菌丝覆盖培养基表面并深入基内 2cm 时，要勤检查，发现杂菌污染要及时处理。

3）菌丝生长到培养基 1/3 时，室温要比初期低 2～3℃，室内空气要新鲜。

4）生命力强的菌种，呈白色、富弹性。

5）培养好的菌种要放在凉爽、干燥、清洁的避光室内保存，以防老化。如保存期过长，菌种干燥收缩过多，或菌体自溶，产生黄褐色的水分，表明菌种已严重退化，生活力度弱，不宜再用。

## 五、思考问题

1）简述平菇母种、原种、栽培种的制备程序。

2）平菇的母种、原种、栽培种制备中应把握哪些主要关键措施？

附注 1

平菇母种培养基：马铃薯葡萄糖琼脂培养基（PDA），马铃薯 200g 加水 500ml 煮沸 10min 过滤取汁加入以下成分后加热融化。葡萄糖（也可用蔗糖代替）20 g，加水至 1000ml；琼脂（视琼脂质量而定）18～22g，pH 值为 5.5～6.0。

装试管灭菌：压力要求 0.07Mpa，灭菌温度要求达到 115℃，达到要求的温度或压力后再持续时间 25min，压力下降至 0 时，取出并摆成斜面备用。

附注 2

平菇原种也可采用麦粒培养基，配方如下：麦粒 50kg，石膏粉 2.5kg，碳酸钙 2.5kg，水 75kg。

将小麦粒加水浸泡 12h，加热煮沸维持 10min，粒熟而不裂，捞起来滴干水，拌入石膏粉和碳酸钙，即可装瓶灭菌备用。

# 第三节　平菇的出菇试验

## 一、目的要求

本实验要求了解、比较各平菇菌种的产量、品质，选择优良菌种作为栽培种。

## 二、实验材料

1）平菇原种。

2）培养瓶，接种铲，镊子，酒精灯，防水纸，5%石炭酸，75%酒精棉球，2%石灰水等。

3）棉籽壳培养基（见第二节）。

## 三、实验程序

### （一）室内出菇试验

按照棉籽壳培养基配方拌料（含水量 60%左右）→装瓶 2/3→压实→打洞→洗瓶→用防水纸包扎瓶口→灭菌→冷却接种→培养。

每个平菇品种10个重复（即装10只广口培养瓶）。平菇接种后置于25～28℃恒温室黑暗培养，或者置半地下室培养。

当菌丝布满整个料面底部，菌丝体分化纽结形成子实体原基，可看到有白色、黄白色或灰黑色（颜色因品种不同而异）突起，呈肉瘤状即是子实体原基，其直径呈米粒样，此时要立即除去覆盖物，充分透光通气，创造昼夜温差，保持空气相对湿度90～95。可在培养物表面喷细水，保持料面不积水，随着菌柄的加粗长高，菌盖长大，此时每天可喷3～4次细水，当菇盖不再长大，颜色由浓变淡，边缘未反卷尚未弹射孢子时就应及时采摘。

头批菇采收后，可破瓶，将同一品种的菌块集中放入盘中或纸盒中，继续保湿培养，再经7～10d左右，又将出现子实体原基，仍照上述办法管理。计算每一品种的第一和第二批菇的鲜重、用料量，并评估菇质好坏。

（二）室外出菇试验

1）平菇菌种接种、培养同室内出菇试验。当菌丝满瓶后，移至室外挖坑脱瓶浅埋。

2）在室外墙角、树阴等阴暗潮湿处挖坑，要求坑床宽约0.6m、长1 m、深0.03 m；料块接种（铺放）后，上盖土2cm，喷湿表土，上面用棍子架起，盖一层苇席或草包即可。每一品种3～4个重复；管理的重点是保持表土湿润。

3）计算每一品种的用料量、出菇量（第一、第二批菇鲜重）、并评估菇质好坏。

## 四、注意事项

1）不论是室内出菇试验，还是室外出菇试验，每一品种都要尽可能做到用料量相同，接种量相同，各品种之间试验条件要相同，以便比较。

2）原种不能污染杂菌。

3）出菇试验最好选择春、秋二季，以秋季温度更适宜。

## 五、思考问题

1）为什么要进行出菇试验？

2）室内出菇试验与室外出菇试验的培养条件有何异同？管理上是否应有不同？

3）室外出菇试验可能会出现哪些异常情况？如何采取措施？

# 第四节　香菇的纯种分离与培养

香菇又名香簟、香菌、冬菌，属担子菌纲，伞菌目，侧耳科，香菇属。香菇香味独特，肉质脆嫩，食之鲜美可口，滑而不腻。它不但营养价值很高，而且还具有抗癌、降压等作用，真是一味炙口的食品兼药品。

香菇菌种分离法有孢子分离、组织分离及菇木菌丝分离等几种，其中最简便有效的方法是组织分离，成功率高，菌种质量也好。

## 一、目的要求

本实验要求学习香菇的纯种分离及培养技术，掌握食用菌的组织分离技术。

## 二、实验材料

1）香菇母种培养基。

2）无菌刀，镊子，酒精棉球，75%乙醇等。

## 三、实验程序

### （一）配制香菇母种培养基

1）PDA 培养基（见第二节）。

2）玉米粉培养基：玉米粉 50kg，蔗糖 5kg，琼脂 15～20g，水 1000ml，pH 值为 5.5～6。

先将玉米粉加入水中调成稀糊，煮沸 30min，用纱布过滤，取滤液，并加入琼脂加热，待琼脂溶化后，再加入蔗糖，补足水分至 1000 ml，调整好酸碱度，然后装管，加棉塞、灭菌、制成斜面。

3）木汁培养基：菇树木 200g，米糠（或麦皮）100g，硫酸铵 1g，琼脂 20g，水 1000ml，pH 值为 5.5～6。

选取适合香菇生长的树木边材，劈成小块或木片（也可用其木屑），和米糠一起放入铝锅内，加热煮沸 20min；过滤取其滤液，用热水补足到 1000 ml，再加入琼脂，继续加热至琼脂溶化；然后加入已溶于少量水中的蔗糖及硫酸铵，混合拌匀，并调整酸碱度，最后装管，加棉塞、灭菌、制成斜面。

以上 3 种培养基可任选 1 种，一般以 PDA 培养基较常用。

### （二）种菇的选择

母种是菌种生产的关键，直接关系到原种和栽培种的质量，因此，必须认真选择分离用的种菇。

种菇的选择，首先要考虑选取符合本品种特性的个体，然后在出菇早、出菇均匀、生长旺盛的菌砖或菇木上挑选。选出的种菇应是个体健壮、发育正常、朵形端正、菌肉肥厚、菌柄短壮、无病虫害、八成熟的菇体。发生第一、二潮香菇的时候，菌砖和菇木的营养充足，菌丝生命力强，菇体健壮，因此种菇应在二潮菇中挑选。

（三）菇体组织分离与培养

取健壮的幼菇子实体，用清水洗净，再用75%酒精棉球擦拭消毒，然后用无菌刀自菌柄处或子实体的任何一端切开少许，再用镊子或手指将菇体掰开，取用切面上的一小块（绿豆至黄豆大小）菇肉，迅速接入马铃薯蔗糖培养基斜面，25℃左右培养1～2d，即见菌肉周围长出绒状棉花样菌丝，立即移进新管培养，即得菌种。

获得纯种后，视需要可用马铃薯培养基进行培养，但为了保持原种优良特性，传代次数不宜过多，最好从子实体分离的菌种传种，试管斜面时不超过三代。香菇纯菌种若置冰箱保藏，半年移植一次即可；若置室温保藏，最好制成小木片试管菌种，于阴暗处储藏，可保藏一年；也可制成麦粒种保藏，在阴凉环境下可保存1～2年。

## 四、注意事项

菌种质量的优劣，直接影响香菇的产量。分离到的香菇菌种应注意达到以下标准：

1）没有受杂菌污染或混有其他菌种。

2）菌丝白而有光泽，无褐色菌皮。

3）菌丝粗壮，分枝浓密，生命力强，菌龄适当。

4）培养基湿润，含水适中，试管斜面上有少量水汽。

## 五、思考问题

1）除组织分离法外，还可用哪些方法获得香菇的母种？

2）香菇的纯种分离，有哪些关键步骤？

3）其他食用菌是否也可用组织分离法获得母种？

# 第五节　灵芝的纯种分离与培养

灵芝俗称灵芝草、灵芝菇、瑞草，属于担子菌纲，多孔菌科。灵芝类群在我国已知的有50多种，而以红芝［*Ganoderma lucidum*（Leyss. ex Fr.）Karst.］和紫芝［*Ganoderma japnicum*（Fr.）Loyd］为主要代表种类。灵芝具有扶正培本、强心、健脑、保肝、镇静等功能，是珍贵的药有菌。

灵芝野生资源稀少，满足不了人民生活需要，因此发展人工栽培十分必要。孢子是食用菌的基本繁殖单位，担孢子是由双亲的细胞核经配合而成的，具有双重的遗传性，生命力强，尤其是采用单孢子分离的菌种，孢子经过选择、质量更好。用孢子来培养菌丝体是制备食用菌菌种的基本方法。

## 一、目的要求

本实验要求通过孢子分离法获得灵芝母种，掌握孢子分离法获得食用菌菌种的分离技术。

## 二、实验材料

钟罩，培养皿，三角瓶，瓷盘，支持架，接种环，镊子，注射器，培养箱等。

## 三、实验程序

### （一）母种培养基的制备

1）马铃薯葡萄糖琼脂培养基（见第二节）。

2）马铃薯营养琼脂培养基：

马铃薯 200g，葡萄糖 20g，磷酸二氢钾 3g，硫酸镁 1.5g，维生素 $B_1$ 10mg，琼脂 20g，加水至 1000 ml。

配制时先将马铃薯去皮切块煮沸 20min，过滤取汁，加入其他成分，待琼脂融化后装入 20mm×20mm 试管，灭菌后制成斜面。

### （二）孢子分离培养

**1. 孢子的采集**

选择菌盖肥大、形态典型的成熟灵芝，刷去表面尘土，用 75%乙醇进行表面消毒（注意不要触及到子实层），然后将其插入孢子采集装置的支架上，（支持架一般是用玻璃棒或粗铅丝折曲而成）在支持架下放有培养皿底（作为收集孢子用）。外面可用钟罩或大烧杯套住。然后将装置移入 14～18℃恒温培育，以便孢子释放。整个装置都需先经过灭菌干燥，有关操作也必须在无菌室中进行，以保证收集的孢子纯正。此外，孢子还可采用悬挂法来采收，其操作步骤如下：①将子实体进行消毒；②用无菌纱布将子实体表面的水分吸干；③取灭菌的棉线将子实体扎住，悬挂在无菌的圆锥瓶中；④恒温培养 1～2d 后，移去灵芝子实体。这时瓶底就会积满孢子。如果圆锥瓶内事先盛有琼脂培养基，则孢子就会萌发成单个菌落，经挑菌移植后就成为母种。

**2. 孢子的分离**

孢子的分离一般都采用稀释培养法，即将成堆的孢子（孢子粉）用无菌水进行适度稀释后，涂布在斜面培养基上，然后挑取其优良菌落。

（1）方法 1

用无菌针头挑取少量孢子粉后，移入盛有无菌水的试管内，然后用 2 ml 针筒推吸数次，制成孢子悬液。孢子悬浮液的浓度以每滴中含孢子 4～10 个为好；如太浓，可用无菌水稀释一次。孢子液制备后即可用注射针将它滴注在试管斜面上，每管 1～2 滴，然后转动试管，使孢子悬浮液在斜面上分布均匀。这样，经恒温培养后，斜面上就会出现星星点点的菌落。

(2) 方法 2

先将培养基倒入无菌培养皿内以制成平板，然后在平板上滴 1～2 滴孢子悬浮液，并立即用无菌玻棒推平，这样的平板经培育后，表面上就会出现多个均匀分布的单菌落，挑菌很方便。

## 四、思考问题

1）孢子分离法与组织分离法各有特点？

2）孢子分离过程中应注意哪些事项？

# 第六节　食用菌的菌种保藏与复壮

食用菌菌种是重要的微生物资源，也是食用菌生产的首要生产资料。一个优良菌种，要用适当的办法妥善保存，以保持它的生活力和优良性状。为了避免菌种出现退化现象，还要采取复壮措施，以免给生产带来损失。

## 一、目的要求

本实验要求了解食用菌菌种保藏的基本原理，掌握食用菌菌种保藏的方法，学习和掌握食用菌菌种复壮的方法。

## 二、实验材料

1）培养基：马铃薯蔗糖培养基，麦粒。

2）冰箱：石蜡，液体石蜡油，无菌水，滤纸条。

3）其他：无菌吸管，接种环，酒精灯，标签纸。

## 三、实验程序

### （一）菌种保藏方法

食用菌菌种保藏的方法很多，常用的有斜面低温保藏法、液体石蜡封藏保藏法、麦粒保藏法、菌丝球生理盐水保藏法、孢子的滤纸条保藏法等。这些方法的共同点是采用干燥、低温、冷冻或减少氧气供给等手段，遏止菌种繁殖，降低代谢强度，使之处于休眠状态。

**1. 斜面低温保藏法**

将菌种在适宜的斜面培养基上培养到接近成熟后，放入冰箱中（4～6℃）保藏，每隔 6～8 个月移植一次。除草菇外，几乎所有的食用茎都可以用这种方法保藏菌种。草菇是高温性菌种，在 5℃以下的低温，菌丝体容易死亡，需提高到 10～12℃保藏。斜面低温保藏法简便易行，缺点是保藏时间短，转管次数多，菌种易退化。

**2. 液体石蜡封藏保藏法**

将 100ml 液体石蜡注入 250ml 三角瓶中，在 0.1MPa 下灭菌 2h，再在 40℃烘箱中烘烤数小时，蒸发水分备用。然后在无菌操作条件下，在培养好了的斜面菌种上注入一层石蜡油，注入量以高出斜面尖端 1cm 为度。灌注过多，将来移种时不便，灌注过少，储藏时间长了会干涸。注入石蜡油后，将棉塞齐管口剪平，用矿蜡密封后再以塑料薄膜包扎垂直存放于清洁、避光处。用这种方法保藏的菌种一般可储藏 2～3 年，但最好每隔 1～2 年移植一次。

使用液体石蜡保藏菌种时，可不必倒去石蜡，只要将接种铲从斜面上铲取一小块菌丝块即可。原种可重新蜡封继续保藏。

刚从液体石蜡菌种中移出的菌丝体常沾有多量矿油，生长也较弱，因此常需再经移代一次，方能恢复正常。

**3. 麦粒保藏法**

1）取健壮小麦，经淘洗后，浸入 20℃水中 5h，使麦粒含水量达 25%为宜。

2）将麦粒稍加晾干，装入试管长度的 1/4～1/3，在 0.15 MPa 压力下灭菌 40min。

3）将灭菌后的麦粒趁热摇散，冷却后，每管内接入菌丝悬浮液一滴，摇匀置 25℃下培养。

4）大多数麦粒出现菌丝即保藏在干燥冷凉的地方。

用麦粒来保藏蘑菇和灵芝，保藏期蘑菇达一年半，而灵芝可达 4 年之久。

**4. 菌丝球生理盐水保藏法**

将保藏菌种，在无菌操作下接入马铃薯蔗糖培养液中，然后用 250ml 三角瓶装入培养液 60ml，振荡培养 5～7d（25℃，180r/min），然后将形成的菌丝球用无菌吸管吸入装有 5ml 无菌生理盐水的试管中，每管约转入 4～5 个菌丝球，试管塞用无菌橡皮塞塞住，并用蜡封，放在 4℃冰箱或室温下保藏。

用此法保藏食用菌菌种可储藏 1～2 年仍有活力。

**5. 孢子的滤纸条保藏法**

1）将白色滤纸或黑色粗而厚纸剪成宽约 0.6cm，长 2cm 的滤纸条若干张。

2）将滤纸条一一平铺在大培养皿底（直径 15cm），在 0.10 MPa 压力下灭菌 30min，然后在烘箱中稍加烘干。

3）将灭过菌的滤纸条培养皿移入接种箱孢子采集罩内（熏蒸过），接受孢子（孢子白色宜用黑色纸）。

4）待孢子弹射上滤纸条后，于无菌操作下，用镊子将纸条一一移入无菌空试管中，然后将试管融封保藏在2～10℃下。

此法适用于蘑菇、金针菇、香菇、黑木耳和猴头的保藏。用滤纸条保藏其孢子，可存活1.5年。

**6. 真空冷冻干燥保藏**

1）集菌：用接种铲将收集的食用菌孢子铲入盛有3ml无菌脱脂牛乳的试管中，并稍加搅动，制成悬浮液。

2）分装安瓿管：用无菌吸管将孢子悬浮液移入各灭菌安瓿管的球形部分，每管约0.2ml，然后将管口通过火焰，再用无菌镊子镊取少许无菌棉花塞于安瓿管口。

3）速冻：将装有孢子悬浮液的安瓿管放入预备冻结剂内速冻2～3min，或在低温冰箱（－35～－40℃）内速冻1h。预备冻结剂由1份干冰和一份95%的乙醇组成。乙醇最好经冰箱预冻过，使用时只要将乙醇倒入干冰中即可，这时的温度约为－70℃。

4）减压干燥：菌种悬浮液经低温冻结后，应迅速将沾湿在安瓿管上的冰水揩干，并立即置在真空干燥器内抽真空。为防止菌种冻块在抽干过程中融化（融化后菌体渗水易伤亡），通常将真空干燥器置于1∶3的盐冰水内，以维持菌种块的冻结状态。

5）真空熔封：菌种安瓿管经真空干燥后，应立即接在抽气管上抽气熔封。熔封一般在真空度达到75～30 Pa时才进行，边抽气边将安瓿管颈熔封。熔封时火焰不宜过大，以免在烧熔管壁时烫伤菌种。熔封后应检查是否漏气。

6）保存：菌种安瓿管经无菌检查合格后，可置2～8℃冰箱或室温保存，保存期至少一年，最多可达20年。

7）复苏培养：复苏培养时可在开启的安瓿管内注入0.3～0.5ml的无菌生理盐水或1%麦芽汁。开启时，应先将安瓿管的熔封端加热后，在浸有来苏水的湿布上滚一下，使管壁造成裂缝，然后再轻轻敲碎，切忌猛烈割断，使空气骤然冲入，造成污染。安瓿管加入生理盐水后，酥丸（干后的菌种样品）即自行溶化，摇动后即成菌种悬浮液，可接入相应的培养基上，复苏培养。

### （二）菌种复壮及常用方法

菌种的复壮是指从衰退的群体中找出尚未衰退的少数个体，以达到恢复菌种的优良性状的目的。从广义上讲，在菌种的生产性能尚未衰退之前，应及时采取防范措施，并定期对菌种进行复壮处理，以防衰退。菌种复壮的常用方法主要有以下几种。

1）淘汰已衰退的个体：进行菌种复壮，首先必须对生产上长期使用的菌种进行纯化分离，把已退化菌群中仍保持原菌种典型性状的单个菌体细胞分离出来，经生产测定后进行扩大培养，以恢复原菌种的优良性状。具体操作如下：在无菌条件下，将试管中的菌丝体刮下，放入装有 100ml 无菌水的三角瓶中，充分摇动振荡，使菌丝分散，然后用注射器吸取 10ml 菌丝液，注入装有 90ml 无菌水的三角瓶内，充分摇匀后，接入培养皿平板培养基上，每个平板接入 2～3 滴菌丝液，使菌丝液分散在平板上，在适宜的温度下培养使菌丝萌发，从中挑选健壮的菌丝接入斜面试管。等到菌丝长满斜面，经试验证明符合原菌种的性状后，即可用于生产。

2）菌种分离：要有计划的把无性繁殖和有性繁殖的方法交替使用。在自然条件下，菌种的复壮，只有靠产生新一代才能实现，反复进行无性繁殖是会不断衰老的。因此通常有性繁殖的方法获得的菌株，再以无性繁殖的方法保持它的优良性状，可使菌种的变异和遗传朝着对人们有利的方向发展。菌种的组织分离最好每年进行一次，3 年进行一次有性繁殖。

3）在菌种的培养、传代过程中，每隔一个时期注意调换不同成分的培养基。代料栽培的木生菌类，要定期接入木材中，待长出子实体后，挑选菇木或耳木进行种木分离以便起到复壮作用。

4）经过分离提纯的原种，适当多储存一些，妥善保藏。分次使用，转管移植次数不要过多，避免带来杂菌或病毒污染，以致削弱菌种的生活力。

## 四、注意事项

1）保藏的菌种必须是发育健旺、培养成熟的菌种，保藏菌种不可培养时间过长，以免降低菌种生活力和保藏时间。

2）定期检查保藏情况，一旦发现有杂菌污染现象、培养基失水干缩、应立即剔除，并重新移接培养基补缺。

3）新分离的菌种，必须经过试验，性能符合要求后，方能用于生产。

## 五、思考问题

1）常用的菌种保藏方法有哪些？它们各有何缺点？

2）菌种保藏的基本原理是什么？根据这些基本原理，还可建立哪些保藏方法？

3）为什么要进行菌种复壮工作？有何意义？

# 第四篇　土壤和环境微生物及其物质转化

# 第十三章　土壤、环境微生物

## 第一节　土壤中好氧细菌的分离与计数

细菌是微生物中数量最多的一个类群。每克肥沃土壤中所含的细菌数可达几亿乃至几十亿，占土壤微生物总数的70%～90%，其干重约占土壤有机质（占土壤的3%）的1%。一般测定细菌总数的方法所分离得到的细菌，绝大多数是腐生性中温好氧细菌和兼性厌氧细菌。本实验用平板稀释法分离计数土壤好氧细菌。

### 一、实验材料

1）新鲜土样。

2）培养基：①牛肉膏蛋白胨琼脂（测定细菌总数）；②牛肉膏蛋白胨麦芽汁琼脂（分离土壤芽孢杆菌用）。

以等量的牛肉膏蛋白胨琼脂与糖度为巴林7°的麦芽汁琼脂在临用时融化混合使用。

3）器皿：培养皿，三角瓶，试管，移液管，玻璃刮刀。

### 二、实验程序

一般情况下细菌的分离和计数同时进行。

**1. 土壤悬液制备**

1）用1/100天平取10g土样加入盛有100ml无菌水的500ml三角瓶中。同时称取待测土样10～11g（记下准确重量），经105℃烘干8h，置于干燥器中，待冷却后称重，按下列公式计算土壤含水量的百分比。

$$土壤含水量=\frac{湿土重-干土重}{湿土重}\times 100\%$$

2）将盛有10g土样和100ml无菌水的三角瓶放在振荡机上振荡10min，使土样均匀地分散在稀释液中成为土壤悬液。

3）土壤分散后，吸取1ml悬液到9ml稀释液中（或4.5～5ml稀释液中），依次按10倍法稀释，通常稀释到$10^{-6}$。所用的吸管在每次吸取悬液时，在稀释液中反复吹打悬液3～5次，使管壁吸附部分饱和，以减少因管壁吸附而造成的误差，并使悬液进一步分散。

**2. 土壤悬液的接种方法**

1）倾注法　　吸取$10^{-6}$～$10^{-4}$土壤悬液1ml置于直径为9cm的灭菌培养皿

中，然后倾注已熔化并冷至45℃的培养基约15ml于培养皿中的土壤悬液充分混匀放置、凝固。

2）涂布法　　先在无菌培养皿中倾注18ml左右培养基，凝固后，用1ml无菌吸管加0.1ml一定稀释度的土壤悬液于琼脂表面，然后立即用玻璃棒将悬液均匀地涂抹于琼脂表面。

用同一只吸管接种同一样本不同稀释度的悬液于培养皿时，应从高稀释度开始，然后依次接种较低稀释度的悬液。

**3. 培养**

将接种后培养皿倒置放入32～34℃温箱中培养2～3d。

**4. 计熟与结果计算**

选择长出菌落数20～200的培养皿进行计数。

用倾注法接种的计算方法：

$$每克干土中菌数=\frac{菌落平均数\times 稀释倍数}{干土重量}$$

用涂布法接种的计算方法：

$$每克干土中菌数=\frac{0.1\times 菌落平均数\times 稀释倍数\times 20}{干土重量}$$

**5. 细菌分离**

用接种环将具有不同特征的孤立的单个菌落一一挑出，移接到含有相应培养基的试管斜面上并标上菌号。挑取菌落时要特别小心，不要触及另一个菌落。若菌落很小又很密集，可用较细的直针小心挑取。为了便于下一步进行菌种纯化时作为对照参考，分离记录本上应尽可能详细地描述所挑出的每个菌号的菌落特征。

**6. 纯化**

将分离所得的原始培养物，用无菌水做成稀薄的菌悬液，按上述涂布法或倾注法操作进行平板分离。只有反复进行二、三次，在平板上都没有出现异样菌落，才可以确认为纯培养。除上述方法外，还可采取平板划线法。和上法一样，也要反复二、三次，直到没有异样菌落出现为止。得到的纯培养菌可作为菌种鉴定或其他实验研究的材料。

## 三、注意事项

分离细菌时，为了避免由于某些细菌菌落扩散造成误差，待倒入的培养基凝固后，将培养皿盖微启，倒置于60～70℃烘箱中15～20min左右，待琼脂表面冷凝水烘干后，用同法涂抹土壤悬液。

分离芽孢杆菌量，应事先将样品无芽孢细菌杀死。所以要预先选取适当稀释度的土壤悬液于75～80℃水浴中煮15min，然后再按上法涂抹于琼脂表面。

## 四、思考问题

1）倾注法与涂布法测定菌落数时计算方法为何不同？

2）这两种方法哪种更准确？

# 第二节　土壤中放线菌的分离与计数

放线菌在土壤中的分布也很广。每克土壤中有几万到几十万，仅次于细菌。放线菌与土壤肥力以及植物病害防治有着更密切的关系，是研究土壤微生物时不可忽略的一部分。

## 一、目的要求

本实验要求学会放线菌的计数、分离、纯化技术。

## 二、实验材料

（1）新鲜土样

（2）培养基

1）淀粉铵琼脂：$(NH_4)SO_4$ 2.0g；$CaCO_3$ 3.0g；$K_2HPO_4$ 1.0g；可溶性淀粉（称10g淀粉先加入少量冷水调成糊状加入）；$MgSO_4 \cdot 7H_2O$ 1.0g；NaCl 1.0g；琼脂18g；水1000ml。

2）改良高氏1号培养基：$KNO_3$ 1.0g；$FeSO_4 \cdot 7H_2O$ 0.01g；$K_2HPO_4$ 0.5g；淀粉（方法同上）20.0g；$MgSO_4 \cdot 7H_2O$ 0.5g；琼脂18g；NaCl 0.5g；水1000ml。临用时在已融化的高氏1号培养基中加入重铬酸钾溶液，以抑制细菌和霉菌的生长。每300ml培养基中加3%重铬酸钾1ml（100mg/L）。

3）马铃薯-蔗糖琼脂（简称PDA）；20%马铃薯浸出液1000ml；蔗糖20g；琼脂18g。

（3）培养皿

培养皿，三角瓶，试管，移液管，玻璃刮刀，硬纸板。

## 三、实验程序

### （一）土壤中放线菌计数

**1. 土壤悬液制备**

土壤悬液制备及土壤含水量测定方法相同于第一节土壤中好氧细菌分离与计数。将制备好的悬液依次稀释至$10^{-3}$、$10^{-4}$。

**2. 土壤悬液的接种方法**

1）倾注法（见第一节）。

2）涂布法（同上）。

**3. 培养**

将接种后的培养皿放入28℃温箱中培养7～14d，取出进行计数并做分离备用。

**4. 计数与结果计算**

选取长出菌落数20～200的培养皿进行计数。

### （二）土壤中放线菌分离

**1. 稀释分离法**（同前计数法）

**2. 弹土分离法**

（1）分离培养基准备

将分离培养基倒入无菌培养皿中凝固备用。

（2）土样准备与接种

分别将土样用研钵研细，取一定量细土平铺于光滑的硬纸板上，面积略大于培养皿的口径，再将多余的土倾去，如见纸板上有一层土粒黏附较理想。接种时按皿号微微揭下上述已倒好分离培养基的皿盖，将土样纸板黏土面向下轻轻插入覆盖其上，用皿盖微微触动一下纸板并立即抽出，盖好皿盖乃接种完毕。取下的土样纸板，仍可连续用于第二、第三及第四套分离培养皿接种。用于第二套皿接种时，轻轻弹动一下纸板；用于第三、第四套皿接种时，可在纸板背面稍加重弹力，使黏附于纸板上残留的少量土粒落下。一张土样纸板用于3～4套分离培养皿接种，目的是控制接种土量，达到控制理想的出菌率。

若要分离罕见的放线菌，如小单孢菌、小双孢菌、游动放线菌或嗜热放线菌等，则可将土样研碎后做干热处理（120℃下处理1h）。这样，在分离时可以大大地降低细菌、霉菌以及链霉菌的数量，使罕见的放线菌出现比例提高。

（3）培养、挑菌和纯化

采用弹土法或稀释分离法接种完毕的培养皿倒放，置28℃恒温箱内培养。若分离嗜热放线菌，则应放45～50℃培养。3～4d后可开始挑菌，把长出的放线菌单菌落及时转接到琼脂斜面上，进行纯化培养。若在细菌、霉菌干扰不严重时，可延长分离平板的培养时间，让一些生长速度慢的放线菌陆续地生长出来，分批挑菌。一般纯化培养7～14d，待生长成熟后终止培养，统一编号登记，供以后分类鉴定实验用。

挑菌时应依据放线菌的菌落特征来选择。一般地说，链霉菌的菌落大，气生菌丝丰茂，色泽多种多样；而小单孢菌、诺卡氏菌、流动放线菌等菌落小，光秃无气生菌丝，色泽鲜艳，应注意选留后几类放线菌，以丰富分类学实验内容，同时还可以为筛选新抗生素或酶制剂等提供菌源。

## 四、结果记录

1）将培养纯化后的菌株，进行登记编号，并妥为保藏，为进一步分类鉴定提供菌源。

2）比较两种分离方法的优缺点。

## 五、注意事项

1）分离放线菌的平板应适当地浇注厚些，避免因培养时间过长而干涸。

2）弹土接种法成败的关键，在于控制住弹土量不能过大，要求按照介绍的方法操作。

3）土样保藏时间不宜过长，因为土样是被破坏了的土壤自然体，原来土壤中的水、热、气等状况改变了，时间稍长一些，罕见的“娇气”放线菌容易死亡，要想从少量的土壤代表——土样中，寻找出有价值的放线菌来，应当克服这种藏与死的矛盾。

## 六、思考问题

1）讨论分离设计怎样安排较为合理，是多皿一次分离为佳，还是少皿多次分离为好?

2）设想在特殊分离中，如何进行土样的预处理和添加抑菌剂。

# 第三节　土壤中真菌的分离与计数

真菌在土壤中以菌丝体和孢子的形式存在，参与土壤有机质分解与腐殖质的合成，直接影响到土壤的肥力。而土壤有机体的增减也能改变真菌的数量与组成。真菌是好氧性微生物，它们的存在也可作为土壤通气状况的指标。

在真菌的分离计数过程中，采用某些方法拟制放线菌和细菌的生长，限制某些真菌的扩散，才可减少分离困难和计数误差。本实验要求学会真菌计数、分离、纯化技术。

## 一、实验材料

**1. 新鲜土样**

**2. 培养基**

1）麦芽汁培养基（分离、计数酵母用）：5°麦芽汁 1000ml；琼脂 20g。

2）马丁培养基：葡萄糖 10g，蛋白胨 5g，磷酸氢二钾（$K_2HPO_4$）1g，硫酸镁（$MgSO_4 \cdot 7H_2O$）0.5g，琼脂 15g，孟加拉红（rose bangal）1%溶液 0.33ml，链霉素 每 100ml 培养基加 1%；（0.3μg/ml），水 1000ml，pH 值自然。

3）酸性麦芽汁琼脂：巴林 2°的麦芽汁加入 1.5%琼脂，分装于三角瓶内灭菌。临用时加入 0.3%浓乳酸（乳酸先在水浴内煮沸 10min 灭菌），pH 值约 5.0，培养时间 5d。

4）酸性马铃薯琼脂：取去皮的马铃薯块 200g 加水 100ml，煮沸 20min 左右，用纱布棉花过滤。滤液加水至 1000ml，加 0.2g 蔗糖及 1.5%琼脂，分装三角瓶中灭菌，临用时在培养皿中加入 25%乳酸 2 滴。培养时间 5d。

5）牛胆汁琼脂：$NaNO_3$ 3g，酵母菌 5g，$MgSO_4 \cdot 7H_2O$ 0.5g，牛胆粉（oxgall）15g，KCl 0.5g，紫结晶 0.01g，$FeSO_4$ 0.01g，琼脂 15g，$K_2HPO_4$ 1g，水 1000ml，pH 值不调节，培养时间为 3～4d。

**3. 器皿**

培养皿，三角瓶，试管，移液管，玻璃涂棒。

## 二、实验程序

1）制备土壤悬液，稀释至 $10^{-1}$～$10^{-3}$。同时测定土壤中水分含量，方法同土壤中好氧细菌的分离与计数。

2）以倾注法或涂布法接种于培养基平板上，30℃ 培养 5～7d。

3）选择菌落数 10～100 个的培养皿计数。计算土壤中霉菌含量。

4）分离：待菌落生长至清晰易辨后，选择具有代表性的单菌落，在培养皿反面划个小圆，同时编号，用低倍显微镜在培养皿的反面观察每个圈内的菌落边缘生长特点等，并简要地描述菌落的质地、颜色和表面结构。接种挑取少量培养物制成临时性载片标本，就可在高倍显微镜区别它们，同时还可观察各菌株的细胞形态和繁殖方式等，并做简要记录。然后，用接种环挑取不同类型的菌落，分别移种于相应的琼脂斜面，待进一步纯化。

5）纯化：将上述挑取的菌落，进一步采用平板划线法纯化。纯化后的菌株，再根据不同来源进行详细记录和编号，才可以作为以下鉴定实验的菌源。

## 三、结果记录

将不同含菌样品中分离到的丝状真菌菌株及其简要特征记录在表 13.1 中。

**表 13.1　不同试样中丝状真菌的特征**

| 分离日期 | 样品编号 | 分离培养基 | 菌株编号 | 菌落形态 | 个体形态 | 备注 |
|---|---|---|---|---|---|---|
| | | | | | | |

## 四、注意事项

凡不能及时处理的样品，应保存于低温和干燥的条件下，尽可能减少其中菌相的变化。

## 五、思考问题

分离霉菌时怎样抑制细菌和放线菌的生长？

# 第四节　土壤生物量的测定

土壤生物量对于研究微生物生态学是非常重要的。萤火虫-荧光素酶（firr-fly-luciferase）测定法可以快速灵敏测定土壤中微生物量。其原理是 ATP 普遍存在于微生物或细胞中，其含量相对稳定，当细胞死亡后，ATP 从细胞中释放出来，并且比较容易进行放能分解。这样，通过测定土壤中 ATP 含量，可以作为其微生物生物量的定量指标，从而将能量与生物量联系起来。测定 ATP 的反应式如下：

$$\text{荧光素}+O_2+\text{ATP}\xrightarrow[Mg^{2+}]{\text{荧光素酶}}\text{氧化型荧光素}+\text{ADP}+\text{Pi}+h\nu$$

当所有其他反应物过量时，发出的最大光强度与 ATP 的量成正比，最大光强约 1s 即可达到。通过实验，使同学了解生理生化方法在测定微生物量方面的知识，并且掌握萤火虫-荧光素酶测定方法的原理及其实际操作。

## 一、实验材料

### 1. 仪器

Packard Medol 3175 液体闪烁能谱仪，闪烁计数器，离心机，超声波扬荡器。

### 2. 试剂

1）缓冲液：3.12g $Na_2HAsO_4 \cdot 7H_2O$ 溶于 800ml 蒸馏水中，再加 10ml 0.2M EDTA·$Na_2$，100ml 含有 2.46g $MgSO_4 \cdot 7H_2O$ 的溶液（0.1mol/L）。再用 1mol/L $H_2SO_4$ 调 pH 值至 7.4，最后稀释至 1000ml。

2）ATP 标准溶液：配 0.1mmol/L 标准液，在波长 259μm，pH7.0 时标定为 HAc$=1.54\times10^4$。

3）抽提剂 A：将 81.6g 三氯乙酸和 89.6g $NaHPO_4 \cdot 12H_2O$ 溶于 600ml 水中，加 100ml 含 25.8g 二甲基双吡啶二氯化物（1，1′-dimethy1-4，4′-bipyridy-lium dichloride）溶液，稀释至 100ml。

4）抽提剂 B：5ml 0.1mol/L ATP 溶液用抽提剂 A 稀释至 1000ml。

5）荧光素酶混合液：取 20 只萤火虫尾巴（Sigma chemical Co.），加 1ml 冷缓冲液，于玻璃匀浆器中研磨，然后用冷缓冲液稀释至 10ml。于 4℃ 27 000g 离心 30min。用瓦特曼 1 号滤纸过滤除去絮凝物，所得滤液于 4℃可保存 3d。用前加入等量的 D-荧光素溶液（250 μg/ml）。此溶液可于－15℃保存数天。

## 二、实验程序

1）ATP 的提取：称取 4 份新鲜土壤（通过 2mm 筛），每份得 2.5g 烘干土壤。将每份干土样置于 50ml 聚乙烯离心管中，然后将管放于冰浴中。在离心管 1 和 3 中加 25ml 抽提剂 A，在离心管 2 和 4 中加抽提剂 B，超声波振荡分散 1min。再冰浴 5min，用瓦特曼 4 号滤纸过滤或冷冻离心 1min（3000*g*），将滤液或上清快速干冻，保存于－15℃备用，保存 6 周 ATP 含量不会变化。对碳酸盐土壤，可先将其 pH 值调至 2.0。有机质含量高于 5％的土壤应取土样 0.5～1.0g。

2）ATP 测定：将 25ml 的闪烁计数器酸洗并干燥，加 5ml 缓冲液，50μl ATP 提取液，100μl 荧光素酶液，迅速盖上盖并摇匀后将计数器置于液体闪烁能谱仪上，记下读数。每一样品重复 3 次。

3）标准曲线的描绘：加 5ml 缓冲液于 25ml 酸洗并干燥的 25ml 闪烁计数器中，加 50μl 抽提剂 A，100μl 荧光素酶溶液和 50μl 砷酸液-ATP 溶液（取 0.1mmol/L ATP 标准溶液，加缓冲液稀释，分别配成含 0、1.5、2.5、5.0、10.0、25.0、40.0、50.0mg/L ATP 溶液，绘图时现配），迅速盖上盖并摇匀后置于液体闪烁能谱仪上计数。在双数纸上作图，可见 ATP 含量在 1～25mg/L 时与最大光强度成线性关系。

4）计算结果：计算公式如下：

$$\text{ATP 含量} = 6.89 \times \frac{a}{m\ (b-a)}$$

式中：$a$ 为 ng 新鲜土壤（相当于 mg 烘干土）用 25ml 抽提剂 A 制成的样品而测得的 ATP 含量（mg/L）；$b-a$ 为抽提剂 B 测得 ATP 含量（mg/L）；6.89 为 25ml 抽提剂 B 中含有的 ATP 的微克数。

## 三、注意事项

1）实验中各试剂一般在－15℃保存，操作时尽可能在低温下进行。

2）实验中，若能采用精制的荧光素酶可以使结果更精确。

## 四、思考问题

1）为何活菌比死菌吸收吖啶橙荧光素少？

2）生物发光法在测定微生物生物量时与平板计数法相比有何优点？

## 第五节 外生菌根菌的分离及染色观察

形成外生菌根的菌大部分为担子菌。欲分离的菌在琼脂培养基上生长缓慢，为防止分离过程污染必须对样品进行处理。本实验要求学生学会分离外生菌根菌的方法，学会利用染色法观察菌根形态。

### 一、实验材料

1）材料：松树最细小的侧根。

2）真菌培养基：

a. 马丁氏（Martin）培养基：$KH_2PO_4$ 1.0g；葡萄糖 10.0g；$MgSO_4 \cdot 7H_2O$ 0.5g；琼脂 18g；蛋白胨 5.0g；水 1000ml。

此培养液 1000ml 加 1%孟加拉红（rose bengal）水溶液 3.3ml。临用时每 100ml 培养基中加入（1%）链霉素 0.3ml（mg/L）。

b. 查比克氏（Czapek）培养基：$NaNO_3$ 2.0g；蔗糖 30.0g；$K_2HPO_4$ 1.0g；KCl 0.5g；$MgSO_4 \cdot 7H_2O$ 0.5g；琼脂 18g；$FeSO_4 \cdot 7H_2O$ 0.01g；水 1000ml；pH 7.0。

3）试剂：70%乙醇，0.1%升汞，30%次氯酸钾（含 25%活性氯），蔗糖。

4）器皿：培养皿，三角瓶，接种针，乳钵，乳棒，载玻片，刀片，温箱，显微镜。

### 二、实验程序

（一）采样

挖取松树（*Pinus*）的最细小具根尖的侧根，观察其外部形态，在根尖看不到根毛，根的前端变成"Y"形的钝圆柱状，好似一个小短棒，许多菌丝包在根的外面。

（二）组织分离法

**1. 清洗及表面灭菌**

去除菌根外表泥土，于无菌水中清洗数次，用 70%乙醇溶液浸泡 2～3s。于 0.1%升汞溶液中表面灭菌 1～2min。再用无菌水冲洗 5～6 次，洗去表面升汞。

**2. 分离方法**

取经过表面灭菌的组织少许，置琼脂平板上培养，长出菌落后，在菌落边缘挑取少量菌体移置于琼脂斜面上，在一定温度下培养后获得所分离的培养物。

（三）稀释平板分离法

主要用于分离细菌、酵母菌或产孢子多的真菌。分离组织表面产孢子多的真菌时，可将孢子用无菌水洗下，再用稀释平板法或划线分离法分离，即可从单个菌落获得纯培养物。

（四）蔗糖浓度梯度分离法

1）取鲜菌根 0.25g，用水洗去泥土。

2）在活性氯 5.25％的次氯酸钠 30％（*V/V*）水溶液 50ml（其中加 1 滴吐温 20 作为表面扩散剂），灭菌 15min。

3）用无菌水水洗 2 次，挤碎，加适量无菌水研碎后，用玻璃棉过滤，将过滤液取出加无菌水至 10ml，制成菌悬液待用。

4）离心管用 95％乙醇灭菌后风干，用加热灭菌的蔗糖溶液制成梯度浓度：60％（*W/V*）3ml，45％ 3ml，30％ 6ml，依次顺管壁徐徐加入管中制成浓度梯度的蔗糖柱。

5）加 2ml 菌悬液于蔗糖柱上部。加溶液或悬液时注意勿使各层溶液相混。然后在 4℃、100 000*g* 的超速离心机下离心。

6）用虹吸法或穿刺法分层取 8 个不同梯度的溶液各 1ml，分放在选择培养琼脂平板上，培养后分离单个菌落获得纯的培养物。

（五）染色观察

1）置根样于 10％KOH 液中加热至 90℃ 1h（在通用橱内进行，或最好在高压蒸锅中于 0.1Mpa 蒸 10min），以除去根内细胞质和细胞核。

2）倒掉 KOH 液，用自来水洗至水不为棕色为止。

3）加碱性 $H_2O_2$（3ml $NH_4OH$，30ml 10％$H_2O_2$及 567ml 水；用时配制）浸 10～20min 或至根脱色为止（老而粗大并有色的根，加 10 倍于根体积的$H_2O_2$浸 10～60min）。

4）用水洗去 $H_2O_2$后加 1％ HCl 浸 3～4min，倾出浸渍液，不再洗涤。

5）加 0.01％酸性复红乳酸液（乳酸 874ml，甘油 63ml，水 63ml，酸性复红 0.1g）于 0.1Mpa 加压热染 10min 或于通风橱内慢煮，于 90℃下染 10～60min。

6）取出根放在培养皿中，用不加酸性复红的乳酸液脱色后镜检（脱色在 30min 以内真菌结构被染得颜色变浅，而根组织颜色变得更淡）。镜检可看到真菌的菌丝体侵入皮层细胞内部。其他植物的菌根从外行上看也是粗短的棒状，好像较僵硬的样子。

## 三、结果记录

1）绘制外生菌根形态图。

2）比较 3 种分离法的适用性。

# 第六节　根瘤菌固氮酶活性的测定

固氮酶活性测定目前应用乙炔还原法。此法是近 20 年发展起来的，因其具有迅速灵敏性而极大地推动了生物固氮的研究。此法原理是固氮酶能还原氮也能还原乙炔为乙烯，乙炔和乙烯能用气相色谱法快速测定，由乙烯生成量可以相应地推算出固氮量，其理论比值是 3 分子乙烯相当于 2 分子氨。

$$N_2 + 6H^+ + 6e \xrightarrow{\text{固氮酶}} 2NH_3$$

$$3C_2H_2 + 6H^+ + 6e \xrightarrow{\text{固氮酶}} 3C_2H_4$$

通过实验，应基本掌握根瘤菌的固氮酶活性测定方法，从而为生物固氮研究打下坚实基础。

## 一、实验材料

气相色谱仪，纯乙烯气体，混合气体（氧气 20%，二氧化碳 0.04%，乙炔气 10%，氩气 69.96%），剪子，真空泵，50ml 反应三角瓶及相应的橡皮塞，注射针头，恒温摇床，微量注射器（100μl），新鲜健壮根瘤。

## 二、实验程序

1）乙炔还原反应：取结瘤试验所得健壮根瘤（红色为好），冲洗干净，用干净滤纸将根瘤表面水吸干，称根瘤重量，选 800～1000mg 左右的根瘤，置于 50ml 带密封橡皮塞的三角瓶中，盖紧后用连接直泵的注射针头插入橡皮塞，启动真空泵，抽净瓶中空气。导入混合气，使瓶内完全是含 1 个大气压（atm）的混合气。置 28～30℃摇床振荡 20min 或 60min 左右。振荡时间可根据以往经验确定或加以适当摸索来确定。

2）乙炔标准曲线的制作：配置一系列混合气，要求乙炔量从 10%逐次定量减少，加相应量的乙炔于混合气中，从而配置出不同浓度的标准乙炔系列，气压为 1atm。用微量注射器（100μl）吸取气样，注入气相色谱仪测定。气相色谱工作条件为：色谱柱 1.83m×3.2mm 不锈钢管；固定相 Porapak R；柱温 50℃；载气氢气流速 25ml/min；检测器氢离子火焰检测器。

乙炔可以从色谱峰上反映出来的保留时间检出（用纯遗缺确定保留时间），由不同乙炔浓度所对应的乙炔色谱峰的峰高绘制标准曲线。

3）结果计算：用微量注射器（100$\mu$l）吸取还原反应气样，注入气相色谱仪，以上述测得峰高值，通过标准曲线可求出生成的乙炔的量。将所得乙炔摩尔数除以3，得理论值的固氮酶的氮气摩尔数，最后以反应的单位时间单位鲜瘤重量表示固氮强度：固氮毫微摩尔数（乙炔毫微摩尔数的理论值）/（mg鲜瘤·min)，此数值可粗略表示固氮酶活性的高低，即固氮强度数值越大，则固氮酶活性越高。

## 三、注意事项

1）对于不同豆科植物的根瘤菌，其测定条件应适当摸索决定。

2）乙炔还原法有时存在较大误差，但仍可测定根瘤菌的有效性。

## 四、思考问题

1）乙炔还原法的优点与不足是什么?

2）如何使反应瓶内完全是含1个大气压的混合气?

# 第七节　环境微生物的观察

微生物广泛分布于自然界，土壤、空气、水、动植物以及人体内外都有微生物的踪迹。这些微生物从分类上有细菌、放线菌、真菌等，它们多是兼性厌氧或好氧的化能异养菌，适应的温度范围是在0～90℃，适应的pH值可在1～10以内。

通过采取天然基质中的微生物，经过一定的处理，可以观察到这些环境中的微生物，进而可以纯化鉴定。一般来说，特定环境条件与特定的基质将有特定的微生物类群生活。在分离观察微生物首要考虑到这点，做到有的放矢。同时，对所要观察的微生物要尽量提供适宜的培养条件，以达到观察的目的。

## 一、目的要求

了解微生物与环境的关系，并掌握一些环境微生物观察的方法。

## 二、实验材料

1）凹玻片，载玻片，革兰氏染色液，灭菌的牛肉膏蛋白琼脂培养液，无菌培养皿，无菌小瓶。

2）枯草，三角瓶，石灰。

3）高温堆肥。

4）菜叶，成熟葡萄或苹果等，灭菌的2%糖水（用稀HCl调到pH值为3～4)，0.1%美蓝，土豆葡萄糖固体培养基平板。

5）新鲜馒头，新鲜橘皮，甜酒曲，加棉塞灭菌的三角瓶，察氏培养基，高氏1号培养基。

## 三、实验程序

### （一）河水、土壤中的细菌

1）取不同深度土壤样少许，加适当水浸泡（有机质丰富时，加水稍多），振荡后澄清，取少许上清液革兰氏染色法观察各种形态细菌。

2）将无菌有塞小瓶口向下浸入距水面10～15cm的深层水中，然后翻转小瓶，除去瓶塞，待水盛满瓶后，将瓶塞盖好从水中取出。先以悬滴法观察水样有无运动的细菌，然后以革兰氏染色法观察各类细菌形态，最后按照微生物平板稀释计数法的要求，进行一定的稀释后，倒入培养皿1ml，倾注15ml已融化并冷却至45℃的培养基于培养皿，摇匀。凝固后置37℃培养24～28h，取不同菌落菌少许，分别以革兰氏染色法观察。

### （二）枯草上的枯草芽孢杆菌

将枯草剪碎，放入三角瓶，加水没过于草，但不超过瓶容量的1/2，加石灰少许，塞好棉塞。煮沸5min杀死无芽孢的微生物，而有芽孢的枯草杆菌仍存活。置37℃培养24～48h，液面出现白色菌膜，为枯草杆菌。用革兰氏染色法观察可见阳性结果，菌体杆状，有的细胞可有芽孢。

### （三）高温堆肥中的高温放线菌

观测堆肥升温情况，当升至45℃以上后，常见堆肥的植物残渣或粪块上粘有类似从石灰墙壁剥掉的粉片状物，开始为一薄层白粉，后逐渐加厚成较显著的白色或略带棕褐色的片状物。取片状物少许置显微镜下观察，可见大量菌丝及孢子，若以革兰氏染色可得阳性结果，这些菌可基本断定为高温放线菌。这些菌可进一步分离纯化，培养最适温度50～60℃。

### （四）菜叶、水果表面的酵母菌

取未冲洗但洁净的成熟葡萄皮或苹果皮一小块接入盛有2%糖水的容器中，加灭菌棉塞，于28℃培养48h。可观察到液体培养基变浑浊，有时会有沉淀。取出一滴制成水浸片，显微镜下观察可见很多酵母状细胞。加入美蓝，若有少量细胞染上蓝色则为死酵母细胞，未染色的为活酵母细胞。若将菌液接种于土豆葡萄糖固体培养基上，于28℃培养2d后，可见具有酵母菌特征的菌落。

### （五）常见霉菌

1）将馒头掰成小块，于空气中暴露2～3h，放入三角瓶后加棉塞，置25～

30℃温箱培养 2～6d。经常观察小馒头块上长出的各种不同表观形状毛状物的菌丝丛，然后分别取其菌丝少许在显微镜下观察，注意其菌丝形态及孢子形态、孢子着生情况、有无孢囊、孢子穗或孢子头。这样大致区分出曲霉、根霉等菌霉。

2）鲜橘皮一块，置于三角瓶后于 15～20℃培养 4～7d，可见长出青绿色短绒状菌落。取菌丝少许于显微镜下观察，可见青霉菌的扫状结构。

3）取甜酒曲少许，加数滴水（以滴水后曲块不散为宜），置于三角瓶中于 28℃培养 2～3d，一般可长出灰白长絮、菌丝顶端有黑点的根霉，取带有少许培养基的菌丝制成水封片，于显微镜下观察，可见很长的菌丝及含有大量孢子的孢囊，仔细观察可找到假根，从而基本确定是根霉。

（六）空气中微生物的观察

1）将 3 种培养基溶化后，各倒 4 个平板。

2）将上述三种培养皿各取 2 个，在室外环境打开皿盖，分别暴露于空气中 5 和 10min。另 2 个培养皿在实验室内打开皿盖，分别暴露 5 和 10min。

3）盖上皿盖后置 28℃温箱培养 48h。观察菌落形状、颜色，并记录各类菌落数记录在表 13.2，分别取各类菌少许，镜检观察。

## 四、结果记录

**表 13.2**

| 环境 | 时间/min | 菌落数 | | |
|---|---|---|---|---|
| | | 细菌 | 放线菌 | 霉菌 |
| 室内 | 5 | | | |
| | 10 | | | |
| 室外 | 5 | | | |
| | 10 | | | |

## 五、注意事项

1）酵母菌在 2%的糖水中的培养不得超过 48h。

2）培养环境常见霉菌时，所用馒头及橘子要保持一定湿度，不可过高或过低。

## 六、思考问题

1）观察枯草杆菌，为何要挑取菌膜镜检？

2）空气中微生物观察结果记录中，各类菌的比例能大致代表空气中各类菌的实际比例吗？

# 第十四章 物质转化

## 第一节 纤维素的微生物降解

维生素是地球上最丰富的有机物质，占植物组织的50%左右。纤维素分解对碳素循环、提高土壤肥力及解决人类食物问题具有重大意义。

测定纤维素分解霉，可观察其对提供的唯一碳源滤纸纤维的分解情况确定。如果滤纸溃烂，说明有纤维分解菌的作用，但在纤维分解菌生长后，其代谢产物也可被其他微生物利用。因此培养基上也可能伴有不能分解纤维素的微生物。

本实验要求学生了解纤维素分解的基本理论，并掌握有关纤维素好氧和厌氧分解的一些基本实验技术。

### 一、纤维素的好氧分解

（一）土粒法

**1. 实验材料**

1）赫奇逊液（Hutchinson）：$KH_2PO_4$ 1.0g，$MgSO_4 \cdot 7H_2O$ 0.3g，$FeCl_3$ 0.01g，$CaCl_2$ 0.1g，$NaNO_3$ 2.5g，蒸馏水 1000ml，pH 值为 7.2～7.3，0.1 Mpa 灭菌 20min。

2）赫奇逊培养基：于赫奇逊液加 20g 琼脂制成。0.1MPa 灭菌 20min。

3）近 1mm 粒度菜园土，近 1mm 粒度稻田土，灭菌培养皿，镊子，无淀粉滤纸。

**2. 实验程序**

1）将赫奇逊培养基趁热倒入培养皿，冷却后加直径近于培养皿的滤纸一张，用少量培养液润湿。

2）在滤纸上等距放 10 个土粒，放在底部盛水的干燥器中，28～30℃ 培养。

3）在每隔 2d 直到 14d 后，观察土粒周围滤纸变色情况，当出现黄或棕绿色斑时，挑取少许不含土粒的变色纤维制片镜检，初步观察分解纤维素的细菌、真菌和放线菌。计算各类微生物的土粒，可发现细菌常占很大的比例。

（二）液体稀释倍数

**1. 实验材料**

1）依母歇涅茨基培养基：$K_2HPO_4$ 1g，$FeCl_3 \cdot 5H_2O$ 0.1g，$MgSO_4 \cdot 7H_2O$ 0.3g，$CaCl_2$ 0.1g，NaCl 0.1g，$NaNO_3$ 2.5g，蒸馏水 1000ml，pH 值为 7.2～

7.4。以每试管 5ml 分装，然后加 7cm×1cm 滤纸片，纸条贴内壁，一半浸入液体中，0.1 Mpa 灭菌 20min。

2）菜园土样，稻田土样，灭菌 1ml 吸管，无菌水，天平。

**2. 实验程序**

1）制备土壤稀释液 $10^{-1}$～$10^{-5}$。每个稀释度重复接种 4 管，每管 1ml，务使经过露于液面上的滤纸条，置于 28℃ 培养两周。

2）检查各管滤纸上出现的菌落、滤纸断裂及产生色素情况，得出数量指标。求纤维分解细菌的近似数并换算成每克干土的数量。

## 二、纤维素的厌氧分解

**1. 实验材料**

1）厌氧性纤维素分解菌常用培养基：

a. Na（$NH_4$）$HPO_4$ 2g，$MgSO_4 \cdot 7H_2O$ 0.5g，$K_2HPO_3$ 1g，$CaCl_2 \cdot 6H_2O$ 0.3g，$CaCO_3$ 5g，蛋白胨 1g，蒸馏水 1000ml。

b. 牛肉膏 1.5g，蛋白胨 2.5g，水 1000ml，$CaCO_3$ 2g。

2）菜园土样，稻田土样，1ml 无菌吸管，无菌水，天平，镊子。

**2. 实验程序**

1）制备土壤稀释液 $10^{-1}$～$10^{-5}$。每个稀释度重复接种于 4 管培养基中，每管接种 1ml。于 28～30℃ 培养两周。

2）取出滤纸条，检查溶解区并观察有无菌落生长。若有厌氧性纤维素分解菌生长，滤纸上常有黄、褐或黑色斑，滤纸条一摇动即破裂。由检查得出的数量指标，求出厌氧性纤维素分解菌的近似数并换算成每克干土中的数量。

## 三、纤维素分解作用测定

**1. 实验材料**

1）无淀粉布条：将 7cm×3cm 白细布置于 0.1% $H_2SO_4$ 中，加热煮沸，直至布条与碘液形不成蓝色反应为止。取出布条洗去酸，用铅笔标上号码，105℃ 烘干至恒重，记录重量。

2）9cm 培养皿：一定土层的菜园土或稻田土、角勺、天平。

**2. 实验程序**

1）称 50g 新鲜土壤铺平于培养皿中，将无淀粉布条平铺其上，勿使重叠（作二个重复），再称 50g 新鲜土壤覆于其上。盖上培养皿盖，于 28℃培养 10d。

2）取出培养皿中布条，将布条上土粒及杂物彻底冲洗掉，105℃烘干至恒重。以布条失重百分数表示纤维素分解，失重多表示微生物分解纤维素的强度大。

## 四、注意事项

1）土粒法中，在出现变色斑后应当尽早观察菌体形态，同时可以转接到新的培养基滤纸上进一步培养。

2）厌氧分解纤维素时，必须将滤纸条浸入深层环境。

## 五、思考问题

在纤维素分解实验中，深层滤纸为何变色？

# 第二节　果胶物质的微生物分解

果胶物质是以半乳糖醛酸组成的高分子聚合物，它存在于所有植物组织的细胞壁和细胞间层中。果胶在植物组织中以不溶性原果胶的形式存在，它使植物细胞互相黏连在一起。

本实验主要是通过浸麻分解观察果胶分解细菌，并掌握果胶微生物分解的一些知识。

麻类植物的纤维是与果胶结合的，利用果胶分解微生物有分解果胶物质的能力而没有分解纤维素的能力，将果胶质分解掉，将纤维完好地保存和脱离出来，就是浸麻分解。在“沤麻”时，通过水浸提供一个厌氧环境，利用麻秆上存在的厌氧果胶分解细菌将果胶分解掉，得到麻纤维。

## 一、实验材料

直径 1cm 麻秆，大口径试管及橡皮塞，13cm 左右玻璃棒，镊子。

## 二、实验程序

1）将麻秆切成 3cm 小段，取 2～4 段与玻璃棒捆成束，放入试管，加水淹没麻秆，煮沸 5min，将水倾出，重新加水至试管 2/3 处，煮沸后冷却。

2）投入一小段未煮麻秆，使其压于麻秆束底部作为接种用，用橡皮塞塞紧管口，35℃培养两周。

3）取出麻秆束，比较沤过的麻秆与未沤过的麻秆撕下麻皮的难易。用镊子拨动麻皮可出现分离的麻纤维细丝，并可闻到沤过液体有特殊的臭味，说明果胶厌氧分解并有丁酸发酵现象。用沤过的麻皮内层轻压载玻片制成涂片，简单染色，油镜观察，一般可见芽孢端生膨大，细胞内有明显颗粒的蚀果胶梭菌和费新尼亚浸麻梭菌。形态上的进一步确定，可根据这两种芽孢梭菌一般具有周生鞭毛、多可运动的特点，进行鞭毛染色试验或运动性观察。另外，进行革兰氏染色，这两种芽孢梭菌应呈现阳性反应。这两种芽孢梭菌在形态上的主要区别是：蚀果胶梭菌为较大的杆菌，芽孢端生，菌体呈现鼓槌状，其菌落通常近于无色；而费新尼亚浸麻梭菌菌体较小，芽孢近于端生而使菌体呈现梭形，其菌落通常为黄色或橙黄色。通过有关生理生化鉴定方可明确区分两个菌种。

## 三、注意事项

发酵时，应当设法消除麻秆上所附着的微小气泡。

## 四、思考问题

为何在煮麻秆 5min 后，将试管中的沸水倾出，又重新加水煮沸？

# 第三节　钾素的微生物分解

自然界中，含钾素很丰富的长石和云母等硅酸盐矿物，占地球表面岩石和土壤组成的 60%以上。所以，一般土壤全钾并不少，但其中 90%～98%为非常稳定的矿物钾，它们不能为植物利用。容易为植物利用的交换性钾，即速溶钾，一般占土壤全钾量的 0.1%～2%。连年种植的土壤会造成钾的大量消耗，一般很难通过有机肥料补足。作物缺钾，体内代谢受阻，并有显著外观症状。如果能将土壤中矿物钾转为植物可利用的钾素，其意义非常重大。钾细菌（硅酸盐细菌）能分解矿物钾及矿物磷，使钾、磷释出为植物利用。钾细菌还具有固氮能力。钾细菌具有肥厚荚膜，可形成隆起透明黏液状菌落。

本实验要求学生掌握用仅以矿物钾为钾源制作的不含氮培养基来初步分离鉴定钾细菌，并印证矿物钾的微生物分解。

## 一、实验材料

1）培养基（g/1000ml）：蔗糖 5.0，$Na_2HPO_4$ 2.0，$MgSO_4 \cdot 7H_2O$ 0.5，$FeCl_3$ 0.005，$CaCO_3$ 0.1，铝硅酸钾 12，琼脂 20，蒸馏水 1000ml。0.1MPa 压力下灭菌 20min。

2）土壤样品，无菌培养皿，无菌吸管，天平。

## 二、实验步骤

1）将稀释度为 $10^{-4}$～$10^{-3}$的土壤悬液 1ml 接种于培养皿中，然后倾入冷却到 45℃左右的培养基约 12ml，充分摇匀，待冷却凝固后，倒放于 28～30℃温箱中，培养 3～4d。

2）取出观察。一般，大型、凸起、透明黏着而有弹性的菌落即为钾细菌菌落。用接种环取菌制片，简单染色观察菌体形态。用荚膜染色法，可观察荚膜。钾细菌的生长，说明矿物得到了分解。

3）富集。取钾细菌菌落的菌种接到新的培养基上，如此反复培养几次，可分离到较纯的钾细菌。

## 三、注意事项

在富集培养时，一旦出现了菌落，就可作为菌种马上再次转移。

## 四、思考问题

本实验为什么可以富集培养？为什么要富集培养？

# 第四节　磷素的微生物分解

土壤中磷素可分解为有机磷和无机磷两大类，其中无机磷主要与 $Ca^{2+}$、$Mg^{2+}$、$Fe^{3+}$、$Al^{3+}$ 等离子结合为磷酸盐。有机磷以植酸、卵磷脂、核酸、磷脂为主，这种化合态磷不能直接被植物吸收，由于土壤中微生物生命活动可以将其分解为可溶性。

## 一、实验材料

1）有机磷培养基：葡萄糖 10.0g，$(NH_4)_2SO_4$ 0.5g，NaCl 0.3g，KCl 0.3g，$MgSO_4 \cdot 7H_2O$ 0.03g，$MnSO_4 \cdot 4H_2O$ 0.03g，$CaCO_3$ 5.0g，$FeSO_4 \cdot 7H_2O$ 0.03g，卵磷脂 0.2g，琼脂 15～18g，蒸馏水 1000ml，pH 值为 7.0～7.5；

2）无机磷培养基：葡萄糖 10.0g，$(NH_4)_2SO_4$ 0.5g，NaCl 0.3g，KCl 0.3g，$MgSO_4 \cdot 7H_2O$ 0.03g，$FeSO_4 \cdot 7H_2O$ 0.03g，$MnSO_4 \cdot 4H_2O$ 0.03g，$Ca_3(PO_4)_2$ 10.0g，琼脂 15～18g，蒸馏水 1000ml，pH 值为 7.0～7.5。

3）无菌培养皿，1ml 无菌吸管，100ml 三角瓶装无菌水，1g 土壤样品。

## 二、实验程序

1）将两种培养基熔化，稍冷后分别倒入无菌培养皿中，凝固成平板。

2）取 1g 土壤样品加入 100ml 无菌水中，振荡 30min 或置摇床振荡 20min，制成含菌悬液。

3）每个培养皿加入 0.1ml 含菌悬液，再用涂棒将菌悬液涂布均匀，置于 28～30℃培养。

4）培养 5～7d，观察菌落周围有无溶解圈。溶解圈大的菌株，说明其分解化合态磷的能力较强。

5）用接种环挑取溶解圈大的菌落，制片，染色，油镜观察解磷微生物的形态。

## 三、实验结果

绘制解磷微生物形态。

## 四、思考问题

1）土壤中无机磷转化有何意义？
2）土壤中有机磷转化有何意义？

# 第五节　硫化作用及硫化细菌观察

硫化氢、硫磺或硫的不完全氧化物在微生物的作用下氧化成硫酸的作用，称硫化作用。硫化作用是在有氧条件下进行的，具有硫化作用的微生物称为硫化细菌，主要是化能自养型的硫化细菌和硫磺细菌等。

## 一、实验材料

1）培养基（萨氏硫化细菌培养液）：$NaS_2O_3 \cdot 5H_2O$ 10.0g，$NH_4Cl$ 2.0g，$K_2HPO_4$ 3.0g，$MgCl_2$ 0.5g，$CaCl_2 \cdot 6H_2O$ 0.2g，蒸馏水 1000ml，pH 值为 6.0～6.2。

上述培养基分装于 150ml 三角瓶中，每瓶装 30ml，0.1MPa 压力下灭菌 30min。

2）干净试管，1ml 无菌吸管，1% $BaCl_2$，1g 土壤样品。

## 二、实验程序

1）取硫化细菌培养液两瓶接种 1g 土壤样品，另一瓶不接种做空白对照，一起放入恒温箱，28～30℃保温培养。

2）培养 15d 后，用 1ml 吸管吸取培养物 1ml，放于干净试管中，并滴入 1% 氯化钡 2～3 滴，如有白色沉淀，证明有 $SO_4^{2-}$ 产生。反应式为：$BaCl_2 + SO_4^{2-} \rightarrow BaSO_4 \downarrow$（白色）$+ 2Cl^-$。

3）取具有 $SO_4^{2-}$ 的上述培养液 0.2ml 左右，移植于新的硫化细菌培养液中，28～30℃保温培养 15d，连续移植培养数次后，取培养液制涂片、染色，在油镜下可观察到细小的无芽孢的造硫硫水假单胞杆菌等。

## 三、实验结果

绘制硫细菌形态图。

## 四、思考问题

土壤中硫的转化有何意义？

# 第六节　氨化作用

有机态氮一般占土壤全氮量的95%以上，但大多数难以为植物直接利用。含氮有机物经微生物降解产生氮的作用称为氮化作用。氮化作用使植物不能利用的有机态氮转化成可溶态的氮，为某些自养型和异养型微生物的生长与活动创造了良好的条件。

本实验通过尿素的氨化试验及蛋白质的氨化试验使同学认识尿素细菌和氨化细菌，并掌握用纳氏（试剂和石试纸测定氨的方法。纳氏试剂遇氨后呈黄或棕色，颜色越深则说明氨越多，石绿遇到碱性的氨也将变蓝色。

## 一、尿素的氨化作用

尿素是尿的三要成分之一。进入土壤的尿素一般很快被尿素细菌的脲酶分解为碳酸铵。碳酸铵不稳定，又分解成 $CO_2$ 和 $NH_3$。尿素细菌好氧或兼性厌氧，在强碱培养基上生长良好，其氮源可以是铵盐或尿素。

### （一）实验材料

1）尿素培养基：尿素 50g，$K_2HPO_4$ 0.5g，酒石酸钾钠 5g，蒸馏水 1000ml。将培养基分装于 1.8cm×18cm 试管中，煮沸消毒。

2）纳氏试剂：石绿试纸，白瓷比色板，土壤样品。

### （二）实验程序

1）接种 1g 土样于试管培养基中，于棉塞下悬一条红色石绿试纸，30℃培养 2d。

2）检查结果

a. $NH_3$的生成：如石绿试纸变蓝，则说明生成了 $NH_3$。取培养基液滴 2 滴于白瓷比色板，加纳氏试剂 1 滴，如呈现黄或棕褐色，说明有 $NH_3$生成。

b. 尿细菌观察：取培养液 1 环，制片染色，油镜观察尿细菌细胞形态。

## 二、蛋白质的氨化作用

蛋白质是最主要的含氮有机物，许多细菌、放线菌、真菌能分解蛋白质并产生氨。在土壤中，细菌进行的氨化过程尤为活跃。本实验中，在不含无机氮的牛肉膏蛋白胨培养基上生长的细菌，基本均属氨化细菌。

### （一）蛋白质氨化作用试验

**1. 实验材料**

1）牛肉膏蛋白胨液体培养基　　将其分装于 1.8cm × 18cm 试管中，

0.1MPa 灭菌 30min。

2）纳氏试剂，红色石绿试纸，醋酸铅滤纸，白瓷比色板。

**2. 实验程序**

接种土样 1g 于试管培养基中，再将红色石绿试纸及乙酸铅滤纸各一条于棉塞下，28℃培养 3～4d。

**3. 检查结果**

1）$NH_3$和 $H_2S$ 的生成：如石绿试纸变蓝，说明生成了 $NH_3$；如乙酸铅滤纸变黑，说明生成了 $H_2S$。取培养液 2 滴于白瓷比色板，加纳氏试剂 1 滴，若呈现黄或棕褐色，说明有 $NH_3$的生成。

2）氨化细菌观察：取培养液 1 环制片，革兰氏染色，油镜观察氨化细菌细胞形态。

### （二）氨化细菌数量测定

**1. 平行记数法**

（1）实验材料

1）蛋白胨琼脂培养基（g/1000ml）：蛋白胨 5，$K_2HPO_4$ 0.5，NaCl 0.25，$MgSO_4\cdot 7H_2O$ 0.5，$FeSO_4$ 0.01，琼脂 20，水 1000ml，pH 值为 7.2。0.1MPa 灭菌 30min。

2）器皿：无菌培养皿，无菌吸管，无菌水，天平。

3）土壤样品。

（2）实验程序

1）制备土壤稀释液 $10^{-7}$、$10^{-8}$、$10^{-9}$。每个稀释液接种 1ml 于培养皿中，加热冷却至 50～60℃的培养基 12ml，混匀并冷却凝固。28℃培养 2～4d。

2）取出培养好的培养皿，计算菌落数。求出每克土壤样品氨化细菌的数量，再换算成每克烘干土样中氨化细菌的数量。

**2. 稀释记数法**

（1）实验材料

1）培养基：同 1.，但去掉琼脂，pH 值为 7.0。将培养基过滤并分装于 1.8cm×18cm 试管，每管 5ml，0.1MPa 灭菌 30min。

2）1ml 无菌试管，无菌水，白瓷比色板，纳氏试剂，土壤样品。

（2）实验程序

1）制备土壤稀释液 $10^{-6}$、$10^{-7}$、$10^{-8}$、$10^{-9}$。每个稀释度重复接种 4 管培养基，每管接种 1ml。另取 4 管培养基，分别接 1ml 无菌水作为对照。将接种培养基与对照置于 28℃培养一周。

2）检查结果：

根据试管混浊与否确定有否氨化细菌生长，根据培养基液加纳氏试剂是否变黄或棕褐色确定有否氨产生。由此确定数量指标，并求出氨化细菌近似数，换算成每克干土中氨化细菌的数量。

## 三、注意事项

平板计数不可使培养基水分过大，以免菌落扩展，不利于计数和分离。

## 四、思考问题

1）氨化作用在氮循环中的意义？

2）脱氮的最终产物是什么？

3）平板法是否较稀释法为优？

# 第七节　硝化与反硝化作用

氨被硝化微生物氧化为硝酸的过程称为硝化作用。硝化作用由氨被亚硝酸细菌氧化形成的亚硝酸进一步被硝化的过程。

反硝化过程不是硝化的逆过程。硝化细菌和反硝化细菌也明显不同，硝化细菌是化学自养型，通常严格好氧，适宜在 pH 值为 6.5～7.5 的环境活动；反硝化细菌多是异养型，属于兼性厌氧，在好氧条件下进行有氧呼吸，以 $NO_3^-$ 为最终电子受体，使 $NO_3^-$ 还原为气态氮，故反硝化作用强烈。

本实验要求学生掌握硝化和反硝化作用的测定，并掌握硝化细菌和反硝化细菌数量的测定法。

硝化细菌的数量测定一般是测亚硝化细菌，因为通常亚硝化作用较缓慢，而硝化作用迅速，故土壤中很少有亚硝化细菌积累，而测定亚硝化细菌的多寡，即能说明硝酸细菌数量的多寡。

## 一、亚硝化阶段

### （一）亚硝化试验

**1. 实验材料**

1）铵盐培养基（g/1000ml）：$(NH_4)_2SO_4$ 2，$NaH_2PO_4$ 0.25，$MgSO_4 \cdot 7H_2O$ 0.01，$K_2HPO_4$ 0.75，$MnSO_4 \cdot 4H_2O$ 0.03，$CaCO_3$ 5.0，蒸馏水 1000ml。分装于三角瓶中，每瓶约 30ml 使成浅层，0.1 MPa 灭菌 30min。

2）试剂：格利斯（Griess）试剂，纳氏（Nessler）试剂，锌碘淀粉试剂，二苯胺。

3）白瓷比色板，土壤样品。

**2. 实验程序**

1）接种 1g 土壤样品于培养液中。置 20～30℃培养 1～2 周。

2）取培养好的培养液2滴，滴在白瓷比色板上，加格利斯试剂A液1滴，再加B液1滴，若呈现绛红色，说明产生$HNO_2$。或在白瓷比色板上加3滴锌碘淀粉试剂后，加1滴20％$H_2SO_4$，混匀后从旁边加培养基液体2滴，若呈蓝色，说明有$HNO_2$存在。

3）取带沉淀的培养液1环，涂片，染色后镜检可见菌体短、似球形的亚硝酸细菌。

### （二）稀释法测定亚硝酸细菌数量

**1. 实验材料**

1）培养基（g/1000ml）：$(NH_4)_2SO_4$ 2，$NaH_2PO_4$ 0.25，$MgSO_4 \cdot 7H_2O$ 0.01，$K_2HPO_4$ 0.75，$MnSO_4 \cdot 4H_2O$ 0.03，$CaCO_3$ 5.0，蒸馏水1000ml。将培养基分装于1.8cm×18cm试管中，每管5ml，0.1MPa灭菌30min。

2）试剂：同（一）。

3）白瓷比色板，1ml无菌吸管，土壤样品。

**2. 实验程序**

1）制备土壤稀释液$10^{-2}$、$10^{-3}$、$10^{-4}$、$10^{-5}$、$10^{-6}$、$10^{-7}$。每管培养基中，用吸管接种土壤悬液1ml。每一稀释度重复3管，另有一管接无菌水1ml作为对照。于28～30℃培养10～14d。

2）用格利斯试剂或锌碘淀粉试剂测定培养液中的亚硝酸（同上）。由3次重复数量指标求得数量指标后，查出近似数，换算成每克干土中亚硝酸细菌的数量。

## 二、硝化阶段

### （一）实验材料

1）亚硝酸盐培养基（g/1000ml）：$NaNO_2$ 2，$K_2HPO_4$ 0.5，$MgSO_4 \cdot 7H_2O$ 0.5，$Na_2CO_3$ 1，$FeSO_4$ 0.4，NaCl 5.0，蒸馏水1000 ml。将培养基分装于三角瓶，每瓶30ml，使成浅层，0.1MPa灭菌30min。

2）试剂：2.5％二苯胺，格利斯试剂，锌碘淀粉试剂，乙酸，浓硫酸。

3）土壤样品，白瓷比色板，玻棒，灭菌吸管。

### （二）实验程序

1）取土壤样品1g，接种于培养基中，28～30℃培养10～14d。

2）结果检查：先检查有无亚硝酸的存在（方法同前，若有亚硝酸存在，应除去$NO_2^-$，然后才能检查$NO_3^-$的存在与否）。除去$NO_2^-$的方法是加5～10滴乙酸，再放入数颗磺胺酸，等放氮气停止时，加1颗磺胺酸。取培养液2滴滴于白瓷比色板，再用格利斯试剂检查有否 $NO_2^-$。如完全没有 $NO_3^-$，则取培养液 2 滴，放于白瓷比色板，滴入浓硫酸及二苯胺 2 滴。若呈蓝色，说明有硝化作用产生的 $NO_3^-$。

3）取三角瓶底部培养物一环，制片染色，镜检可见短小杆状的硝酸细菌。

## 三、反化作用

### （一）反硝化试验

**1. 实验材料**

1）培养基（g/1000ml）：$KNO_3$ 2.0，$K_2HPO_4$ 0.5，$MgSO_4 \cdot 7H_2O$ 0.2，酒石酸钾钠 20g，蒸馏水 1000ml。将培养基分装 1.8cm×18cm 试管中，每管 10ml 左右以达到试管 1/3 以上，加一杜氏小管，0.1MPa 灭菌 20min。

2）试剂：同二。

3）器皿：同二。

4）土壤样品。

**2. 实验程序**

1）将 1g 土壤样品接种于培养基中，另取一管培养基不接种为对照。置于 28～30℃培养 5～7d。

2）检查结果

a. 分子态氮：在培养过程中，若有还原成的氮气，则培养基表面有气泡，或杜氏小管集聚有气体。

b. 亚硝酸：取培养液 2 滴滴于白瓷比色板，加格利斯试剂，如显红色，说明反硝化作用产生了亚硝酸。

c. 氨：取 2 滴培养液于比色板，加纳氏试剂，若变黄棕色，说明还原生成了氨。

d. 取对照管进行比较，并记录结果。

e. 反硝化细菌观察：取培养物一环，制片并革兰氏染色，油镜观察多为阴性无芽孢杆菌。

### （二）稀释法测定反硝化细菌数量

**1. 实验材料**

同一。

**2. 实验程序**

1）制备土壤稀释液 $10^{-4}$、$10^{-5}$、$10^{-6}$、$10^{-7}$、$10^{-8}$。每管培养基中，用吸管接种土壤悬液 1ml。每一稀释度重复 3 管，另有一管接种无菌水 1ml 作为对照，于 28 培养两周。

2）检查结果：观察培养基有否菌变混。然后同前法检查 $N_2$、$NH_3$、$NO_2$ 有否产生，$NO_3^-$是否存在，由此确定数量指标，并求出反硝酸细菌近似数，换算成每克干土中反硝酸细菌的数量。

## 四、注意事项

1）在测 $NO_3^-$ 时，要先加浓硫酸，后缓加二苯胺溶液。

2）为了更好地观察细菌，可进行富集培养，以使培养液中硝化细菌占绝大多数。

## 五、结果记录

将记录的结果填在表 14.1 中。

**表 14.1　硝化与反硝化结果记录表**

| 检验内容 | 现象与结论 | |
|---|---|---|
| | 接种培养液 | 未接种培养液 |
| 杜氏管有气体否，液面有气泡否 | | |
| 与 Griess 试剂反应 | | |
| 与 Nessler 试剂反应 | | |
| 有无反硝化作用 | | |

## 六、思考问题

在测定硝化作用时，培养基为何要求装成浅层；而测定反硝化作用时，培养基为何要求装成试管 1/3 以上的深层？

# 第五篇　微生物学研究的一些新技术

# 第十五章 单克隆抗体技术

1975年8月7日，Kohler 和 Mistein 在英国的《自然》杂志上发表了题为“分泌具有预定特异性抗体的融合细胞的持续培养”的著名论文，创立了生产单克隆抗体（monoclonal antibody）的淋巴细胞杂交瘤技术，并在生物医学学科的众多领域得到越来越广泛的应用，促进了微生物学、植物学、寄生虫学、传染病学、胚胎学、内分泌学、血液学、法医学、基础与临床医学、兽医学、生物化学、酶学、细胞生物学和分子生物学等众多学科的发展。为此，Kohler 和 Mislstein 两人分别荣获1984年度诺贝尔生理学和医学奖。

## 第一节 杂交瘤技术

### 一、基本原理

机体为什么能对多种多样的抗原产生相应的抗体？为什么不对自身抗原进行免疫攻击？自身和非自身是怎么识别的？自抗体的发现以来，这些问题一直是免疫学家研究和探讨的热点，在免疫学发展的不同时期，提出了不同的关于抗体产生的学说，1900年 Ehrlich 提出侧链学说（side chain theory），认为机体事先就已准备好各式各样的侧链（抗体），令人感到不可思议，最终被否定。随着蛋白化学的发展，Breinl 和 Haurowitz 提出模板学说（model theory），但近代分子生物学已经证明蛋白质的形成决定于细胞的 DNA，决不因抗原的刺激诱导而改变，从而否定了这一学说。在免疫耐性假说和人工诱导免疫耐性等工作基础上，Jerne（1955年）提出抗体产生的自然选择学说（natural selection theory），但不能完全解释各种免疫学问题。3年后，Burnet（1957年）吸收了“选择”的概念，提出克隆选择学说（clonal selection theory），不仅使抗体形成的机理与现代分子生物学的概念相符合，并且比较合理地解释免疫反应的特异性、免疫记忆、自身识别和免疫耐性等免疫学的核心问题，奠定了近代免疫生物学研究的理论基础。

#### （一）克隆选择学说

1957年，Burnet 首先提出抗体生成理论——克隆选择学说，经各方面实验的证实和发展，该学说的主要内容为：

1）每一个B淋巴细胞都有一独特的受体，即膜表面免疫球蛋白（membrane surface immunoglobulin，SmIg）。抗原进入机体后其抗原决定簇选择性地刺激带有相应受体的B淋巴细胞，合成与受体特异性相同的抗体分子，一个B淋巴细胞只合成和分泌一种抗体分子。

2）B淋巴细胞具有天然的合成特异性抗体的能力，动物机体在发育过程中通过体细胞基因的重排和突变，能形成$10^8$～$10^9$个带有不同受体的特异性B淋巴细胞克隆，每一克隆中所有细胞具有相同的受体。

3）B淋巴细胞在未成熟前就接触抗原（自身抗原或人工接种抗原），则相应的细胞克隆从体内消失，产生免疫耐受。

4）自然界存在的或人工合成的绝大多数抗原或抗原决定簇在机体内总能找到带有相应受体的淋巴细胞克隆，刺激其分化增殖，产生免疫应答；极少数抗原或抗原决定簇在某一个体内找不到带有相应受体的克隆，表现为无免疫应答。

## （二）抗体基因及其表达

**抗体结构与功能**

抗体（antibody）是由两条完全相同的糖基化重链和两条完全相同的非糖基化轻链组成的结构对称的糖蛋白分子（glycoprotein）。重链（heavy chain，H链）由450个左右氨基酸残基组成，轻链（light chain，L链）含210～230个氨基酸残基。重链之间及重链与轻链之间以二硫键相连。与抗体结构相同而抗原结合特异性不明的蛋白质分子统称免疫球蛋白（immunoglobulin简称Ig）。不同抗体从重链和轻链氨基酸末端（N端）开始的一段氨基酸顺序差异很大，称为可变区（variable region，V区），其分别约占重链的1/4和轻链的1/2。重链和轻链的可变区分别用$V_H$和$V_L$表示。每一V区内有3个高变段（hyper variable region），$V_H$和$V_L$通过$\beta$-折叠把高变段带到一起形成抗原结合部（antigen binding region）。每个4链单位的重链和轻链中，从其羧基端（C端）开始的一段氨基酸顺序基本不变，称恒定区（constant region，C区），分别占重链的3/4和轻链的1/2，重链恒定区为$CH_1$、$CH_2$和$CH_3$，轻链恒定区为$C_L$。恒定区的氨基酸排列顺序是各条链分类及分型的基础。根据恒定区的免疫学性质，轻链可分为$\kappa$（Kappa）和$\lambda$（Lambda）两大类，重链可分成$\gamma$、$\alpha$、$\mu$、$\delta$和$\varepsilon$5类。IgG、IgA、IgM、IgD、IgE 5类免疫球蛋白的重链分别为$\gamma$、$\alpha$、$\mu$、$\delta$和$\varepsilon$，轻链为$\kappa$或$\lambda$。同一分子中，两条重链彼此相同，两条轻链也彼此相同（表15.1）。

抗体的恒定区（$CH_1$、$CH_2$、$CH_3$和$C_L$）之间有不少同源顺序，重链和轻链的可变区（$V_H$和$V_L$）也有同源顺序。一级结构的每一个结构域，无论是恒定区还是可变区，在各自的辖区内都会有一个二硫键。而4条肽链由4个二硫键连接成一体，这些相似性表明由一个原始基因经过几次连续复制形成了现在的抗体。

**表 15.1　各类免疫球蛋白的理化特性与免疫学功能**

| 特性 | IgG | IgM | IgA | IgE | IgD |
|---|---|---|---|---|---|
| 沉降系数（S） | 7 | 19 | 7，11 | 8 | 7 |
| 分子质量/Da | 160 000 | 900 000 | 170 000/390 000 | 200 000 | 170 000 |
| 电泳位置 | $\gamma2\sim\alpha2$ | $\gamma1\sim\alpha$ | $\gamma1\sim\alpha1$ | $\gamma1\sim\beta$ | $\gamma1\sim\beta$ |
| 含糖量/% | 2.9 | 12 | 7.5 | 10.7 | 13 |
| 重链类 | $\gamma$ | $\mu$ | $\alpha$ | $\varepsilon$ | $\delta$ |
| 亚类 | $\gamma1\sim4$ | $\mu1$，$\mu2$ | $\alpha1$，$\alpha2$ | / | / |
| 分子量 | 52 000 | 75 000 | 63 000 | 75 000 | 77 000 |
| 轻链型 | $\kappa$，$\lambda$ | $\kappa$，$\lambda$ | $\kappa$，$\lambda$ | $\kappa$，$\lambda$ | $\kappa$，$\lambda$ |
| 分子量 | 22 000 | 22 500 | 22 500 | 22 500 | 22 500 |
| 单体数 | 1 | 5 | 1，2 | 1 | 1 |
| 抗原结合价 | 2 | 5～10 | 2 | 2 | 2 |
| 血清中含量/（mg/ml） | 600～1600 | 60～200 | 20～500 | 0.01～0.9 | 0.03～3 |
| 占 Ig 总量/% | 75～80 | 5～10 | 10～20 | 0.008 | 0.3 |
| 合成速度（mg/kg·d） | 33 | 6.7 | 24 | 0.002 | 0.4 |
| 半衰期/d | 23 | 5 | 6 | 2.8 | 2.8 |
| 免疫学功能 | 抗菌，抗毒素，抗病毒，固定补体，通过胎盘与SPA结合 | 溶菌，溶血，固定补体 | 黏膜免疫，激活补体旁路 | 介导Ⅰ型过敏反应 | 不明 |

常用酶降解法研究 Ig 的结构与功能，用木瓜蛋白酶或胃蛋白酶初步水解 IgG，可断裂成 3 个片段（图 15.1），即两个 Fab 片段和一个 Fc 片段。Fab 片段含有一条完整的轻链和约半条靠 N 端的重链。此片段含有全部抗体与抗原结合部位，仍具有抗原结合能力，决定抗体的特异性。Fc 片段含有两条重链的靠 C 端的一段，与抗体的特异性无关，但具有激活补体和调理作用等活性。Fab 片段与 Fc 片段通过“绞链区”（长约 30 个氨基酸残基）连接，该区富含脯氨基酸残基，易弯曲，有助于 Ig 与抗原及补体的结合。

抗体基因包括 $\kappa$ 轻链、$\lambda$ 轻链和重链 3 个基因簇（gene cluster），分别位于不同的染色体。就小鼠而言，$\kappa$ 基因位于第 6 对染色体，$\lambda$ 基因位于第 16 对染色体，重链基因位于第 12 对染色体。并且可变区基因总是与恒定区基因连锁。图 15.2 为小鼠抗体基因的模式图。

1）$\lambda$ 基因复合体　$\lambda$ 基因复合体最简单，只含有 4 个恒定区基因和两个可变区基因。每个恒定区基因 5′端的前 1000 个碱基处都有一个 J 基因（连接基因），编码可变区的最后几个氨基酸。在表达 $\lambda$ 链的 B 淋巴细胞中，一个 $V_\lambda$ 基因

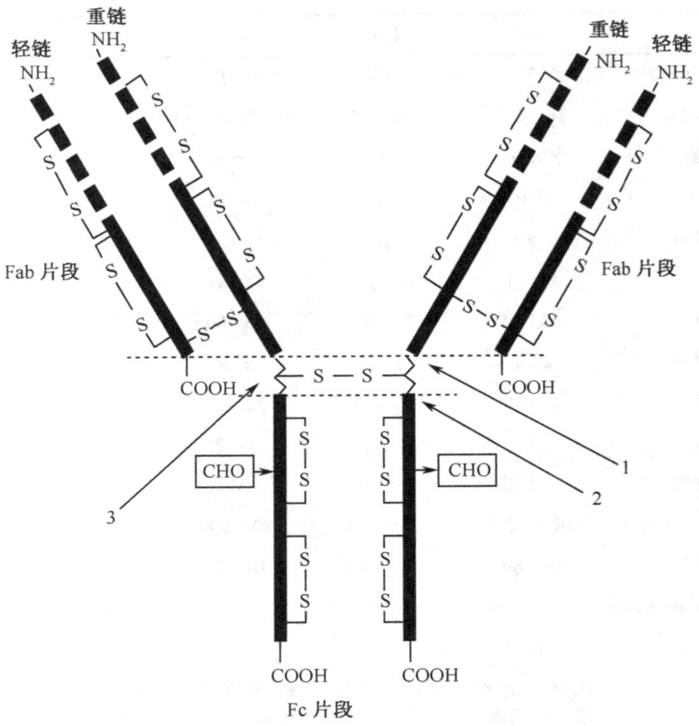


图 15.1　免疫球蛋白结构的基本单位

虚线表示变区，实线表示恒区

1. 木瓜蛋白酶水解处；2. 胃蛋白酶水解处；3. 绞链区

连接到一个 J 基因上，切除中间的 DNA 序列。

2）$\kappa$ 基因复合体　　$\kappa$ 基因复合体含有几百个可变区基因和一个恒定区基因，可变区基因位于恒定区基因的 5′端，中间有 5 个 J 基因和非编码区。合成 $\kappa$ 链的 B 淋巴细胞中，一个 V$\kappa$ 基因与被选定 J 基因 3′端的一个 J 基因连接，切除中间的 DNA 序列。

3）重链基因复合体　　重链基因复合体的组成最复杂，由几百个 V 区基因，4 个 J 基因，12 个 D 基因（多样性基因，编码重链第三高变段的大部分）及对应于每一类 Ig 的恒定区基因组成。

在胚胎细胞分化成 B 细胞过程中，发生基因重组，每种 $V_H$、D、$J_H$ 片段之一互相连接，它们之间的其他基因及插入顺序被切除，形成功能性的 $V_H$-D-$J_H$ 基因；VDJ 及 $C_\mu$ 基因连同其间还存在的插入顺序一起被转录成大分子的 $\mu$ 链 mRNA 前体，再经加工剪接，切去插入顺序成为成熟的 $\mu$mRNA，从核内输送到细胞浆与核糖体结合，指导 $\mu$ 链的合成。然后 B 细胞发生 $\kappa$ 基因重排，如能形成功

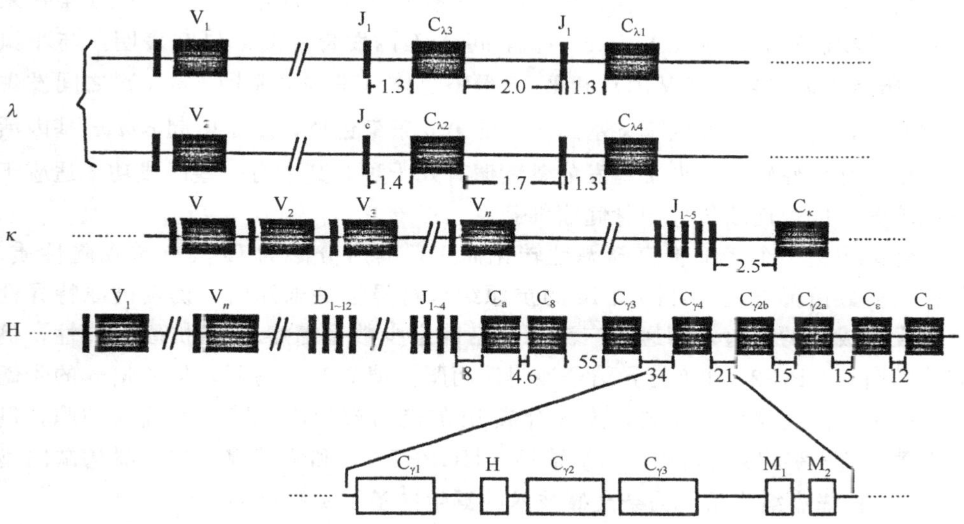


图 15.2　小鼠抗体基因结构图

能性 κ 链基因，则细胞表达轻链为 κ 型的抗体；如不能产生功能性 κ 链基因，则细胞进行 λ 基因复合体重排，产生功能性 λ 链基因，表达轻链为 λ 型的抗体。在一个细胞中只能表达一类功能性重链和一类功能性轻链，或来自父源或来自母源，这种现象称为等位排斥。但一个细胞如表达父源或母源重链，与之相配的轻链来源无需与重链一致。等位排斥使一条染色体的功能性基因重排，抑制同源的另一条染色体上等位基因发生进一步重排，并保证了抗体分子的对称性，使得一个细胞只产生一种同质抗体。

大多数未经抗原刺激的成熟 B 淋巴细胞在其表面同时表达 IgM 和 IgD 两种分子，其特异性完全一样。在接受抗原刺激后进一步发育成抗体分泌细胞，分泌性的 Ig 的 mRNA 合成增加了几百倍，而膜性 Ig 的 mRNA 合成减少，B 细胞从表达 IgM 向表达 IgG、IgA 或 IgE 变换。每一 C 区基因的 5′端都有一个"变换"顺序，将功能性 V 区基因移位到与它相继的 C 基因，通过剪切或姐妹染色单体交换，切除中间的 DNA 顺序，完成类变换。

抗体的生物合成路径与其他分泌性和膜性糖蛋白的相同。抗体分子的装配次序为 H→HH→HHL→LHHL 或 H→HL→LHHL。装配后的抗体分子被运送到高尔基体，对糖基进行修剪，加上半乳糖和唾液酸，形成抗酶解的糖基，成为功能性抗体分子。

## （三）骨髓瘤细胞的体外培养和细胞融合

### 1. 骨髓瘤细胞的体外培养

骨髓瘤细胞或浆细胞瘤是由恶性转化的抗体分泌细胞所引起的肿瘤。自发性骨髓瘤在人和其他动物中存在，而 LOU/c 系大鼠尤为常见。20 世纪 50 年代末发现用矿物油腹腔注射 BALB/c 小鼠，可人工诱发骨髓瘤。研究表明，与小鼠第 12 条染色体（含重链基因）和第 15 条染色体（带肿瘤基因 *c-myc*）之间发生易位有关，易位也能发生于 κ 基因所在的第 6 条染色体，易位引起 *c-myc* 基因活化，使细胞恶性转化，人工诱发的骨髓瘤有几千种，其中有一些已成功地适应于细胞培养，成为连续传代的骨髓瘤细胞系。

骨髓瘤由一个浆细胞克隆恶性转化而来，其所分泌的 Ig 具有单克隆性质，但在大多数情况下这些骨髓瘤 Ig 的抗原结合特异性是未知的，诱发抗原特异性骨髓没有成功的报道，而通过广泛筛选已确定少数骨髓瘤 Ig 的抗原特异性，例如骨髓瘤 MOPC-21 分泌特异结合沙门氏菌脂多糖的 Ig。另外，体外培养的骨髓瘤细胞系易产生突变和缺失，失去合成 Ig 的能力或形成缺陷型骨髓瘤细胞，例如次黄嘌呤-鸟嘌呤核糖转移酶缺陷型（$HGPRT^-$）和胸腺嘧啶核苷激酶缺陷型（$TK^-$）骨髓瘤细胞系，为杂交瘤技术的诞生准备了实验材料。

**2. 体细胞的体外融合**

动物细胞用仙台病毒或高浓度聚乙二醇（polyethylene glycol，PEG）处理时，细胞膜发生融合，形成异核体的多核，在细胞分裂时异核体的核融合，子细胞具有或多或少相等份额的遗传材料，具有亲代细胞的特性。细胞融合产生的杂交细胞数量很少，将它从其他细胞中筛选出来是研究杂交瘤细胞的前提。使用突变细胞和选择培养基是筛选的有效方法。用 $HGPRT^-$ 骨髓瘤细胞进行体外融合，杂交细胞得到来自另一亲本的 HGPRT，在含有氨基喋呤（aminopterin，A）的培养基中存活下来，其他细胞因鸟苷的主要生物合成途径被阻断而归于死亡。

大鼠骨髓瘤细胞与小鼠骨髓瘤细胞融合产生的杂交细胞除分泌亲本细胞的 Ig 外，还分泌由亲本重链和轻链不同组合构成的杂交 Ig。骨髓瘤细胞与非 B 淋巴细胞系的细胞融合产生的杂交细胞不能表达和分泌 Ig。细胞融合技术和杂交细胞的筛选方法，为杂交瘤技术诞生提供了技术保证，而不同骨髓瘤细胞的融合研究必然导致骨髓瘤细胞与正常抗体生成细胞的融合研究。

### （四）杂交瘤技术

1975 年，Kohler 和 Mislstein 将小鼠 MOPC-21 $HGPRT^-$ 骨髓瘤细胞与经绵羊红细胞免疫的小鼠脾细胞融合，在含有次黄嘌呤（hypoxanthine，H）、氨基喋呤（A）和胸腺嘧啶核苷（thymidine，T）的 HAT 培养基中筛选（图 15.3），得到分泌抗绵羊红细胞抗体的杂交瘤细胞，经过克隆化建立杂交瘤细胞系，注射小鼠后形成肿瘤，在血清和腹水中含有大量同质体，即单克隆抗体，首次建立生产针对特定抗原的高度特异、高度同质的抗体的杂交瘤技术。

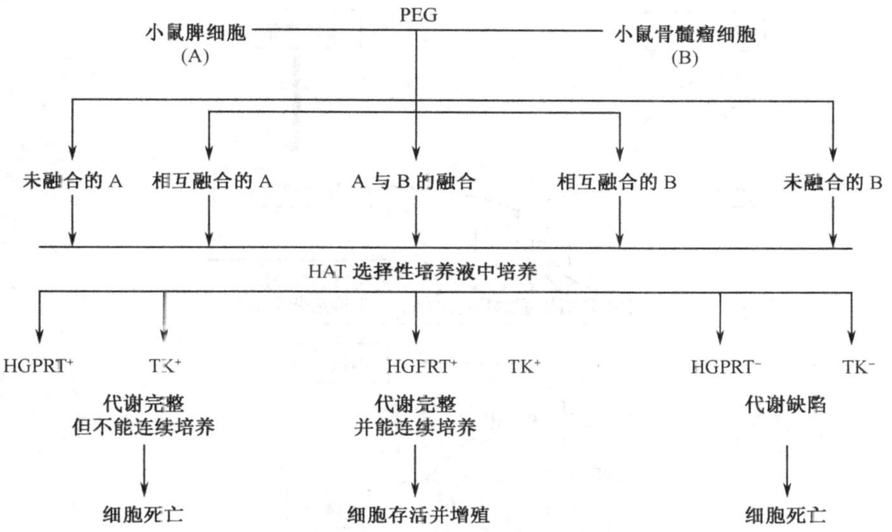


图 15.3　HAT⁻ 培养基筛选杂交瘤细胞的原理

## 二、实验程序

杂交瘤技术自问世以来，各实验室使用的具体方法与程序不尽相同，但用淋巴细胞杂交瘤技术制备单克隆抗体的主要过程（见图 15.4）基本相同，其主要步骤包括：亲本细胞的制备、细胞融合和杂交瘤细胞的筛选、抗体检测、杂交瘤细胞的克隆化和冻存、单抗的生产和鉴定等。

### （一）亲本细胞的制备

淋巴细胞杂交瘤技术需要 3 种细胞，即 B 淋巴细胞、骨髓瘤细胞和饲养细胞。

**1. 免疫动物的脾细胞**

（1）免疫抗原的制备

原则上免疫抗原越纯越好，高纯度的免疫抗原能提高杂交瘤阳性率，并大大减少筛选工作量。对来源困难或性质不稳定，或其免疫原性很强的抗原，可做初步纯化，甚至不纯化；但抗原中混杂物很多，并且混杂物免疫原性很强时，免疫抗原必须纯化。

（2）免疫动物和免疫程序

所用的免疫动物关系到杂交瘤的抗体分泌能力，一般选用与骨髓瘤同系的动物，目前常用 BALB/c 和 NZB 小鼠、ROU/c 大鼠。免疫动物最好为 SPF 级，至少是健康的清洁级动物。小鼠初次免疫以 8～12 周龄为宜，雌性动物性情温

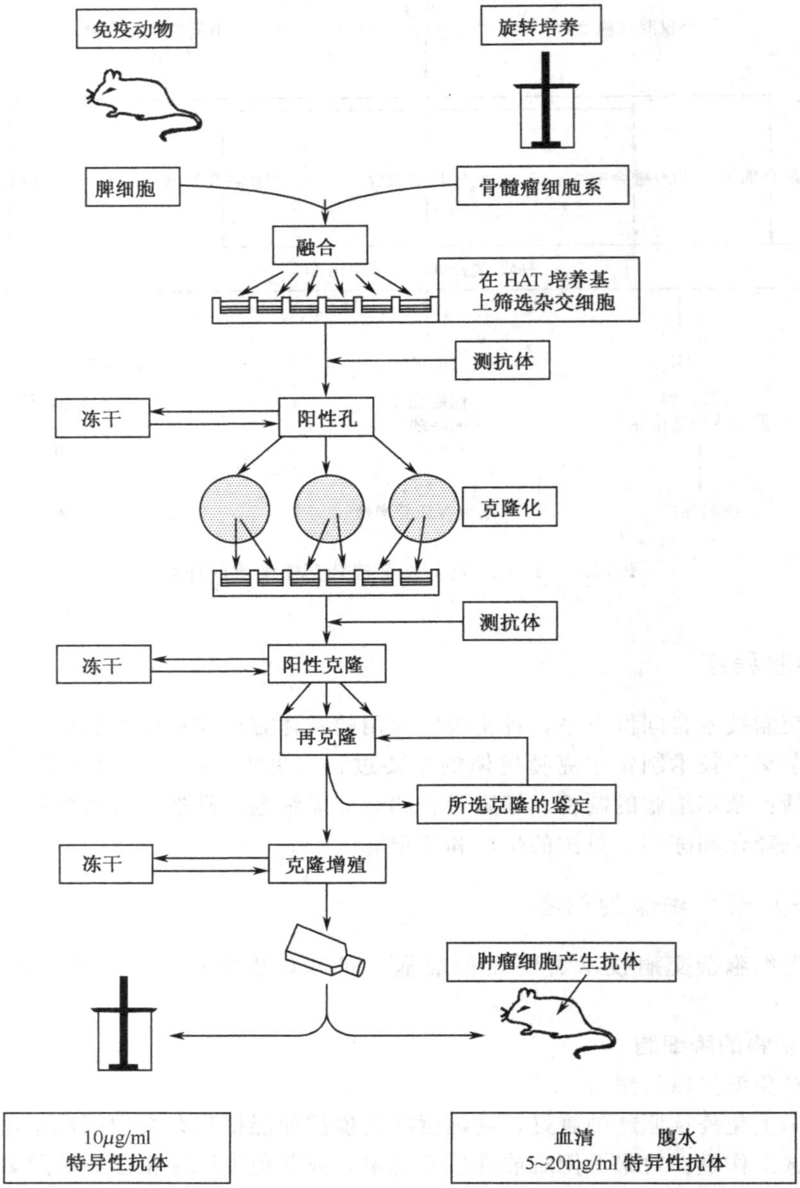


图 15.4 B 细胞杂产瘤技术生产单克隆抗体的主要过程

和，便于操作。

免疫动物是单抗制备的重要环节，免疫程序直接影响融合率和杂交瘤细胞的阳性率。根据抗原的性质和纯度、抗原量、免疫途径、次数与间隔时间、佐剂的使用及动物对该抗原的免疫应答能力等设计免疫程序，免疫程序还取决于制备单抗的特性，没有统一的免疫程序，表 15.2 为不同抗原常规的免疫程序。免疫途径常采用皮下、腹腔或静脉内注射，也可采用足垫或皮内注射，最后一次加强免疫必须采用腹腔或静脉内注射，并且静脉内注射抗原对脾细胞作用更迅速、更充分，免疫效果更佳。

**表 15.2　不同抗原的常规免疫程序**

| 免疫原性 | 抗原量 | 接种次数 | 间隔时间 | 单抗特性 | |
|---|---|---|---|---|---|
| | | | | 抗体效价 | 亲和性 |
| 强<br>（如动物细胞、细菌和病毒抗原等） | $10^6$～$10^7$细胞<br>或 1～10μg | 2～4 | 2～4 周 | 高 | 中等至强 |
| 中等 | 10～100μg | 2～4 | 2～4 周 | 中等或高 | 中等至强 |
| 弱 | A. 20～400μg | 2～4<br>随后<br>2～3 | 每月<br><br>2～3 月 | 中等 | 强 |
| | B. 10～50μg<br>其后<br>200～400μg | 2<br>其后<br>4 | 每月<br><br>每月 | 中等 | 中等 |
| | C. 10～100μg | 2 其后 4<br>其后休息<br>最后加强 | 每月～10d<br>1～2 月 | 中等 | 中等至强 |

除经典免疫方法外，还有把抗原直接注射到脾内和取出脾脏或外周血液淋巴细胞在体外培养的体外免疫等方法。体外免疫是制备人-人杂交瘤的主要免疫方法。

（3）免疫动物脾细胞的制备

取最后一次加强免疫后 3d 的小鼠，眶下窦采血，分离阳性血清，以颈脱位方法将小鼠致死，75%乙醇消毒体表，以无菌手术取脾脏，用基础培养液洗涤，去除结缔组织等杂质，将脾脏移入有少许基础培养液的小培养皿内，用弯头镊或其他器械轻轻挤压脾脏，使细胞进入培养液中，用吸管吹打数次，制成单细胞悬液，离心沉淀，并用基础培养液洗涤。沉淀细胞用基础培养液悬浮，用无菌吸管取细胞悬液 0.1ml，加入 0.9ml 0.4%台盼蓝染液，混匀后用血球计数板计数，配成浓度为 $1\times10^8$/ml 的细胞悬液。

**2. 骨髓瘤细胞**

一般选用同系小鼠的骨髓瘤细胞，其本身不能产生免疫球蛋白，具有某种营养缺陷。表 15.3 为常用于杂交瘤技术的骨髓瘤细胞株。目前颉颃用的是 NS-1

株的 HGPRT⁻ 骨髓瘤细胞株。

骨髓瘤细胞生长状态是得到高融合率的关键，其生长未处于最佳状态是融合失败的主要原因之一。冻存的骨髓瘤细胞在复苏后两周才能达到适合融合的状态，融合前 1 周使之保持对数生长，并做活细胞染色计数，配成浓度为$2\times10^7$～$5\times10^7$/ml 的细胞悬浮液。

**表 15.3　用于杂交瘤技术的骨髓瘤细胞株的培育**

| 酶缺陷型细胞株 | 选择缺陷株的药物及剂量 | 适用培养基 |
| --- | --- | --- |
| GHPRT 株（缺次黄嘌呤-鸟嘌呤磷酸转化酶） | δ-偶氮鸟嘌呤 15μg/ml 或 6-硫鸟嘌呤 10μg/ml | HAT 培养基 |
| TK 菌株（缺胸腺嘧啶激酶） | 5′-溴脱氧尿苷 30μg/ml | HAT 培养基 |
| ADK 株（缺腺苷激酶） | 2-氟代腺苷 10μg/ml | AAU 培养基 |
| APRK 株（缺腺嘌呤磷酸核糖基转化酶） | 2，6-二氨基嘌呤 100μg/ml 及 2-氟代腺嘌呤 25μg/ml | AA 培养基 |

**3. 饲养细胞**

单个或少数细胞在体外培养时很难成活，必须加入其他细胞以增加其细胞密度，维持其代谢，并提供有利于杂交瘤的生长因子，使之成活繁殖。被加入的这种细胞称为饲养细胞。常用的饲养细胞有腹腔巨噬细胞、胸腺细胞和正常脾细胞。小鼠腹腔巨噬细胞清除死亡细胞的能力强，制备方便，最为常用。制备时先致死小鼠，消毒体表，以无菌手术掀开腹部皮肤，暴露腹膜；腹腔注射 5ml 冷的无血清 DMEM 液或 0.34moL/L 灭菌蔗糖溶液，针头留置肝上，轻轻挤压腹部 2～3 次，重新吸出注入的液体，移入在冰上冷却的离心管，4℃离心并做活细胞计数，配制成浓度为 $1\times10^5$～$2\times10^5$/ ml 的细胞悬浮液。

## （二）细胞融合与杂交瘤细胞的选择性培养

细胞融合通常用聚乙二醇（PEG1000～4000）做融合剂，脾细胞与骨髓瘤细胞的比例为 10∶1～2∶1。细胞融合的程序很多，现介绍国内几个实验室常使用，融合率较高的方法，常用的试剂及配方见表 15.4。

1）将 $1\times10^8$ 脾细胞、$2\times10^7$～$5\times10^7$ 骨髓瘤细胞和 25ml DMEM 加入到 50ml 离心管中，混匀成悬浮液，1000r/min 离心 10min，吸尽上清液，轻击管底，使细胞松散均匀，并移入 40℃水浴预热。

2）将 1ml 预热至 40℃的 50%PEG-4000（pH 值为 8.0）滴加到离心管中，边加边轻轻摇动离心管，在 45～60s 内完成；在 90s 内加入 20～30ml 预热至 37℃的 DMEM，20～37℃静置 10min。

**表 15.4 细胞融合的常用试剂及其配制方法**

| 试剂 | 配制方法 | 用途 |
|---|---|---|
| 氨基喋呤（A）储存液（100×，$4\times10^{-5}$ mol/L） | 取 1.76mg A，加入 90ml 超纯水中，滴加 1mol/L NaOH 0.5ml 助溶，待完全溶解后，加 1mol/L HCl 0.5ml 中和，加超纯水至 100ml，0.22μm 膜过滤除菌，小量分装，－20℃保存 | HAT 培养基的主要成分，用于细胞融合后杂交瘤细胞的选择性培养 |
| 次黄嘌呤和胸腺嘧啶核苷（HT）储存液（100×，$1\times10^{-2}$/L H，$1.6\times10^{-3}$mol/ L T） | 取 136.1mg H 和 38.8mg T，加超纯水至 100ml，置 45～50℃水溶液中使之完全溶解，0.22μm 膜过滤除菌，小量分装，－20℃保存，临用前 37℃水浴中溶解 | HAT 和 HT 培养基的主要成分 |
| L-谷氨酰胺（LG）溶液（100×，0.2mol/L） | 取 2.92 g L-谷氨酰胺，溶于 100ml 超纯水中，0.22μm 膜过滤除菌，小量分装，－20℃保存 | HAT、HT 和完全培养基的添加成分 |
| 青链霉素溶液（100×，$10^4$ U 青霉素、10 mg 链霉素/ml） | 取青霉素（钠盐）1MU 和链霉素（硫酸盐）1g，溶于 100ml 灭菌超纯水中，小量分装，－20℃保存 | 细胞培养基的抗菌添加剂 |
| δ-偶氮鸟嘌呤储存液（100×） | 取 200mgδ-偶氮鸟嘌呤加入 4mol/L NaOH 1ml，待其溶解后加超纯水至 100ml，0.22μm 膜过滤除菌，小量分装，－20℃保存 | $HGPRT^-$ 骨髓瘤细胞的选择性和维持 |
| 7.5%$NaHCO_3$溶液 | 取 7.5g$NaHCO_3$ 溶于超纯水中至 100ml，0.22μm 膜过滤除菌，小量分装于小瓶，加密封瓶盖，4℃保存 | 调节培养基和 50%PEG 的 pH |
| 50%聚乙二醇（PEG） | 取 PEG（相对分子质量 1000 或 4000）20～50g，置 100ml 盐水瓶中，60～80℃水浴中融化，分装于小瓶，每瓶 0.6ml，0.1MPa 15min 高压灭菌，－20℃保存备用，临用前加等量基础培养基，用少许 7.5% $NaHCO_3$调 pH 至 8.0 | 细胞融合的融合剂 |
| 基础培养基 RPMI-1640 或 DMEM | 按生产厂家规定的程序配制，0.22μm 膜过滤除菌，4℃保存 | 完全培养基、HT 培养基和 HAT 培养基的基础液 |
| 完全培养基 RPMI-1640 或 DMEM | 在基础培养基中加 1%100×LG 和双抗溶液，加 10%新生犊牛血清 | 骨髓瘤细胞和建株后的杂交瘤细胞培养 |
| HT 培养基 | 在完全培养基中加 1%100×HT | 杂交瘤细胞培养 |
| HAT 培养基 | 在完全培养基中加 1%100×HT 和 1%100×A | 细胞融合及杂交瘤细胞的选择性培养 |

3) 1000r/min 离心 5min，弃上清，加入 5～10ml HAT 培养基，用吸管吹吸数次使细胞团分散，加 HAT 培养基至 80～100ml，分装于加有饲养细胞的 24 孔（每孔 1～1.5ml）或 96 孔（每孔 0.10～0.15ml）细胞培养板，置 37℃、6% $CO_2$培养箱中 5d 后更换一半 HAT 培养基，10d 后改用 HT 培养基，15d 后换入完全 DEME 培养基。

4) 每天观察杂交瘤细胞生长情况，待其分布至孔底面积 1/10～1/2 以上时，吸出上清液做抗体检测。

### （三）抗体检测

杂交瘤细胞在融合后 10～14d 即可筛选，把分泌针对预定抗原的抗体的杂交瘤孔选出来，这一过程亦称抗体检测。筛选杂交瘤的抗体检测方法很多，都必须具有快速、准确、灵敏、简便和一次处理大量样品的特点，一般根据所研究的抗原和实验室条件所定，同时考虑所研制单抗的用途。如红细胞抗原可用溶血斑试验，可溶性抗原用放射免疫测定、酶免疫吸附测定和反向间接血凝等方法，细胞表面抗原或细胞内的病毒抗原用免疫荧光技术，细胞膜抗原用抗体补体细胞毒试验（$^{51}Cr$ 释放法）。通过检测筛选出抗体阳性孔。

### （四）杂交瘤细胞的克隆化

克隆（clone）是指一个细胞无性繁殖而来的一个群体，克隆化是指通过体外培养从混合细胞群体中得到单个细胞无性繁殖的群体。杂交瘤细胞长出后，愈早克隆化愈好，一方面原始阳性孔中杂交瘤细胞可能不是单克隆性的，另一方面以防被不产生抗体的细胞过度生长而淹没。克隆化的阳性杂交瘤细胞，经过一段时间培养，其中部分细胞可因染色体丢失而丧失抗体产生能力，因而需多次克隆化培养，一般需 3～5 次方能稳定。克隆化方法有软琼脂法、单细胞显微操作法、荧光激活细胞分类仪（FACS）法和有限稀释法，其中以有限稀释法最为常用，在此详细介绍。

有限的稀释法克隆化杂交瘤细胞基于 Poisson 分布原理，按理论计算，每孔含约 0.8 个细胞稀释时含单个克隆的孔的比例最高，而实际操作时受细胞活力、培养条件和操作经验等多种因素的影响，常用几种不同的稀释度同时克隆，其方法如下：

1) 制备待克隆化的杂交瘤细胞悬液，做精确的活细胞计数，用 HT 培养基稀释成每毫升含 2.5、15 和 50 个细胞的细胞悬液。并按 $5\times10^4$～$1\times10^5$ 个细胞/ml 加入饲养细胞。

2) 用 96 孔细胞培养板，每个稀释度 32 孔，每孔 0.2ml，每孔的杂交瘤细胞数分别为 0.5、3 和 10；在 37℃、7.5%的 $CO_2$培养箱培养 7～10d，在倒置镜下检查观察，标出所有单个克隆生长的孔，取上清检测抗体。

3）取抗体检测阳性孔的细胞扩大培养，然后冻存或再克隆。

### （五）单克隆抗体的生产和鉴定

获得稳定的杂交瘤细胞克隆后，杂交瘤细胞生长稳定时能分泌单克隆抗体，可用以下方法生产单克隆抗体。

1）动物体内诱生单克隆抗体

将杂交瘤细胞注入同系小鼠腹腔，瘤细胞在小鼠腹腔无限繁殖，在注射后7～10d，腹部肿胀，腹水产生，在腹水中可获得5～20mg/ml的单抗。一次可采腹水5～10ml，间隔3～4d采一次，直到小鼠迅速消瘦，最后采血致死，在血清中亦含有大量抗体。为了提高产量，刺激腹水产生，在注射杂交瘤细胞之前两周，给小鼠腹腔注射石蜡或降植烷0.5ml；此外也可将杂交瘤细胞种入牛或羊子宫，制备单克隆抗体；或用鸡、猪等动物进行细胞融合并产生单克隆抗体。

体内法产生的单克隆抗体尚含有其他未知蛋白，必须用硫酸铵盐析或免疫亲和层析进一步纯化。

2）体外细胞培养

将杂交瘤细胞在体外进行大量培养，在最适条件下抗体浓度可达10mg/ml，但受到细胞浓度的影响，产量有限。

3）利用微球技术制备单克隆抗体

用特殊的方法将杂交瘤细胞包于特制的微球内，进行大量培养，收集单克隆抗体。

为了正确使用和保存单抗，在建株时应鉴定：①抗体与相应抗原的反应性，即确定单抗所针对的抗原表位、单抗的特异性和交叉反应性及单抗在不同免疫学试验中的反应性。②抗体的单克隆性，即测定单抗重链和轻链类型、单抗的纯度及杂交瘤细胞染色体数目。③单抗的理化特性，测定单抗对温度和pH值的变化的敏感性以及单抗体的亲和力。

### （六）杂交瘤细胞的冻存和复苏

**1. 冻存**

融合成功的珍贵杂交瘤可因实验室停电、污染、培养箱温度或$CO_2$控制器失灵等毁灭性的灾难，也可因细胞突变而丧失产生抗体的能力。因此在克隆化前的早期，杂交细胞和克隆化后的生产用细胞均需冷冻保存。细胞可在加血清和二甲亚砜（DMSO）的培养基中，以一定的速率降温（0～－20℃，每分钟下降1℃；－20～－40℃，每分钟下降2℃），可在－196℃液氮中或－135℃液氮蒸气中长期保存。具体方法如下。

1）杂交瘤细胞离心沉淀，弃上清，将细胞重新悬浮在预冷的HT培养基（含10%～20%血清，5%～10% DMSO）中，使成$10^6$～$10^7$/ml，分装安瓿（每管 1～1.5ml)，置冰上。

2）安瓿封口后，放入吸管筒或泡沫塑料容器内，立即置－70℃冰箱，4h 后或过夜，移入液氮中长期保存。

3）定期补充液氮，避免因液氮蒸发而造成全部死亡的事故。

**2. 复苏**

细胞复苏时，应迅速融化，使之快速越过细胞最易受损的－5～0℃阶段，以防细胞内形成冰晶而死亡。从液氮中取出的冷冻安瓿，立即放入 37℃水浴，待最后一点冻块快要融化时，立即转入冰浴，用 5～10ml HT 培养基稀释，洗涤 2 次，再悬浮于适量 HT 培养基分装培养瓶或 24 孔培养板，37℃、7.5％$CO_2$培养。若死细胞比例太高，需加入 $10^4$～$10^5$/ml 小鼠腹腔巨噬细胞。

### （七）杂交瘤技术的 3 个基本问题

**1. 预定抗原的免疫效果差**

细胞融合后，抗体阳性率很低，甚至融合率也很低，并且经过多次融合均不能建立针对预定抗原的杂交瘤细胞系。常见的原因有：

1）抗原物质不纯，尤其是含有免疫原性很强的无关抗原，对其产生的免疫应答掩盖了对预定抗原的免疫应答。

2）预定抗原属于弱抗原，一般情况下不产生强的免疫应答。

3）免疫程序不适合，脾脏中没有足够的经预定抗原刺激的分化 B 淋巴细胞。

克服的方法是进一步纯化抗原，使用佐剂或偶联载体等方法增强弱抗原的免疫应答，采用适合于预定抗原的免疫程序。

**2. 融合失败**

细胞融合后，仅极少数孔有杂交瘤细胞缓慢生长，或完全无杂交瘤出现。刚从事杂交瘤工作和已成功建立多种杂交瘤细胞系的实验室都会发生这种情况，其主要原因如下：

1）骨髓瘤细胞质量

骨髓瘤细胞复苏后培养时间太短或生长过头，未达到最佳状态，造成融合失败；骨髓瘤细胞被支原体污染而失去形成杂交瘤能力。所以必须选择质量可靠的骨髓瘤细胞进行融合，融合前使骨髓瘤细胞一直处于对数生长期。获得高融合率的骨髓瘤应一次冻存数十支，供以后使用。

2）聚乙二醇（PEG）

PEG 是影响融合效果的直接因素，不同厂家甚至同一厂家不同批次的 PEG 产生的融合率差异很大，经比较 Merck 公司和 Baker 公司的产品质量稳定，能产生较高的融合率。选用相对分子质量为 1000～4000，浓度为 40％～50％，pH 值为 8.0～8.2 的 PEG 作用 1～2min。

3）培养基

目前所用的DMEM或RPMI-1640基础培养基，质量可靠，符合细胞融合和培养要求。但配制用水和血清是影响融合的重要因素，各实验室配置用水的质量有差异，应定期检查；不同来源和不同批次新生犊牛血清配制的培养基，对杂交瘤细胞的生长作用差异很大，应筛选出好的血清配置选择性培养的HAT培养基。

4）培养条件

杂交瘤细胞最适宜的生长条件为37℃、5%～8% $CO_2$和95%饱和湿度。一般在$CO_2$培养箱中培养，培养前应将$CO_2$培养箱调节到最佳的稳定工作状态。$CO_2$浓度显示值与箱内湿度有关，只有在接近饱和湿度的条件下，显示器才能真实显示箱内$CO_2$浓度。另外要保证$CO_2$培养箱的电源稳定性。

**3. 微生物污染**

杂交瘤技术制备单抗时，细胞培养周期较长，被污染的机会很多，主要为细菌污染、霉菌及酵母污染和支原体污染。控制微生物污染的总原则是：注意每一个环节的严格无菌操作，在思想上不依赖培养基中添加的抗生素；一旦发现污染，立即废弃，停止使用可疑的培养基和添加剂，一般情况下不做从污染的培养物中消除污染的尝试；尽力确定生产污染的环节和污染微生物的种类，迅速控制污染。

## 第二节　单克隆抗体技术的进展与应用

### 一、杂交瘤技术的进展

用杂交瘤技术生产单抗自1975年问世以后近20年中，在方法上有很多改进，内容上有很大发展，单克隆抗体生产效率不断提高，成本进一步降低。

**1. 融合技术的改进**

融合剂从早期的仙台病毒改为PEG，并得到普遍使用，一方面避免了病毒感染，另一方面提高了融合率；同时电融合技术、激光融合技术都得到了较高的融合率。FOX系骨髓瘤细胞与R68-12BALB/c小鼠脾细胞融合，能生长的细胞都为分泌抗体的细胞，抗原富集特异B淋巴细胞技术使杂交瘤细胞的阳性率大大提高，从而减少了筛选工作量，提高了筛选效率。杂交瘤生长因子（hybridoma growth factor，HGF）的发现和使用，使融合率提高2倍，阳性率提高10倍，克隆率提高5倍。

单抗作为肿瘤和感染等疾病治疗的前景十分诱人，但小鼠或大鼠单抗用于人体会引起强烈的免疫排斥，人-人杂交瘤生产人源抗体成为各国研究者的热点。20世纪80年代中期以EB病毒转化体外培养的人B细胞建立分泌单抗的细胞系获得成功，为人源单抗生产开辟了新途径。小鼠与兔、牛、猪和绵羊等动物的种间杂交瘤生产的单抗已应用于兽医和食品检验，用δ-氮嘌呤从小鼠与其他动物形成的第一代种间杂交瘤筛选 HAT 敏感细胞，再制备第二代种间杂交瘤，改善了种间杂交瘤融合率低和稳定性差的问题，并且已有可用于融合的猪和鸡的骨髓瘤细胞。

**2. 四杂交瘤、双特异抗体和抗体酶**

四杂交瘤（quadroma）指两种分泌不同抗体的杂交瘤细胞之间融合产生的杂交瘤，分泌的抗体分子的一侧重链和轻链来自一个杂交瘤细胞，另一侧重链和轻链来自另一个杂交瘤细胞，两侧抗原结合部的特异性不同，即双特异性抗体。这种双特异单抗特别适合于抗原的定位和定量（如免疫组织化学检查），以及肿瘤性疾病的治疗。

Suchultz 等和 Tamontano 等（1986）年发现某些单抗具有酶的催化作用，即抗体酶（abzyme）。抗体-抗原作用在亲和性和特异性方面与酶-底物作用相似，但两类反应存在重要的差别，抗体与稳定低能构型的抗原结合，而酶与处于不稳定高能的过滤底物作用，酶结合能量帮助打开底物分子的化学键。因此抗体酶的结构与底物过渡态结构互补。利用抗体酶的原理，可以研制切割特异氨基酸顺序的蛋白水解酶，以及水解特定病毒蛋白的抗体酶，达到预防和治疗目的。

**3. 杂交瘤细胞的大规模培养**

20 世纪 80 年代出现的无血清和低血清大规模培养技术，一方面降低了单抗生产的成本，另一方面使生产千克量的单抗成为可能。

## 二、单克隆抗体的优点和应用

与多克隆抗体比较，单抗具有高特异性、高纯度、均质性和亲和力不变、重复性好、效价高和成本低并可大量生产等优点，单抗的应用不仅限于医学与兽医学领域，而且涉及各个生物学科。

1）在血清技术方面，单抗用于血清学技术，进一步提高了方法的特异性、重复性、稳定性和敏感性，同时使一些血清学技术得到了标准化和商品化，不仅在动物病毒及病原细菌，而且在植物病毒及病原细菌的检测上得到广泛的应用。

2）在免疫学基础研究方面，单抗作为一种均质的分子，用于对抗体结构和氨基酸顺序的分析，促进了抗体结构的研究；应用单抗对淋巴细胞表面标志和组织细胞相容性抗原的分析，极大地推动了免疫学的发展。

3）在生物医学领域，利用杂交瘤技术，制备肿瘤细胞特异性抗原的单抗，然后与药物或毒素连接成免疫毒素（immunotoxin），即生物导弹，在肿瘤治疗上获得初步成功，而双特异抗体的出现，避免了偶联对抗体的分布和特异性的影响，使治疗效果更加明显。此外，单克隆抗体可用于制备独特型抗体疫苗。

4）在生物大分子纯化方面，利用单抗的特异性，将单抗与琼脂糖等载体连接制成亲和层析柱，从混合物提取某种生物大分子或抗原成分，或者以单抗为探针，筛选出保护性抗原成分或决定簇，采用 DNA 重组技术表达的抗原，从而达到大量生产抗原的目的。

## 三、思考问题

1）简述单克隆抗体技术应该掌握的基本原理和技术关键。

2）概述该项技术的发展史和应用价值。

# 第十六章 PCR 技术

聚合酶链式反应（polymerase chain reaction，PCR）是利用 DNA 聚合酶依赖于 DNA 模板的特性，在离体条件下模仿细胞内 DNA 复制过程，用两种与相反链杂交并附着于靶 DNA 两侧的寡核苷酸引物经酶促反应合成特异的 DNA 片段的体外方法。包括模板变性、引物退火和用 DNA 聚合酶延伸退火引物在内的重复循环，使末端被引物 5′端限定的特异性片段成指数形式积累。这种由 Mullis（1986 年，1987 年）发现的方法最早被美国 Cetus 公司的人类遗传学部（human genetics department）的一个小组用于 β-球蛋白 DNA 的扩增及镰刀形红细胞贫血病的产前诊断。近十年来，PCR 技术得到了迅速发展，并日臻完善，在医学生物科学研究的许多不同领域中简化了分析工作。该技术在分子生物学、医学、生物工程、法医学、考古学等领域中都有重要的应用价值，并且对已建立的基因克隆、DNA 序列分析等现代分子生物学技术的发展起了巨大的推动作用。

## 第一节 PCR 技术的基本原理和方法

### 一、基本原理

PCR 技术是利用 DNA 聚合酶（DNA polymerase）具有的以单链 DNA 为模板，寡聚核苷酸为引物（primer），沿 5′→3′方向掺入单核苷酸的特性，在体外适宜条件下扩增位于两段已知序列之间的 DNA 区段（图 16.1）。在 DNA 聚合酶催化的一系列反应中，两段序列互不相同的引物分别与模板 DNA 两条链上的各一段序列互补，进行 PCR 反应时，摩尔数大大过量的引物及 4 种脱氧核糖核苷酸（dNTP）参与下对模板 DNA 加热变性，然后将反应物冷却至某一温度，在这一温度可使引物与它的靶序列发生退火，退火引物在 DNA 聚合酶作用下得以延伸。重复进行变性、退火和 DNA 延伸这一循环，前一轮扩增的产物又充当下一轮扩增的模板，目的 DNA 以 $2^n$ 方式积累，使皮克（pg）水平的起始物达到 μg 数量级。

### 二、PCR 反应的影响因素

事实上，PCR 是一个复杂的，迄今尚未明了的生物化学过程，各种反应成分之间的动态的相互作用，决定着产物的质量，反应结果与众多参数有关。

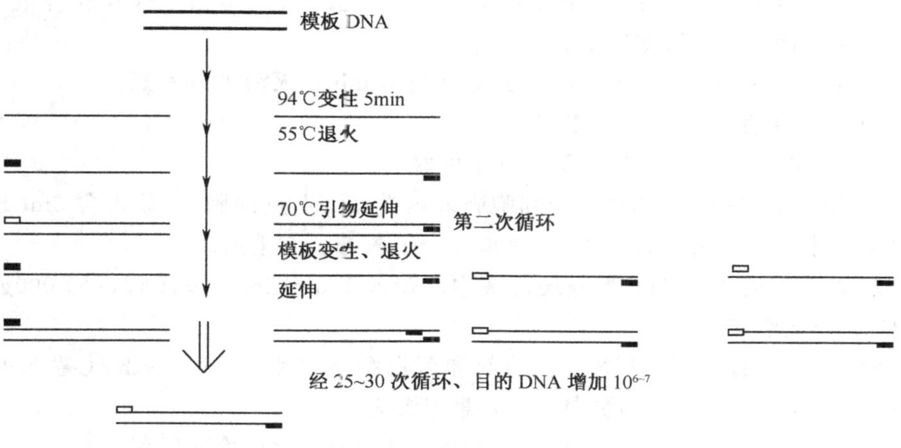


图 16.1 PCR 技术的原理

## （一）DNA 模板

PCR 对 DNA 模板要求不高，有时可以简洁到只需将细胞直接加入 PCR 反应，就有足够数量的 DNA 进入 PCR，产生可测数量的产物。但人们都希望能专门制备 DNA，因为可利用的模板分子越多，样品间的交叉污染或因先前扩增的 PCR 类似产物的转入而产生错误结果的机会就越小；如果 PCR 扩增的专一性或效率不是很高，或大批细胞中的靶序列含量低，就没有足够的起始 DNA 量，产物的量就不高；如果不清楚起始 DNA 的量，很难根据 PCR 产物的量推测靶 DNA 的含量；制备过程中，可清除抑制 DNA 聚合酶活性的因子。模板量以 ng 级的克隆 DNA、μg 水平的染色体 DNA 或 $10^4$ 拷贝的扩增片段为宜。

**1. 聚合酶链式反应模板 DNA 的制备方法**

（1）从纯化的单核细胞或组织培养细胞中制备

1）根据细胞浓度，取一定量的样品，100*g* 离心 5min，弃上清液，并用 PBS 冲洗，重复离心。

2）加入“PCR 缓冲液 W/非离子去污剂和蛋白酶 K”，使细胞浓度达 $6\times10^6$ 个细胞/ml，转入 1.5ml 微型离心管中。

3）在 50～60℃保温 1h，转入 95℃保温 10min，使蛋白酶 K 失活。

4）冷冻保存，用于 PCR 扩增。

（2）从全血液中制备

1）取 0.5ml 血液与 0.5ml 溶胞缓冲液混合于 1.5ml Eppendorf 管中，13 000*g* 离心 20min，弃上清液，加入 1.0ml 溶胞缓冲液，用漩涡混合器悬浮碎片。

2）重复步骤 1）两次。

3）13 000$g$ 离心 20min，弃上清液，将碎片悬浮于 0.5ml“PCR 缓冲液 W/非离子去污剂和蛋白酶 K”中。

4）在 50～60℃保温 1h，转入 95℃保温 10min，灭活蛋白酶 K。

5）冷冻保存，用于 PCR 扩增。

（3）从临床化验的上皮细胞标本中提取

1）用预湿（PBS）的拭子或细胞刷采集样品（上皮细胞），放入含 2ml PBS 的锥形管中。移去拭子后，2000～3000r/min 离心，弃上清。

2）将沉淀悬浮于 1ml 溶胞缓冲液中，转入 1.5mlEppendorf 管，13 000$g$ 离心 20s，弃上清液。

3）用 PCR 缓冲液/非离子去污剂和蛋白酶 K（用 1%Laureth 代替 NP40、Tween20，含 200ng/ml 的蛋白酶 K）悬浮沉淀。

4）在 50～60℃保温 1h，转入 95℃保温 10min，然后冷冻保存。

（4）从细胞中提取 RNA

1）用 Ficoll-Hypaque 梯度法从 1～2ml 血液中制备单核细胞，将单核细胞转入 2ml 离心管（带螺旋盖），添加 PBS，500$g$ 离心 5min，弃上清。

2）加入 200～400μl DEP 溶液，悬浮细胞，13 000$g$ 离心 10s，沉淀细胞核，将上清移入另一离心管中，37℃保温 20min，松开螺旋盖，放出 DEP 产生的气体。

3）离心后将上清移入另一离心管，取 5～10μl 用反转录酶反应。

4）此法也适用于组织培养的细胞，但所需细胞数比细胞数少 5～10 倍。

**2. 常用试剂**

1）磷酸盐缓冲液（PBS）　0.85% NaCl，66mmol/L $Na_3PO_4$（pH7.0）。

2）PCR 缓冲液 W/非离子去污剂和蛋白酶 K　10mmol/L Tris-HCl（pH8.3），50mmol/L KCl，2.5mmol/L $MgCl_2$，0.1mg/ml 白明胶，0.45% NP40（Nonidet P40），0.45%Tween20，高压灭菌后冷冻保存。使用前先融化，然后在每 100μl 反应液中加 0.6μl 的 10mg/ml 蛋白酶 K。

3）溶胞缓冲液　10mmol/L Tris-HCl（pH7.5），0.5mol/L 蔗糖，5mmol/L $MgCl_2$，1%Tritonx-100。

4）等渗高 pH 缓冲液　10mmol/L Tris-HCl（pH8.0），140mmol/L NaCl，15mmol/L $MgCl_2$。

5）DEP（diethy phrocarbonate）溶液　DEP 先以 1∶9 稀释于纯乙醇中，再以 1∶999 稀释于等渗高 pH 缓冲液，并含 0.5%的 NP40（Nonidet P40）。

## （二）DNA 聚合酶

**大肠杆菌 DNA 聚合酶Ⅰ的 Klenow 的片段（PolⅠ-Kf）**

最初应用于 PCR 的 DNA 聚合酶为大肠杆菌 DNA 聚合酶Ⅰ的 Klenow 片

段，但该酶耐热性差，在每次 PCR 循环开始时，被分开两条 DNA 链所需的高温失活，因而必须每次 PCR 循环中加入新鲜酶，使反应体系的蛋白质浓度不断升高，影响 PCR 反应速率；同时 Klenow 片段的特异性较低，核苷酸错误掺入率为 $8\times10^{-5}$，最大扩增长度仅为 0.25kb，约 20 个循环就到达平台期，产物量较低（见表 16.1），其反应产物需用探针特异性杂交或内源“嵌套引物”（nested primers）进行检测和鉴定。

表 16.1　三种 DNA 聚合酶的特性

| | 错误率 | 特异性 | 产物产量 | 最大扩增长度/kb | 平台期前循环次数 | 最大扩增倍数 |
|---|---|---|---|---|---|---|
| Klenow 片段 | $8\times10^{-5}$ | 低 | 低 | 0.25 | 20 | $3\times10^5$ |
| Taq 聚合酶 | $2\times10^{-4}$ | 极高 | 很高 | 20 | 25 | $4\times10^6$ |
| $T_4$ 聚合酶 | $1\times10^{-7}$ | 高 | 较高 | / | / | $4\times10^5$ |

## （三）TaqDNA 聚合酶

1987 年，从水生嗜热菌 *Thermus aquaticus*（1969 年从美国黄石公园的一个温泉中分离得到）分离出热稳定性 DNA 聚合酶，即 Taq DNA 聚合酶（thermus aquaticus DNA polymerase）。当初分离到的是分子质量为 60～68 kDa，比活力为 2000～8000U/mg 的 DNA 聚合酶，现分离到的分子质量为 93 910Da，比活力为 200 000U/mg 的 DNA 聚合酶。比较从不同嗜热微生物中分离的几种 DNA 聚合酶，94 kDa 的 Taq DNA 聚合酶在合成 DNA 时的表现最适温度（$T_{opt}$）为 75～80℃，$K$cat 接近每个酶分子每秒 150 个核苷酸（nt）。Innis 等（1988 年）报道了不同温度下 Taq DNA 聚合酶的活性，以 $M_{13}$上的富含 GC 的 30mer 为引物，70℃时延伸率高于 60 个 nt/s，55℃时为 24nt/s，37℃和 22℃时分别为 1.5 和 0.25 nt/s。在低温下 Taq DNA 聚合酶的表观活性明显降低，导致此酶在模板链分子内局部二级结构区域的延伸能力受损或合成速率常数/解离速率常数的比值发生改变；在很高温度（90℃以上）时，受到引物或模板链的双链结构稳定性的限制，很少有 DNA 合成。Taq DNA 聚合酶热稳定性很强，在 92.5、95 和 97.5℃分别经过 130、45 和 5min，仍可保持 50%左右的活力。在 94℃变性 20s，55℃退火 20s，72℃延伸 30s 的 PCR 预备试验中，循环 50 次后 Taq DNA 聚合酶仍保持 65%的活性。纯化的 Taq DNA 聚合酶（94kDa）没有 3′→5′核酸外切酶活性，不具备校正功能，核苷酸的错误渗入率约为 $2\times10^{-4}$，但错配引物/模板的延伸速率明显低于正确的引物/模板的延伸速率。Taq DNA 聚合酶还具有依赖于 DNA 合成作用的链置换的 5′→3′核酸外切酶活性，其产物主要是脱氧核苷磷酸（占 85%）和脱氧核苷二磷酸（占 15%）。最近还发现 Taq DNA 聚合酶具有反转录酶活性，在同一体系中直接进行mRNA-PCR。Taq DNA聚合酶扩增的最适靶片段长度为2～4kb，最长可达10kb；经30个循环到达反应平台期，最大扩增倍数为$4\times10^6$（见表16.1）。

Taq DNA聚合酶活性对反应体系中离子的性质与浓度敏感。表现浓度为50mmol/L的氯化钾（KCl）使合成速率提高50%～60%，在高于75mmol/L的测序反应和高于200mmol/L的掺入试验中，聚合酶活性很低。Taq DNA聚合酶活性还对$Mg^{2+}$浓度敏感，在鲑鱼精DNA为模板，4种脱氧核苷三磷酸dNTP总浓度为0.7～0.8 mmol/L时，2.0mmol/L的$MgCl_2$能最大限度地激活Taq聚合酶活性，而10mmol/L $MgCl_2$对聚合酶活性抑制程度为40%～50%；由于dNTP能结合$Mg^{2+}$，Taq聚合酶所需的$Mg^{2+}$的最适浓度与dTNP的浓度有关。50mmol/L的氯化铵（$NH_4Cl$）或醋酸铵（$CH_3COONH_4$）、氯化钠（NaCl）对聚合酶活性分别有轻度的抑制作用、无影响或轻度的刺激作用（25%～30%）。低浓度的尿素、二甲亚砜（DMSO）、二甲基甲酰胺（DNF）或甲酰胺等对Taq聚合酶的掺入活性无影响（见表16.2）。

**表16.2　抑制剂对Taq DNA聚合酶活性的影响**

| 抑制剂 | 浓度 | 活性*/% |
|---|---|---|
| 乙醇 | ≤3% | 100 |
| | 10% | 110 |
| 尿素 | ≤0.5mol/L | 100 |
| | 1.0mol/L | 118 |
| | 1.5 mol/L | 107 |
| | 2.0 mol/L | 82 |
| 甲酰胺 | ≤5% | 100 |
| | 10% | 86 |
| | 20% | 39 |
| DMF | ≤5% | 100 |
| | 10% | 82 |
| | 20% | 17 |
| DMSO | ≤1% | 100 |
| | 10% | 53 |
| | 20% | 11 |
| SDS | 0.001% | 105 |
| | 0.01% | 10 |
| | 0.1% | <0.1 |

*鲑鱼精DNA为模板，70℃，10min内的dNTP掺入活性

除了 Taq DNA 聚合酶以外，还报道和部分鉴定了从嗜热脂肪芽孢杆菌（*Bacillus stearothermophilus*）、其他几种嗜热菌（*Thermus* sp.）和几种趋异古细菌中分离的耐热 DNA 聚合酶。这些酶的氨基酸顺序可能与大肠杆菌 Pol Ⅰ 族或真核生物 DNA 聚合酶族高度相似，或者代表迥然不同的新一类 DNA 聚合酶。

热稳定 DNA 聚合酶发现和应用已近十年，但高温下 DNA 合成作用过程、酶促特性、生化特性、结构特征以及复制辅助蛋白的特征鉴定等都需要深入研究，什么是保证 Taq DNA 聚合酶热稳定性的结构基础？这些问题的研究结果对提高 PCR 的专一性、目的物的终产量、检测稀少靶序列的灵敏度和产生大片段产物的能力具有积极作用。

### （四）$T_4$ DNA 聚合酶

1988 年，Keohavong 采用 $T_4$ DNA 聚合酶成功扩增人的次黄嘌呤-鸟嘌呤磷酸核糖转移酶（*HGPRT*）三外显子基因，发现 $T_4$ DNA 聚合酶特异高、核苷酸错误掺入率低（$1\times10^{-7}$），扩增倍数为 $4\times10^5$（见表 16.1）。

### （五）引物的选择

引物（primer）是决定 PCR 反应结果的关键，引物的选择至今还没有一套有效的方法，主要凭经验选择高效而专一性强的引物，而下面的规则有利于引物的设计。

1）引物长度以 15～30 个核苷酸为宜，必须与模板顺序互补，尤其是 3′端的核苷酸，引物的同源性越小越好。

2）引物中 ATGC 随机分配，避免成串的嘌呤或嘧啶，G、C 含量类似于被扩增片段或为 40％～60％。

3）引物不形成自身二级结构，尤其是引物的 3′端。借助计算机程序，能有效发现并避免引物自身二级结构。

4）一对引物之间的序列不互补，避免形成“引物二聚体”。

引物量以 10～100pmol 为宜，最适用量因扩增反应而异，与模板不互补的序列可以加在引物的 5′端，在扩增后的靶序列末端引入限制性内切酶位点或调控因子。

### （六）缓冲液系统

PCR 缓冲液的变化通常会影响扩增结果，特别是氯化镁（$MgCl_2$）浓度，直接影响 PCR 反应的特异性和产物产量，$Mg^{2+}$ 浓度过高，反应特异性降低；反之，则减少产物产量。一般选用 1.5 mmol/L 左右（每种 dNTP 的浓度为 200μmol/L 时），并且应根据模板来源及反应条件调节 $Mg^{2+}$ 浓度，少用或不用 KCl 和白明胶有利于 PCR 反应；10％的 DMSO 虽能减少靶 DNA 二级结构的发生，但对其 Taq DNA 聚合酶有轻微的抑制作用，并降低扩增产物的总产量。

反应体系中 4 种脱氧核苷三磷酸（dATP、dTTP、dGTP、dCTP）浓度过高，导致聚合酶将其错误掺入；浓度过低，降低扩增产物的总产量。4 种脱氧核苷三磷酸的浓度相同，以 50～200μmol/L 为宜，足以合成 6.5～25μg 的 DNA。商品 dNTP 中有中性的 dNTP 溶液和冷冻干燥的粉剂两种剂型；dNTP 溶液可以直接使用，粉剂可以自配溶液，但必须用氢氧化钠（NaOH）调至中性，并用紫外吸收法准确测定其浓度。

由于脱氧核苷三磷酸能等摩尔地结合 $Mg^{2+}$，因此反应体系中的 dNTP 的含量决定游离 $Mg^{2+}$ 的浓度，当 dNTP 浓度有很大的改变时，$Mg^{2+}$ 的浓度也做相应的改变。

### （七）循环系数

PCR 是在 3 种温度下进行反应的，这 3 种温度对应于一次循环中的变性、退火和延伸 3 个步骤，这种循环过种可以用预先准备好的水浴锅人工地或用 DNA 热循环仪自动地完成，为了保证反应成功，必须设定恰当的参数。

**1. 循环参数**

（1）变性温度及时间

将样品快速加热至 90～95℃，使双链 DNA 变性。使反应达到使模板链完全分离时的温度是很重要的，变性温度和时间不够是导致 PCR 反应失败的常见原因，多数情况下选用 94℃和 20s，变性结束就应立即冷却至退火温度，过度变性是不必要的，并且快速高温度处理有助于保证 DNA 聚合酶活性在整个反应过程中都达到最高水平。

（2）退火温度和时间

退火温度取决于引物的长度和 GC 含量，既要使引物与模板易于结合，又要保证互补的特异性。对 GC 含量为 50%长 20 碱基的寡核苷酸引物，55℃是个很好退火起点温度；12～15 个碱基的引物，退火温度以 40～45℃为宜。这样短的引物在 70℃的延伸温度下不可能保持退火状态，可以采用在 50～60℃保温或将温度从 40℃逐渐升高到 72℃，利用 DNA 聚合酶在较低温度时的部分活性将引物延伸几个碱基，稳定引物与模板的退火状态，就可以解决这一问题。在反应混合物中存在极其过量的引物，杂交可以在瞬间完成，20s 的退火时间足够使引物与模板形成退火状态。

（3）延伸温度和时间

Taq DNA 聚合酶在 70～75℃里有很高活性，一般选用 70～75℃为延伸温度。在 70～75℃下的保温时间与被扩增的模板 DNA 长度有关，每 1000 个碱基的序列延伸时间为 1min，靶 DNA 序列越长，延伸时间相应延长。

(4) 循环次数

PCR 反应产物呈指数性（$2^n$）扩增，经过 20 次循环，可产生一百万倍（$2^{20}$）的扩增产物，使 pg 水平的起始物达到 μg 数量级，可以被常用的检测技术（如琼脂糖电泳）检出，所以常规 PCR 的循环次数为 25～30 次。

**2. 扩增平台期**

PCR 反应经过一定次数的循环后，所需的扩增片段逐渐由指数状累积转入线性积累，最后进入静止阶段，这个时期称为平台期。到达平台期的时间主要取决于起始靶 DNA 的拷贝数和 DNA 合成总量。除了引物或 dNTP 被耗尽、聚合酶或 dNTP 失活等内部因素外，还有底物过量、非专一性产物重新结合等外界因素导致平台期的到来，多数 PCR 反应中，平台期是不可避免的，一般情况下，在平台期之前已积累足够的产物，如果需要更多的产物，进行多次反应比企图避免平台期容易得多。

**3. PCR 反应的自动化**

早期 PCR 反应使用的 DNA 的聚合酶（Pol Ⅰ-Kf 和 $T_4$ DNA 聚合酶），其耐热性差，在每一个循环后都需要加入新酶，因此只能在手工操作下进行。Taq DNA 聚合酶的发现和应用，使 PCR 反应的自动化成为可能。自美国 Cetus 公司首先研制成功 PCR 自动扩增仪以来，PCR 扩增仪不断革新，并实现了整个反应过程的电脑化控制。目前常用 PCR 扩增仪主要为：①利用机械手在 3 个不同温度的水浴槽中移动。②采用空气加热或光加热循环装置控制温度。③利用变温金属块做恒温装置等 3 种形式。

## 三、标准 PCR 方法和特异的 PCR 方法

### （一）标准 PCR 方法

根据多年的实践经验总结出一个标准的 PCR 反应条件，在 50～100μl 体积中，含有：

| | |
|---|---|
| KCl 50 mmol/L | |
| Tris-HCl（pH8.4） | 10 mmol/L |
| $MgCl_2$ | 1.5 mmol/L |
| 明胶 | 100μg/ml |
| 两个引物 | 各 0.25 μmol/L |
| dNTP | 各 200 μmol/L |
| 模板 DNA | 0.1μg |
| Taq 聚合酶 | 2.5U |

封上矿物油防止高温反应时液体的挥发。按以下方法进行扩增：

| 循环 | 变性 | 退火 | 延伸 |
| --- | --- | --- | --- |
| 首轮循环 | 94℃ 5min | 50℃ 2min | 72℃ 3min |
| 后续循环 | 94℃ 1min | 50℃ 2min | 72℃ 3min |
| 末轮循环 | 94℃ 1min | 50℃ 2min | 72℃ 10min |

注：末轮循环后不再变性，－20℃保存或检测产物

## （二）特殊的 PCR 方法

### 1. 锚定 PCR（ anchored PCR）

分离细胞总 RNA 或 mRNA，在反转录酶作用下合成 cDNA，通过 DNA 末端转移酶在 cDNA 3′端加上 Poly（dG）（12 个 dG 以上），以 Poly（dC）（12 个 dC 以上）为锚定引物（anchored primer），并且可以在引物 5′端连接上某些限制性内切酶序列或其他序列。在与基因特异配对的引物参与下，可以扩增出带同源多聚尾巴的 cDNA 的序列（图 16.2）。“锚定 PCR”可以扩增序列未知或序列未全知的目的 DNA。

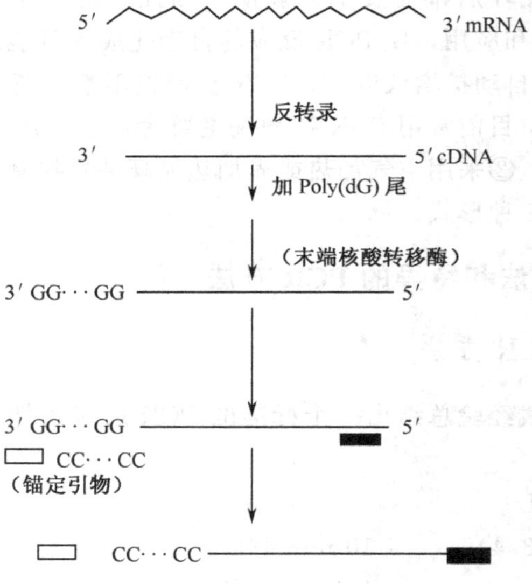


图 16.2 锚定 PCR 方法

### 2. 不对称 PCR（asymmetric PCR）

Gyllensten 等（1988）改变常规 PCR 方法，在扩增体系中加入不同浓度的引物，即采用（50～10）∶1 的引物浓度，在 PCR 反应的最初 10～15 个循环中，主要产物为双链 DNA，当低浓度引物被消耗尽后，高浓度引物介导的 PCR 反应就会产生大量单链 DNA（ssDNA），分离扩增产物中的 ssDNA，可用原引物或第三条内部引物直接测序（图 16.3）。

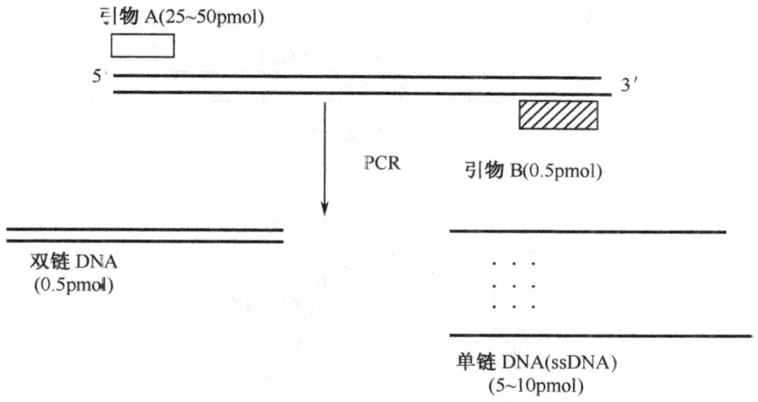


图 16.3 不对称 PCR 方法

**3. 反向 PCR（reverse PCR）**

PCR 通常用于扩增位于两寡核苷酸引物之间的 DNA 区段，反向 PCR 可以扩增那些位于已知序列外侧的序列。用已知序列内部无切点的限制性内切酶完全消化基因组 DNA，使带有靶序列的 DNA 片段大于 2～3kb，连接形成环状 DNA 分子，以与已知序列两末端互补的寡核苷酸为引物，经 PCR 反应得到未知序列的 DNA 片段（图 16.4）。用此方法可建立基因组步移方库，在分子生物学研究上具有重大意义。

**4. 多重 PCR（mutiplex PCR）**

在同一 PCR 反应体系中加入多对引物，扩增同一模板的几个区域，电泳鉴定扩增产物，就能检测某一基因中特定序列的存在或缺失（图 16.5）。多重 PCR 技术与 Southern blotting 技术一样可靠，尤其适合于数百 kb 的基因（如视网膜母细胞瘤基因和进行性肌营养不良症基因）中特定序列的检测。

**5. LP-PCR（labelled primers PCR）**

利用各种标记物（如荧光素、同位素等）标记 PCR 引物 5′端，使 PCR 扩增产物 5′端带有相应的标记物，扩增产物经电泳分离后，通过荧光检查或放射自显影等技术，确定某种基因的缺失与否。

**6. RAPD 技术（random amplified polymorpHic DNA，RAPD）**

1990 年，Williams 等在 PCR 技术的基础上发展了 RAPD 技术。RAPD 技术的理论依据是：不同物种的基因组中与引物相匹配的碱基序列的空间位置和数目都有可能不同，所以扩增产物的大小和数量也有可能不同。这些差异可以通过凝胶电泳显示出来，这种扩增产物的多态性本身可以用于分类研究和系统推测。RAPD 技术具有独到的优势：①RAPD 技术可以在对物种没有任何分子生物学研究的情况下，对物种的基因组进行 DNA 片段的多态性分析，并结合其他方

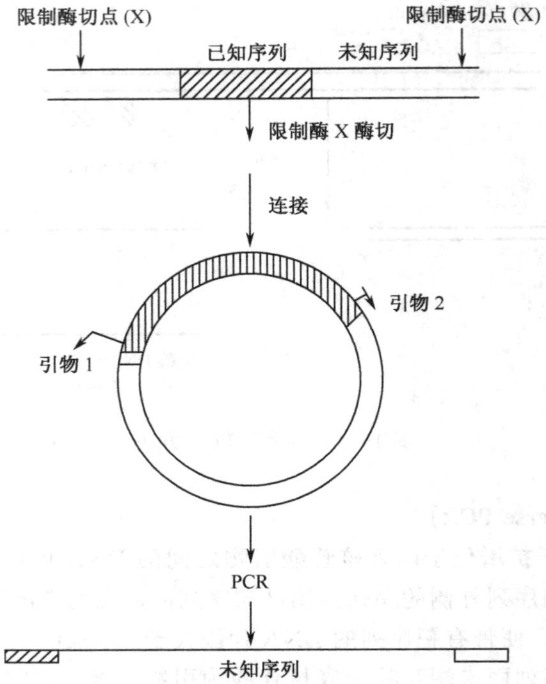


图 16.4　反向 PCR 方法

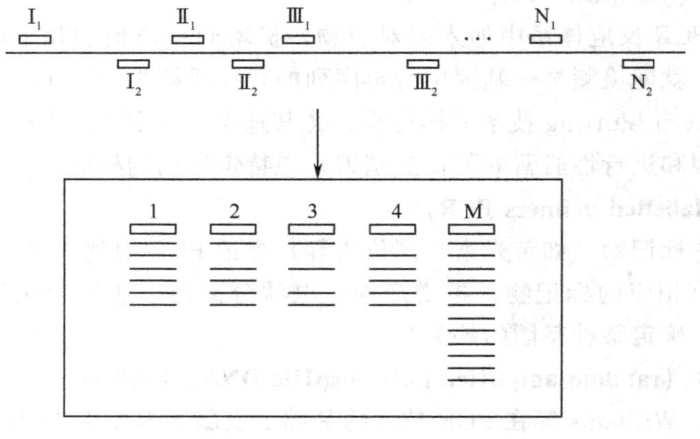


图 16.5　多重 PCR 方法

法，通过统计分析，确定其在系统演化中和分类中的地位。②RAPD 技术的引物种类很多（美国 Operon 公司可提供 800 种，中科院遗传所提供 500 种），运用上百种引物，对整个基因组进行地毯式多态分析，两个基因组之间的微小差异也能被反映出来。③RAPD技术的引物大规模生产，可以大大降低分子生物学研究成本。

运用RAPD技术已对白鼠、蚕、水稻、小麦、花生、桃树、桑树等生物进行了DNA多态性分析，并且在生物分类和系统演化研究，特别是小的分类单位内得到越来越广泛的应用。

## 第二节 PCR技术的应用

### 一、应用范围

相对而言，PCR扩增仍是一门崭新的技术，但在医学生物学和分子生物学各个领域得到广泛的应用，主要为：

1）遗传性和传染性疾病的基因诊断；

2）对法医学标本做遗传性鉴定；

3）癌基因激活中的突变情况分析；

4）生成克隆化双链DNA中的特定序列；

5）生成非克隆化基因的特异性探针；

6）从少量mRNA中建立cDNA文库；

7）生成大量摸板DNA用于序列测定；

8）基因突变的分析；

9）染色体步移。

### 二、思考问题

1）该技术的基本原理和技术关键是什么？

2）该项技术的应用价值如何？

# 第十七章 质粒DNA的提取

质粒（plasmid）是一种染色体外的稳定遗传因子，大小在1～200kb，大多是双链闭合环状结构的DNA分子，主要发现于细菌、放线菌和真菌细胞中。质粒依赖宿主进行自主复制和转录，它的存在赋予菌体一些特殊的表型，如抗药性、降解复杂有机化合物、合成限制酶等。

质粒常用作克隆载体，是携带外源基因进入细菌扩增或表达的重要媒介物，常用的质粒载体有pBR322、pUC系列等。质粒DNA的分离和提取是最常用、最基本的分子生物学实验技术。质粒DNA的提取根据实验目的的不同，可有不同的方法。

## 第一节 碱裂解法制备质粒DNA

### 一、基本原理

碱裂解法抽提质粒DNA是基于染色体DNA和质粒DNA的变性和复性的差异而达到分离的目的。在碱性条件下，用SDS破坏细胞壁并使菌体蛋白质和染色体DNA变性，双链解开；超螺旋闭合环状结构的质粒DNA虽变性，但两条互补链不会完全分离。当用酸性的高盐缓冲液调pH值至中性，质粒DNA恢复原先构型，在溶液中为可溶状态；而染色体DNA不能复性，形成缠连的网状结构。通过离心可去除细菌碎片、染色体DNA与不稳定的大分子RNA、蛋白质-SDS复合物，从而达到提取质粒DNA的目的。获得的质粒DNA通过酚/氯仿抽提，酚可有效变性蛋白质，但不能完全抑制RNase活性；氯仿使蛋白质变性并加速有机相和水相分层，异戊醇有利于消除抽提过程中出现的气泡。由于目前所用质粒的复制量一般极大，小量制备的质粒就可满足限制酶图谱的绘制、细菌转化、特定DNA片段的分离、常规亚克隆及探针标记等方面的工作需要。

### 二、实验材料

（一）器材

超净工作台，培养箱，恒温气浴摇床，微量离心机，紫外分光光度计，微量移液器，微波炉，Eppendorf管。

（二）试剂

1）LB液体培养基（Luria-Bertani 培养基）　细菌培养用胰化蛋白胨（bacto-tryptone）10g，细菌培养用酵母提取液（bacto-yeast extraxt）5g，NaCl 10g，加入950ml去离子水直至溶质完全溶解，用5mol/L NaOH（约0.2ml）调pH值至7.0，再加入去离子水至总体积为1L，在15lbf/in$^2$（$1.034\times10^5$Pa）高压下蒸汽灭菌20min。

2）50mg/ml注射用氨苄青霉素（Amp）　用无菌重蒸水配制于无菌管中，少量分装，储存于－20℃。

3）34mg/ml氯霉素（Cm）　先用少量无水乙醇助溶于无菌管中，再加无菌重蒸水至所需浓度。

4）5mol/L NaCl（储存液）　在800ml蒸馏水中溶解292.2g NaCl，加蒸馏水定容至1L，分装后高压灭菌备用。

5）1mol/L Tris（pH值为8.0）（储存液）　在800ml蒸馏水中溶解121.1g Tris碱，加入浓HCl调pH值至8.0（约加入浓HCl 42ml，溶液冷却至室温后方可最后调定pH值），加蒸馏水定容至1L，分装后高压灭菌。

6）500mmol/L EDTA（pH值为8.0）（储存液）　在800ml蒸馏水中加入186.1g二水乙二胺四乙酸二钠（EDTA-$Na_2\cdot2H_2O$），在磁力搅拌器上剧烈搅拌，用NaOH调pH值至8.0（约需20g NaOH颗粒）后定容至1L，分装后高压灭菌备用。

7）STE液　含100mmol/L NaCl，10mmol/L Tris（pH值为8.0），1mmol/L EDTA溶液，以上述储存液配制。

8）溶液Ⅰ　含50mmol/L葡萄糖，25mmol/L Tris（pH值为8.0），10mmol/L EDTA溶液（pH值为8.0），可成批配制，10lbf/in$^2$（$6.895\times10^4$ Pa）高压下蒸汽灭菌15min，储存于4℃。

9）溶液Ⅱ（用时新鲜配制）　含0.2mol/L NaOH（用2mol/L储存液配制），1% SDS（10% SDS稀释10倍）。

10）溶液Ⅲ　加入5mol/L乙酸钾溶液60ml，冰乙酸溶液11.5ml，重蒸水28.5 ml至总体积100 ml。

11）酚/氯仿（1∶1）　Tris饱和酚100 ml（pH值为8.0，含0.1% 8-羟基喹啉），氯仿100 ml，充分混匀。

12）酚/氯仿/异戊醇（25∶24∶1）　Tris饱和酚100 ml（pH值为8.0，含0.1% 8-羟基喹啉），氯仿96 ml，异戊醇4ml，充分混匀。

13）1mol/L Tris（pH值为7.5）（储存液）　在800 ml蒸馏水中溶解121.1g Tris碱，加入浓HCl调pH值至7.5（约加入浓HCl 65 ml，应在溶液冷却至室温后方可最后调定pH值），加蒸馏水定容至1L，分装后高压灭菌。

14）RNA 酶 A　　将 RNA 酶 A 溶于 10mmol/L Tris（pH 值为 7.5）、15mmol/L NaCl 中，配成 10mg/ml 浓度，于 100℃加热 15min，缓慢冷却至室温，分装成小份，储于－20℃。

15）TE 缓冲液（pH 值为 8.0）　　含 10 mmol/L Tris（pH 值为 8.0），1 mml/L EDTA（pH 值为 8.0）。

16）3 mol/L NaAC（pH 值为 4.8）　　在 800 ml 蒸馏水中溶解 408.1g 三水乙酸钠，用冰乙酸调 pH 值至 4.8，加蒸馏水定容至 1L 分装后高压灭菌。

## 三、实验程序

**1. 增殖细菌、扩增质粒**

1）活化菌种：从冷冻保存的菌种（如大肠杆菌，含质粒 pUC19）挑取一环，接种于含相应抗生素（Amp）的 LB 固体培养基平板上，37℃倒置培养过夜。

2）细菌培养：用无菌牙签挑取单个菌落，加入含氨苄青霉素的 LB 培养液 3～5 ml 中（氨苄青霉素的终浓度为 50μg / ml)，封好管口。37℃振荡培养过夜（100～200r/min)，直至 $A_{600nm}$ 为 0.4～0.6；若 pBR322 扩增时需再加氯霉素至终浓度 170μg / ml，继续 37℃振荡培养过夜，以便进行选择性扩增。

**2. 裂解菌体、获取质粒**

1）菌体收集：吸取 1.5 ml 培养液于无菌离心管中，4℃下 5000*g* 离心，弃上清液，用 1 ml STE 液悬浮菌体沉淀，再次离心弃尽上清液，回收菌体。可重复该漂洗步骤一次。

2）菌体裂解：以 100μl 冰预冷的溶液Ⅰ混悬菌体，强烈振荡混匀；再加入 200μl 新配的溶液Ⅱ，盖紧管口，温和翻转离心管 5 次，混匀内容物，置冰浴 5min，溶液变黏稠；加入 150μl 冰预冷的溶液Ⅲ，盖紧管口，温和颠倒振荡 10s 混匀，置冰浴 5min，管中出现沉淀。

3）收集质粒：用微量离心机于 4℃下 12 000*g* 离心 5min，将上清液转移至另一离心管中。

**3. 抽提质粒、分离纯化**

1）酚/氯仿抽提：加入等体积的酚：氯仿（1：1)，温和翻转数次混匀，4℃下 12 000*g* 离心 5min，吸取上层水相至另一无菌管中，用酚/氯仿/异戊醇重复抽提一次。

2）乙醇沉淀：在获得的上清液中加入 1/10 体积的 3mol/L NaAc（pH 值为 4.8）及 2 倍体积的无水乙醇，温和振荡混匀，室温放置 10min，弃上清液。

3）沉淀洗涤：1ml 70％的冷乙醇和无水乙醇依次漂洗沉淀，用消毒的小滤纸条小心吸净管壁上的液滴，室温下蒸发痕量乙醇 15～20min 或真空抽干乙醇 2min。

4）质粒保存：用 50$\mu$l 无 DNA 酶而含 RNA 酶 A（20$\mu$l/ml）的 TE 溶液重新溶解质粒 DNA，振荡混匀，储于－20℃，保存待用。

## 四、结果讨论

1）纯度鉴定：紫外分光光度计测 $A_{260}$、$A_{280}$，通过其比值了解提取的质粒 DNA 的纯度；也可取少量提取的质粒 DNA 进行琼脂糖凝脂胶电泳，观察纯度。

2）质粒纯化：具体方法见第本章第三节。

## 五、注意事项

1）提取质粒 DNA，关键是把染色体 DNA、蛋白质和 RNA 去除干净，获得高产量的质粒 DNA。尤其染色体 DNA 的去除最为重要，也较困难，要求在加溶液Ⅱ、Ⅲ时，既要使染色体 DNA 与试剂充分作用而变性，又要避免被剪切，这就需试剂与菌液充分混匀，温和颠倒，用力要适当，以达到彻底中和的目的。溶液Ⅱ加入后溶液会变黏稠，如无此现象，则应停止实验，检查所用试剂是否正确，加量是否适当，否则易造成不必要的浪费。

2）离心后弃上清液时，应倒置于吸水纸上去尽所有液体，否则会影响随后的酶切工作。

3）酚/氯仿抽提离心后，请小心吸取上清液，勿混入下层有机溶液。尤其是酚，它有使蛋白质变性的作用，带酚的 DNA 不适合进行酶切及连接反应。需要特别注意的是，酚的腐蚀性很强，可引起严重灼伤，操作时应注意防护，与酚接触过的皮肤部位，应用大量的水冲洗，并用肥皂洗涤，忌用乙醇；所使用的酚应是 0.5mol/L Tris（pH 值为 8.0）平衡的，并加入 0.1% 8-羟基喹啉抗氧化。

4）若提取的质粒 DNA 不能被酶切，可用氯仿、异戊醇再次抽提，将残量的酚去除，然后用乙醇重新沉淀 DNA。如果下一步骤中酶的反应条件要求严格，最可靠的方法是再用水饱和的乙醚抽提一次，以彻底除去核酸样品中的痕量酚与氯仿，随后在 68℃水浴中放置 10min，使残留乙醚蒸发掉。

5）70%乙醇漂洗 DNA 沉淀后，必需去除干净，否则用 TE 溶解时既困难又不完全。

6）所用试剂应储于 4℃保存，溶液Ⅱ应临时新鲜配制。

7）干燥 DNA 沉淀物时，切不可使之完全干燥，否则很难溶解。

# 第二节　SDS 裂解法制备质粒 DNA

## 一、基本原理

SDS 裂解法是将细菌悬浮于蔗糖溶液中，用溶菌酶和 EDTA 破坏细胞壁，破壁细菌再用阴离子去污剂 SDS 处理，使菌体染色体 DNA 缠绕附着在细胞壁碎片上，离心时易被沉淀出来，从而释放质粒 DNA。加蔗糖可提高溶液的渗透压，减轻细菌裂解时 DNA 泄漏过快产生的机械剪切力，在溶菌酶处理后典型示范用 SDS 解聚蛋白质与 DNA 的结合，整个操作中物理剪切力小，由于条件温和，该法有利于大质粒 DNA（>15kb）的提取。

## 二、实验材料

### （一）器材

超净工作台，培养箱，恒温气浴摇床，微量离心机，紫外分光光度计，微量移液器，微波炉，Eppendorf 管。

### （二）试剂

LB 液体培养基（Luria-Bertani 培养基），抗生素（Amp 或 Cm），STE 液，10%蔗糖（以 50mmol/L Tris 液配制），溶菌酶溶液（10mg/mL）称取 1 mg 溶菌酶于 100μl 的 10 mmol/L Tris（pH 值为 8.0）溶液中，临用前配制，0.25mol/L EDTA，10%（*W/V*）SDS，5 mol/L NaCl，酚/氯仿（1∶1），10 mg/ml RNA 酶 A，TE 缓冲液（pH 值为 8.0），70%乙醇。

## 三、实验程序

**1. 增殖细菌**

同第一节的实验程序 1。

**2. 菌体裂解**

1）菌体收集：将 5 ml 菌液 4℃下 5000*g* 离心 10min，沉淀重悬于冰预冷的 STE 1ml 中，4℃下 5000*g* 离心 10min，倒置离心管于滤纸上，让液体流尽，收集菌体。

2）菌体裂解：菌体重悬于 100μl 冰预冷的 10%蔗糖液中，加 20μl 新配制的溶菌酶溶液，再加入 0.25mol/L EDTA 溶液 80μl，倒置管数次，冰上放置 10min。加 10% SDS 40μl，立即用一玻棒迅速混匀内容物，使 SDS 均匀分散。立即加入 60μl 的 5mol/L NaCl（终浓度 1mol/L），再次用玻棒温和并彻底地混合内容物，冰浴 1h 以上。

3）收集抽提：4℃下 30 000*g* 离心 30 min，小心转移上清液至另一离心管中，用等体积酚/氯仿抽提 2 次。

4）乙醇沉淀：转移水相至另一离心管中，加入 2 倍体积的无水乙醇，充分混匀，室温放置 1～2h。

5）沉淀溶解：4℃下 5000*g* 离心 20 min，室温下以 70%乙醇洗涤沉淀，离心去乙醇，在真空干燥器内短时间干燥沉淀物，但不要使之完全干燥。

6）质粒溶解加 TE 溶液 30μl 溶解质粒 DNA。

## 四、结果讨论

纯度鉴定可用紫外分光光度计或进行琼脂糖凝胶电泳，质粒纯化见本章第三节。

## 五、注意事项

1）程序 2 中溶液的 pH 值小于 8.0 时，溶菌酶不能有效发挥作用。

2）加入 SDS 裂解细菌时，操作应尽量温和小心，以便最大限度地避免放出的 DNA 分子被打断。

3）细菌生长过程中，会排出大量代谢产物，可能抑制限制酶的活性，用 STE 洗涤细菌沉淀，可提高提取的质粒 DNA 的纯度。

4）在质粒 DNA 提取中，质粒 DNA 的质量和产量在很大程度上受培养条件的影响，以下培养方式可获较好结果：①培养应用菌龄不超过 4d 的平板单菌作为起始菌；②培养菌应在 37℃、220r/min 下，生长 16～18h；③不用经储藏的培养菌进质粒提取制备。

5）碱裂解法抽提效果良好，经济且收得率较高，每毫升培养物可获得 3～5μg pUC 质粒 DNA，在质粒小量提取中广泛应用；SDS 裂解法产量较低，但比其他方法温和，是提取大质粒 DNA（>15kb）的首选方法；另煮沸裂解法也简便并常用，但反应条件较为剧烈，对大质粒 DNA 有明显的剪切作用，只能用于小量质粒（DNA≤15kb ）的制备。

# 第三节　质粒 DNA 的纯化

## 一、基本原理

小量制备的质粒 DNA，经酚/氯方抽提后可进行酶切、重组、转化等。但有些实验对质粒纯化要求高，如哺乳动物细胞转染、转基因动物操作等，需进一步提高质粒 DNA 的纯度。这种纯度不仅要求去除细菌染色体 DNA、RNA 及蛋白质，还要选择质粒 DNA 的分子构型，纯化共价闭环质粒 DNA。

无论用何种方法提取的质粒 DNA，都会有少量染色体 DNA 和大量 RNA 混在其中，含有的质粒 DNA 常具 3 种不同构型：共价闭合环状、线性和开环。纯化质粒 DNA 的方法和方案很多，都利用了质粒相对较小和共价闭环的结构特点。其中氯化铯-溴化乙锭梯度平衡离心过滤机法和聚乙二醇沉淀效果好，最为常用，可进一步去除染色体 DNA 和 RNA，并选择共价闭环 DNA。氯化铯-溴化乙锭梯度平衡离心法是纯化质粒 DNA 的可靠经典方法，具独特优势，但耗资昂贵且费时；聚乙二醇分级沉淀法分离效果虽不如氯化铯法，但方法经济简便，尤其对碱裂解法制备的质粒 DNA 纯化效果更好。以下仅介绍聚乙二醇沉淀法。

聚乙二醇沉淀法是一种分级沉淀法。质粒DNA的粗制品首先加LiCl沉淀高分子量的RNA，并用RNase消化小分子RNA；随后在高盐条件下，聚乙二醇选择性沉淀质粒DNA，而小分子与染色体留在上清液中。沉淀的质粒DNA进一步用酚/氯仿抽提，乙醇沉淀。用该法纯化的质粒DNA足以胜任分子克隆中各种复杂实验，包括高效转染哺乳动物细胞及利用外切核酸酶产生成套的缺失突变体。

## 二、实验材料

### （一）器材

微量移液器，微量离心机，紫外分光光度计，Eppendorf管。

### （二）试剂

5 mol/L LiCl，异丙醇，70％乙醇，无DNA酶而含RNA酶A（20μg/ml）的TE液，1.6mol/L NaCl（含13％的PEG 8000），TE液（pH8.0），酚、酚/氯仿（1∶1）、氯仿/异戊醇（24∶1），10 mol/L乙酸铵，无水乙醇。

## 三、实验程序

1）浓缩质粒DNA：在300μl含质粒的TE液中加入300 μl冰预冷的5mol/L溶液，充分混匀，4℃下10 000*g*离心10min。移上清液至另一离心管中，加入等量的异丙醇，充分混匀，室温下10 000*g*离心10min，回收核酸沉淀。用70％乙醇洗涤沉淀和管壁，流尽乙醇并用吸水纸吸净残留液滴，室温下使乙醇挥发5～10min。

2）消化RNA：用50μl无DNA酶而含有RNA酶A（20μg/ml）的TE重新溶解质粒DNA，混匀，室温消化RNA 30min。

3）PEG沉淀：加50μl含13％ PEG、1.6mol/L NaCl溶液，充分混匀，4℃下12 000*g*离心5min，弃上清液，用TE（pH值为8.0）40μl溶解沉淀，回收质粒DNA。

4）酚/氯仿抽提：用酚、酚∶氯仿（1∶1）和氯仿各抽提一次。

5）浓缩回收：将水相移入另一微量离心管中，加10mol/L乙酸铵溶液10μl，充分混匀，再加2倍体积无水乙醇，混匀，室温放置10min，4℃下12 000*g*离心10min，弃上清液。以预冷的70％乙醇、无水乙醇依次洗涤沉淀，室温下蒸发痕量乙醇殆尽。

6）质粒保存：TE溶液50μl溶解质粒DNA，于－20℃保存。

## 四、结果讨论

1∶100稀释溶解的质粒DNA，紫外分光光度计测$A_{260}$值，计算质粒DNA

浓度。

$$1A_{260} = 50\mu g \text{ 质粒 DNA/ml}$$

## 五、注意事项

1）PEG 浓度的选择：大小不同的 DNA 分子所用的 PEG 浓度不同，选择沉淀大分子质粒 DNA 时 PEG 所需浓度低（可至 1%），小分子所需 PEG 可高达 20%。

2）用乙醇洗涤和沉淀 DNA 后，必须将痕量乙醇去净。

3）聚乙二醇沉淀法不能有效地把带切口的环状分子和闭合环状质粒 DNA 分开。因此，纯化容易带上切口的大质粒 DNA（>15kb）及制备用于生物物理学测定的闭环质粒时，氯化铯-溴化乙锭梯度平衡离心法仍是首选的方法。

## 六、思考问题

1）本章各节的技术依据的基本原理。

2）各项技术所要掌握的技术关键和注意事项。

# 第十八章　DNA的重组技术

## 第一节　黏端连接法

### 一、基本原理

DNA插入片段与适当的载体存在同源黏性末端，这将是最方便的克隆途径。同源黏性末端包括相同内切酶产生的黏性末端和不同的内切酶产生的互补黏性末端。具有相同黏性末端的DNA分子比较容易连接在一起，因为相同的黏性末端容易通过碱基配对氢键形成一个相对稳定的结构，连接酶利用这个相对稳定的结构，行使间断修复的功能，就可以使两个DNA分子连接在一起。

黏端连接法得到的重组质粒能够保留结合处的限制酶切位点，因此，可以使用原切割内切酶，将插入片段从重组体上完整地重新切割下来。

### 二、实验材料

#### （一）器材

恒温水浴箱，隔水式恒温培养箱，台式高速离心机，电泳仪，电泳槽，样品槽模板，紫外灯，紫外分光光度计，移液器，0.5ml塑料离心管，1.5ml塑料离心管，吸嘴，手术刀片，磁力搅拌器，微波炉。

#### （二）试剂

1）pUC19质粒。

2）λDNA。

3）*Hin*d Ⅲ 酶。

4）1mol/L Tris（pH值为8.0）（储存液）：在800ml蒸馏水中溶解121.1g Tris碱，加入浓HCl调pH值至8.0（约加入浓HCl 42ml，应在溶液冷却至室温后方可最后调定pH值），加水定容至1L，分装后高温灭菌。

5）1mol/L $MgCl_2$（储存液）：在800ml蒸馏水中溶解203.3g $MgCl_2 \cdot 6H_2O$，加水定容至1L，分装成小份并高温灭菌备用。

6）5mol/L NaCl（储存液）：在800ml蒸馏水中溶解292.2g NaCl，加蒸馏水定容至1L，分装后高压灭菌备用。

7）1mol/L二硫苏糖醇（DTT）（储存液）：用20ml 10mmol/L乙酸钠溶液（pH值为5.2）溶解3.09g DTT，过滤除菌后分装成1ml/管，储存于 −20℃。

8）10× *Hind*Ⅲ 酶解缓冲液：含 500 mmol/L Tris-HCl（pH 值为 8.0），100 mmol/L $MgCl_2$，500 mmol/L NaCl，10mmol/L DTT，临用前在 1×限制酶缓冲液加牛血清白蛋白（BSA）至终浓度 0.1mg/ml。

9）500mmol/L EDTA（pH 值为 8.0）（储存液）：在 800ml 蒸馏水中加入 186.1g 二水乙二胺四乙酸二钠（$EDTA\text{-}Na_2 \cdot 2H_2O$），在磁力搅拌器上剧烈搅拌，用 NaOH 调 pH 值至 8.0（约需 20g NaOH 颗粒）后定容至 1L，分装后高压灭菌备用。

10）$T_4$噬菌体 DNA 连接酶。

11）10×$T_4$噬菌体 DNA 连接酶缓冲液：660 mmol/L Tris-HCl（pH 值为 7.0），55 mmol/L $MgCl_2$，50 mmol/L DTT，10mmol/L ATP。

12）DNA 片段胶回收试剂盒。

13）琼脂糖。

14）50×TAE：在 800ml 蒸馏水中加入 Tris 碱 242g，磁力搅拌使其溶解，然后加入 57.1 ml 冰乙酸，100ml 0.5mol/L EDTA pH 值为 8.0，搅拌完全后，室温保存。

15）1×TAE：取 20ml 50×TAE 用蒸馏水定容至 1000ml。

16）溴化乙锭（10mg/ml）在 100ml 蒸馏水中加入 1g 溴化乙锭，磁力搅拌数小时可确保其完全溶解，然后用铝箔包裹容器或转移至棕色瓶中，保存于室温。

17）λDNA *Hind*Ⅲ DNA 分子量对照物。

## 三、实验程序

1）在灭菌的 0.5ml 塑料离心管中加入 pUC19 质粒 1μg（10μl），2μl 10× *Hind*Ⅲ酶切缓冲液，7μl 无菌重蒸水，1μl *Hind*Ⅲ酶（10U），于 37℃保温 3h。

2）在另一管中加入 λDNA 10μg（6μl），2μl 10× *Hind*Ⅲ酶切缓冲液，11μl 无菌重蒸水，1μl *Hind*Ⅲ酶（10U），于 37℃保温 3h。

3）保温结束后各管中加入 6×加样载体缓冲液 2μl 混匀备用做电泳分析。

4）将 1g 琼脂糖加于 100ml 1×TAE 中，在微波炉或沸水浴中将琼脂糖溶解。

5）使胶溶液冷却至 60℃，加入 5μl 10mg/ml 溴化乙锭使终浓度为 0.5μg/ml，充分混匀。

6）将温热的琼脂糖溶液倒入胶模中，待凝胶完全凝固后，小心移去梳子，将凝胶放入电泳槽中。

7）用移液器分别将酶解样品、酶切前的对照样品，DNA 分子量对照物加入梳孔中。

8）接通电源，DNA 样品往正极移动。电压选择 1～5V/cm。根据指示剂迁移的位置，判断是否终止电泳，切断电源。

9）在紫外灯下观察结果并拍照记录。用手术刀片小心地分别将 pUC19 的 2.7kb 条带和 λDNA 的 564bp 条带从琼脂糖凝胶中切下，移入 1.5ml 的塑料离心管中。

10）按每 100mg 琼脂糖凝胶加入 300μl QG 溶液的比例加入 QG 溶液，置 55℃水浴 10 min，每 2min 颠倒混匀一次。

11）加入 1.3 倍体积的异丙醇，混匀。

12）将熔化后琼脂糖溶液移入吸附柱，12 000r/min 离心 1min。弃收集管中的液体，再将吸附柱放入同一个收集管中。

13）在收集管中加入 750μl PE 洗脱液，静置 1min 后，12 000r/min 离心 1min。弃收集管中的液体，将吸附柱放入同一个收集管中。

14）12 000r/min 离心 1min。

15）将吸附柱放入一个干净的 1.5ml 离心管中，在吸附膜中央加入 30μl 的 EB 缓冲液，静置 5min 后，12 000r/min 离心 1min。

16）在紫外分光光度计上对胶纯化的 DNA 进行定量。

17）将纯化的 2 个 DNA 片段按插入片段摩尔数∶载体摩尔数为 3∶1 加入 0.5ml 的塑料离心管中，另加入 10×$T_4$ DNA 连接酶缓冲液 2μl，$T_4$ 噬菌体 DNA 连接酶 2μl（5U），最后加入无菌蒸馏水补至 20μl，置 15℃保温 14～16h。

18）取出连接物，稍加离心，－20℃保存，以备做转化实验。

## 四、注意事项

1）在黏端连接时，除重组体外，还有一定数量的载体自身环化分子，这将产生转化菌中较高的假阳性克隆背景。针对这一问题，往往需要在连接前，用牛小肠碱性磷酸酶去除载体的 5′磷酸以抑制质粒 DNA 的自身环化。

2）用一种限制性内切酶切割载体和外源 DNA，连接时插入片段可以从两个方向插入载体中。

3）黏性末端连接时还有一个问题是片段的多拷贝插入。欲筛选出含有正确插入方向和单拷贝插入片段的重组体，需要将重组体进行内切酶图谱分析。

4）适当的插入片段与载体分子比例能减少多拷贝插入片段的形成，一般采用插入片段摩尔数∶载体摩尔数为 3∶1。

5）连接反应的温度在 37℃时，有利于连接酶的活性，但在此温度下，黏性末端的氢键结合是不稳定的，*Eco*RI 酶所产生的末端，仅仅通过 4 个碱基对相结合，这些结合力不足以抵抗该温度下的分子热运动。因此在实际操作时，一般采用 12～16℃，此时既可最大限度地发挥连接酶的活性，又有助于短暂配对结构的稳定。

6）一般情况下，酶浓度高，反应速度也快、产量也高，而连接酶是保存于

50%甘油中，当连接反应系统中甘油含量过高时，则影响连接效果，建议使用适当的酶量，一般连接酶的体积不超过总体积的1/10。

7）载体上应具有两个以上的容易检测的遗传标记，以区分阳性重组分子和阴性重组分子。选择性标记包括抗药性基因、酶基因、营养缺陷型及形成嗜菌斑的能力等。

8）载体应该具有多个限制性内切酶的单一切点，以便于从中选出一种酶，使它在目的基因上没有切点，保持目的基因的完整性。载体上的酶切点最好是位于检测表型的遗传标记基因之内，这样目的基因是否连进载体就可以通过这一表型的改变与否而得知，便于筛选重组体。

## 第二节　黏-平端连接法

### 一、基本原理

有些限制性内切酶只产生平端，另外在某些情况下，外源DNA黏性末端拟克隆进的载体上难以找到匹配的位点。利用$T_4$噬菌体DNA连接酶可以催化平端片段连接的特性，能够解决这些DNA分子的连接问题。因为除内切酶酶切和机械剪切DNA直接产生平端分子外，3′突出或5′突出的黏性端通过一定的修饰也能产生平端，所以理论上讲，任何两种DNA均可由$T_4$噬菌体DNA连接酶催化彼此连接。

外源DNA和载体分子一侧为相互匹配的黏性末端，另一侧为平端，则外源DNA片段只能以一个方向插入载体，这就是黏-平端连接。该法适用于外源DNA和载体仅有一个匹配位点。在黏-平端连接中，限制性内切酶酶解产生的外源DNA和载体5′端突出的不互补黏性末端，需通过大肠杆菌DNA聚合酶Ⅰ的大片段酶（Klenow酶）填平，填平后DNA反应物可以直接用$T_4$噬菌体DNA连接酶进行连接反应，而无需去除dNTP来纯化DNA，因为dNTP并不抑制$T_4$噬菌体DNA连接酶的活性。

本实验采用黏-平端连接法将pBR322质粒中的四环素抗性基因（tetracyline，Tet）插入到pUC19质粒的多克隆位点中，从而构建一个新型重组质粒。由于pUC19质粒DNA不含*Tet*基因，因此用含有氨苄青霉素和四环素两种抗生素的普通平板即可筛选重组体。由于*Tet*基因的插入，β-半乳糖苷酶的氨基酸片段失去结合活性，因此采用α互补现象可以鉴定重组体克隆。

### 二、实验材料

#### （一）器材

恒温水浴箱，隔水式恒温培养箱，台式高速离心机，电泳仪，电泳槽，样品槽模板，紫外灯，紫外分光光度计，移液器，0.5ml 塑料离心管，1.5ml 塑料离心管，吸嘴，手术刀片，磁力搅拌器，微波炉。

（二）试剂

pBR322 质粒 DNA，pUC19 质粒 DNA，*Sty*I 酶，*Pst*I 酶，*Eco*RI 酶，Klenow 酶，4×dNTPs：dATP、dGTP、dCTP、dTTP 各 4μmol/L。

## 三、实验程序

1）在灭菌的 0.5ml 塑料离心管中加入 pUC19 质粒 5μg（10μl），2μl 10× *Eco*RI 酶切缓冲液，6.5μl 无菌重蒸水，1μl *Eco*RI 酶（10U），1.5μl *Pst*I 酶（10U），于 37℃保温 3h。

2）在另一灭菌的 0.5ml 塑料管中加入 pBR322 质粒 55μg（10μl），2μl 10× *Eco*RI 酶切缓冲液，6μl 无菌重蒸水，1μl *Eco*RI 酶（10U），1μlStyI 酶（10U），于 37℃保温 3h。

3）酶解结束后各管加 2μl 6×样品载体缓冲液，混匀进行 10g/L 琼脂糖凝胶电泳分析（方法见黏端连接法）。

4）电泳完毕后，在紫外灯下将 pUC19 质粒酶切后大片段（2.7kb）与 pBR322 质粒酶切后小片段（1.3kb）条带切下，尽可能切薄些。切下的胶装入 1.5ml 塑料离心管中。

5）琼脂糖凝胶 DNA 片段回收纯化见黏端连接法。

6）互补黏端连接：各取 2 个 DNA 片段纯化液 15μl 混合于一 0.5ml 塑料离心管中，加入 $T_4$ 噬菌体 DNA 连接酶缓冲液 4μl，$T_4$ DNA 连接酶 4μl（10U），无菌重蒸水 2μl，于 15℃保温 14～16h。

7）非互补黏端补平：向 0.5ml 塑料离心管中加入 30μl 互补黏端连接物，3μl Klenow 酶 10×缓冲液，1μl Klenow 酶（5U），6μl 无菌重蒸水，室温下放置 2h。

8）置 70℃水浴 10min 使 Klenow 酶失活。

9）加 5μl $T_4$ 噬菌体 DNA 连接酶缓冲液，5μl $T_4$ 噬菌体 DNA 连接酶，于 15℃保温 24h 以上。

10）置 70℃水浴 10min 使 $T_4$ 噬菌体 DNA 连接酶失活。－20℃储存，备用做转化实验。

## 四、注意事项

1）平末端 DNA 片段之间在 $T_4$DNA 连接酶的催化下，可以直接连接，但是连接效率较低，主要是由于 $T_4$ DNA 连接酶对于平末端的 *Km* 值比黏末端的 *Km* 值高约 1000 倍。平端连接效率很低，它要求以下 4 个条件以增加连接产物：

①低浓度的 ATP（0.5mmol/L）。②不存在亚精胺一类的多胺。③极高浓度的连接酶（50U/ml）。④高浓度的平端。

2）平末端连接没有黏性末端的碱基互补有限制，只要是平末端均能连接，所以平末端外源 DNA 片段在载体中插入方向有两种可能性，在重组子筛选后，应该利用内切酶图谱对阳性重组子中外源 DNA 片段的插入方向进行鉴定。

3）为减少载体 DNA 的自身环化，连接前，线性载体 DNA 最好进行 5′端去磷酸处理。

4）由于平端连接得到的连接产物可能会失去结合处的原酶切位点，这时就不能再用切割外源 DNA 和载体质粒的限制性内切酶来切割重组质粒，而需要寻找其他限制性内切酶来酶解重组体。

## 第三节 重组质粒的鉴定

重组质粒转化大肠杆菌后，需对转化菌落进行筛选鉴定，以筛选出含有正确插入方向的重组体。筛选方向的选择与设计主要依据载体、目的基因、受体三者的不同遗传与分子生物学特性来进行。目前常用的鉴定方法有 α 互补、插入失活、PCR 扩增、菌落原位杂交、限制性内切酶酶切分析等方法。前 4 种方法仅能筛选出有插入基因片段的重组质粒，如果确定符合克隆目的并有正确插入方向的重组质粒，则必须进行限制性内切酶酶切分析。其他鉴定方法如 DNA 序列测定、Southern 印迹杂交法等参见其他相关实验分析技术内容。

### 一、α 互补

#### （一）基本原理

基本适用于含有 β-半乳糖苷酶基因（*lacZ*）的载体，如 pUC 系列、pGEM-3Z 等载体。其原理是：载体含有 *LacZ* 的调控序列和头 146 个氨基酸的编码信息。在这个编码区中插入了一个多克隆位点，但它并不破坏读框，也不影响功能。这种载体适用于可编码 β-半乳糖苷酶 C 端部分序列的宿主细胞。虽然质粒和宿主细胞编码的片段各自都没有酶活性，但它们可以融为一体，形成具有酶学活性的蛋白质。从而 *LacZ* 基因上缺失近操纵基因区段的突变体与带有完整的近操纵基因区段的 β-半乳糖苷酶阴性的突变体之间互补，这种现象叫 α 互补。由 α 互补而产生的 $Lac^{+}$ 细菌易于识别，因为它们在显色底物 5-溴-4-氯-3-吲哚-β-D-半乳糖苷（X-gal）存在下形成蓝色菌落。当外源 DNA 插入到质粒的多克隆位点后，导致产生无 α 互补能力的氨基酸片段，因此带有重组质粒的细菌形成白色菌落。通过显色反应即可识别可能带有重组质粒的菌落。

（二）实验材料

**1. 器材**

恒温摇床，三角烧瓶，烧杯，量筒，移液器，培养皿（直径 9cm），0.5ml 塑料离心管，吸嘴，接种棒。

**2. 试剂**

1）20mg/ml X-gal：将 20mg X-gal 溶于 1ml 二甲基酰胺中，装有 X-gal 溶液的试管需用铝箔封裹以防因受光照而被破坏，并应储存于－20℃。

2）200mg/ml 异丙基硫代-β-D-半乳糖苷（IPTG）：将 1g IPTG 溶于 4ml 去离子蒸馏水中，定容至 5ml，用 0.22μm 过滤器除菌，分装成 1ml 小份，－20℃保存备用。

3）50mg/ml 氨苄青霉素（Amp）：将 0.5g 氨苄青霉素溶于 10ml 蒸馏水，并用 0.22μm 滤器过滤除菌，分装成 1ml，－20℃保存。

4）LB 液体培养基：在 800ml 蒸馏水中溶解胰蛋白胨 10g，酵母提取物5g，NaCl 10g，用 NaOH 调节 pH 至 7.5，于 $1.034\times10^5$Pa（15 lb/in$^2$）灭菌 20min。

5）LA 固体培养基：200ml LB 液体培养基中加入 3g 琼脂，于 $1.034\times10^5$Pa（15 lb/in$^2$），灭菌 20min，待冷却至 55℃时加 50mg/ml 的氨苄青霉素 0.4ml，混匀，在超净工作台中按每块培养皿浇 20ml，凝固后置 4℃可保存 1～2 周。

（三）实验程序

1）取含氨苄青霉素的 LA 琼脂平板。

2）于平板表面加 X-gal 40μl 和 IPTG 4μl，并用无菌玻璃涂布器将试剂均匀涂布于整个平板表面。置 37℃ 1h 直至所有液体消失。

3）将 100～200μl 转化的菌液涂布于平板表面，置 37℃培养箱后，倒置平板继续培养 12～16h.

4）培养中止后，将平板置 4℃ 1～4h，使蓝色充分显现。带有β-半乳糖苷酶活性蛋白的菌落中间为淡蓝色，外周为深蓝色。白色菌落偶尔也在中央出现一个淡蓝色斑点，但其外周无色。

5）将白色菌落接种于 5ml LB（含 100μg/ml Amp）液体培养基中，37℃摇床培养 8～12h。提取质粒，限制性酶切分析进一步鉴定。

## 二、插入失活

（一）基本原理

该法选用于含有 2 个以上选择标志的载体，如 pBR322 带有氨苄青霉素和四环素（*Tet*）抗性基因，将外源基因插入 *Tet* 基因区内，则该基因失活，所构建的重组质粒转化菌落只能在 Amp 存在下生长。据此，可判断含有重组质粒的菌落。

### （二）实验材料

**1. 器材**

恒温摇床，三角烧瓶，烧杯，量筒，移液器，移液管，培养皿（直径 9mm），0.5ml 塑料离心管，吸嘴，接种棒。

**2. 试剂**

1）5mg/ml 四环素：将 50mg 四环素溶解于 10ml 乙醇中，分装成 1ml 小份，−20℃保存，备用。

2）LT 固体培养基：在 200ml LB 液体培养基中加入 3g 琼脂，于 $1.034\times10^5$Pa（15 lb/in$^2$），灭菌 20min，待冷却至 55℃时加 5mg/ml 的四环素 2ml，混匀，在超净工作台中按每块培养皿浇 20ml，凝固后置 4℃保存 1 周。

### （三）实验程序

1）取 LA 琼脂培养板、LT 琼脂培养板。

2）将 100～200μl 转化菌液用无菌玻璃涂布器分别涂布于含氨苄青霉素培养板表面，置 37℃培养箱 20min 后倒置培养 12～16h。

3）取转化菌落并分别接种于 LA 琼脂培养板和 LT 琼脂培养板的互相对应的位置上，37℃培养 8～10h。

4）挑取在 LA 琼脂培养板上生长而在 LT 琼脂培养板不能生长的菌落（如重组体的外源 DNA 克隆在 *Tet* 基因中），并将其接种于含氨苄青霉素的 LB 液体培养基 5ml 中培养 8～12h。

5）小量制备质粒，限制性内切酶酶切分析进一步鉴定。

## 三、PCR 鉴定重组

### （一）基本原理

许多载体克隆位点两侧存在恒定的序列如 M13（−47）、M13（−48）、T7 和 SP6 等，针对这种序列的 PCR 引物可合成得到；另外，有时插入片段本身就是 PCR 产物，利用已有的引物，在这些情况下可对所挑选的菌落中质粒进行 PCR 扩增以鉴定是否有插入片段以及插入片段的大小。本实验 pUC19 载体多克隆位点两侧有 M13（−47）、M13（−48）序列，以这两条引物进行 PCR 扩增，来鉴定黏端连接法构建的 pUC19 含 *Hind* Ⅲ酶切 DNA 的 564 bp 质粒。

### （二）实验材料

**1. 器材**

PCR 仪，凝胶成像分析系统，胶带纸，0.2ml PCR 反应管，1.5ml 离心管，移液器，电泳槽，电泳仪，离心机，紫外分光光度计，紫外灯，移液器，吸嘴，漩涡混合器，微波炉或电炉。

**2. 试剂**

1）M13（－47）引物序列 5′CGCCAGGGTTTTCCCAGTCACGAC 3′。

2）M13（－48）引物序列 5′AGCGGATAACAATTTCACACAGGA 3′。

3）100bp DNA 分子量对照物。

4）10×PCR 缓冲液。

5）dNTPs。

6）15mmol/L$MgCl_2$。

7）Taq DNA 聚合酶。

8）灭菌石蜡油。

9）6×载体缓冲液。

10）DNA 分子量对照物。

11）琼脂糖。

12）50×ATE：在 800ml 蒸馏水中加入 Tris 碱 242g 磁力搅拌使其溶解，然后加入 57.1 ml 冰醋酸、100ml 0.5mol/L EDTA pH8.0，搅拌完全后，室温保存。

13）1×TAE：取 20ml 50×TAE 用蒸馏水定容至 1000ml。

14）溴化乙锭（10mg/ml）：在 100ml 蒸馏水中加入 1g 溴化乙锭，磁力搅拌数小时以确保完全溶解，然后用铝箔包裹容器或转移至棕色瓶中，保存于室温。

### （三）实验程序

1）质粒 DNA 的提取见第十七章的有关技术。

2）PCR 反应的条件：每 25μl 反应体系中含质粒 DNA 0.2～0.5μg，上游引物 25pmol/L、下游引物 25pmol/L 各 1μl，10×PCR 缓冲液 2.5μl，15mmol/L $MgCl_2$ 2.5μl，1.25mmol/L dNTP 2μl，Taq DNA 聚合酶 1U（或加灭菌石蜡油 40μl）。反应程序：94℃变性 5min 后，以 94℃变性 1min、55℃退火 30s、72℃延伸 1min，循环 35 次，最后 72℃延伸 5min。

3）PCR 扩增产物鉴定：取 PCR 产物 10μl，加入 6×载体缓冲液 2μl，并加 5μl DNA 分子量对照物，电泳缓冲液为 1×TAE，在 2%的琼脂糖凝胶上 5V/cm 电泳 30min。在紫外灯下初步观察是否有特异性条带出现。

### （四）结果讨论

在紫外灯下观察到 564bp 特异性条带，表明 λDNA-*Hin*dⅢ酶切的 564bp 片段已插入 pUC19；若只观察到 158bp 的条带，表明 564bp 片段未插入到 pUC19，重组失败（图 18.1）。

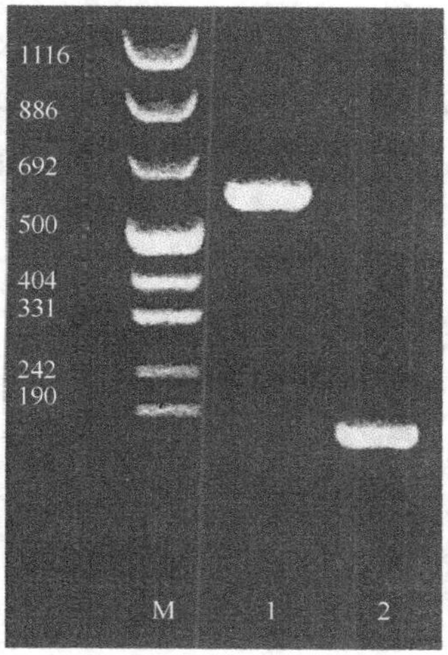


图 18.1　PCR 鉴定重组琼脂糖凝胶电泳结果

M：DNA 分子质量；1：重组体；2：非重组体

（五）注意事项

1）PCR 实验应设立阴性对照反应。

2）多份样品同时扩增时，可配制总的反应混合液，并分装于 PCR 管中，然后再在各管中分别加入模板。

3）操作时应戴手套，配制反应体系和加模板时应分别使用专用的移液器，所以耗材使用前必须经高压灭菌，用后按规定处理并丢弃在指定区域。

## 四、菌落原位杂交

（一）基本原理

该方法是采用放射性标记的探针与含有质粒的细菌菌落杂交的方法，即从培养基上生长菌落通过影印方法将菌落至硝酸纤维素膜上，用溶菌酶破坏细胞壁，用碱处理使菌落中双链 DNA 变性后拆开，再采用 G-H 法（Grunstein 和 Hogness）处理硝酸纤维膜，然后与 DNA 探针进行杂交，通过放射自显影技术等手段筛选出相应的菌落。对于大量转化子的筛选，此法较快速、准确。

（二）实验材料

**1. 器材**

硝酸纤维膜，恒温摇床，烤箱，封袋机，移液器，培养皿，量筒，烧杯，移液管，X光片，镊子，保鲜膜，滤纸，牙签，暗盒。

**2. 试剂**

1）10%十二烷基磺酸钠（SDS）：在90ml蒸馏水中溶解10g SDS，加热至68℃助溶，用浓硫酸调节pH值至7.2，加蒸馏水定容至100ml，分装备用。

2）变性液：吸取10mol/L NaOH 25ml，加无菌蒸馏水至500ml，充分混匀。

3）中和液：吸取5mol/L NaCl 100ml，1mol/L Tris-HCl（pH值为7.4）250ml，灭菌蒸馏水150ml。

4）20×SSC：在800ml蒸馏水中溶解175.3g NaCL和88.23g柠檬酸钠，用10 mol/L NaOH将溶液调节pH值至7.0，加蒸馏水定容至1000ml，分装后$1.034\times10^5$Pa（15 lb/in$^2$），灭菌20min。

5）预杂交液：50%甲酰胺，6×SSC，0.1% SDS，1×Denhardt，100μg/ml变性鲑鱼精DNA。

6）$\alpha^{-32}$P标记的双链DNA探针。

## （三）实验程序

**1. 菌落转移**

1）用铅笔在硝酸纤维素滤膜（NC膜）上划好约5mm见方的小格（直径60mm NC膜划64小格，直径80mm NC膜划100小格），将膜夹在两层普通滤纸之间103.42kPa（15 lb/in$^2$）灭菌15min。

2）用灭菌牙签挑取待检单菌落顺序涂到滤膜小格子中间。

3）将两个培养皿37℃培养箱倒置培养10～14h，无滤膜的平板置4℃冰箱保存待用。取下滤膜继续进行处理。

**2. 硝酸膜处理**

1）使长有菌落的膜面向上，将NC膜放到浸有10% SDS的普通滤纸上，勿使膜与纸之间有气泡，室温放3min。

2）将滤膜移至用变性液浸透的滤纸上，室温放5min。

3）将滤膜移至中和液浸透的滤纸上，室温放5min。

4）将滤膜移至2×SSC浸透的滤纸上，室温放5min。

5）将滤膜置80℃烤箱干烤1～2h。

**3. 杂交**

1）将制备好的滤膜小心地置入杂交袋中，加入预杂交液，使膜全部浸入溶液中，用封袋机封口，注意勿留气泡。42℃水浴摇床轻摇4h。

2）将标记好的$\alpha^{-32}$P双链DNA探针置100℃变性5min，迅速冰浴冷却后，加入预杂交袋中，混匀后，仔细封口，勿使杂交液外泄。

3）42℃水浴摇床杂交过夜。

4）将滤膜移至 2×SSC，0.5% SDS 室温漂洗 5min，弃去洗液。

5）加入 0.1×SSC，0.1% SDS，置 42℃ 15min，再弃洗液，洗液重复洗膜 2 次，去除游离的及非特异结合的探针。

6）将滤膜移到干的滤纸上，室温晾干或 37℃烘干。

7）用保鲜膜将滤膜包好，置暗盒中，在暗室中压片。－20℃放射自显影 24～72h。

8）将上述 X 光片进行暗房冲洗，显影。

### （四）结果讨论

根据 X 光片黑色显印斑点位置判断保留的培养皿中所对应菌落，并将其挑出，进一步扩增，制备质粒，酶切鉴定。如果无阳性菌落出现，必须仔细检查每一步操作是否失误。

### （五）注意事项

1）NC 膜严禁用手接触，以免影响结果。

2）转移菌落时，必须有阳性菌落对照并做好位置标记。

3）杂交操作时，杂交液严禁外泄，以避免造成放射性污染。

## 五、限制酶酶切分析

### （一）基本原理

经上述三种方法筛选出的菌落需进一步酶切鉴定，尤其对于鉴定外源基因插入方向时更为重要。

如不采用上述三种方法，单独挑取一些独立的转化菌落进行小规模培养，然后挑取质粒进行酶切，凝胶电泳分析亦可挑选出正确的重组质粒。这个方案较费时费力，但在实际工作中采用者亦很多。

### （二）实验材料

**1. 器材**

台式离心机，恒温培养箱，水平式凝胶电泳槽，稳压稳流电泳仪，紫外透射仪，凝胶成像系统，微量移液管，0.5ml 的 Eppendorf 管。

**2. 试剂**

1）纯化的质粒 DNA（0.2mg/ml）。

2）限制酶（*Hind*Ⅲ）。

3）1mol/L Tris（pH 值为 8.0）（储存液）：在 800ml 蒸馏水中溶解 121.1g

Tris 碱，加入浓 HCl 调 pH 值至 8.0(约加入浓 HCl 42ml，应在溶液冷却至室温后方可最后调定 pH 值)，加蒸馏水定容至 1L，分装后高压灭菌。

4) 1mol/L $MgCl_2$（储存液）：在 800ml 蒸馏水中溶解 203.3g $MgCl_2 \cdot 6H_2O$，加蒸馏水定容至 1L，分装成小份并高压灭菌备用。

5) 5mol/L NaCl（储存液）：在 800ml 蒸馏水中溶解 292.2g NaCl，加蒸馏水定容至 1L，分装后高压灭菌备用。

6) 1mol/L 二硫苏糖醇（DTT）（储存液）：用 20ml 10mmol/L 乙酸钠溶液（pH 值为 5.2）溶解 3.09g DTT，过滤除菌后分装成 1ml/管，储存于−20℃。

7) 10 × 限制酶缓冲液：含 500mmol/L Tris-HCl（pH 值为 8.0），100mmol/L $MgCl_2$，500mmol/L NaCl，10mmol/L DTT，临用前在 1×限制酶缓冲液加牛血清白蛋白(BSA)至终浓度 0.1mg/ml。

8) 重蒸水（$ddH_2O$）。

9) 500mmol/L EDTA（pH 值为 8.0）（储存液）：在 800ml 蒸馏水中加入 186.1g 二水乙二胺四乙酸二钠（EDTA-$Na_2 \cdot 2H_2O$），在磁力搅拌器上剧烈搅拌，用 NaOH 调 pH 值至 8.0（约需 20g NaOH 颗粒）后定容至 1L，分装后高压灭菌备用。

10) 琼脂糖（电泳级）。

11) 5×TBE（电泳时稀释 10 倍）称取 54g Tris 碱，27.5g 硼酸，加蒸馏水约 900ml 使完全溶解，再加入 500mmol/L EDTA（pH 值为 8.0）溶液 20ml，定容 1L。

12) λDNA/*Hind*Ⅲ分子量标准参照物。

13) 溴化乙锭（EB，10mg/ml）（储存液）：在 100ml 蒸馏水中加入 1g 溴化乙锭，磁力搅拌数小时以确保其完全溶解，然后用铝箔包裹容器或转移至棕色瓶中，室温保存。

### （三）实验程序

1) 挑取转化菌落，培养。

2) 小规模制备质粒。

3) PCR 扩增初筛，挑选含有插入目的基因的质粒。

4) 限制酶酶切分析，8μl pUC19 重组质粒 DNA，10× *Hind* Ⅲ酶缓冲液 2μl，*Hind* Ⅲ酶 1μl，灭菌蒸馏水 9μl，混匀，稍加离心，置 37℃，4h 以上。

5) 酶切结束后，加 2μl 6×样品载体缓冲液，混合，吸取 10μl 进行 1%琼脂糖凝胶电泳（0.5μg/ml 溴化乙锭），100V 30min。

6) 紫外灯下观察结果（图 18.2）。

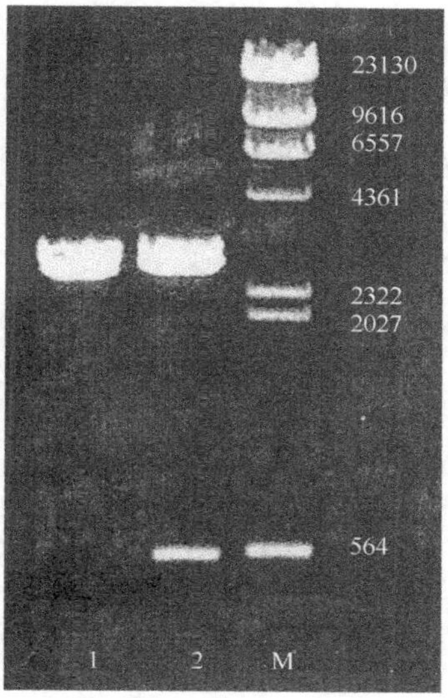


图 13.2　重组子酶切鉴定图谱

M：DNA 分子质量；1：空载体；2：重组体

（四）结果讨论

（五）注意事项

1）每种限制酶都有其一系列最佳反应条件，应严格遵照产品说明书操作。

2）用于酶切的质粒 DNA 纯度要高，溶液中不能含有痕量酚、氯仿、乙醇、EDTA 等内切酶抑制因子，否则会导致 DNA 切割不完全。

3）应选用高质量的酶制剂，使之不含外切酶等杂酶活性；加酶步骤要在冰浴中进行，且加酶操作应迅速，用后立即放回低温冰箱中；加酶应避免剧烈振荡，否则易使限制酶变性。

4）加酶步骤要在冰浴中进行。

5）大多数限制酶的反应温度为 37℃，少数酶较特殊，需根据具体情况选择。

6）酶切反应后，若不需进行进一步酶学反应，加 EDTA 灭活限制酶；若仍需进行下一步反应（如连接、限制酶切等），可采用 65℃保温 20min，方法简单，但对某些酶灭活不彻底。

7）整个操作必须严谨，所有物品全部高压灭菌；吸液要准确，避免交叉污染。

## （六）思考问题

1）本章各项技术所依据的基本原理。

2）本章各项技术的关键和应注意事项。

# 第十九章　DNA 序列分析

## 第一节　循环测序——银染色测定 DNA 序列

PCR 技术的应用正在不断扩大，耐热 DNA 聚合酶应用于以 Sanger 双脱氧链终止法为基础的 DNA 测序方案，已发展成被称为“循环测序”或“线性扩增测序”的方法。在该类测序方法中，由于使用了耐热 DNA 聚合酶，与其他 DNA 酶相比较具有两大优点。其一，由于采用热循环方法线性扩增模板 DNA，产生清晰可辨的序列梯带所需要的模板 DNA 量少；其二，由于耐热 DNA 聚合酶可在 95℃高温下保持稳定，测序反应可以在高温（70～80℃）下进行，因而能克服富含 GC 序列的模板形成自身二级结构对测序的影响。因此，循环法可以方便地对 PCR 产物、质粒 DNA、λDNA 和黏粒 DNA 等双链模板进行序列测定，特别有利于对高 GC 碱基含量的模板测序。

### 一、基本原理

循环测序反应与普通 PCR 反应有所不同。在循环测序反应中，只需一条引物，通过单引物进行热循环，模板 DNA 以线性方式被扩增，而不是标准 PCR 的指数方式扩增；反应物除 4 种脱氧核苷三磷酸（dNTP）外，还加入了双脱氧核苷酸（ddNTP），进行扩增时，链的延伸终止于掺入 ddNTP 的位置，产生分别终止于不同核苷酸的一系列不同长度的扩增片段。

循环测序法利用了热循环仪的自动循环的高效能力。每个热循环由 3 个步骤组成：第一步，待测的模板 DNA 或扩增后的 DNA 片段经热变性成单链形式；第二步，引物（可用$^{32}$P 或生物素等标记）与其中一条链的互补序列退火；第三步，退火后的引物在耐热 DNA 聚合酶催化下进行链延伸——终止反应，由此产生的 DNA 片段又将作为下一个热循环的模板。经过 20～40 次热循环后，不同长度的扩增片段（由于 ddNTP 的随机掺入）以线性方式累积，从而产生高清晰度的序列梯带。反应产物经测序凝胶电泳后，根据预定方案进行放射自显影或非放射性标记法（如荧光标记法、银染色法等）获得电泳图谱。

银染色法是一种非放射性核素标记的核酸检测技术，其基本原理是通过高灵敏度的银盐显色步骤来检测凝胶中的核酸条带。$Ag^+$ 与核酸形成稳定复合物，然后用甲醛使 $Ag^+$ 还原成银颗粒。银染色法可将聚丙烯酰胺凝胶上的单链、双链 DNA 和 RNA 都染成黑褐色。

银染色法的灵敏度比 EB 染色高 200 倍，比亚甲蓝染色亦高数百倍。在

0.5mm 厚度的凝胶中，能检测出 0.5ng 的 RNA 。而对 DNA 的染色同碱基组成有关，与 DNA 含量不成正比，定量并不准确。专一性不强亦是银染色法的另一个缺点，蛋白质和去垢剂等亦能被染成类似 DNA 的颜色。与放射形态核素标记需一天乃至数天相比较，银染色法可以在电流结束后不到 2h 内迅速得到结果，同时还省去了放射性同位素操作过程中的特殊防护措施及避免了污染问题。与荧光染料标记法相比较，不需要荧光及化学发光技术那样的昂贵试剂来标记引物，该法使用普通的寡核苷酸引物，其 5′端无需进行任何修饰。另外，在银染色后，不需要复杂的仪器和程序来检测结果，可以在显色后的测序凝胶上直接读出序列。因此，银染色法是一种简便、快速和经济的方法，一般的教学实验室即可以进行，易于推广普及。

本实验介绍使用 Taq DNA 聚合酶催化的循环测序反应和银染色检测的手工测序方法。

## 二、实验材料

### （一）器材

Eppendorf 离心机，水浴箱，热循环仪，高压电源，垂直电泳槽或序列分析仪，电泳槽，Eppendorf 管，胶纸。

### （二）试剂

**1. PCR 反应试剂**

1）DNA 模板

| | |
|---|---|
| PCR 产物（200bp） | 0.5ng（4fmol） |
| 质粒 DNA（500～3000bp） | 100ng（40fmol） |
| λDNA（50kb） | 130ng（4fmol） |

2）测序级 Taq DNA 聚合酶（5U/μl）。

3）与待测 DNA 特异结合引物（单侧）。

4）5×测序反应缓冲液：200mmol/L Tris-HCl（pH 值为 9.0）含 10mmol/L $MgCl_2$。

5）dNTP/ddNTP 混合物（4 种）：dNTP/ddATP 混合物、dNTP/ddCTP 混合物、dNTP/ddGTP 混合物、dNTP/ddTTP 混合物。

6）测序反应终止液：去离子甲酰胺 95ml，加 10mmol/L NaOH 溶液 5ml 及溴酚蓝 5mg、二甲苯蓝 5mg。

**2. 电泳试剂**

1）10％过硫酸铵重蒸去离子水配制，4℃避光保存。

2）40％丙烯酰胺（38∶2）　　丙烯酰胺 76g，*N*，*N*′-甲叉双丙烯酰胺 4.0g，加重蒸去离子水 150ml 左右，在 37℃水浴上加热溶解后，再定容至

200ml。棕色瓶装，室温保存。

3）10×TBE　取 Tris 108g、硼酸 55g 加 0.5mol/L EDTA（pH 值为 8.0）40ml，再加重蒸水至 1L，高压灭菌，分装保存。

4）尿素（超纯级）。

5）TEMED。

6）黏和硅烷溶液（新配制）：粘和硅烷（Promega 公司）5μl 加入 1ml 含 0.5%冰乙酸的 95%乙醇中，混匀。

7）Sigmacote 硅烷（Sigma 公司）。

**3. 银染色试剂**

1）凝胶固定液（每次新鲜配制）　10%冰乙酸 2L。

2）显影液（每次新鲜配制，置水浴预冷至 10～12℃）　在 2L 去离子水中加入 60g $Na_2CO_3$，3ml 37%甲醛和 400μl 硫代硫酸钠（10mg/ml）。

3）染色液（每次新鲜配制）　将 2g 硝酸银，3ml 37%甲醛溶于 2L 去离子水中。

4）95%乙醇。

5）0.5%冰乙酸。

## 三、实验程序

**1. PCR 反应步骤**

1）取 4 个 0.5ml 离心管分别标记为 A、C、G 和 T。各加入 2μl 相应的 dNTP/ddNTP 混合物，加盖后置冰浴中。

2）另取 1 个微量离心管，依次加入下列试剂：

| | |
|---|---|
| DNA 模板 | 4～40fmol |
| 5×测序反应缓冲液 | 5μl |
| 引物（单侧） | 4.5pmol |
| 用去离子水补充至总体积为 | 16μl |

3）在上述中再加入 1μl Taq DNA 聚合酶（5U），用微量加样器吹吸或 Eppendorf 离心机上离心数秒混匀。

4）沿管壁分别向预冷的 A、C、G 和 T 离心管中加入 4μl 步骤 3）混合液，再各加 1 滴（约 20μl）石蜡油。在 Eppendorf 离心机上离心数秒混匀。

5）将 4 个反应管置于已预热至 95℃的热循环仪上。然后根据引物特性选择循环参数并进行热循环，反应结束后置 4℃存放。

循环方法一：

95℃，2min 后进入热循环：

95℃，30s（变性）

42℃，30s（复性）

70℃，1min（延伸）

共进行45～60循环。此方案适合小于（或等于）24个碱基或GC含量小于50%的引物。

循环方案二：

95℃，2min后进入热循环：

95℃，30s（变性）

70℃，30s（复性及延伸）

共进行45～60循环。此方案适合大于（或等于）24个碱基或GC含量大于50%的引物。

6）向各试管中加入3μl测序反应终止液，离心数秒混合。

7）上样电泳前于70℃水浴2min，然后迅速取3～5μl上样电泳，取样时应将吸头插入离心管底部，以避免吸入上层石蜡油。

**2. 银染测序凝胶制备**

1）短玻璃板的处理：用吸水纸浸透全部黏和硅烷溶液，仔细均匀地涂满短玻璃一个表面（戴手套操作）。室温放置4～5min后，用干净吸水纸浸透95%乙醇，并轻轻沿一个方向擦拭玻璃，重复擦拭3次。

2）长玻璃板的处理：用浸透Sigmacote硅烷液的吸水纸仔细涂满长玻璃一面，放置5～10min后，用干净吸水纸擦去多余的Sigmacote硅烷液。

3）测序凝胶的配制：丙烯酰胺的浓度选择取决于待测DNA的序列长短，序列越长所选取用浓度应越低。6%～8%的凝胶可适用于分析距离引物端25～400核苷酸序列。配制常用的7%的凝胶所需试剂用量如表19.1所示，胶量应根据测序电泳槽容积而定。

**表19.1　7%丙烯酰胺凝胶试剂用量**

| 配制凝胶量/ml | 25 | 75 | 100 |
|---|---|---|---|
| 所需试剂（重蒸水补足体积）： | | | |
| 尿素/g | 10.5 | 31.5 | 42 |
| 10×TBE | 2.75 | 8.25 | 11 |
| 40%丙烯酰胺/ml | 4.37 | 13.13 | 17.5 |
| 10%过硫酸铵/ml | 0.33 | 1.0 | 1.33 |
| TEMED/μl | 70～80 | 30～40 | 40～50 |

注：25ml凝胶用于封底，故TEMED用量加大

凝胶配置步骤：

a. 先安装好制胶装置（注意：必须将长短两块玻璃板的特殊处理面面向凝胶）。

b. 称取 42g 尿素，先加 30ml 重蒸去离子水加热溶解，待溶解后迅速置冰浴，并摇动避免尿素析出。

c. 加 10× TBE 1ml，40%丙烯酰胺 17.5ml，10%过硫酸铵 1.33ml。

d. 用重蒸去离子水定容至 100ml。

e. 取 25ml 配制好的胶液置小烧杯内，加 70μl TEMED，迅速混匀，倒入装好的制胶装置的封底槽内封严底边。

f. 在剩余的 75ml 胶中加入 40μl TEMED，迅速混匀，并开始灌胶。

g. 用手托住制胶槽，使之与水平约为 45°角，用 50ml 注射器吸取胶液，从开放的顶端沿侧边缓缓灌入，为避免气泡产生，灌注时应连续不断，必要时可摆动胶槽使胶液向另一侧移动逐出气泡。

h. 当胶将灌满时，使胶顶线呈水平状态，再将梳子插入达到能在胶顶形成约为 0.4 cm 深的凹陷为宜。

4）上样电泳：用 1×TBE 做电泳缓冲液，20cm×40cm 的凝胶经 50W 预电泳 30min。其后按常规上样、电泳，测序凝胶电泳应在恒定功率下进行电泳，20cm×40cm 的凝胶应保持在 35～40W（约为 1700V）。

**3. 银染色步骤**

1）电泳结束后，用钢勺的一头小心的将玻璃板撬开，并掀开长玻璃板，凝胶应牢固地附着于短玻璃板上。

2）将凝胶连同短玻璃板放至大平底塑料皿（或搪瓷盘）中，加入凝胶固定液淹没凝胶，缓慢地水平摇动 20min。固定结束后，回收固定液做显影后的定影液用。

3）浸于重蒸水中漂洗凝胶 3 次。

4）加入染色液浸没凝胶，水平缓慢摇动染色 30min。

5）用重蒸水漂洗 20s（注意：漂洗时间过长会导致染色信号减弱）。

6）加入预冷的显影液，并缓慢摇动，直至凝胶上显现清晰可见的条带，通常条带在显影 5～6min 出现。

7）向塑料皿中加入与显影液等体积的固定液终止显色反应，需缓慢摇动 2～3min。

8）用重蒸水漂洗凝胶 2 次。

9）凝胶在空气中干燥（也可在干胶机上干燥）后，即可在灯箱上识读序列。

## 四、结果讨论

**1. 关于 DNA 序列的识读**

DNA 序列的识读是一个熟能生巧的过程。注意几点技巧：①在显影前后一定要注意标明模板名称、日期和测序人等，并标明各套反应位置；②识读时从显而易见的特征序列开始，如连续的同聚核苷酸（如 TTTTT、AAAAA）或交替出现的嘌呤和嘧啶（如 GTGTGTGT），一旦找到这种序列，便可较快地确定目的序列的位置。

**2. 测序胶上产生高本底**

可能的原因是模板 DNA 太多。特别是如果模板为短的 PCR 产物时，模板过多会导致严重问题，应降低模板 DNA 量。

**3. 多条泳道上出现平行条带**

可能的原因是：①引物外退火，采用较高的退火温度可能有帮助；②测序反应中存在多种不纯的模板，应通过模板纯化来缓解；③模板 DNA 被污染。

**4. 模糊或弥散性成片条带**

可能的原因是：①所用的丙烯酰胺溶液过期或配制不当，如丙烯酰胺和甲叉双丙烯酰胺为国产试剂，则应重结晶；②样品在上样进行电泳之前未完全变性。

## 五、注意事项

1）待测 DNA 模板的制备。

a. PCR 产物：用 PCR 扩增的 DNA 做模板最好经 QIAquick 柱层析（QIAGEN 公司产品）纯化，以去除 PCR 反应后残余的 dNTP 和引物。也可以直接取 1～2μl 未经纯化的 PCR 产物进行循环测序，但与使用纯化的 DNA 模板相比较，其产生序列梯带的效果差。

b. 质粒模板：用各种标准的小量制备方法（微量煮沸法或碱裂解法）或大量制备方法（氯化铯梯度离心法）纯化的质粒都适合做测序模板。

c. M13、黏粒及 DNA 模板：用标准方法制备的 M13、黏粒及 DNA 也适合做测序模板。

2）dNTP/ddNTP 混合物浓度：文献报道或商品提供的 dNTP/ddNTP 混合物，绝大多数经过了成分的优化，使产生出的产物在距离引物 3′端 50～200bp 范围内形成显影强且均匀的序列梯带。降低 dNTP/ddNTP 的比例有利于靠近引物端序列的测定。采用以上的操作方案时，可根据具体的测序目的来调整 dNTP/ddNTP 的比例（一般可调整范围在 2～5 倍）。另外，对富含 GC 的模板进行测序，应用 7-deaza-dGTP 替代 dGTP，以消除电泳过程中因压缩现象而产生的假带。

Promega 公司的 dNTP/ddNTP 混合物：dATP、dCTP、dTTP 和 7-deaza-dGTP 均为 30μmol/L，ddATP 为 525μmol/L 、ddCTP 为 300μmol/L、ddTTP 为 900μmol/L 和 ddGTP 为 450μmol/L。

3）使用银染色法检测电泳带，最好采用特殊方法分别处理测序凝胶的长短两块玻璃板。这种处理的目的是使电泳结束后凝胶能够附着于短玻璃上，而与长玻璃板则较容易分离，从而使凝胶在短玻璃板的载托下能够方便地进行银染色操作。

4）如果 PCR 采用的是薄壁 PCR 管，并且所用热循环仪具有防止蒸发功能（预热管盖），则进行 PCR 时可以不加矿物油。

## 第二节　Maxam-Gilbert 化学法测定 DNA 序列

### 一、基本原理

1977 年 Maxam-Gilbert 等提出了化学降解法。化学降解法与包括合成反应的链终止法不同，它需对原 DNA 进行化学降解。其基本原理是：首先对待测 DNA 末端进行放射性标记，再通过 5 组（也可以是 4 组）相互独立的化学反应分别得到部分降解产物，其中每一组反应特异性地针对某一种或某一类碱基进行切割。因此，产生 5 组（或 4 组）不同长度的放射性标记的分子，每组中的每个分子都有放射性标记的共同起点，但长度取决于该组反应针对的碱基在原样品 DNA 分子上的位置。此后各组反应物通过聚丙烯酰胺凝胶电泳进行分离，经放射自显影检测末端标记的分子形成的电泳梯带，并直接读取待测 DNA 片段的核苷酸序列。

### 二、实验材料

**1. 器材**

真空干燥器，测序凝胶电泳装置，放射自显影装置，冰水浴，干冰-乙醇浴（−70℃），90℃ 水浴。

**2. 试剂**

1）1mol/L 乙酸：使用时由冰乙酸（17.4mol/L）新鲜稀释配制。

2）10%硫酸二甲酯（DMS）：用 1 倍体积 DMS 加 9 倍体积无水乙醇混合而成。

3）DMS 缓冲液：50 mmol/L 二甲砷酸钠（pH7.0）含 1mmol/L EDTA（pH 值为 8.0）。

4）DMS 终止液：1.5mol/L 乙酸钠（pH7.0）含 1mol/Lβ-巯基乙醇、250 μg/ml 酵母 tRNA。

5）肼 95%。

6）肼解终止液：0.3mmol/L 二甲砷酸钠（pH7.0）含 1mmol/L EDTA（pH 值为 8.0）。

7）5.0 mol/L NaCl。

8）NaOH/EDTA 溶液：1.2mol/L NaOH 含 1 mmol/L EDTA。

9）3mol/L 乙酸钠（pH 值为 5.2）和 0.3mol/L 乙酸钠（pH 值为 5.2）。

10）吡啶：使用前用蒸馏水稀释至 1.0mol/L，用玻璃瓶装。

11）1 mol/L 吡啶-甲酸（pH 值为 2.0）用吡啶调 4%甲酸溶液至 pH 值为

2.0 即可。

12）1mg/ml 鲑精 DNA 或小牛胸腺 DNA：将 DNA 以 1mg/ml 溶液于蒸馏水中，经充分超声波处理使之成为 500bp 左右的片段（可用 1%琼脂糖凝胶电泳检查碎裂程度），加 5 mol/L NaCl 至浓度为 0.15 mol/L。其后加 2 倍体积无水乙醇，置室温 15min 后，于 4℃，1000*g* 离心 1min，回收 DNA 沉淀。沉淀用 70%乙醇洗涤 2～3 次，真空干燥后用去离子水溶解，浓度为 1mg/ml。

13）1mg/ml 酵母 tRNA：用去离子水溶解。

14）上样缓冲液：98%去离子甲酰胺含 10mmol/L EDTA、0.05%溴酚蓝、0.05%二甲苯蓝。

15）肼废物瓶：500ml 广口瓶（内装 3mol/L $FeCl_3$ 溶液 150ml）。

16）DMS 废物瓶：500ml 塑料广口瓶（内装 5mol/L NaOH 溶液 150ml）。

## 三、实验程序

### （一）标记的待测 DNA 的进一步纯化

化学测序法对标记的待测 DNA 的纯度有较高的要求。由于盐会干扰肼与 T 之间的反应，而 Tris 之类的缓冲液可抑制 A 和 G 的脱嘌呤反应。因此务必将放射性标记 DNA 溶于水而不是 TE 或其他缓冲液中。其操作步骤如下：

1）标记的 DNA 经酚/氯仿抽提后，加 3mol/L 乙酸钠（pH 值为 5.2）至终浓度 0.3mol/L，并用 2 倍体积乙醇沉淀 DNA。

2）于 4℃，12 000*g* 离心 10min，小心吸尽管壁乙醇，收集沉淀。

3）用 70%乙醇洗 2 次，将沉淀及管壁上残留的盐洗尽（每次加乙醇时应离心，以减少标记 DNA 的丢失。最好用手提盖革计数器分别检测弃掉的上清液与沉淀）。

4）最后一次洗涤后的沉淀于室温晾干后，溶于去离子水中。并经液闪仪测定后调整体积至 2500～5000cpm/μl。

### （二）碱基的特异性化学修饰反应

**1. 鸟嘌呤残基的修饰反应**（G 反应）

1）在 1.5ml Eppendoff 管中，混合：

| | |
|---|---|
| DMS 缓冲液 | 190μl |
| 1mg/ml 鲑精 DNA 或小牛胸腺 DNA | 4μl |
| 待测 DNA 标记模板（2500～5000cpm/μl） | 5μl |

混合后置冰浴骤冷至 0℃。

2）加 10% DMS 5μl，立即加盖混匀，置室温 10 min（DMS 有毒且为致癌剂，应在通风橱内操作）。

3）加 50μl DMS 终止液置冰浴中。再加预冷的无水乙醇 750μl，混匀后置干冰/乙醇浴（－70℃）中冷冻5min。

4）于4℃，12 000*g* 离心5min，尽量用吸头吸尽上清液（包括管壁），上清液及吸头均应弃入装有5mol/L NaOH 溶液的DMS废物瓶内。

5）向沉淀中加入0.3 mol/L 乙酸钠300μl，振荡溶解。再加预冷的无水乙醇900μl，混匀，置干冰/乙醇浴（－70℃）中冷冻5min。

6）于4℃，12 000*g* 离心5min，弃上清液。加冷乙醇1ml淋洗，于4℃，12 000*g* 离心5min，弃上清液，真空干燥DNA沉淀。

**2. 嘌呤残基的修饰反应**（A＋G 反应）

1）在1.5ml Eppendoff 管中，混合：

| | |
|---|---|
| DMS缓冲液 | 10μl |
| 1mg/ml 鲑精DNA或小牛胸腺DNA | 4μl |
| 待测DNA标记模板（2500～5000cpm/μl） | 10μl |

混合后置冰浴骤冷至0℃。

2）加1 mol/L 吡啶-甲酸（pH值为2.0）4μl，振荡混匀后于37水浴15min。

3）加肼解终止液240μl混匀。再加预冷的无水乙醇750μl，混匀后置干冰/乙醇浴（－70℃）中冷冻5min。

4）于4℃，12 000*g* 离心5min，弃上清液。

其后按G反应之5）、6）步骤做相同处理。

**3. 嘧啶残基的修饰反应**（C＋T 反应）

1）在1.5ml Eppendoff 管中，混合：

| | |
|---|---|
| DMS缓冲液 | 10μl |
| 1mg/ml 鲑精DNA或小牛胸腺DNA | 4μl |
| 待测DNA标记模板（2500～5000cpm/μl） | 10μl |

混合后置冰浴骤冷至0℃。

2）加95％肼30μl，加盖后用手指轻弹试管壁混匀，置20℃反应10min。

3）加肼解终止液240μl混匀。再加预冷的无水乙醇750μl，混匀后置干冰/乙醇浴（－70℃）中冷冻5min。

4）于4℃，12 000*g* 离心5min，尽量用吸头吸尽上清液（包括管壁），上清液及吸头均应弃入装有3mol/L $FeCl_3$溶液的肼废物瓶内。

其后按G反应之5）、6）步骤做相同处理。

**4. 胞嘧啶残基的修饰反应**（C 反应）

在1.5ml Eppendoff 管中，混合：

| | |
|---|---|
| 5mol/L NaCl | 15μl |
| 1mg/ml 鲑精DNA或小牛胸腺DNA | 4μl |
| 待测DNA标记模板（2500～5000cpm/μl） | 5μl |

混合后置冰浴骤冷至0℃。其后的步骤与C＋T反应的2）～5）步骤相同。

**5. 嘌呤和胞嘧啶残基的修饰反应**（A>C 反应）

1）在 1.5ml Eppendoff 管中，混合：

| | |
|---|---|
| NaOH/EDTA 溶液 | 100μl |
| 1mg/ml 鲑精 DNA 或小牛胸腺 DNA | 4μl |
| 待测 DNA 标记模板（2500～5000cpm/μl） | 5μl |

混合后置 90℃保温 7min。

2）置冰浴冷至 0℃。加入 1 mol/L 醋酸 150mol/L 混匀，再加酵母 tRNA（1mg/ml）5μl，振荡混匀。

3）加预冷的无水乙醇 750μl，混匀后置干冰/乙醇浴（－70℃）中冷冻 5min。

4）于 4℃，12 000*g* 离心 5min，弃上清液。

5）其后按 G 反应之 5）、6）步骤做相同处理。

（三）用吡啶处理裂解被修饰的残基

1）向上述 5 组修饰反应所得的干燥沉淀产物，各加 1mol/L 新配制的吡啶液 100μl 溶解。

2）拧紧试管盖，并用胶带封严管口，以防加热时崩开，置 90℃水浴 30min。

3）置室温冷却，至室温后打开管盖，于真空干燥器中彻底干燥。

4）加入 20μl 去离子水，盖上管盖，振荡 30s 使 DNA 重溶，离心数秒收集液滴。打开管盖，于真空干燥器中彻底干燥样品。

5）重复步骤 4）。

6）各管各加 10μl 测序上样缓冲液重溶 DNA。用手提盖革计数器检查管壁，务必使放射性标记 DNA 彻底溶于缓冲液中，而非管壁。

7）盖严管盖，于 90℃水浴加热 1min 变性 DNA。立即上样于经过预电泳的测序胶上进行电泳。

## 四、测序图谱的识读

对于测序电泳图谱的识读，化学降解法测序要比末端终止法较为复杂，因为化学裂解反应并非是完全绝对碱基特异的。每组测序图谱为 5 个或 4 个（A>C 反应可以不做）泳道。需要通过从 C+T 泳道出现的条带中扣除 C 泳道的条带而推断 T 残基的存在。类似地，A 残基的位置也要通过从 A+G 泳道中扣除 G 泳道的条带推断出来。同时，如果 A>C 泳道中出现较强的条带，则可确证 A 残基的存在。

读片时从胶片底部一个个地向顶部读取。从下至上，一个一个地从 G+A 泳道和 C+T 泳道二列中确定只相差一个碱基的条带。如果 G+A 泳道中出现一条带，就看出 G 泳道中是否有相同大小的带，如果有即为 G 碱基，如果没有则为

A 碱基；同样，在 C+T 泳道中出现的条带，就检查 C 泳道中有无同样大小的条带，如果有即为 C，无则为 T。如果做了 A>C 反应，在该列中出现较强的条带时，可帮助 A 的确定。

## 五、注意事项

化学降解法测序首先要制备单侧末端标记（或称不对称标记）的待测 DNA 片段。这里介绍对双链 DNA 进行不对称标记的常用方法——利用 Klenow 片段和 α-$^{32}$P-dNTP 对限制性内切酶产生的 3′凹进末端进行标记。这种方法能直接制备单侧末端标记的 DNA，但要求待测 DNA 能满足下列条件之一：①DNA 两端的一侧为 3′凹进末端，而另一侧为平端或 3′凸出末端；②两端虽均为 3′凹进末端但末端单链结构不同，这时可选择不同的 γ-$^{32}$P-dNTP 来实现末端标记（图 19.1）。如果采用 pSP65CS 做克隆载体，则具有较大的优势，因其多克隆位点带有 2 个稀有的限制性 *Tth* Ⅲ Ⅰ 的典型位点（GACN↓NNGTC），酶切后能产生带 2 个不同突出末端的片段，因而可以很方便地进行不对称标记。

末端标记及电泳回收标记 DNA 片段的具体操作过程参见本书的探针标记实验。无论采用哪种方法进行放射性标记，末端标记的待测 DNA 必须含有 $5\times10^4$ cpm的$^{32}$P 以上，以便曝光 24～48h 后可获得较好的放射自显影结果。为

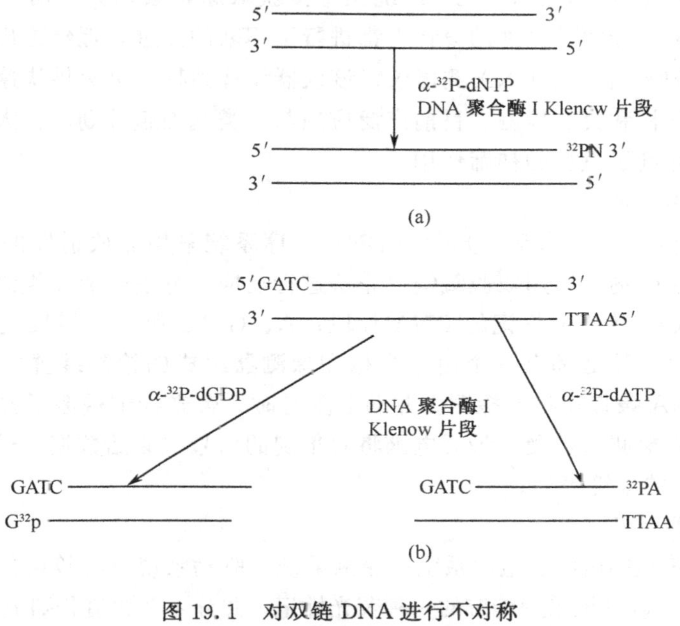


图 19.1　对双链 DNA 进行不对称标记的常用方法

(a) 用两种不同的限制性内切酶切割 DNA 片段，且其中只有一种酶可产生 3′凹末端；(b) 用两种可产生不同 3′凹进末端的限制性内切酶切割 DNA

达到这一标记水平，一般需要至少 0.3pmol 的待测 DNA（例如 1μg 的 5kb 片段），并采用高比活性的 α-$^{32}$P-dNTP（3000Ci/mmol）。

## 第三节　DNA 序列的自动化测定

随着计算机软件技术、仪器制造和分子生物学研究的迅速发展，DNA 自动化测序技术取得了突破性进展，以简单（自动化）、安全（非同位素）、精确（计算机控制）和快速等特点，已成为今天 DNA 序列分析的主流。虽然各种 DNA 自动测序系统差别很大，但 Sanger 法所采用的 DNA 聚合酶和双脱氧核苷酸链终止的原理，亦是现今自动化测序的最佳方案。即大都沿用 Sanger 的双脱氧核苷酸链终止的原理进行测序反应，主要的差别在于非放射性标记物和反应产物（标记 DNA 片段）分析系统。

### 一、自动测序仪

**1. ALF express™全自动激光荧光 DNA 测序仪**

ALF 全自动激光荧光 DNA 测序仪系统（automated laser fluourscent DNA sequencer）是由德国海德堡欧洲分子生物学实验室（EMBL）提出和设计的。与传统的手工操作测序相比，ALF 系统能直接获取原始数据并及时加以处理。该系统在仪器硬件和驱动软件的设计上都进行了不断的改进，近年推出了 ALF express™全自动激光荧光 DNA 测序仪。该仪器设计独特，可提供快速可靠的核酸测序、片段分析和突变检测。目前广泛应用与人类基因组计划，在大规模序列测定中该仪器起到了重要的初筛作用。

（1）化学原理

ALF express™全自动激光荧光 DNA 测序系统采用非放射性的单一 Cy5 荧光素标记测序引物。沿用双脱氧链终止法进行反应，分别生成 4 组终止于不同类碱基、带有 Cy5 荧光素标记的 DNA 片段；A、G、C 和 T 4 组反应物在变性凝胶上电泳，每个泳道都有一个由激光枪和探测器组成的检测装置，当 Cy5 荧光素标记的 DNA 条带迁移至探测区并遇上激光时，荧光标记被激活并释放出光信号，信号由光探测器接受；最后电脑将收集到的信号（原始数据）进行处理，获得样品 DNA 的最终序列。

（2）仪器组件

ALF 系统包括电源、电泳系统、探测系统、驱动系统（计算机）和输出设备（绘图仪）等。该系统采用传统的一种荧光标记，并分 4 个泳道分别上样的方法。

1）电泳单元：包括凝胶模具、缓冲液槽及恒温水浴。凝胶模具有恒温板（PHarmacia LKB 专利），通过恒温水浴提供凝胶均匀的高温，有利于减少核酸电泳区带弯曲现象和打开 DNA 片段中的二级结构。凝胶有 0.5 和 0.35mm 两种标准厚度。亦有 27cm×30cm（测序用）和 15cm×30cm（SSCP 用）两种标准规格。

2）探测系统：由固定激光光源代替扫描激光光源，大大提高了检测效率。因而能在短至 3.5h 内完成电泳和数据收集。

3）驱动软件和分析软件：ALF 系统的运行由 IBM 计算机中的 Manager 驱动软件自动化控制，并对实验结果进行 DNA SIS 序列分析。该系统使用 OS/2 环境操作系统，计算机具有同步多功能的能力。例如，计算机一方面可运行 Manager 收集电泳单元传来的信号，同时又可以进行 DNA SIS 序列分析，处理上一次的测序结果。ALF Manager 的功能还包括原始数据显示、数据处理和数据输出等。

**2. ABI 型全自动 DNA 测序仪**

ABI 型全自动 DNA 测序仪，是由 Perkin Elmer（PE 公司）推出的 DNA 自动化测序仪系列。其特点是采用 4 种荧光染料分别标记并能在同一泳道上电泳，具有极大的优越性。目前 PE 公司已生产出 377、373、310 和 3700 型 DNA 测序仪。377 型自动 DNA 测序仪为最新产品，具有可一次测定多个样品（64 个以上）、测序精确度高和每个样品判读序列长（约 700bp）等优点。测序速度高达 200bp/h，比 373 型效率提高了许多，因此在人类基因组测序和 cDNA 测序研究中应用最为广泛。此外，亦可以使用各种辅助软件进行 DNA 定量分析和片段大小分析，故可广泛应用于基因突变分析（SSCP）、DNA 指纹图谱分析，基因连锁图谱分析及基因表达水平分析等。

ABI PRISM 310 型基因分析仪，是目前我国普通分子生物学实验室使用最普遍的测序仪。该仪器采用毛细管电泳技术取代传统的聚丙烯酰胺平板电泳，具有自动灌胶、自动进样、自动数据收集分析等功能，可进行全自动电脑控制的 DNA 片段的碱基顺序或大小分析，亦能定量。PE 公司还提供凝胶高分子聚合物，包括 DNA 测序胶（POP6）和 GeneScan 胶（POP4）。这些凝胶颗粒孔径均一，避免了配胶条件不一致对测序精度的影响。DNA 测序约 2.5h，PCR 片段大小分析和定量分析为 10～40min。

（1）化学原理

采用专利的 4 种荧光染料分别标记终止物 ddNTP 或引物，经 Sanger 测序反应后，反应产物 3′端（标记终止物法）或 5′端（标记引物法）带有不同的荧光标记；一个样品的 4 个测序反应产物可在同一泳道内电泳，从而降低测序泳道间迁移率差异对精确性的影响；经电泳后各个荧光谱带分开，同时激光检测器同步扫描，激光的荧光经光栅分光，以区分代表不同碱基信息的不同颜色的荧光，并在 CCD（charge-coupled device）摄影机上同步成像，因而一次扫描可检测多种荧光。

（2）仪器组件

包括电泳系统、激光检测装置、power Macintosh 型苹果电脑、HP1600CM

型彩色打印机、DNA 序列分析软件以及 DNA 片段大小和定量分析软件（Gene Scan™）。该系统采用电脑单点控制整个 DNA 测序仪，包括电泳参数设置、数据收集、数据分析及结果输出等。电脑可在电泳过程中对仪器运行情况进行同步检测，结果能以电泳图谱、荧光吸收峰图或碱基排列顺序等多种方式输出。

## 二、ABI PRISM 310 型基因 DNA 分析仪操作程序

**1. ABI PRISM 荧光终止物循环测序反应试剂（荧光标记终止底物法）**

由 PE 公司提供的测序反应试剂盒主要包括：

1）终止物反应混合物（Terminator Ready Reaction Mix），其组分：

A-Dye Terminator labeled with dichloro [R6G]

C-Dye Terminator labeled with dichloro [TAMRA]

G-Dye Terminator labeled with dichloro [R110]

T-Dye Terminator labeled with dichloro [ROX]

dNTPs

AmpliTaq DNA polymerase，FS

$MgCl_2$

Tris-Cl buffer，pH9.0

2）pGEM-3Zf（+）双链 DNA 对照模板。

3）M13 对照引物。

4）Template Suppression Reagent（ABI 产品）。

**2. 其他试剂和器材**

1）DNA 测序胶（POP6）。

2）ABI PRISM 310 型基因 DNA 分析仪。

3）热循环仪（9600 型或 2400 型）。

**3. 测序反应**

1）取 PCR 管，用记号笔标记模板编号，加入反应混合物（量可减半）：

| | |
|---|---|
| Terminator Ready Reaction Mix | 8.0 μl |
| 模板 Single-stranded DNA | 50～100ng |
| 或 Double-stranded DNA | 200～500ng |
| 或 PCR product | 30～90ng |
| 引物 | 3.2pmol |
| 去离子三蒸水 | 适量 |
| 总体积 | 20μl |

2）将混合物混匀后置于热循环仪上（9600 型或 2400 型）进行扩增，重复下列 25 个循环：96℃ 10s；50℃ 5s；60℃ 4min。扩增完后于 4℃保存。

3）将混合物离心，将扩增产物转移到 1.5ml Eppendorf 管中。

4）加入 3mol/L 醋酸钠（pH4.6）2.0 μl 和 95%的乙醇 50μl，混匀，置冰上 10min，12 000r/min，离心 15～30min 以沉淀扩增产物。

5）小心去上清液，用 70%的乙醇 250μl 洗涤沉淀，12 000r/min，4℃离心 5min。

6）重复第 5）步，真空干燥 10～15min。

7）加入 12μl 的 Template Suppression Reagent，振荡，离心。

8）转移至盖体分离的 0.2ml PCR 管中，稍离心。

9）在 PCR 仪上进行热变性（96℃ 2min），然后迅速置于冰中骤冷。

**4. 装电极和毛细管**

1）小心取出毛细管（读数窗口很脆，易断），将其插入塞子孔中并装于 pump block 上。

2）毛细管突出塞子尖端 1mm，并旋紧塞子固定毛细管。

3）打开激光检测器的门，将毛细管置于槽中并使毛细管的读数窗口对准激光检测器的窗口，关闭激光检测器的门。

4）毛细管的另一端插入电极孔中，与电极平行并突出电极 0.5mm。

5）用胶纸固定毛细管于加热板上。

**5. 毛细管的校正**

1）先把塑料基座、盛有缓冲液和水的瓶子取出，否则电极和毛细管易卡断。

2）调出 ABI PRISM 310 Collection→Instrument→Autosampler Calibration→Click Start。

3）按照电脑的提示进行操作。

**6. 人工手动灌胶**

1）用 1ml 的玻璃注射器吸取 50μl 的 POP6，慢慢回吸，润滑管壁后，将 POP6 排除管外。

2）慢慢吸取 POP6 约 300μl（注意：应无气泡，如有则倒置注射器并轻弹管壁以排气），将盛有 POP6 的注射器安装于基座上。

3）使自动进样器和注射器处于初始状态：

ABI PRISM 310 Collection→Window→Manual→Control→Function→

a. Autosampler Home Z Axis→Execute→

b. Autosampler Home X Y Axis→Execute→

c. Syringe Home→Execute。

4）手动打开废液阀门，并关闭塑料注射器阀门。通过电脑控制，关闭缓冲液阀门：

a. ABI PRISM 310 Collection→Window→Manual→Control→Function→

b. Buffer valve Close→Execute。

5）用手慢推玻璃注射器，排除废液管内的气泡并使其充满 POP6。

6）用手关闭废液阀门，用手打开塑料注射器阀门。

7）用手慢推玻璃注射器，排除废液管内的气泡并使其充满 POP6。

8）用手关闭塑料注射器阀门，电脑控制打开缓冲液阀门。

9）用手慢推玻璃注射器，排除废液管内的气泡并使其充满 POP6。

10）关闭缓冲液阀门。

11）注意观察管道中有无气泡，应保证无任何气泡。

12）ABI PRISM 310 Collection→Window→Manual Control→Function→Syringe down →Execute。

操作几次，使盖帽刚好接触到玻璃注射器的栓头。

13）将样品变性处理后置于测序仪基座上。

14）通过电脑对毛细管进行灌胶：ABI PRISM 310 Collection→Window→Manual→Control→Module→Sep Fill Capillary→Start.

15）当灌胶完毕后电脑上出现漏胶的提示，此时表示灌胶完毕。

**7. 建立运行的测序顺序**

1）ABI PRISM 310 Collection→File→New→打开“Sequence Smpl Sheet 96 Tube”。

2）对要测序的样品进行命名，最后另加一个命名为 Test 的样品名，存盘。

3）对样品进行进样排序：ABI PRISM 310 Collection→File→New→Sequenece injection List。

4）调出刚命名的样品进行排序：第一 Test Module 为 Test 4calor，Time 为 1；测序样品 Module 为 Sep POP6 ＜1ml＞ E。

5）设置电泳温度：Manual Control→Function→Temperature Set Value 50 →Execute（注意：每次打开样品盖后都必须设定温度）。

6）最后在 Injection List 中激活 Run 后则开始进行测序（注意：如果发现基线漂高，超过 2048，则用无水乙醇洗毛细管读数窗口）。

7）终止后的操作：

a. 在 Injection List 中激活 Cancel→terminate。

b. ABI PRISM 310 Collection→Window→Manual Control→Function→

Utosampler home Z→Execute；

Utosampler home X，Y→Execute。

c. 按 Tray 后，取出样品架，即可插入新的样品。

**8. 序列分析**

1）打开 Sequence analysis 文件。

2）file→Open Sample。

3）选择所需序列的文件名。

4）激活 Open，文件即随打开。

**9. 序列比较**

1）打开 Sequence Navigator 文件。

2）输入标准序列：File→New Logout→Sequence→import Sequence（标准序列可从 Internet 的 Genbank 中得到）。

3）输入比较序列：File→New Logout→Sequence→import Sequence。

4）Align→Comparative→Sequences→Create Shadows→Compare two Sequences。

**10. 负链反转成正链**

1）打开 Sequence Navigator 文件。

2）输入负链：Sequence→import Sequence。

3）Edit→Select all Sequence。

4）Sequences→Reverse Complement Sequence。

5）Sequences→export Sequences。

**11. 仪器的清洗和保养**

1）Window 窗口激活 Manual Control，选择 Syringe Home。

2）拨开按压注射器的盖帽，取出 1ml 玻璃注射器。

3）安装 0.25ml 玻璃注射器，关闭缓冲液阀门，打开废水阀门，按压塑料注射器，让水冲洗管道。

4）拧紧废水阀门，打开缓冲液阀门，按压塑料注射器，让水冲洗管道。

5）关闭缓冲液阀门，按压塑料注射器，让水冲洗管道。

6）取下玻璃注射器，吸入 200μl 水，重新安装玻璃注射器。

7）将盖帽复位，并拧紧塑料注射器的阀门。

8）由 Manual Control Programs→Syringe down，使盖帽刚好接触玻璃注射器。

9）选项选择 Module→Sep fill Capillary，按 Start。

10）当电脑显示 paused 时，冲洗毛细管的工作已完成。

11）从电极端开始，取下毛细管，将毛细管两端插入装满水的 1.5ml EP 管中，使其保持湿润状态。

12）安装实心塞，打开缓冲液阀门。

13）取下 pump block 并清洗之。

14）每周检查注射器和管道内的水并及时补充。

**12. 附加说明**

1）四色序列图谱打印：每个样品电泳结束后，仪器自动进行分析，在资料收集软件的菜单中可调出该样品的四色序列图谱打印，A 为绿色，T 为红色，C 为蓝色，G 为黑色。

2）测序长度：由 PE 公司提供的 Big Dye 荧光终止底物测序反应试剂盒，一般可测出650bp左右的DNA序列。

3）测序反应的精确度：本仪器DNA测序精确度为（98.5±0.5）%，仪器不能辨读的碱基用星号标记，N<2%。

精确度计算公式：1-差异碱基（不包括N数）百分数

为提高测序精确度，根据星号提示位置，可人工分析该处彩色图谱，对该处碱基做进一步核对。

4）其他型号的ABI型全自动DNA测序仪操作原理和操作步骤基本相同或相近，当然亦有一些差别，请根据具体型号的仪器操作说明书进行。

## 三、思考问题

1）论述DNA序列分析的基本原理。

2）比较其化学方法和仪器自动化分析方法的优缺点。

3）简述各项技术要掌握的关键技术和注意事项。

# 第二十章 核酸探针的制备

核酸探针分子标记是分子生物学常用的技术，是核酸分子杂交技术的基础。根据探针的来源及性质可以分为 DNA 探针和 RNA 探针及人工合成的寡核苷酸探针等。根据标记物的不同又可以分为放射性（同位素）标记的探针和非放射性（非同位素）标记的探针。

放射性标记的探针，因为其灵敏性和特异性高而受到广泛的应用，常以$^{35}$P-dNTP 为掺入标记物进行放射性标记。

非同位素标记物包括生物素（biotin）、地高辛（digoxigenin，DIG）、荧光素（fluorescein）及其他免疫半抗原（如 AFF 半抗原）、标记金属等。目前使用较广泛的有生物素和地高辛标记方法以及荧光素标记方法。按标记方法不同，非同位素核酸探针标记法可分为两大类：①预先将非同位素标记物连接于 NTP 或 dNTP 上，可以采用酶促反应使标记物掺入核酸探针中；②直接与核酸进行化学反应将标记物连接于核酸上，形成标记核酸探针。杂交后用带有碱性磷酸酶、过氧化物酶或荧光素的抗体与探针进行免疫反应，通过化学呈色或直接在（荧光）显微镜下观察。

非同位素标记法与同位素核酸探针标记法的原理与过程基本一致，仅仅是所使用的掺入的标记物的性质不同。各种探针的标记方法其选择请见表 20.1 与表 20.2。

**表 20.1 DNA 探针的标记**

| | DNA 全程标记 | | | DNA5′端标记 | DNA 全程标记（PCR） | DNA3′端标记 |
|---|---|---|---|---|---|---|
| | 缺口平移 | 随机引物 | RNA 逆转录 | | | |
| 放射性 | [α$^{32}$P] dNTP | [α$^{32}$P] dNTP | [α$^{32}$P] dNTP | [γ$^{32}$P] dATP | | [α$^{32}$P] ddATP/dNTP |
| 生物素 | 生物素-dNTP | 生物素-dNTP | 生物素-dNTP | 需 Linker 加激活的生物素 | 生物素-dUTP | 生物素 ddUTP/dNTP |
| 地高辛 | 地高辛-dUTP | 地高辛-dUTP | 地高辛-dUTP | 需 Linker 加激活的地高辛 | 地高辛-dUTP | 地高辛-ddUTP/dUTP |
| 荧光 | 荧光-dUTP | 荧光-dUTP | 荧光-dUTP | 需 Linker 加激活的荧光-NHS | 荧光-dUTP | 荧光-ddUTP/dUTP |
| 酶 | | | | 需 Linker 加修饰酶 | | |

表 20.2　RNA 及寡核苷酸探针的标记

| | RNA 全程标记 | | 寡核苷酸探针标记 | | |
|---|---|---|---|---|---|
| | 失控转录 | 光激活 | DNA5′末端 | DNA3′末端 | 3′加尾法/末端标记 |
| 放射性 | [$\alpha^{32}$P] NTP | 芳基叠氮化生物素 | [$\lambda^{32}$P] ATP | [$\alpha^{32}$P] ddATP | [$\alpha^{32}$P] ddATP |
| 生物素 | 生物素-UTP | 芳基叠氮化地高辛 | 需 Linker 加激活的生物素 | 生物素-ddUTP | 生物素-ddUTP |
| 地高辛 | 地高辛-UTP | | 需 Linker 加激活的地高辛 | 地高辛-ddUTP | 地高辛-ddUTP |
| 荧光 | 荧光-dUTP | | 需 Linker 加激活的荧光-NHS | 荧光-dUTP | 荧光-dUTP |
| 酶 | | | 需 Linker 加修饰酶 | | |

下面以双链 DNA 缺口平移标记法、随机引物标记法、RNA 探针标记法为例介绍探针标记的具体方法。

# 第一节　双链 DNA 缺口平移标记法

## 一、基本原理

切口平移法（nick translation）是在双链 DNA 分子的一条链有缺口的情况下，利用大肠杆菌 DNA 聚合酶Ⅰ的 5′→3′外切酶活性从 5′端切除核苷酸；同时在胰 DNaseⅠ的 5′→3′聚合酶活性的催化下，将 dNTP 连接到切口的 3′端。5′核苷酸的去除与 3′核苷酸的加入同时进行，导致切口沿着 DNA 链移动。由于标记的核苷酸代替了原来的核苷酸，使合成的新链带上同位素或非同位素的标记。

## 二、实验材料

### （一）器材

水浴锅，温度计，微量离心管，微量加样器，超速离心机，琼脂糖电泳槽，稳压稳流电泳仪，紫外光透射反射分析仪，聚甲基丙烯酸甲酯有机玻璃防护屏。

### （二）试剂

1）1mol/L $MgSO_4$：20.3g $MgCl_2 \cdot 6H_2O$ 加蒸馏水至 100ml。

2）1mol/L Tris·HCl：在 800ml 蒸馏水中溶解 121g Tris 碱，用浓盐酸调

至所需的 pH 值，混匀后加蒸馏水至 1 L。

3）1mol/L 二硫苏糖醇（DDT）：在 100ml 蒸馏水中溶解 15.45 DTT 于 −20℃保存。

4）10mg/ml 牛血清白蛋白（组分 V，Sigma）：在 100ml 蒸馏水中溶解 1g 牛血清白蛋白。

5）10×切口平移缓冲液

0.5mmol/L Tris · HCl

0.1mol/L $MgSO_4$

1mmol/L DDT

500μg/ml 牛血清白蛋白（组分 V，Sigma）

取 1mol/L $MgSO_4$ 10ml，1mol/L Tris · HCl 50ml，1mol/L DDT 0.1ml，10mg/ml 牛血清白蛋白（组分 V，Sigma）5ml，加蒸馏补充到 100ml，将此储存液分装成小份，储存于−20℃。

6）1.5mol/L NaCl：将 87.8gNaCl 溶于 900ml 蒸馏水，定容至 1L。

7）0.15mol/L NaCl，50%（*V/V*）甘油：将 8.8gNaCl 与 50ml 甘油溶于 50ml 蒸馏水。

8）胰 DNA 酶Ⅰ（DNaseⅠ）10ng/ml：从试剂公司直接购买商品 DNaseⅠ，按 1mg/ml 将 DNaseⅠ溶于含 0.15mol/L NaCl、50%（*V/V*）甘油的溶液中，将此溶液储存于−20℃。并采用冰预冷的含 50%（*V/V*）甘油的 1×切口平移缓冲液稀释 DNaseⅠ。

9）5U/μl 大肠杆菌 DNA 聚合酶Ⅰ（*E. coli* DNA polymeraseⅠ）从试剂公司直接购买商品大肠杆菌 DNA 聚合酶Ⅰ，按试剂说明保存。

10）10 mol/L NaOH 称取 400g NaOH 溶于 450ml 蒸馏水中，加蒸馏水至 1L。

11）0.5mol/L EDTA 在 700ml 蒸馏水中溶解 186.1g $Na_2EDTA \cdot 2H_2O$，用 10mol/L 的 NaOH 校准 pH 值至 8.0（约 50ml），补加蒸馏水至 1L。

12）$^{32}P$ 同位素标记。

a. 未标记的 dNTP 混合溶液 dCTP、dTTP、dGTP 各 20mmol/L 的混合物从 GIBCO 试剂公司可购置各种 dNTP 溶液，将各种 dNTP 溶液混合，加蒸馏水稀释到所需的终浓度。

b. $^{32}P$ 同位素标记 dNTP [α-$^{32}P$] dATP [比活度大于 111Gbq mol（3000Ci/mmol），370kBq/μl（10μCi/μl）的水溶液]，从试剂公司购买 [α-$^{32}P$] dATP（10μCi/μl）的水溶液。

13）20 mmol/L Tris · HCl 将 1mol/L Tris · HCl 2ml 加水定容到 100ml。

14）非同位素标记

a. 未标记的 dNTP 混合溶液（dCTP、dTTP、dGTP 各 0.25mmol/L 的混

合物）从 GIBCO 试剂公司可购置各 dNTP 溶液，将各 dNTP 溶液混合，加水稀释到所需的终浓度。

b. 地高辛标记混合液 0.08mmol/L 地高辛-11-dUTP，0.17mmol/L dTTP。

c. 生物素标记混合液 0.08mmol/L 生物素-16-dUTP，0.17mmol/L dTTP。

d. 荧光素标记混合液 0.08mmol/L 荧光素-12-dUTP，0.17mmol/L dTTP。

以上个试剂均可直接从试剂公司购买，并用 20mmol/L 的 Tris・HCl 稀释到所需的终浓度。

15）质粒 DNApBR322：可直接从试剂公司购买，并用重蒸水稀释到所需要的浓度。

16）限制性内切酶 *Eco*RI（10U/$\mu$l）可直接从试剂公司购买，试剂公司还会随内切酶附送对应此内切酶最适应的 10×反应缓冲储存液和 10mg/ml 牛血清白蛋白。

17）牛血清白蛋白（BSA）1mg/ml　　将试剂公司提供的牛血清白蛋白用重蒸水稀释到所需要的浓度。

18）琼脂糖。

19）150mmol/L NaOH，50mmol/L Tris・HCl（pH7.5），1mmol/L EDTA：将 6gNaOH 溶解于 100ml 水，并与 1mol/L Tris・HCl 50ml 及 0.5mol/L EDTA 2ml 混匀，加蒸馏水定容到 1L。

20）0.1% 8-羟基喹啉 将 0.1g 8-羟基喹啉溶于 90ml 水定容到 100ml。

21）苯酚：氯仿：异戊醇（25：24：1）将 25 份水饱和的重蒸酚（在 150mmol/L NaOH/50mmol/L Tris・HCl（pH7.5）/1mmol/L EDTA）与 25 份氯仿及 1 份异戊醇混合。加终浓度为 0.1%的 8-羟基喹啉。分成几份储存于 −20℃，超过 6 个月则废弃。

22）重蒸去离子水。

23）7.5mol/L 醋酸铵：在 150ml 蒸馏水中溶解 289.0g 醋酸铵（$NH_4Ac$），补加蒸馏水至 500ml。

24）无水乙醇。

25）75%（*V*/*V*）的乙醇。

26）TE 缓冲液（pH8.0）10mmol/L Tris・HCl 1mmol/L EDTA　　取 1mol/L Tris・HCl（pH8.0）10ml 和 0.5mol/L EDTA 2ml，用灭菌重蒸水将体积补充到 1L。

## 三、实验程序

1）线形化 pBR322DNA 的制备

a. 利用 *Eco*RI 线形化质粒 DNA，在室温下依次加入试剂并混匀：

10×酶切反应储存缓冲液　　　2$\mu$l

| | |
|---|---|
| *Eco*RI | 1μl |
| pBR322 | 2μg |
| BSA（1mg/ml） | 2μl |

用重蒸水将总体积补充到 20μl，在 37℃保温水浴 1h。

b. 取酶切产物 5μl，1%琼脂糖电泳鉴定酶切效果，如果酶切完全，琼脂糖凝胶上将出现一条 4362bp 的 DNA 条带。

c. 酶切产物的纯化

① 将剩余的酶切产物转入 1.5ml 的干净微量离心管中，用重蒸水将其体积补足到 200μl，加入等体积的苯酚：氯仿：异戊醇（25：24：1），充分振荡混匀；

② 低温 15 000r/min 离心 10min，将上层水相转移入另一个干净的 1.5ml 微量离心管，用重蒸水将体积补充到 200μl；

③ 加入 1/3 倍于核酸溶液体积的 7.5mol/L 的醋酸铵，振荡混匀；

④ 在以上溶液中，再加入 3 倍于以上体积的预冷的无水乙醇，充分振荡混匀；

⑤ 将以上的混合物置－20℃的条件下储存过夜；

⑥ 在 4℃，15 000r/min 的转速下离心 20min，去上清液；

⑦ 用 1ml 预冷的 75%乙醇清洗沉淀，在相同的条件下离心，去上清液，将以上步骤重复一遍；

⑧ 将沉淀置于室温干燥 10min，重溶于 20μl 的 TE 缓冲液，储存待用。

2）在水浴的情况下，依顺序加入以下试剂并混匀：

| | |
|---|---|
| 10×切口平移缓冲液 | 2μl |
| 线形化的 pBR322 DNA（0.5μg） | 10μl |
| 用于同位素标记的未标记的 dNTP 混合溶液（20 mmol/L） | 1μl |
| （或用于非同位素标记的未标记的 dNTP 混合溶液 2.5μl） | |
| [α-$^{32}$P] dATP | 5μl |
| （或非同位素标记混合溶液 2.5μl） | |
| 去离子重蒸水至总体积为 | 22μl |
| DNaseI（振荡混匀） | 2.5μl |
| 大肠杆菌 DNA 聚合酶（轻轻振荡混匀） | 0.5μl |

3）瞬间离心（8000～14 000r/min，3s）沉淀各反应试剂。

4）于 16℃水浴 1h。

5）加入 0.5mol/L EDTA（pH8.3）1μl 以终止反应。

## 四、结果讨论

1）如果采用同位素标记，可以用液闪计数的方式检测探针的标记效率和放射活性。

2）如果采用非同位素标记，就要采用倍比稀释杂交的方式，检测探针标记的效率和活性。

3）标记的探针可以经乙醇沉淀或柱层析的方式纯化。

## 五、注意事项

1）DNaseI 浓度对探针的长短影响很大，在每次实验前需进行摸索，以确定合适的酶使用量。

2）反应的温度一定要控制在 14～16℃。

3）放射性标记过程中应注意放射性物质的污染，并在有机玻璃防护屏的保护下戴手套操作。

# 第二节　随机引物标记法

## 一、基本原理

以与靶 DNA 序列随机聚合的寡核苷酸为引物（primer），在 DNA 聚合酶的作用下，沿 DNA 的一条单链进行 DNA 的合成。

将待标记的 DNA 片段变性后与随机引物杂交，在大肠杆菌 DNA 聚合酶 Ⅰ 大片段（Klenow 大片段）的催化下，合成与探针 DNA 互补的 DNA 链，将反应液中的［$\alpha$-$^{32}$P］dNTP 或非同位素标记 dUTP 掺入 DNA，形成标记的 DNA 探针。

## 二、实验材料

### （一）仪器

水浴锅，温度计，微量离心管，微量加样器，超速离心机，琼脂糖电泳槽，稳压稳流电泳仪，紫外光透射反射分析仪，聚甲基丙烯酸甲酯有机玻璃防护屏。

### （二）试剂

1）随机引物可以来自以下几种途径：①DNA 酶消化小牛胸腺 DNA 或鲑精 DNA，产物大多长为 6～12 个核苷酸的单链 DNA；②从厂家购买小牛胸腺 DNA 制备的随机引物；③购买市售的试剂盒中的随机引物，寡核苷酸片段长度为 6 个核苷酸残基，含有 $4^6=4096$ 种可能的排列顺序。

2）线性化的质粒 DNA pBR322 5μg（其制备方案见第一节实验程序 1 操作步骤 1）。

3）1mol/L $MgCl_2$　　20.3g $MgCl_2 \cdot 6H_2O$ 加蒸馏水至 100ml。

4）4mol/L NaOH　　160gNaOH 溶于 1L 蒸馏水中。

5）10×随机引物（RP）缓冲液：900mol/L HEPES（*N*-2-羟乙基哌擎-*N'*-2-乙磺酸），用 4mol/L NaOH 调至 pH 值 6.6。

将 21.5gHEPES 溶解于 75ml 蒸馏水，与 10ml 1mol/L $MgCl_2$ 混匀，用 4mol/LNaOH 调校 pH 值到 6.6，将溶液定容到 100ml。

6）1mol/L Tris・HCl：在 800ml 蒸馏水中溶解 121g Tris 碱，用浓盐酸调至所需的 pH 值，混匀后加蒸馏水至 1L。

7）0.5 mol/L EDTA：在 700ml 蒸馏水中溶解 186.1g $Na_2EDTA \cdot 2H_2O$，用 10mol/L 的 NaOH 校准 pH 值至 8.0（约 50ml），补加蒸馏水至 1L。

8）5 mol/L NaCl 292.5gNaCl 加蒸馏水至 1L。

9）10% SDS 在 900ml 蒸馏水中溶解 100g 电泳级 SDS，加热至 68℃助溶，加入几滴浓盐酸调节溶液的 pH 值至 7.2，加蒸馏水定容到 1L，分装备用。

10）A 缓冲液：

50mmol/L Tris・HCl（pH7.5）

50mmol/L NaCl

5mmol/L EDTA（pH8.0）

0.5% SDS

将 1mol/L Tris・HCl 50ml，5mol/L NaCl 10ml，0.5mol/L EDTA 10ml 与 10% SDS 50ml 混匀，补加蒸馏水定容到 1L。

11）随机引物：用 TE 配成 75ng/μl 浓度。

12）$^{32}P$ 同位素标记：未标记的 dNTP 混合溶液 dCTP、dGTP、dTTP 各 5mmol/L 的混合物，［α-$^{32}P$］dATP［比活度大于 111 Gbq mol（3000Ci/mmol），370kBq/μl（10μCi/μl）的水溶液］配制方法见第一节试剂 12）。

13）非同位素标记：未标记的 dNTP 混合溶液 dCTP、dGTP、dATP 各 2mmol/L 的混合溶液和地高辛标记混合溶液：0.35mmol/L 地高辛-11-dUTP，0.65mmol/L dTTP；或者生物素标记混合溶液：0.35mmol/L 生物素-16-dUTP，0.65mmol/L dTTP；或者荧光素标记混合溶液：0.5mmol/L 荧光素-12-dUTP，0.5mmol/L dTTP；配制方法见第一节试剂 14）。

14）Klenow 大片段：5U/μl，从试剂公司可购置该试剂。

15）20mmol/L DDT 在 1L 水中溶解 3.09g DDT。

## 三、实验程序

1）在冰浴的一微量离心管中依以下顺序加入并混匀：

| | |
|---|---|
| 20mmol/L DTT | 1μl |
| 10×RP 缓冲液 | 1μl |
| 未标记的 dNTP 混合溶液 | 1μl |

[$\alpha$-$^{32}$P] dATP　　　　　　　　　3μl

(或非同位素标记混合溶液 1μl)

用重蒸去离子水将总体积补充到　　7μl

2) 取 1μl 的线性化 pBR322 DNA (约 200ng), 在 250μl 的微量离心管中与 75ng (1μl) 的随机引物混合。将混合物置沸水中煮 3 min, 迅速置冰浴中 1 min。将程序 1 中的混合物转入装有随机引物的微量离心管。

3) 加入 5U (1μl) 大肠杆菌聚合酶 Klenow 片段, 轻弹管壁混匀, 在离心机上瞬间离心。室温放置 3h 以上。

4) 加入 10μl 的 A 缓冲液, 以终止反应。

## 四、注意事项

1) 从低熔点琼脂糖中回收的 DNA, 可以在除去琼脂糖的情况下直接标记, 但其标记的放射性会比较低。

2) 如果 DNA 是从低熔点琼脂糖中回收的, 可以将 DNA 迅速降温到 37°C 替代冰浴骤冷。

3) 如果模板 DNA 浓度为 1~25μg/μl, 可以在 37°C 保温水浴 1h, 否则延长到 5h 或者过夜。

4) 过高浓度的 DNA 会使所获得探针的长度比较短, 放射比活性低。

5) 可以用 T7 DNA 聚合酶取代 Klenow 酶, 而且生物素标记探针的效率比在此酶的作用下会增加。

6) 随机引物法制备放射性探针的长度通常在 400~600 核苷酸。

7) 标记的探针可以经乙醇沉淀或柱层析的方式纯化。

# 第三节　RNA 探针标记法

## 一、基本原理

将靶基因克隆到含 T3/T7 或 SP6 启动子的质粒中, 用适当的限制性内切酶将质粒线性化, 利用噬菌体 RNA 聚合酶的转录活性, 在 4 种 NTP (其中一种为标记的 NTP) 的存在下, 即可得到高标记活性的 RNA 探针。

## 二、实验材料

### (一) 仪器

微量离心管, 超速离心管, 微量加样管, 水浴锅, 温度计, 超速离心机, 琼脂糖电泳槽, 稳压稳流电泳仪, 紫外光透射反射分析仪, 聚甲基丙烯酸甲脂有机玻璃防护屏。

（二）试剂

1）含 T3/T7 启动子的载体 DNA λZAP/R 5μg 可从试剂公司购买。

2）10U/μl RNase 可从试剂公司购买。

3）T3 或 T7 依赖于 DNA 的 RNA 聚合酶　　可从试剂公司购买，实际公司会随酶附送相应的转录反应缓冲储存液。

4）1mg/ml 无 RNase 的 DNase Ⅰ　　可从试剂公司购买，试剂公司会随酶附送相应的反应缓冲液。

5）10×转录储存缓冲液：

400mmol/L Tris・HCl（pH7.5）

60mmol/$MgCl_2$

20mmol/L spermidine・HCl（盐酸亚精胺）

50mmol/NaCl

1mg/ml 牛血清白蛋白因子（组分 V，Sigma）

在购买 RNA 聚合酶时，会附送足够量的 10×转录反应储存缓冲液。

6）$^{32}$P 同位素标记：

未标记 dNTP 混合液：5mmol/L ATP、UTP、GTP，

[α-$^{32}$P] CTP：400Ci/mmol（$1.84\times10^{11}$ Bq/mol）；10mCi/ml（$3.7\times10^{8}$ Bq/ml）配制方案见第一节试剂 12）。

7）非同位素标记 NTP：

未标记 dNTP 混合溶液：5mmol/L ATP、CTP、GTP

a. 地高辛标记混合液：3.5mmol/L DIG-11-UTP/6.5M UTP。

b. 生物素标记混合溶液：3.5mmol/L 生物素-16-UTP/6.5M UTP。

c. 荧光标记混合溶液：3.5mmol/L 荧光-12-UTP/6.5mMUTP 配制方案见第一节试剂 14）。

8）1mol/LDDT：在 100ml 蒸馏水中溶解 15.45g DDT，于－20℃保存。

9）10mol/L NaOH：将 400gNaOH 溶于 450ml 蒸馏水中，加蒸馏水定容到 1L。

10）0.5mol/L EDTA　　在 700ml 蒸馏水溶解 186.1g $Na_2EDTA\cdot 2H_2O$，用 10mol/L 的 NaOH 校准 pH 值至 8.0（约 500ml），加蒸馏水定容至 1L。

11）10% SDS：在 900 ml 蒸馏水中溶解 100g 电泳级 SDS，加热至 68℃助溶，加入几滴浓盐酸调节溶液的 pH 值至 7.2，加蒸馏水定容到 1L，分装备用。

12）终止反应液：100 mmol/LEDTA，1% SDS，将 0.5mol/LEDTA20ml 与 10% SDS10ml 混匀，用重蒸水定容到 100ml。

13）10U/μl*Eco*R Ⅰ 直接从 New England Biolab 试剂公司购买，公司同时会附送 10×酶切反应储存缓冲液和 10 mg/ml BSA。

14）1 mg/ml BSA 将公司随酶附送的 BSA 用重蒸水稀释到浓度为 1mg/ml。

15）苯酚：氯仿：异戊醇（25：24：1)：配制方案见第一节试剂 21)。

16）7.5mol/L 醋酸铵：配制方案见第一节试剂 23)。

## 三、实验程序

1）线性化载体 DNA λZAP/R 的制备：

a. 利用 *Eco*RⅠ线性化质粒 DNA，在室温下依次加入以下试剂并混匀：

| | |
|---|---|
| 10×酶切反应储存缓冲液 | 2μl |
| *Eco*RⅠ | 1μl |
| λZAP/R | 2μg |
| BSA（1mg/ml） | 2μl |

用重蒸水将总体积补充到 20μl，在 37℃保温水浴 1h。

b. 取酶切产物 5μl 1%的琼脂糖电泳鉴定酶切效果，如果酶切完全，琼脂糖凝胶上将出现两条各 21.8kb 和 18.1kb 的 DNA 条带。

c. 酶切产物的纯化

①将剩余的酶切产物转入 1.5ml 的干净微量离心管中，用重蒸水将其体积补足到 200μl，加入等体积的苯酚：氯仿：异戊醇（25：24：1），充分振荡混匀。

②低温 15 000r/min 离心 10min，将上层水相转移入另一个干净的 1.5ml 微量离心管，用重蒸水将体积补充到 200μl。

③加入 1/3 倍核酸溶液体积的 7.5mol/L 的醋酸铵，振荡混匀。

④ 在以上溶液中，再加入 3 倍于以上体积的预冷的无水乙醇，充分振荡混匀。

⑤ 将以上的混合物置－20℃的条件下储存过夜。

⑥ 在 4℃，15 000r/min 的转速下离心 20min，去上清液。

⑦ 用 1ml 预冷的 75%乙醇清洗沉淀，在相同的条件下离心，去上清液，将以上步骤重复一遍。

⑧ 将沉淀置于室温干燥 10min，重溶于 20μl 的 TE 缓冲液，储存待用。

2）在微量离心管中，依次在室温下混合以下溶液：

| | |
|---|---|
| 10×转录储存缓冲液 | 2μl |
| 未标记 NTP 混合物 | 2μl |
| RNase 抑制物 | 2μl |
| 线性化的载体 DNA（0.2pmol） | 1μl |
| [α-$^{32}$P] CTP | 5μl |

(或地高辛标记混合溶液 2μl)

(或生物素标记混合溶液 2μl)

（或荧光标记混合溶液 2μl）

| | |
|---|---|
| RNA 聚合酶 | 2μl |
| DDT | 0.2μl |

用无菌重蒸水将体积补充到 20μl。

3）在 37℃条件下保温水浴 1～5h。

4）加入 5μl 终止液。

5）加入 1mg/ml 无 RNase 的胰 DNA 酶 Ⅰ 1μl，混合于 37℃保温水浴 15min。

6）将产物转入 1.5ml 的干净微量离心管中，按第一节实验程序 3 纯化标记探针 RNA。

## 四、注意事项

1）如果使用 T3 或 T7 RNA 聚合酶，需在 37℃条件下保温水浴 1～1.5h；如果使用 SP6 RNA 聚合酶，需在 40℃条件下保温水浴 1～1.5h。

2）也可以使用 SephadexG-50 离心柱层析的方式纯化探针。

# 第四节　沉淀法纯化标记探针

## 一、基本原理

在一定的盐浓度下，乙醇等有机溶剂可以有效地沉淀核酸分子，将标记的探针与掺入的游离 dNTP 或 NTP 分离开来。

## 二、实验材料

### （一）仪器

低温高速离心机，微量离心管，微量加样器。

### （二）试剂

1）7.5mol/L 醋酸铵　在 150ml 蒸馏水中溶解 289.0g 醋酸铵（$NH_4Ac$），补加蒸馏水至 500ml。

2）预冷的无水乙醇　将无水乙醇存放在－20℃达 1h 以上。

3）预冷的 75％的乙醇　将 25ml 水与 75ml 乙醇充分混匀，存放在－20℃达 1h 以上。

4）10mol/L NaOH　将 400gNaOH 溶于 450ml 蒸馏水中，补加蒸馏水到 1L。

5）0.5mol/L EDTA　在 700ml 蒸馏水中溶解 186.1g $Na_2EDTA \cdot 2H_2O$，

10mol/LNaOH 校准 pH 值至 8.0（约 50ml），补加蒸馏水至 1L。

6）1 mol/LTris · HCl（PH7.4）　　在 800ml 蒸馏水中溶解 121gTris 碱，用浓盐酸调校至所需的 pH 值，混匀后加蒸馏水至 1L。

7）TE 缓冲液　　将 1mol/LTris · HCl 10ml 与 0.5mol/L EDTA 2ml 混匀，加蒸馏水将体积补充到 1L。

8）苯酚：氯仿：异戊醇（25：24：1）　　试剂制备见第一节试剂 17）。

## 三、实验程序

1）将标记反应液转入 1.5ml 的干净微量离心管中，用重蒸水将其体积补足到 200μl，加入等体积的苯酚：氯仿：异戊醇（25：24：1），充分振荡混匀。

2）低温 15 000r/min 离心 10min，将上层水相转移入另一个干净的 1.5mlEppendorf 管，用重蒸水将体积补充到 200μl。

3）加入 1/3 倍于核酸溶液体积的 7.5mol/L 的醋酸铵，振荡混匀。

4）在以上溶液中，再加入 3 倍于以上体积的预冷的无水乙醇，充分振荡混匀。

5）将以上的混合物置－20℃的条件下储存过夜。

6）在 4℃，15 000r/min 的转速下离心 20min，用移液管小心地去上清液。

7）用 1ml 预冷的 75％乙醇清洗沉淀，在相同的条件下离心，去上清液。

8）将沉淀置于室温干燥 10min，重溶于 10～50μl 的 TE 缓冲液，储存待用。

## 四、结果讨论

也可以用异丙醇代替乙醇用于标记探针核酸分子的沉淀，但异丙醇的挥发性比乙醇低，难以去除，可能会对后续的分子生物学操作带来一定的影响。故而最好采用乙醇沉淀探针分子。

## 五、注意事项

1）如果标记核酸分子的量太少，低于 10μg/μl，可以在第 3 步之前加入 1μl 的糖原（20g/μl），以促进核酸分子的沉淀。

2）也可以用其他的盐取代醋酸铵，如 3mol/L 的醋酸钠。

3）在步骤 6～7 中，当用移液管小心地移去上清液时，不要触动沉淀的核酸，一定要小心操作，因为有时沉淀肉眼看不见。

# 第五节　柱层析法纯化标记探针

## 一、基本原理

利用凝胶过滤的原理把高分子量的 DNA 与小分子量 DNA 分开，从而将未掺入的标记 dNTP 与标记的 DNA 分开。最常用的凝胶基质有两种，分别为 Sephadex 和 Bio-Gel，它们有多种不同的孔径可供选用。其中 Sephedex-50 与 Bio-Gelp-60 适于纯化长于 80 个核苷酸的 DNA，更小的核酸分子被滞留于凝胶孔中，而 DNA 被阻挡于凝胶孔外直接流出层析柱。

## 二、实验材料

### （一）仪器

巴斯德吸管若干，微量离心管，聚甲基丙烯酸甲脂有机玻璃挡屏，手提式小型放射活性探测器，1ml 注射器若干，吊桶式转头台式离心机，15ml 一次性塑料管，灭菌玻璃棉少许，微量加样器。

### （二）试剂

1）TE（pH7.6）　　配制方案见第四节试剂 7）。

10mmol/L Tris · HCl（pH 值为 7.6）

1mmol/L EDTA（pH 值为 8.0）

2）Sephadex G-50：15g 购自试剂公司。

3）Bio-Gel p-60：10ml 购自试剂公司。

4）5mol/LNaCl：292.5g NaCl 加蒸馏水定容至 1L。

5）0.5mol/LEDTA：在 700 ml 蒸馏水中溶解 186.1g $Na_2EDTA \cdot 2H_2O$，用 10mol/L 的 NaOH 校准 pH 值至 8.0（约 50ml），补加蒸馏水至 1L。

6）1 mol/LTris · HCl（pH7.4）：在 800ml 蒸馏水中溶解 121gTris 碱，用浓盐酸调校至所需的 pH 值，混匀后加蒸馏水至 1L。

7）1×TEN 缓冲液（pH8.0）：

10mmol/L Tris · HCl（pH8.0）

1mmol/L EDTA（pH8.0）

100mmol/L NaCl

将 1mol/L Tris · HCl（pH8.0）10ml 与 0.5mol/L EDTA（pH8.0）2ml 及 5mol/L NaCl 20ml 混匀，加蒸馏水补足体积到 1L。

## 三、实验程序

**1. 方案一：柱层析**

1）将 10g SephdexG-50（中级）缓慢加入盛有无菌蒸馏水的 500ml 烧杯或瓶中，用无菌蒸馏水反复洗涤溶胀的凝胶（以除去可溶性的葡聚糖，后者在乙醇沉淀时可发生共沉淀从而引起麻烦）。

2）用 TE（pH 值为 7.6）溶液平衡凝胶，在 $6.895 \times 10^4$ Pa 的高压下蒸气灭菌 15min 后，于室温保存。

3）用灭菌玻璃棉封堵一次性使用的 5ml 硼硅玻璃吸管或巴斯德吸管，用一根细长的移液管（如一次性使用的 1ml 塑料吸管）将玻璃棉推到玻璃吸管或巴斯德吸管的底部。

4）用巴斯德吸管吸取 Sephadex 或 Bio-Gel 悬浮液装柱，小心避免产生气泡，连续补加凝胶直至凝胶填充至距柱顶 1cm 处，用数倍柱床体积的 1×TEN 缓冲液（pH 值为 8.0）冲洗凝胶。

5）把 DNA 样品加于凝胶顶部（加样体积为 200μl 或 200μl 以下），取大约 100μlTEN 缓冲液洗涤样品管，一旦 DNA 样品进入凝胶，立即将洗涤液上柱，一旦洗涤液进入凝胶，立即在柱中加满 1×TEN 缓冲液。

6）立即开始用微量离心管收集流出组分（约 200μl/管），如果 DNA 是用 $^{32}$P标记的，可使用手提式小型探测器探测，以测量每管的放射性活度。不时酌情从凝胶顶部补加 1×TEN。

7）合并第一放射活性峰的各组分，存放于－20℃。

8）夹住层析柱的流出口并向柱床加入缓冲液，把柱子作为放射性废物丢弃。

**2. 方案二：**

离心柱层析尤其适用于将标记 DNA 与放射性前体分开（如在切口平移反应中），SephadexG-50 和 Bio-Gel P-60 都能同样有效地将未掺入的 dNTP 同不小于 16 个核苷酸的寡核苷酸分开。

1）取一根 1ml 的一次性注射器用少量无菌玻璃棉堵塞其底部，最好是用注射器的推杆把玻璃棉推放妥当。

2）在注射上用 SephdexG-50（Sephdex 凝胶的制备同方案一）或 Bio-Gel P-60 装柱，以 1×TEN 缓冲液（pH 值为 8.0）平衡，轻拍注射器针筒的侧面使缓冲液开始流出，不断加入凝胶直至注射器完全装满。

3）把注射器放入一次性使用的 15ml 塑料管中，在台式离心机上于室温用吊桶式转头以 1200r/min 离心 4min，离心时，凝胶往下堆紧并发生部分脱水，继续补加凝胶并再度离心直到堆紧的层析柱床体积达到 0.9ml 左右，且不再因离心而发生体积变化时为止。

4）将 1×TEN 0.1ml 缓冲液加于柱上，按实验程序 3 再度离心。

5）再重复步骤 4）两次。

6）把 DNA 样品加于层析柱，样品总体积为 0.1ml（用 1×TEN 缓冲液溶解或稀释至该体积）。在一个新的一次性试管内放置一个去盖的微量离心管，然后把离心层析柱也放入其中。

7）按步骤 3 再度离心，在去盖的微量离心管内收集到从注射器底部流出的组分（约 100μl）。

8）取出注射器，其中含有未掺入的放射性标记 dNTP 或其他小分子成分，用一镊子小心地回收带有洗脱 DNA 的去盖微量离心管，将内容物转移到另一带盖的并做好标记的微量离心管内。

9）用手提式小型探测器分别测量注射器和洗脱 DNA 的放射性活度，可粗略估计已掺入核酸分子内的放射性的比例。

10）如果注射器含有放射性，应小心地作为放射性废物丢弃。

11）洗脱 DNA 保存于－20℃。

## 四、注意事项

1）Bio-Gel 以凝胶的形式出售，只要以层析缓冲液平衡后即可使用。Sephadex 则以粉剂供应，使用前必须水化。

2）从放射性前体中分离放射性标记 DNA 的柱层析过程应在聚甲基丙烯酸甲酯有机玻璃挡屏后操作，以保护人体免受放射性辐射。

3）并非所有凝胶均适于离心柱层析：DEAE-Sephadex 和粒度更大的 Sephadex（G-100 和 G-100 以上级别）就不能使用，因为前者在离心过程中形成不透性团块，而后者则因离心而把凝胶珠粒压碎，如需使用凝胶筛分粒度更大的分子，可用 Sepharcse CL-4B。

4）在完成离心柱层析实验程序 5 后，可把离心层析柱保存起来，在注射器内加满 1×TEN 缓冲液，用 Parafilm 膜封口防止蒸发，垂直正立放置于 4℃，可保存 1 个月以上。这种方法保存的离心层析柱用前应以无菌的 1×TEN 缓冲液按离心柱层析操作步骤 4 洗涤 1 次。

# 第六节　探针标记效率的检测

如果探针标记效率比较低或者探针的使用率比较低，杂交检测时，报告分子的量也会相应地减少，那么只有用大量的靶核酸序列才有可能检测到杂交的强信号，这样会使杂交的灵敏度降低。但如果在杂交检测中出现过多的报告基因，又会使杂交的本底太高。因此，检测探针标记的效率具有重要意义。

## 一、探针的放射比活性的测定（三氯乙酸沉淀法）

### 1. 基本原理

探针的放射比活性（specfic activity）被定义为每微克标记核酸分子的 c. p. m值。以随机引物标记法为例，计算放射比活性首先需要知道合成 DNA 量与放射性前体掺入目标产物的比例。而三氯乙酸可以使 50 个核苷酸以上的 DNA 沉淀于滤膜上，未被沉淀的放射性物质将被酸溶解洗脱。比较膜上的放射活性和总的放射活性，可测定放射前体掺入目标产物的比例。

理论上，如果标记反应的效率达 100%，那么，

$$\text{标记探针的理论产量}=\frac{\text{加入 dNTP 的 Bq 值}\times 4\times 330\text{ng/nmol}}{\text{dNTP 的放射活性 (Bq/nmol)}}$$

式中：4 是表示在 DNA 中有四种不同的核苷酸，330 是 dNTP 的平均分子量，而放射性前体掺入目标产物的比例（%）可表示为

$$掺入的比例=\frac{标记产物的 c.p.m}{加入的总 c.p.m}\times 100\%$$

$$合成 DNA 的量=\frac{掺入的比例\times 标记探针的理论产量}{100}$$

$$放射比活性=\frac{掺入的总 c.p.m 量\times 10^3}{合成的 DNA（ng）+模板 DNA（ng）}=c.p.m/\mu g$$

**2. 实验材料**

（1）仪器

液体闪烁计数器。

（2）试剂

1）100% TCA（三氯乙酸）　　在装有 500g TCA 的瓶中加入 227ml 蒸馏水，形成的溶液含有 100%（*W/V*）TCA。

2）玻璃纤维滤膜（WhatmanGF/C）。

3）10mol/L NaOH：配置方案见第一节试剂 10)。

4）20mmol/L EDTA：将 7.4g$Na_2$EDTA・2$H_2O$ 溶解于 700ml 蒸馏水，用 10mol/LNaOH 校准至 pH 值 8.0，补加蒸馏水定容到 1L。

5）500$\mu$g/ml 鲑精 DNA（溶于 20mmol/LEDTA）：在 1ml 20mmol/LEDTA 中溶解 10mg SigmaⅢ型鲑精 DNA（钠盐），用粗的注射器针头快速抽吸 20 次以剪切 DNA，然后置沸水中 10min，迅速冷却，置－20℃保存。临用前再加热至 100℃ 5min，并置冰浴中冷却。

6）闪烁液：直接购至销售液体闪烁计数器的公司。

7）Whatman 滤纸。

8）20mmol/L 焦磷酸钠。

**3. 实验程序**

1）探针标记反应结束后，在两张 1cm×1cm Whatman 滤膜的中心点约 2$\mu$l 的标记好的探针样品。

2）将其中的任一张置于预冷的 5%TCA 和 20mmol/L 焦磷酸钠烧杯中洗涤 2min。

3）转入另一含新鲜配置的预冷的 5%TCA 和 20mmol/L 焦磷酸钠烧杯中，将以上步骤重复两次。

4）室温干燥。

5）两张滤膜分别放入含闪烁液的闪烁瓶，在液体闪烁计数器上计数每分钟的脉冲数（c.p.m）。

6）计算掺入的比例和放射比活性。

例如：1.85×$10^6$ Bq［α-$^{32}$P］CTP（1.1×$10^{14}$ Bq/mmol；3.7×$10^8$ Bq/ml）

与 25ng 的模板 DNA 在 50μl 的标准反应液中保温水浴，取 2μl 经酸沉淀后计数其放射性：

$$理论最大产量=\frac{1.85\times10^6\,Bq\times4\times330ng/nmol}{1\times10^8\,Bq/nmol}=22ng$$

假设加入反应液中的反射活性（未洗涤膜的计数值）$=3.60\times10^6$ c. p. m/2μl

$$加入反应液中的放射活性=\frac{3.6\times10^6\times55}{2}=9.9\times10^7\ c.p.m/55\mu l$$

假设产物放射活性（洗涤膜的计数值）$=2.51\times10^6$ c. p. m/2μl

$$总掺入放射性活性=\frac{2.51\times10^6\times55}{2}=6.9\times10^7\ c.p.m/55\mu l$$

（在加入 5μl 终止液后取出一部分溶液，因此总体积仍然为 55μl）

$$掺入的比例=\frac{6.9\times10^7\times100}{9.9\times10^7}=70\%$$

$$合成\ DNA\ 的量=\frac{70\times22}{100}=15.4ng$$

$$放射比活性=\frac{6.9\times10^7\times10^3}{25+15.4}=1.71\times10^9\ c.p.m/\mu g$$

## 二、非放射性探针标记率的检测

对非放射性的探针而言，标记探针的效率将通过标记的探针量与已知量的标准品比较进行半定量检测。标记后，对标准品进行倍比稀释，将各倍比稀释的标准品与标记探针反应混合物等体积、等距离地点到尼龙膜或带电荷的尼龙膜上(稀释的程度取决于核酸是末端标记还是全程标记)，然后进行固定、洗脱未标记的核酸、用封闭剂浸泡滤膜、与辣根过氧化物酶或碱性磷酸酶结合抗体的 Fab 片段反应（抗体片段会在报告基因和酶之间形成连接)，随后加入底物，通过反应有色沉淀或发光来检测。将探针的信号强度与标准品比较即可估计标记效率，最好是一次制备大量的探针待用，这样就可以免除每次检测标记效率的麻烦，最简单的方法是直接从试剂公司购买试剂盒。用荧光基因如荧光素作为报告基团对探针进行标记，将使标记方法更为快速、简单，而且在 UV 的照射下检测荧光基团发出的荧光，便可以对标记探针进行检测。

## 三、思考问题

1）本章各节各项技术基本原理是什么？
2）本章各节各项技术关键是什么？

# 第二十一章　基因组 DNA 的分离与纯化

一个生物体的全部基因序列称为基因组（genome）。基因组 DNA 因来源不同、性质不同以及用途不同，其分离纯化的方法不尽相同。

## 一、基本原理

本实验所用的酚抽提法源自对 1976 年 Stafford 及其同事提出的方案的改进。含 EDTA、SDS 及无 DNA 酶的 RNA 酶的裂解细胞，经蛋白酶 K 的处理后，用 pH 值为 8.0 的 Tris 饱和酚进行抽提，离心分层后，蛋白质因变性位于有机相与水相的界面，而 DNA 进入水相，重复抽提 DNA 至一定纯度后，根据不同需要透析或沉淀处理，获得所需大小范围的高分子量 DNA 样品。

其中 EDTA 为二价金属离子螯合剂，可以抑制 DNA 酶的活性，同时降低细胞膜的稳定性。SDS 为生物阴离子去垢剂，主要引起细胞膜的降解并能乳化脂质和蛋白质，SDS 与这些脂质和蛋白质的结合可以使它们沉淀，SDS 的非极性端与膜磷脂结合，极性端使蛋白质变性、降解，所以 SDS 同时还有降解 DNA 酶的作用。无 DNA 酶的 RNA 酶可以有效水解 RNA，而避免 DNA 的消化。蛋白质 K 则有水解蛋白质的作用，可以消化 DNA 酶、DNA 上的蛋白质，也有裂解细胞的作用。酚可以使蛋白质变性沉淀，也抑制 DNA 的活性。pH 值为 8.0 的 Tris 缓冲液能保证抽提后 DNA 位于水相，而避免滞留于蛋白质层。多次抽提，可提高 DNA 的纯度。一般在第三次抽提后，移出含 DNA 的水相，做透析或沉淀处理。透析处理能减少对 DNA 的剪切效应，因此可以得到 200kb 的高分子量 DNA。沉淀处理常以乙酸铵为沉淀用盐，用无水乙酸沉淀，并用 70%的乙酸洗涤，最后得到的 DNA 大小在 100～150kb。

## 二、实验材料

### （一）器材

标本（单层培养基或悬浮生长的哺乳动物细胞、新鲜的组织或血液标本），大口径移液管（出口直径大于 0.3cm），50ml 的聚丙烯离心管（组织标本选用），专用橡皮细胞刮（单层细胞选用），匀浆机，匀浆器或研磨器（组织标本选用），透析袋（制备 150～200kb 大小的 DNA 时选用），U 形玻棒，低温冷冻高速离心机，恒温水浴箱，混匀器或旋转器，可调速恒温摇床，便携式真空吸液装置，化学通风橱，电泳装置，低温冰箱，高压蒸汽灭菌装置，重蒸馏装置，紫外分光光度计，凝胶成像分析系统或透射式的紫外灯装置，微波炉或电炉等加热溶胶装置，微量移液器，Eppendorf 管，微量加样吸头，离心管，刻度吸管及三角烧瓶等。

（二）试剂

1）Tris 盐缓冲液（即 TBS 溶液）　称取 8g NaCl 、0.2gKCl 及 3g Tris 碱溶于 800ml 蒸馏水中。加入的 0.015g 的酚红，以 HCl 调节 pH 值至 7.4，然后加蒸馏水至 1000ml。分装后，1.05kg/cm$^2$ 高压蒸汽灭菌 20min。

2）1mol/L Tris·HCl（pH 值为 8.0）储存液　在 800ml 蒸馏水中溶解 121.1g Tris 碱，加入浓 HCl 调 pH 值至 8.0（约加入浓 HCl 42ml，应在溶液冷却至室温后方可最后调定 pH 值），加蒸馏水定容至 1L，分装后高压灭菌。

3）0.5mol/L EDTA（pH 值为 8.0）储存液　在 800ml 蒸馏水中加入 186.1g 二水乙二胺四乙酸二钠（EDTA-$Na_2$·$2H_2O$），在磁力搅拌器上剧烈搅拌，用 NaOH 调 pH 值至 8.0（约需 20g NaOH 颗粒）后定容至 1L，分装后高压灭菌备用。

4）20%（*W/V*）的 SDS 储存液　在 900ml 蒸馏水中溶解 200g 电泳级 SDS，加热至 68℃助溶，加入几滴浓盐酸调节溶液的 pH 值至 7.2，加蒸馏水定容至 1L，分装备用。

5）裂解缓冲液 含 10mmol/L 的 Tris·HCl（pH 8.0）、0.1mol/L 的 EDTA（pH 8.0）、0.5%（*W/V*）的 SDS 以及 20μg/ml 的无 DNA 酶的胰 RNA 酶。其中无 DNA 酶的胰 RNA 酶需临用时加入，其他溶液需预先分别配制成较高浓度的储备液，并于室温保存。

6）蛋白酶 K（20mg/ml）　以消毒的 50mmol/l 的 Tris（pH 值为 8.0）溶液配制，小量分装，－20℃保存。

7）Tris 饱和酚（pH 值为 8.0）　以 0.5mol/L 的 Tris·HCl（pH 值为 8.0）与 0.1mol/L 的 Tris·HCl（pH 值为 8.0）进行充分的平衡。

8）10mol/L 的乙酸铵溶液　称取 77g 乙酸铵，室温条件下溶于 70ml 蒸馏水中，补足蒸馏水至 100ml，用 0.22μm 的滤器过滤消毒，4℃或室温密封保存。注意乙酸铵不可用热水溶解与高温消毒。

9）透析缓冲液（制备 150～200kb 大小的 DNA 时选用）含 50mmol/L 的 Tris·HCl（pH 值为 8.0）和 10mmol/L 的 Tris·HCl（pH 值为 8.0）。

10）无水乙醇与 70%的乙醇。

11）TE（pH 值为 8.0）缓冲液　含 10mmol/L 的 Tris·HCl（pH 值为 8.0）和 1mmol/L 的 EDTA（PH 值为 8.0）。

12）液氮（组织标本选用）。

13）酸性柠檬酸葡萄糖溶液 B（即 ACD 溶液，新鲜或冻藏血液标本选用）

含0.48%（$W/V$）的柠檬酸、1.32%（$W/V$）的柠檬酸钠和1.47%（$W/V$）的葡萄糖。

14）磷酸盐缓冲液（即PBS，冻藏血液标本选用）称取8g NaCl、0.2g KCl、1.44g $Na_2HPO_4$和0.24g $KH_2PO_4$溶于800ml蒸馏水中，以HCl调节pH至7.4，然后加蒸馏水至1000ml。分装后，1.05kg/cm$^2$高压蒸汽灭菌20min。

15）溴化乙锭 用无菌水配成10mg/ml的储存液，室温保存于不透光的玻璃瓶中。DNA染色时的终浓度一般为0.5μg/ml。

16）0.6%的琼脂糖（$W/V$）。

17）高分子量的DNA marker。

18）5×TBE电泳缓冲储备液 称取54gTris碱和27.5g硼酸，溶于20ml 0.5mol/L的EDTA溶液（pH值为8.0）。应用液为0.5×TBE，将储备液用无菌重蒸馏水稀释10倍即可。

## 三、实验程序

### 1. 细胞的收集与裂解

在此分别介绍了4种不同来源与类型的标本收集与处理的方法，可任选其一进行细胞的收集和裂解。

1）单层培养细胞的收集与裂解：取出细胞培养皿，立即吸取细胞培养液。用冰预冷的TBS约10ml洗涤单层培养的贴壁细胞两次，吸去洗涤液。将细胞培养皿置于冰浴中，加入1ml冰预冷的TBS。以专用的橡皮细胞刮刮下贴壁细胞，用巴斯德吸管将细胞悬浮液转入置于冰上的冷离心管中。紧接着加入0.5ml的TBS洗涤细胞培养皿一次，将洗涤液并入上述离心管中。通过4℃，1500$g$低温离心10min收集细胞。以5～10倍体积的TBS重悬细胞，再离心一次。离心收集的细胞重悬于TE（pH值为8.0）缓冲液中，调节细胞浓度为5×10$^7$/ml。将细胞悬液转入三角烧瓶，按每毫升细胞悬液加入10ml裂解缓冲液，37℃温育1h得到细胞裂解液后立即转入程序2。

2）悬浮生长细胞的收集与裂解：将悬浮生长细胞悬液转入离心管，通过4℃，1500$g$低温离心10min，吸去上清液，收集沉淀的细胞。加入与细胞悬液等体积的冰预冷的TBS重悬洗涤细胞。经上述离心后，吸去上清液，收集细胞沉淀。再加预冷的TBS重悬洗涤细胞一次。同样通过上述方法收回细胞沉淀。将细胞沉淀重悬于TE（pH值为8.0）缓冲液中，调节细胞浓度为5×10$^7$/ml。将细胞悬液转入三角烧瓶，按每毫升细胞悬液加入10ml裂解细胞缓冲液，37℃温育1h得到细胞裂解液后立即转入步骤2。

3）组织标本的收集与裂解：将清洁的新鲜组织剪成碎块，置于盛有液氮的研钵（研钵需先用液氮预冷）中，以液氮预冷的研钵将组织碎块研磨成粉状。待液氮蒸发，将组织粉末一点一点地加入盛有约10倍体积的裂解缓冲液的烧杯中，使组织粉末分散于裂解缓冲液液面，然后振荡烧杯将组织粉末完全浸没于裂解缓冲液中。将该溶液转入 50ml 聚丙烯离心管中，37℃温育 1h 得到细胞裂解液后立即转入程序 2。

4）血液标本的收集与裂解：在消毒无菌条件下，收集血液标本，新鲜或冻藏的血液标本均可用于高分子量 DNA 的制备。对新鲜血液标本，以 3.5ml 的 ACD 或 EDTA 溶液用于 20ml 新鲜血的抗凝。将抗凝血转入离心管，4℃，1300*g* 低温离心 15min。吸去上层血浆，用巴斯德吸管将含有白细胞的淡黄层悬浮液小心转入一新的离心管。重复离心一次，弃掉污染的血浆与红细胞。吸出淡黄层悬浮液，重悬于 15ml 裂解缓冲液中，37℃温育 1h 得到细胞裂解液后立即转入程序 2。

**2. 蛋白酶 K 的消化**

将上述细胞裂解液移入离心管中，液面高度不超过离心管高度的 1/3。加入 20mg/ml 的蛋白酶 K 至终浓度为 100μg/ml。用一玻璃棒温和地将酶液与黏滞溶液混匀。

**3. 酚的抽提**

待上述溶液冷却至室温后，加入等体积的 0.1mol/L 的 Tris · HCL（pH8.0）平衡的酚。温和地来回颠倒离心管 10min，使两相混匀。若两相未能形成乳浊液，则将离心管置旋转器上旋转 1h。然后，5000*g* 室温离心 15min，使两相分层。以大口径液管将黏滞的上层水相移入一洁净的离心管中。用酚重复抽提两次，合并水相。

**4. DNA 的透析或沉淀**

1）DNA 的透析：用于制备分子量为 150～200kb 的 DNA。将含有 DNA 的上层水相移入透析袋中（透析袋应留出大于样品体积 1.5～2.0 倍的空间），4℃透析，透析 4 次，每次使用透析液 1L，间隔 6h 以上透析一次。

2）DNA 的沉淀：用于制备分子量为 100～150kb 的 DNA。在酚的 3 次抽提后，将全部水相移入一洁净离心管中。于室温下，加入 0.2 倍体积的 10mol/L 的乙酸铵、2 倍体积的无水乙醇，转动离心管直至溶液充分混匀。DNA 立即形成沉淀，用 U 形玻棒将 DNA 沉淀移出，而污染的寡核苷酸仍存留于乙醇溶液中。如果沉淀的为 DNA 碎片，则 U 形玻棒不适用，此时应于室温下 5000*g* 离心 5min 收集 DNA 沉淀。以 70%的乙醇洗涤 DNA 沉淀两次，5000*g* 离心 5min 收集 DNA 样品。尽量吸去 70%的乙醇溶液。在室温下，打开离心管盖，待可见的残留乙醇挥发完（不可使 DNA 完全干燥，否则 DNA 极难溶解）。按每 0.1ml 的起始细胞（$5\times10^7$/ml）加入 1ml 的 TE（pH 值为 8.0）缓冲液，置离心管于摇床上，4℃轻轻旋动溶液 12～24h，直至 DNA 完全溶解。然后 4℃分装保存。

**5. DNA 的质量鉴定**

DNA 的质量鉴定包括浓度分析、纯度鉴定以及大小完整性的分析。有关具体操作与实验方案，请参见第五节。浓度分析与纯度鉴定，最简便快速的方法是紫外分光光度法。通过 $A_{260}$ 可以定量，通过 $A_{260}/A_{280}$ 的比值可以分析其纯度。1个 $OD_{260}$ 相当于 50μg 的双链 DNA，$A_{260}/A_{280}$ 的比值为 1.8，是高纯度 DNA 的标志。但需要注意的是，由于高分子量的 DNA 样品非常黏稠，匀质性不好，因此常规方法所取的 DNA 样品并不能很好地反映整个 DNA 制品的质量。另外，可通过脉冲场凝胶电泳或常规的 0.6%的琼脂糖凝胶电泳分析 DNA 样品的大小与完整性。

## 四、结果讨论

1）利用本法，从 $5\times10^7$ 培养的非整倍体哺乳动物细胞（如 Hela 细胞）大约可以制备分子量在 100～150kb 的 DNA 200μg，自 20ml 血液标本可得 250μg 的高分子量 DNA，组织标本则因含有大量的纤维结缔成分，其产量一般都不高，且因不同的组织类型而有较大的差异。

2）$A_{260}/A_{280}$ 的比值为 1.8 是高纯度 DNA 的标志，高于或低于此值均表示不纯。但比值为 1.8 的溶液也不能完全断定为纯的 DNA 溶液，可能兼有蛋白质、酚与 RNA 的污染。其中蛋白质与酚的污染均使比值下降，而 RNA 的污染则使比值升高。一般情况下，$A_{260}/A_{280}$ 的比值在 1.75～1.80 是可以接受的。但 $A_{260}/A_{280}$ 的比值若低于 1.75，则表明有显著量的蛋白质污染。此时需要加入终浓度为 0.5%的 SDS，并重复程序 2～4。

3）通过脉冲场凝胶电泳或常规的 0.6%的琼脂糖凝胶电泳分析，DNA 样品的大小一般应在 100～150kb。0.6%的琼脂糖凝胶电泳较 0.3%的琼脂糖凝胶电泳易于操作，更常使用。目前，脉冲场凝胶电泳对线性 DNA 分子的有效分离上限已达 5000kb 以上，完全可以胜任本法制备的 DNA 大小的分析，但需要特殊的装置。常规琼脂糖凝胶电泳是一替代的方法，还可以很容易地判定样品是否有 RNA 的污染，但其分离能力有限。

4）运用该法可以从单层或悬浮培养细胞、新鲜组织及血液标本中制备少于 10μg 至大到数百微克的 DNA 样品。由于分离纯化的每一步都有剪切力的影响，最后得到的 DNA 样品中分子量超过 100～150kb 的很少。但这种大小的 DNA 足以作为 PCR 反应的模板和进行 Southern blotting 分析，以及构建以 λ 噬菌体为载体的基因组 DNA 文库。

5）要制备分子量大于 200kb 的 DNA，可选用甲酰胺解聚法，该法制备的 DNA 样品可以高容量的黏粒为载体，构建基因组 DNA 文库。另外，为避免 DNA 分子在分离提取的操作中受到剪切力的影响，可以将细胞悬浮在融化的低熔点琼脂糖中进行细胞的原位裂解与蛋白水解，然后通过漂洗去除细胞碎片，就可以获得完整的 DNA 分子。DNA 分子经切点很稀少的限制性内切酶进行原位的限制酶消化，所得分子量巨大的 DNA 片段可以用于构建以酵母人工染色体

(yeast artificial chromosome，YAC）为载体的基因组文库。

6）就最常用的PCR来讲，并不需要制备分子量很大的DNA样品。20～50kb大小的DNA足以作为PCR的模板或用于克隆、限制性内切酶反应和进行单泳道的Southern杂交分析。因此可以选用步骤简化、无须特别小心谨慎操作的DNA的快速提取法，或直接从96孔细胞培养板上进行DNA的快速提取。

## 五、注意事项

1）对高分子量DNA的制备，由于剪切力的危害甚大，因此每一步都要特别小心温和地操作，避免激烈的吸取、振荡与混匀。

2）酚的制备要特别小心。一方面，酚的腐蚀性很强，并可引起严重的灼伤，应在化学通风橱中进行操作，操作时须穿戴手套、防护镜及防护衣。与酚接触过的皮肤，应使用大量的水清洗，并用肥皂与水洗涤，忌用乙醇。另一方面，用于DNA制备的酚应重蒸馏后，用0.5mol/L的Tris·HCl（pH值为8.0）平衡一次，并用0.1mol/L的Tris·HCl（pH值为8.0）进行多次充分的平衡，直至有机酚相的pH值在7.8～8.0。用于制备DNA的酚，其pH值必须接近8.0，否则在酚的抽提过程中，DNA会因为变性而进入两相界面的蛋白质层，低于7.0时则进入有机酚相。制备好的酚溶液可转入不透光的玻璃瓶中，在其上面覆盖一层0.01mol/L的（pH值为8.0）缓冲液，于4℃可保存一个月。

3）对单层培养或悬浮生长的细胞，在加入细胞裂解缓冲液时，应确保细胞呈分散状态，避免细胞成块、成团，而难于处理。

4）进行组织标本的高分子量DNA提取时，最好是新鲜的标本。由于组织标本含有大量的纤维结缔组织，要得到产量较高的高分子量DNA比较困难，需要首先清除血液及筋膜等纤维结缔组织，并将组织搅切或研磨成粉末状。

5）对血液标本应避免使用肝素抗凝，因为肝素是PCR反应的抑制剂。

6）使用液氮时要特别小心地防护，避免吸入氮气，避免直接的冻伤。

7）对冻藏的标本，应避免反复多次的冻融，因为每次冻融都大大降低高分子量的DNA产率。

8）钙离子有助于蛋白酶K的构象。缺钙情况下，蛋白酶K的水解活性有部分丧失。但钙离子的结合位点与蛋白酶K的催化位点有一定距离，并不直接影响蛋白酶K的活性。在有EDTA存在的条件下，残存的蛋白酶K活性足以消化大部分的蛋白质。

9）以ACD或EDYA溶液抗凝的血液标本，可在0℃蛋白酶K下保存数天或−70℃下长期保存备用。但对于高分子量DNA的制备，ACD溶液保存血液的效果优于EDTA，应作为首选。

10）裂解缓冲液曾使用0.5mol/L的EDTA，但由于其与抽提用的酚的密度很接近，使得抽提后的两相分层困难。目前使用的0.1mol/L EDTA，不但能通过螯合重金属、抑制核酸酶活性而有效避免 DNA 的降解，而且有利于有机酚与水相的分层。

11）本法使用的 DNA 的裂解中含有较高浓度的无 DNA 酶的胰 RNA 酶（20μg/ml），一是因为裂解缓冲液中还含有 0.5%的 SDS，使 RNA 酶不处于最高活性状态；二是可以省去传统方法在 DNA 抽提后再加 RNA 酶消化的步骤，从而缩短 DNA 的制备时间，减轻各种有害因素对 DNA 完整性的破坏。

12）在高分子量 DNA 的制备过程中，经酚抽提、离心分层后，取上层 DNA 溶液时往往会牵动两相界面的蛋白质而引入污染。此时可通过缓慢抽吸掉下层的有机酚相，直至处于界面的蛋白质层处于管底。经 5000$g$ 室温离心 20min，蛋白质可较强地沉积、吸附于管底，此时将含 DNA 的上层水相轻缓倒入另一洁净的离心管中即可。

13）进行高分子量 DNA 样品的透析处理时，透析袋要预留足够的空间，以防样品体积增大后胀破析袋。由于高分子量的 DNA 溶液非常黏稠，因此透析时间要足够，一般大于等于 24h。

14）进行高分子量 DNA 样品的沉淀处理时，最后一步要去掉乙醇。但要注意不可使 DNA 完全干燥，只要可见的乙醇挥发完即可，否则 DNA 极难溶解。

15）对本法制备的样品的 DNA 凝胶电泳分析，通常使用λ噬菌体 DNA 及其线性多联体作为分子量大小的标准参照物。λ噬菌体单体的完整大小为 48.5kb，通过 $T_4$噬菌体 DNA 连接酶催化的连接反应，可得到噬菌体 DNA 的 2～20 个线性连接的多联体，其分子量为λ噬菌体 DNA 单体的整倍数。

16）溴化乙锭是一种强烈诱变剂和毒性物质，操作时必须戴好手套，避免直接接触和吸入含有溴化乙锭的灰尘。另外，一般是将溴化乙锭掺入融化的琼脂糖凝胶中进行 DNA 的着色。

17）紫外线有危害，对眼睛尤甚，要注意屏蔽，并戴护目镜或安全面罩。

## 六、思考问题

1）阐述该项技术的基本原理。

2）简述该项技术的注意事项。

3）简要评价该项技术的价值。

# 参考文献


陈声明，刘丽丽．1996．微生物学研究法．北京：中国农业科技出版社

陈声明，吴会鹏．1993．生物质能源概论．杭州：浙江科学技术出版社

陈声明，吴雪昌．2000．经济微生物制品学．北京：兵器工业出版社

陈声明，赵培洁．2001．实用经济微生物学．北京：中国环境科学出版社

格拉泽 A N，二阶堂弘．2002．微生物生物技术——应用微生物学基础原理．陈守文，喻子牛等译．北京：科学出版社

黄年来．1993．中国食用菌百科．北京：中国农业出版社

黄秀梨等．1997．微生物学．北京：高等教育出版社

李季伦等．1993．微生物生理学．北京：中国农业大学出版社

李顺鹏．2003．微生物学实验指导．北京：中国农业出版社

励建荣，张立钦．2002．绿色食品概论．北京：中国农业科技出版社

林海萍，张立钦．2005．经济微生物工艺学教程．北京：中国环境科学出版社

倪语星．1999．微生物学和微生物学检验实验指导．北京：人民卫生出版社

钱存柔，黄仪秀．1999．微生物学实验教程．北京：北京大学出版社

沈萍，范秀容，李广武．1999．微生物学实验．北京：高等教育出版社

沈萍．2000．微生物学．北京：高等教育出版社

唐丽杰等．2005．微生物学实验．哈尔滨：哈尔滨工业大学出版社

田中敬一等．1984．图解扫描电子显微镜——生物样品制备．李镇文译．北京：科学出版

吴金鹏．1990．食品微生物学．北京：中国农业出版社

徐克前．2003．分子生物学检验技术实验指导．北京：人民出版社

徐丽华，娄成林．1997．微生物资源学．北京：科学出版社

徐孝华．1989．微生物世界．北京：科学出版社

杨文博．2004．微生物学实验．北京：化学工业出版社

俞大绂，李季伦．1985．微生物学．北京：科学出版社

张立钦，吴甘霖．2005．农业生态环境污染防治与生物修复．北京：中国环境科学出版社

赵斌，何绍江．2002．微生物学实验．北京：科学出版社

赵根楠等．1990．中国菇类栽培手册．北京：科普出版社

周长林．2004．微生物学实验与指导．北京：中国医药出版社

周德庆．2002．微生物学（第二版）．北京：高等教育出版社

周德庆．1986．微生物学实验手册．上海：上海科技出版社

Johuson T R et al. 2001. Laboratory experiments in microbiology (Sixth Edition) Redwood City, CA: Benjamin/Cammings Publ. Co.

Krieg N R, Alston. 2000. The Biotechnology Directory. Macmillan, New York: Grove's Dictionries